TRATADO DE DIREITO ADMINISTRATIVO BRASILEIRO MODAIS DA FUNÇÃO ADMINISTRATIVA

(FATO, ATO, CONTRATO, PROCESSO ADMINISTRATIVO)

Volume 2

SERGIO FERRAZ

Prefácio
Carlos Mário Velloso

TRATADO DE DIREITO ADMINISTRATIVO BRASILEIRO MODAIS DA FUNÇÃO ADMINISTRATIVA

(FATO, ATO, CONTRATO, PROCESSO ADMINISTRATIVO)

Volume 2

Belo Horizonte
FÓRUM
CONHECIMENTO JURÍDICO
2024

FÓRUM
CONHECIMENTO JURÍDICO

Luís Cláudio Rodrigues Ferreira
Presidente e Editor

Coordenação editorial: Leonardo Eustáquio Siqueira Araújo
Aline Sobreira de Oliveira

Rua Paulo Ribeiro Bastos, 211 – Jardim Atlântico – CEP 31710-430
Belo Horizonte – Minas Gerais – Tel.: (31) 99412.0131
www.editoraforum.com.br – editoraforum@editoraforum.com.br

Técnica. Empenho. Zelo. Esses foram alguns dos cuidados aplicados na edição desta obra. No entanto, podem ocorrer erros de impressão, digitação ou mesmo restar alguma dúvida conceitual. Caso se constate algo assim, solicitamos a gentileza de nos comunicar através do *e-mail* editorial@editoraforum.com.br para que possamos esclarecer, no que couber. A sua contribuição é muito importante para mantermos a excelência editorial. A Editora Fórum agradece a sua contribuição.

Dados Internacionais de Catalogação na Publicação (CIP) de acordo com ISBD

F381t Ferraz, Sergio

Tratado de direito administrativo brasileiro – volume 2: modais da função administrativa (Fato, Ato, Contrato, Processo Administrativo) / Sergio Ferraz. Belo Horizonte: Fórum, 2024. v. 2.

425 p. 14,5x21,5cm
v. 2
ISBN 978-65-5518-660-4

1. Função administrativa. 2. Fato administrativo. 3. Ato administrativo. 4. Contrato administrativo. 5. Processo administrativo. I. Título.

CDD: 342
CDU: 342

Ficha catalográfica elaborada por Lissandra Ruas Lima – CRB/6 – 2851

Informação bibliográfica deste livro, conforme a NBR 6023:2018 da Associação Brasileira de Normas Técnicas (ABNT):

FERRAZ, Sergio. *Tratado de direito administrativo brasileiro – volume 2*: modais da função administrativa (Fato, Ato, Contrato, Processo Administrativo). Belo Horizonte: Fórum, 2024. v. 2. 425 p. ISBN 978-65-5518-660-4.

SUMÁRIO

PREFÁCIO
Carlos Mário da Silva Velloso 9

CAPÍTULO 9
Retomando a caminhada 13

CAPÍTULO 10
O fato administrativo 19
10.1 Introdução 19
10.2 Conceituação 19

CAPÍTULO 11
O ato administrativo: um reencontro 27
11.1 Conceito e histórico 27
11.2 Requisitos e elementos 36
11.3 A causa do ato administrativo 43
11.4 Características substanciais do ato administrativo 44
11.5 Novos horizontes do ato administrativo 49
11.5.1 O metaverso 49
11.5.2 Um caso concreto: Estônia 53
11.5.3 Ato administrativo e inteligência artificial (IA) 60
11.6 O silêncio da Administração 67
11.6.1 Abuso de Direito? 73
11.7 Tipologia do ato administrativo 74
11.7.1 Hely Lopes Meirelles 75
11.7.2 Irene Patrícia Nohara 76
11.7.3 Diogo de Figueiredo Moreira Neto 77
11.7.4 José dos Santos Carvalho Filho 78
11.7.5 Lucas Rocha Furtado 78

11.7.6 Edmir Netto de Araújo, Alexandre Santos de Aragão, Marçal Justen Filho 79
11.7.7 Celso Antônio Bandeira de Mello 79
11.7.8 Perfeição, validade, eficácia 80
11.7.9 Algumas ênfases recomendáveis: motivação; retroatividade ...80
11.7.10 Outros pontos que reclamam alusão: atos privados da Administração; atos normativos; atos inexistentes 85
11.8 Atributos? Poderes? Delegação. Avocação. Funcionário de fato 88
11.9 Autorização: um ato administrativo que merece destaque. Serviço Público: conceituação; principais moldes de sua execução..91
11.10 Características instrumentais do ato administrativo 101
11.10.1 Discricionariedade 103
11.10.2 Executoriedade 106
11.10.3 As presunções, com destaque para a presunção de legitimidade 108
11.10.4 A presunção de juridicidade 111
11.10.5 Poder (?) hierárquico e poder (?) disciplinar. Relações de sujeição especial 113
11.10.6 Poder (?) de polícia 115
11.10.7 Poder (?) normativo 120
11.11 Cláusulas acidentais do ato administrativo 136
11.12 Controle do ato administrativo 137
11.13 Extinção do ato administrativo 154
11.14 Excepcionalidades 174
11.15 Uma breve homenagem 184
11.16 Ato Administrativo: *reteorização* 185

CAPÍTULO 12

O contrato administrativo: um reencontro 205
12.1 Localizando e delimitando o tema 205
12.2 Fato jurídico, ato jurídico, negócio jurídico 207
12.3 Conceituação 208
12.4 A doutrina tradicional 210
12.4.1 Características do contrato administrativo 211
12.4.2 Cláusulas exorbitantes 212
12.5 Discrepando da tradição 215
12.5.1 Contrato de adesão? 215
12.6 Constituição brasileira e contrato administrativo. Controles 220

12.7 Contratos administrativos e a Lei Geral de Licitações e Contratos ... 224
12.7.1 Delimitação da matéria ... 225
12.7.2 Uma introdução ... 225
12.7.3 Artigos 1º a 6º da Lei Geral e outras capitulações pertinentes ... 229
12.8 Contrato Administrativo: *reteorização* (abordagem inicial) ... 243
12.9 As formulações estruturantes dos contratos administrativos em geral: uma introdução ... 247
12.9.1 Elementos e características ... 248
12.9.2 Garantias de execução do contrato ... 249
12.9.3 Alocação de riscos. Duração do contrato. Execução do contrato: exceção do contrato não cumprido; alteração do contrato; fato do príncipe; fato da administração; imprevisão; extinção unilateral do contrato ... 250
12.10 Aprofundamentos ... 261
12.10.1 A Lei Geral: uma visão crítica ... 261
12.10.2 Contratação administrativa e políticas públicas ... 263
12.10.3 Tópicos diversos: breves anotações ... 265
12.10.3.1 Emergências, calamidades, surpresas ... 265
12.10.3.2 Denunciante ... 266
12.10.3.3 Cláusulas exorbitantes (mais uma vez!) ... 268
12.11 Contratação: governança e controle. Forma dos contratos administrativos ... 269
12.12 Lei Geral: Relações às quais não se aplica ... 274
12.13 Jurisprudência clássica: algumas decisões ... 276
12.14 Empresas estatais e contrato administrativo ... 278
12.14.1 De novo: consensualidade ... 281
12.14.2.1 As cláusulas exorbitantes na Lei nº 13.303 ... 283
12.14.2.2 A duração do contrato ... 285
12.14.2.3 Formalização ... 285
12.14.2.4 Responsabilidades do contrato ... 287
12.14.2.5 Aspectos remanescentes ... 288
12.14.2.6 Sanções administrativas ... 290
12.14.2.7 Conclusão ... 294
12.14.3 Por que "Direito Administrativo Individual" e não "Direito Administrativo da Pessoa"? O viés *econômico* dos contratos administrativos ... 294
12.15 *Reteorização* (conclusão)... e um pouco mais de IA ... 300

CAPÍTULO 13

O Processo Administrativo: considerações iniciais. Finalidades e relevância do processo administrativo. Processo administrativo e procedimento administrativo. *Processo* como relação jurídica ... 303

13.1 Princípios do processo administrativo ... 315

13.2 Instauração do processo administrativo ... 335

13.3 Instrução do processo administrativo ... 344

13.4 A decisão do processo administrativo ... 361

REFERÊNCIA ADICIONAL (1) ... 405

PREFÁCIO

Sérgio Ferraz, professor de Direito Administrativo, dos maiores publicistas brasileiros, titular de um rico currículo profissional, traz a lume o segundo volume do seu *Tratado de Direito Administrativo Brasileiro*, que tenho a honra de prefaciar.

No primeiro volume, com amplo sucesso editorial, Sérgio cuidou da parte geral, isto é, dos fundamentos do Direito Administrativo. Agora, neste segundo volume, são examinados os "modais da função administrativa", abordando-se, com proficiência e cientificidade, "fato, ato, contrato, processo administrativo". Tem-se, é bem de ver, neste segundo volume, os modos de ação do Direito Administrativo, que, versado por mão de mestre, proporciona-nos o mais perfeito entendimento dessa ciência de direito público.

O autor é integrante da velha guarda dos notáveis veiculadores do Direito Administrativo; não, entretanto, do Direito Administrativo, que criou força na Itália nos anos 1930, e que não passava de um estatuto da Administração Pública; Sérgio engaja-se no Direito Administrativo contemporâneo, que se apresenta como verdadeiro estatuto do administrado, apegado à ideia de Constituição, no qual o administrativista é, sobretudo, constitucionalista. Afinal, vivemos a época do triunfo do constitucionalismo, era dos direitos proclamados e garantidos, segundo Bobbio, assim da constitucionalização do direito ou da sua compreensão e interpretação no rumo dos direitos fundamentais.

E constitucionalismo e liberdade se confundem, já que assentado na ideia de Constituição, que foi plasmada através dos séculos – a Magna Carta de 1215 pode bem ser o marco inicial – e trabalhada pelos iluministas, no século XVIII. Surge ela, então, no bojo de duas revoluções liberais, a Revolução Americana de 1676 e a Revolução Francesa de 1789, como limitadora do poder, instituidora da liberdade-autonomia (direitos fundamentais de primeira geração). A esta altura já se proclamam, desde a primeira metade do século XX, direitos fundamentais de 2ª geração (direitos sociais e econômicos), de 3ª geração (interesses difusos, no campo interno e externo) e direitos de 4ª geração (direito à democracia), sempre tendo em vista a liberdade – liberdades públicas contra e com o poder (ações negativas e positivas do Estado).

Nessa linha, Sérgio deixa claro, ao iniciar as suas lições, que se verifica "a constatação da tentação permanente e a propensão do Estado, de cometer ingerências na vida comunitária e na autonomia individual".

Mas é preciso afastar, acrescenta ele, essa "tentação permanente" do poder, evidenciando "a inaceitabilidade e a falsidade, os riscos e a ausência de fundamentos de ciência jurídica e da história do Homem, nesse expansionismo estatal". Daí, surgir a "premissa ideológica" deste Tratado, valendo "proclamar e demonstrar que a expansão estatal é nociva e há de ser combatida, em nome da dignidade humana, da liberdade de cada um e da harmonia do todo social", com a construção de "um sistema jurídico de garantias das liberdades capaz de funcionar ativa e/ou reativamente em face de quaisquer arroubos autoritários".

Forte nesse idealismo jurídico-constitucional, Sérgio evidencia a necessidade de "reconstrução dos conceitos de Direito Administrativo e de Função Administrativa", tarefa de difícil consecução, é certo, mas que a ela o autor se dedicou com afinco e resultados amplamente favoráveis, assentados em notável cultura de direito público, acumulada através de anos de estudo, de trabalhos jurídicos e, sobretudo, experiência como advogado na área do direito público. Essa advocacia fê-lo conhecer de perto as dificuldades dos administrados diante do poder estatal, a exigir a contenção deste, paralelamente com a "construção de um sistema jurídico de garantias das liberdades capaz de funcionar ativa e/ou reativamente em face de quaisquer arroubos autoritários".

Nessa ordem de ideias, põe-se Sérgio Ferraz entre os pais fundadores do novo Direito Administrativo a que aludimos: o Direito Administrativo como Estatuto do Administrado, tal como pregavam o velho Seabra Fagundes, Caio Tácito, Geraldo Ataliba, Ruy Cirne Lima, Oswaldo Aranha Bandeira de Mello, Paulo Neves de Carvalho, Hely Lopes Meirelles, Diogo Figueiredo Moreira Neto, e pregam, anota Sérgio, Celso Antônio Bandeira de Mello, Adilson Dallari, Gustavo Binenbojm, dentre outros notáveis patriarcas do direito público brasileiro.

Em 13 capítulos, postos de forma concatenada, Sérgio Ferraz retoma a caminhada iniciada com o primeiro volume do Tratado, abordando, agora, no Capítulo 10, o fato administrativo e, no Capítulo 11, o ato administrativo, que tem como um reencontro, desenvolvendo o tema em itens e subitens, trazendo ao debate, para ficarmos com os nacionais, lições de Hely Lopes Meirelles, Irene Patrícia Nohara, Diogo de Figueiredo Moreira Neto, José dos Santos Carvalho Filho, Lucas Rocha Furtado, Edmir Netto de Araújo, Alexandre Santos de Aragão, Marçal Justen Filho e Celso Antônio Bandeira de Mello.

No Capítulo 12, versa o autor sobre o contrato administrativo, em diversos itens, finalizando, no Capítulo 13, com o Processo Administrativo, seus princípios, sua instauração e instrução, a decisão do processo administrativo, recurso, reconsideração e revisão, assentado o discurso teórico de Sérgio Ferraz, nos capítulos aqui expostos, em esplêndida bibliografia de autores nacionais e estrangeiros.

Não quero me estender no prefácio, mesmo porque os prefácios geralmente são escritos para não serem lidos. E é compreensível. É que os leitores querem conhecer, de pronto, as lições do autor do livro.

Sérgio Ferraz escreveu este Tratado com engenho e arte, que, com o selo da Editora Fórum, veio para ficar. É obra definitiva, que constitui consagração do jurista, na idade provecta, mas que não deixa o velho entrar na sua vida. Não será mais um livro de Direito Administrativo. Será o Tratado de Direito Administrativo Brasileiro, que todos os que lidamos com o direito público deveremos ter nas nossas bibliotecas para ser lido e consultado.

Brasília, DF, Natal de 2023.

Carlos Mário da Silva Velloso

Ministro aposentado, ex-presidente do Supremo Tribunal Federal (1999/2001) e do Tribunal Superior Eleitoral (1994/1996 e 2005/2006); professor emérito da Universidade de Brasília (UnB) e da Pontifícia Universidade Católica de Minas Gerais (PUC/MG), em cujas Faculdades de Direito foi professor titular de Direito Constitucional e Teoria Geral do Direito Público.

Advogado: OAB/MG nº 7.725; OAB/DF nº 23.750.

CAPÍTULO 9

RETOMANDO A CAMINHADA

No volume I, da presente obra, enunciamos os fundamentos do Direito Administrativo. Tomamos então, como pressupostos de toda nossa construção teórica:

- a constatação da tentação permanente e a propensão do Estado de cometer ingerências na vida comunitária e na autonomia individual. Tal constatação foi – e volta a ser – apontada como a *premissa ontológica* de nosso trabalho. Evidenciar a inaceitabilidade e a falsidade, os riscos e a ausência de fundamentos de ciência jurídica e da história do Homem, nesse expansionismo estatal é nossa missão indeclinável, a ser retornada neste volume II;
- como decorrência do que acima posto surge a *premissa axiológica* de nosso esforço: proclamar e demonstrar que a expansão estatal é nociva e há de ser combatida, em nome da dignidade humana, da liberdade de cada um e da harmonia do todo social;
- todos esses ideais e metas exigem, de cada um de nós, assumir a causa da contenção do poder estatal e da construção de um sistema jurídico de garantias das liberdades capaz de funcionar ativa e/ou reativamente em face de quaisquer arroubos autoritários. Foi o que se viu, em nosso país, sobretudo no ano de 2021 (particularmente nos começos de setembro): às bazófias de alguns responderam o espírito democrático – pessoal e social – e a guarda da Constituição pelo Poder a ela (guarda) confiada, na Constituição mesma: destaque para o Supremo Tribunal Federal. Este conjunto de compromissos configura a *premissa epistemológica* de nosso Tratado.

Com essa tríade metodológica impunha-se, dentre outros deveres, a reconstrução dos conceitos de Direito Administrativo e de Função Administrativa. Por certo que essa não era uma tarefa de fácil consecução ou de diminuto risco intelectual: bem antes! Mas a ela nos dedicamos, a nosso ver com resultados coerentes, consequentes e acertados. Para não remeter o eventual leitor ao volume I, repetiremos os citados conceitos (sem justificações, fundamentações e explicitações, a serem buscadas, essas sim, no primeiro volume). Assim:

- *Direito Administrativo* é o ramo do jurismo que estuda a função administrativa, os instrumentos de sua ação, o controle de seu exercício e os pertinentes meios de defesa do administrado e de sua participação na definição das ações da Administração Pública;
- *Função Administrativa* é o exercício de competências estatuídas pelo Direito para, concretamente, sem prejuízo de controles (autônomos e/ou heterônomos), a Administração Pública promover a utilidade geral e garantir, de ofício ou mandato solicitação/provocação, os interesses de cada indivíduo (bem como de suas coletividades, por eles formadas ou conformadas) e seus direitos fundamentais.

É nessa moldura que serão encartados nossos comentários e conceitos sobre os modais da função administrativa. Estarão nossos textos ainda reverentes à elaboração, desenhada no primeiro volume, sobre os princípios do Direito Administrativo e sobre a interpretação dos comandos normativos (tanto os abstratos/estipulativos quanto os concretos).

A invocação, pouco antes reafirmada, à temática dos *princípios* em nós suscita a determinação de formular uma advertência conceitual. A ela se dedicam as linhas subsequentes.

A partir dos extraordinários trabalhos de Gordillo, e, entre nós, das sucessivas edições do importante *Curso de Direito Administrativo*,[1] de Celso Antônio Bandeira de Mello, tornou-se usual dizer e escrever que violar um princípio seria mais grave que infringir uma regra.

É óbvio, contudo, que adotar tal ditame sem o contexto histórico que o inspirou constitui rematado equívoco jurídico. Expliquemos nossa ressalva, retomando considerações do primeiro volume e aditando alguns tópicos.

---

[1] MELLO, Celso Antônio Bandeira de. *Curso de Direito Administrativo*. 35. ed. Salvador e São Paulo: JusPodium e Malheiros, 2021.

O princípio jurídico é uma *ideia*, que inspira a formação do direito positivo e auxilia sua interpretação, ou uma *norma*.

Como *norma*,[2] sua violação ou desprezo configura *ilicitude*, tal como se dá relativamente a qualquer outra *norma* do sistema. É tão grave, então, violar um princípio "normatizado", como qualquer outra norma do ordenamento. O grau de rejeição, as formas de reação do sistema, o alcance da repulsa, tudo isso será equacionado em razão da natureza, amplitude ou profundidade da norma golpeada. Não existe aqui, maior ou menor *gravidade* na violação em si.

Como *ideia*, o princípio não comporta o evento da infringência. Ou o agente o *aceita* (como matéria prima da elaboração de novas normas, ou como critério de interpretação das que existentes), ou não o adota, tudo isso segundo o "estado da arte" da cultura (particularmente a jurídica e a ética) existente em certo espaço e tempo. Sua eventual opção pela desconsideração poderá, inclusive, provocar graves reações sociais, com consequências de monta. Mas não haverá como comparar, particularmente por considerações de *gravidade*, a vulneração de um princípio-ideia e a de uma norma jurídica.

Gordillo (e também Celso Antônio) abraçaram a fórmula, ora criticada, num momento histórico peculiar. Tanto na Argentina quanto no Brasil éramos sufocados por uma ditadura militar, que não se sentia coartada sequer pelo valor da integridade física e mental do cidadão, nem mesmo pelo respeito à sua vida. A garantia da vida e da integridade individual não tinha ali o escudo, expresso ou implícito, do ordenamento excepcional à época vigente. Mas a vida e a dignidade dos seres, mesmo naqueles terríveis anos, continuava a ser – claro que não para os algozes – O PRINCÍPIO da própria existência da sociedade e dos indivíduos que a compunham. Violar um PRINCÍPIO – o que infelizmente se fez então à farta – era, de fato, muito mais grave que violar as regras do ordenamento jurídico de exceção. Proclamar a supremacia de tal valor era verdadeira condição de sobrevivência de cada um e de todos.

Num Estado de Direito Democrático ou num Estado Democrático de Direito o quadro, em termos de lógica jurídica, é bem diverso. Até porque, pela Constituição do Brasil, na forma do parágrafo 2º de seu artigo 5º, *todos os princípios fundantes do nosso Estado Democrático de Direito* estão *positivados*, SÃO NORMAS JURÍDICAS, quer formalmente

---

2 Por exemplo, o elenco do *caput* do artigo 37 da Constituição.

expressadas ou não, desde que inerentes à ambiência constitucional escrita, quer dela decorrentes. Alerte-se: o que aqui exposto não é uma *opinião*, mas uma *convicção*. Recorde-se, a propósito, o magistério atribuído a Heine: é necessário mais que uma simples opinião para levantar uma catedral gótica.

Uma derradeira precisão metodológica: na caminhada que se vai encetar, a análise de todos os temas levará sempre em consideração, ademais do que até aqui enunciado, uma funda preocupação pelo respeito ao meio ambiente em que vivemos (e que é o único que temos), pela construção da harmonia social e pela inaceitação do caos, do autoritarismo e da corrupção. É dizer, na linha do que tanto se reclama, com razão e justiça, o viés ESG conduzirá nosso texto, até porque não há justificação para reservá-lo aos campos da tecnologia.

Na sequência, introduziremos os diferentes *modos* de concretização da função administrativa, reservando, para cada um, segmento próprio.

Mais algumas achegas nos parecem convenientes.

Como *ideia* que é, em sua mais recuada redução eidética e semântica, nem por isso o princípio é imune às práticas, usos e costumes. Pode-se mesmo dizer que há, aqui, muitas vezes, uma relação de circularidade: o princípio inspira práticas, mas a prática generalizada e inconteste também afeta a formatação e conformação de um princípio, reformulando-o por vezes. Daí poder-se dizer que o princípio, em tese, tem uma dimensão *dogmática*, mas também, pode, cá e acolá, hoje ou amanhã, desfrutar de uma dimensão *pragmática*. Doutra banda, como ideia que é na sua mais remota origem, o princípio é um dado cultural e até civilizatório, por isso mesmo contingente (no tempo e no espaço), integrado no sistema social (por isso mesmo até dispensando, sem prejuízo para sua coercitividade, consagração normativa). Por fim, a existência de princípios (seja como *intentio*, seja como *ratio*, seja ainda como *jus*), a balizarem a função administrativa, a gestão pública e a responsabilidade do agente administrativo significam um compromisso, de cada um de nós e de nossas coletividades, com uma visão (do mundo) repleta de *empatia*. Aliás, como confirmação do que ora afirmado, basta ler o artigo 22 da LINDB. Ou ainda, o artigo 28 do mesmo diploma, fundador de um verdadeiro direito subjetivo ao erro humano. É esse nosso clamor pela empatia que pode vir a conduzir-nos para longe do chamado "direito administrativo do medo", ou, ainda, do tão falado "apagão das canetas".

Daí que, ecoando enfaticamente o pensamento de Filippo Satta, reiteramos que o núcleo do Direito Administrativo é uma imposição *moral* antes mesmo que jurídica. Enfim, lutamos por um Direito Administrativo (e, pois, por atos administrativos em sentido lato) axiologicamente referido e interpretado, ainda quando o direito positivo circunstancialmente não expresse a natureza desse núcleo. Karl Kraus, importantíssimo escritor (sobretudo teatral) alemão do século 20, muito ativo criticamente nos primeiros anos do regime nazista, sempre timbrou (tal como temos feito na presente obra) em batalhar contra a opressão do Estado contra o indivíduo. Muito significativamente, em sua obra-prima (para o teatro) *Dritte Walpurgisnacht*,[3] censurou fortemente o adesismo dos intelectuais (particularmente Martin Heidegger e Oswald Spengler), às deformações morais do nazismo. Aliás, permanece sua crítica muito atual, particularmente quando temos aos nossos olhos o alinhamento de intelectuais brasileiros à corrupção dos governos petistas ou às tendências autoritárias e desumanas do finado governo bolsonarista. Administração Pública e Direito Administrativo sem culto aos valores da vida individual digna são lixo que a todos nós incumbe varrer.

---

3 KRAUS, Karl. Marix Verlag, Wiesbaden, 2015.

CAPÍTULO 10

O FATO ADMINISTRATIVO

10.1

A análise dos diferentes modais de concretização da função administrativa pode seguir inúmeros roteiros. Na medida do viável, muitos desses roteiros começarão agora a ser percorridos. Mas o essencial consistirá num segmento conceitual, adentrando na continuação de várias outras vias úteis de abordagem, no pensamento do autor, para a adequada compreensão do tópico estudado.

O que acima posto será aplicado não só para a matéria do *fato administrativo,* como também nos demais prismas dos modos de execução da função administrativa, a serem alvo de itemizações autônomas.

10.2

Segundo passagens anteriores que assinalamos, tornou-se habitual, já de algum tempo, falar-se, quando se estuda nosso Direito Administrativo, em "fuga para o Direito Privado". Com essa locução, assaz imprecisa, pretende-se dizer que, "modernamente", alguns autores do Direito Administrativo estariam tomando de empréstimo definições e conceitos do Direito Privado, sobretudo do Direito Civil, para reexplicar ou refundar institutos do Direito Administrativo. Equívoco total, conforme se passará a deduzir.

À unidade científica do Direito – isso é um truísmo – repele o estilhaçamento do conhecimento jurídico. Apenas por instrumentalização metodológica e/ou didática, ou para dar mais ênfase aos particularismos dos fenômenos sociais com que o Direito lida, é que se admite falar em Direito Penal, Direito Processual, Direito Urbanístico etc. TODO o Direito do mundo ocidental, particularmente do mundo de tradição latina, nasce do que se convencionou denominar, desde a Antiguidade Clássica, *Direito Civil*. Nele se fundou, verdadeiramente, a *teoria geral do Direito*. E, por isso, é mais que usual ou confortável, é mesmo *imperativo* que o administrativista, ao encarar os desafios da disciplina que abraçou, busque na teoria geral do Direito as matrizes do pensamento e dos sistemas que tenha decidido esmiuçar. E é a esse labor imperativo reiterarmos que erradamente se apôs o rótulo locucional "fuga para o Direito Privado". Pontuemos, porém: essa é uma assertiva polêmica nossa. Alguns excelentes administrativistas inaceitam formalmente, por exemplo, que, na conceituação de *fato administrativo* e de *ato administrativo*, o autor faça paralelos com as ideias de *ato jurídico* e de *fato jurídico*. Mas, pelos motivos antes expostos, bem como pelos que serão aduzidos, pedimos vênia para inaceitar a postura em questão.

Pois bem: no campo conceitual, em que agora nos debruçamos, não há como fugir. Começando aqui pelo *fato administrativo*, imprescindível, em nosso entendimento, afigura-se o exame do que nos tem a desvendar a teoria geral do Direito, relativamente ao *fato jurídico* (o mesmo ocorrerá, bem mais adiante, com o *ato* e o *negócio* jurídicos e administrativos).

10.2.1

Não há pacificação doutrinária na conceituação de *fato jurídico*. O que importa em dizer que tampouco se apresenta incontroversa a ideia de *fato administrativo* (ou fato jurídico administrativo). Quando tal dissídio apresenta-se, lícito é ao expositor abraçar, justificadamente, o viés conceitual/definitório que lhe proporcione sensação de conformidade entre o que pensa e o que deseja exprimir.

Por opção nossa, independentemente das objeções e discussões que assim possam ser suscitadas, temos por *fato administrativo* todo e qualquer evento material, seja da natureza ou decorrente de não verificada e/ou não verificável ação humana (ou de *omissão* quando deveria ter havido *ação*) que não de agente administrativo, que produza consequências no campo da função administrativa. Terremotos, vulcões, ciclones etc., fenômenos esses independentes *imediatamente* do exercício de função administrativa, podem impactá-la ou mesmo provocar sua deflagração. É verdade que tais fenômenos (e outros das mesmas natureza e dimensões) acontecem quase sempre sem que o administrador possa prevê-los com exatidão, controlá-los ou evitá-los. Mas muitas vezes é possível obter indicações de que virão tais catástrofes, dos locais onde elas poderão acontecer ou do momento mais provável de suas eclosões. Se assim se der, a Administração, pelos setores próprios e agentes competentes, deverá formular e manifestar sua *vontade*, praticando *atos administrativos* que atenuem, parcial ou totalmente, os sofrimentos ou os riscos e danos em que incorrerão as pessoas, inclusive com sua remoção compulsória dos locais a serem especulativamente atingidos pelas inclementes ocorrências tomadas como exemplos.

Pode dar-se igualmente a identificação de um *fato administrativo*, nos casos em que, tendo ocorrido embora um *ato*, ele não é imputável a um agente administrativo, não se revelando possível, muitas vezes, averiguar sua causa ou seu agente. É o caso, por exemplo, de incêndios em relação aos quais é impossível determinar imputações ou afirmar responsabilidades.

Quer se trate de autêntico fato da natureza, quer se cuide de ato humano não atribuível concretamente a um certo autor, sempre cogitável indagar como se deu, no caso focalizado, o exercício da função administrativa: a Administração adotou cuidados preventivos? Deu assistência (de múltiplos matizes) aos administrados sobre os quais recaíram os efeitos da ocorrência? Houve omissão na comunicação da possibilidade da eventualidade perigosa? Ocorreu desvio ou erro na função administrativa desempenhada? Com essas indagações – e muitas outras a propósito poderiam ser deduzidas – o que pretendemos é enfatizar que *fatos administrativos* não são juridicamente irrelevantes. Há responsabilidades envolvidas, com todo o seu séquito de consequências imagináveis (inclusive sanções de inúmeros perfis).

Decorre, do quanto exposto que, mesmo quando o evento material não exija, ou pareça não exigir, para sua ocorrência, o concurso da vontade de um agente, o simples fato de sua concretização demanda inúmeros desempenhos de função administrativa, com as decorrências naturais daí derivadas.

Sirva de exemplo, do que acima desenvolvido, recente acontecimento que se deu no estado de Minas Gerais. Num lago de rara beleza, formado por barragem de imensa hidrelétrica, foi admitida a realização de passeios e diversões turísticas. Em alguns pontos, o lago era cercado por escarpas rochosas aparentemente sólidas. APARENTEMENTE. A navegação pelo lago, ou o exercício de atividades de natação, ficavam sob a regulação e fiscalização da Marinha brasileira.

E, obviamente, o entorno do lago (é dizer, suas margens), quando não configurada propriedade privada (hipótese em que o dono particular terá responsabilidade solidária pelos riscos de não manutenção de estabilidade do solo), constitui em princípio domínio do município. Num certo fim de semana, uma lâmina granítica imensa desprendeu-se da escarpa e caiu sobre embarcações turísticas, acarretando muitas mortes e outros tantos danos materiais e pessoais. De imediato, proclamou-se que às chuvas copiosas, que há dias caíam na região, deveria ser atribuída a causação do acidente. Fato da natureza, caso fortuito, fato administrativo? A resposta há de ser *negativa*, eis que se confirmou que o Município jamais assumira controles e atuações sobre o comportamento geológico das margens do lago, mesmo após uma prolongada estação de precipitações pluviométricas. Nem mesmo a cautela elementar de suspender preventivamente (ou pedir sua suspensão à autoridade competente para regular o uso das águas lacustres) a circulação pela localidade, até que examinadas as consequências das persistentes quedas de chuvas e suas infiltrações no solo. Daí: fato administrativo ou *ato* administrativo omissivo?

Os exemplos similares são infinitos e aí vão mais algumas indicações:

a) os moradores de Nápoles (diariamente à mercê das erupções do Vesúvio) e da Califórnia (com algumas grandes cidades assentadas sobre a catastrófica falha de San Andrés, que aliás já ocasionou desastrosos sismos em São Francisco e Los Angeles), ou do território japonês (implantado no "círculo de fogo" do Pacífico), podem exigir das pertinentes Administrações Públicas não que evitem os fatos da natureza, mas que por elas sejam avisados os moradores de sua iminência, bem como orientados sobre quando, onde e como abandonar suas casas; aliás, o mesmo direito à segurança tem de ser – mas não é, sobretudo no Brasil – garantido aos moradores em áreas de riscos, como favelas, charcos etc.;

b) em recentes meses, a minúscula Tonga teve sua capital gravemente atingida por um tsunami, derivado de uma erupção vulcânica submarina a cerca de uma centena de quilômetros da costa do país. Claro que o maremoto e o evento vulcânico são típicos fatos da natureza. Mas planos de alerta e evacuação da população *têm de ser* indeclinável providência da Administração Pública do país até porque, neste caso, cientificamente já constatado que, a continuar o efeito estufa no seu ritmo atual, em poucas décadas Tonga será irremediavelmente coberta pelo oceano. E que materialmente há função administrativa cogitável e possível sirva de confirmação a proteção holandesa a seus extensos territórios abaixo do nível do mar.

Toda a exposição, até aqui deduzida, permite que se adote a lição de Savigny, em seu fundamental *System des heutiges Römischen Rechts*:[4] *fatos jurídicos* são os acontecimentos em virtude dos quais as relações de direito nascem, bem como se modificam ou se extinguem. Quando tais fatos impactam na (ou resultam da) função administrativa, temos os *fatos administrativos*. Alguns destes defluem tão apenas de fenômenos de ordem natural, imprevisíveis e/ou inevitáveis, não existindo margem para ações preventivas ou pelo menos atenuadoras de efeitos; é dizer, não há, em sua produção, intervenção da vontade humana. Já outros decorrem de atos dolosos ou culposos, de terceiros; é o caso dos grandes incêndios que periodicamente assolam nossas florestas e as de outros países (Estados Unidos, Austrália, Portugal, Grécia etc.), de regra resultantes da intenção ou da inércia humana, não sendo possível constatar um concreto vínculo pessoal de causalidade. Já os acontecimentos conectados (ativa ou omissivamente) à vontade de um agente administrativo configuram o conceito de *ato administrativo*, matéria a ser focalizada em segmento próprio. Na oportunidade, além da conceituação cabível, far-se-á a distinção entre atos comissivos e omissivos, bem como examinar-se-á a categoria dos atos implícitos, assim como a dos atos automáticos. E até dos atos *inexistentes* (?).

Todavia, na dicotomia, acima colocada, não se esgota a problemática dos *fatos administrativos*. É que o estado da arte do atual conhecimento tecnológico e científico terminou por engendrar um terceiro vetor de *fato administrativo* que, por sua atualidade mesma, não é abordado pelos autores clássicos de tratados, cursos e manuais de Direito Administrativo. E ressalte-se: aqui não se trata de simples *contingência*, conceito que abarca situações que nem sempre interessam à ciência jurídica. Não, o que no ponto se apresenta é a própria *essência* de nossa realidade contemporânea e diária, o que exige a atenção da Ciência do Direito. Expliquemo-nos.

---

4 SAVIGNY, F. C. *System des Leutigen Römischen Rechts*. 3. ed. Berlin, 1863.

O desenvolvimento da informática e da cibernética parece não ter fim. E não é só: vem ele se processando com uma rapidez extraordinária, praticamente até impedindo cada um de nós de estar permanentemente ciente do estágio atualizado do conhecimento e dos instrumentos postos à disposição de nossa ação, a cada dia que passa.

Ao extraordinário progresso incessante veio somar-se, nos últimos tempos, o advento da inteligência artificial e sua utilização em praticamente todos os aspectos da nossa existência. Muitas das máquinas, dos instrumentos e equipamentos cibernéticos e informáticos, inclusive alguns aparelhos eletrônicos domésticos, já dispõem da capacidade de captação imediata e automática, bem como de armazenamento de dados para intercomunicação. Cabe mesmo falar, considerando um conjunto de equipamentos, em diálogo, interação comportamental: é aquilo que os cientistas de língua inglesa denominam IoT, ou, entre nós, internet das coisas. Até onde sabemos, por trás de tudo isso ainda existe uma inteligência humana, que programa o funcionamento de tais dispositivos ou máquinas. Mas, com o referido advento e crescente utilização da inteligência artificial, surgiram complexos eletrônicos "inteligentes", capazes de adaptar, sem interferência da vontade humana, sua atuação. É o caso, por exemplo, do carro inteligente da Tesla ou, ainda, do controle cibernético dos computadores de alguns aviões. Ocorre que, como é de conhecimento acessível a qualquer pessoa, já se registraram acidentes fatais, com os citados carros inteligentes atropelando pedestres (nos Estados Unidos). Mais, até: tais apetrechos podem ditar seu funcionamento *em contrariedade, mesmo, a comandos da atitude humana*: sirva de exemplo investigação da agência norte-americana de análise de acidentes aéreos que, pesquisando o que ocorrera com aviões de nova geração (o Boeing 737 Max 8), altamente informatizados, detectou que, em muitos casos, quando o piloto pretendia assumir o comando pessoal do avião, para tanto desligando alguns instrumentos informatizados, foi bloqueado pelo computador de voo, daí originando-se uma sequência de decisões que findou por levar tragicamente o avião ao mar ou ao solo.

Com tudo isso, o que estamos a dizer, em arremate a este segmento, é que além dos fatos típicos da natureza, dos fatos voluntários, mas anônimos (transitória ou definitivamente) e dos fatos mistos (em que a natureza e a vontade anônima concorrem), também há *um novo tipo de fato administrativo*: o acontecimento que não decorre de vontade humana, que não resulta das forças impessoais da natureza ou da combinação de um e outro modelo; estamos ingressando num estágio ameaçador, talvez até mesmo fascinante, uma era em que a "vontade" de certas máquinas, desenvolvidas em ambiência de *machine learning*, está a provocar eventos que dão origem a relações jurídicas, as modificam ou mesmo as extinguem. E quando isso tudo ocorre no campo da *função administrativa* – é dizer, na atividade concreta da Administração Pública, para o atendimento às necessidades, reclamos e conveniências dos indivíduos e das coletividades por eles constituídas (e a mobilidade pessoal é hipótese típica da função administrativa, contemplada em alguns dos exemplos por nós mais acima trazidos à colação) –, o que temos é uma ampliação considerável, até há pouco tempo sequer imaginada, do conceito de *fato administrativo*.

Enunciemos outras amostras que ampliam as fronteiras conceituais de *fato administrativo*.

Nas primeiras semanas do ano de 2022, a Universidade John Hopkins, dos Estados Unidos, noticiou a realização *totalmente autônoma*, por um robô chamado STAR, de delicada cirurgia laparoscópica de reconexão das extremidades do intestino delgado de um paciente. O processo foi totalmente bem sucedido. E, ao contrário do que é habitual na cirurgia robótica – um cirurgião, com sua equipe, *manobra* o robô e dirige sua atuação – aqui tivemos o STAR, com base nos conhecimentos do caso que lhe foram remetidos, analisando-os e decidindo o que seria, *ao ver de seus algoritmos*, a melhor solução, efetuando o procedimento necessário!

Outro exemplo: o Brasil já implementou as etapas necessárias à plena utilização do Sistema 5G de telefonia móvel. Nos Estados Unidos, esse nível de progresso estava em vias de completa operação, até o momento em que a Airlines for America (grupo que representa as dez maiores companhias aéreas norte-americanas) detectou interferências dos sistemas 5G, em razão das frequências de rádio em que trabalham, nos altímetros dos aviões. Note-se que as principais empresas de telecomunicações, no referido país dominando o mercado do 5G – ATT e Verizon – "acusaram o golpe" e determinaram o estudo da questão das frequências de rádio. Mas até aqui a operação da faixa do 5G, perto dos aeroportos americanos, não foi definitivamente resolvida pela agência regulatória do setor. No Brasil, ANATEL e EMBRAER já se debruçam sobre o tema. O sistema 5G é dotado de extrema autonomia de ação, independendo quase da interferência humana. Nesse ambiente, um fato técnico, eventualmente causador de desastre aéreo, pode ocasionar, por si só, uma tragédia, sem lugar para alegação de fato da natureza ou da vontade humana.

Oportuno, pelo que até aqui exposto, lembrar entrevista concedida por Stuart Russell,[5] um dos maiores cientistas da computação e IA. O eminente professor de Berkeley, após enfatizar os riscos da IA na indústria de armamentos, fez as seguintes advertências ominosas, relativamente ao desenvolvimento da IA:

> **Que outros aspectos merecem atenção urgente no desenvolvimento da IA?**
>
> Os algoritmos nas redes sociais, que têm papel central no aumento da polarização e na amplificação da desinformação. Também precisamos pensar sobre o que acontecerá se tivermos sucesso em criar uma espécie de super-homem artificial inteligente. Quando (o matemático e cientista britânico) Alan Turing (1912-1954) considerou essa possibilidade, em palestra em 1951, afirmou que "após se iniciar um método de pensamento da máquina, não demorará muito para ela nos superar, devemos esperar que em algum momento elas assumam o controle". Ou, de outra maneira: uma inteligência artificial de uso geral será, sim, muito mais poderosa que nós.
>
> **Mas o título de seu livro diz ser possível usar a inteligência artificial a nosso favor...**
>
> Como assegurar que ela não se voltará contra nós? Há muitas maneiras de se responder a esta questão, e todas incluem repensar completamente a maneira como estamos projetando e construindo hoje os sistemas de IA. E, claro, precisamos fazer isso antes de criar essa IA de uso geral.

Com tais preocupações e reformulações conceituais em mente, passemos adiante em nossa trajetória.

[5] GRAÇA, Eduardo. A inteligência artificial será muito mais poderosa que nós, diz cientista que virou referência no tema. *Jornal O Globo*, 13 jan. 2022, p. 12. Disponível em: https://oglobo.globo.com/economia/tecnologia/a-inteligencia-artificial-sera-muito-mais-poderosa-que-nos-diz-cientista-que-virou-referencia-no-tema-25351033. Acesso em: 15 jan. 2024.

CAPÍTULO 11

O ATO ADMINISTRATIVO

Em primeiro lugar, impõe-se uma advertência: aqui, ao tratarmos do *ato administrativo*, modal da execução da função administrativa, as premissas de ciência jurídica e as balizas metodológicas, assentadas nos itens 9 e 10 precedentes, incidem ainda mais eloquentemente no que se refere ao *ato administrativo*, quando o comparamos com o *fato administrativo*. Recomenda-se então, como introdução a este item 11, que sejam relidos os anteriores 9 e 10. E a explicação para essa ênfase é bem fácil de apontar: no ato administrativo surge, como elemento imprescindível, com força determinante, a *vontade* do agente (comissiva e/ou omissiva). E esse é um particularismo de que não podemos agora nos esquecer.

Tampouco há de ser olvidado – bem ao contrário – tudo quanto, no volume I, configura nosso entendimento, e nosso esforço conceitual, para a construção significativa e significadora do que sejam *Direito Administrativo* e *função administrativa*. Com esse conjunto em mente, que proclamamos como alicerces do estudo do ato administrativo, é que caminhamos pela bem longa estrada que o título deste item 11 anuncia: "O ato administrativo".

11.1

Por ora, cabe repetir: o Direito Administrativo actocêntrico é uma velharia, se analisado sob a perspectiva da suposta preponderância da Administração Pública sobre indivíduos e suas coletividades. Nem por isso, contudo, pode metodologicamente afastar-se qualquer autor do estudo do ato administrativo, mas vendo-o como fundador de uma relação jurídica com os administrados, implicados, pelo *consenso*, expresso ou implícito na concretização dos misteres administrativos. É nessa equação que se insere o exame dos elementos do ato administrativo, seus requisitos, suas modalidades, seus atributos, seus vícios (e as consequências daí advindas) etc. É dizer, não há, no estágio atingido pelo conhecimento, como divisar no ato administrativo tão apenas uma declaração de vontade do Estado (*lato sensu*), no exercício de hipotéticas *prerrogativas* públicas. Que propomos, então, como *conceito* de ato administrativo?

Em resposta, afirmamos que partiremos, no processo de revelação ora encetado, de duas matrizes de ideias: a da indispensabilidade de nos aproximarmos (tal como fizemos com o fato administrativo) da teoria geral do Direito (com o que iremos buscar o conceito de ato jurídico, como mola propulsora) e o da imprescindibilidade de ver o indivíduo (aqui por tradição denominado *administrado*) como *sujeito* (e não simples destinatário) do ato administrativo. Façamo-lo em itens apartados.

11.1A

Ao contrário do Código Civil de 1916, que definia em seu artigo 81 o que era *ato jurídico*, o atual Código (2002) disso não cogitou. Não há necessidade, aqui, de dissecarmos as razões da diretriz adotada em 2002. Por certo que se levou em conta a insuficiência lógico-jurídica do teor do artigo 81 precitado (que excluía os atos ilícitos da redação codificada), bem como a sólida construção doutrinária desenvolvida por todo o século 20, sobre tão relevante temática. Atentos à dita construção, bem como não nos divorciando da teoria geral do Direito, *conceituaremos inicialmente*, em destaque:

— Ato administrativo é a manifestação de vontade do Estado, por agente público ou privado, no exercício de função administrativa, dessa forma produzindo efeitos jurídicos desejados, convenientes ou reclamados pelos indivíduos e/ou pelas coletividades, que integrem.

11.1B

Neste momento, pouco importa a licitude ou ilicitude do ato administrativo. E igualmente não interessa se os efeitos jurídicos de sua prática são criativos de direitos, modificativos ou extintivos. Tais aspectos serão abordados em posteriores momentos.

Mas é essencial, como decorrência mesmo de nossa concepção de função administrativa, que o propósito da manifestação, como requisito mesmo de sua validade e licitude, seja causar e garantir a liberdade e a felicidade possíveis dos seres e das coletividades em que eles se integram. A eliminação do sofrimento e o propiciamento da plena realização humana, na vida coletiva, são não apenas ideias do epicurismo, mas a própria razão de ser da função administrativa. E a tudo isso atentos, perturba-nos intensamente que o Brasil venha sempre caindo em posições no *ranking* mundial de percepção da corrupção, que anualmente é publicado pela ONG Transparência Internacional. Tal levantamento, que abrange 180 (cento e oitenta) países, apontou, em 2021, Dinamarca, Finlândia e Nova Zelândia, empatados, como os primeiros na identificação e correção de casos de corrupção (pública ou privada, individual ou corporativa). Na mesma escala (de pontuação, que vai de zero a cem), o Brasil, que vinha de um nada honroso 94º lugar, apareceu então em 96º lugar, com 38 pontos (os três melhores países, acima referidos, completaram 88 pontos). Falta de transparência e corrupção formam um coquetel ameaçador às instituições e à própria consolidação da democracia e do Estado de Direito.

Em suma: o exercício da função administrativa tem de ser transparente e sempre comprometido com os anseios e aspirações da maioria dos administrados e de suas coletividades, obviamente sem suprimir a opinião eventualmente minoritária, cujos direitos constitucionalmente assegurados não podem ser ignorados ou deturpados. Sublinhe-se: direito de opinião e de expressão NÃO ENVOLVEM pensamentos e palavras incitadoras de destruição do Estado de Direito e da Democracia, ao contrário do que "bolsonaristas" e quejandos pensam (eles pensam?).

11.1C

É sempre útil, quando mais não seja para fixação de conceitos, elaborar breve histórico, até de cunho arqueológico mesmo, para que se aquilate quão antiga, até mesmo inevitável, foi e é a compreensão do que seja *ato administrativo*.

Provavelmente, é na antiguidade mesopotâmica que encontraremos os primeiros documentos (alguns simples fragmentos, por vezes) com aproximações ao que mais correntemente se entende por *ato administrativo*. E aqui uma primeira constatação, que até explica a opção de muitos autores modernos e contemporâneos:[6] boa parte

---

6 Para simples exemplificação: nosso inolvidável Oswaldo Aranha Bandeira de Mello.

desses textos remotíssimos (no tempo e no espaço) vê unificadas a função administrativa e a jurisdicional, nelas divisando, como núcleo concreto, a aplicação autocrática e incontrastável, das normas e leis emanadas do próprio autocrata. O círculo ainda mais se estreita, quando nos lembramos de que, nos milênios em questão, todos anteriores à marcação cronológica cristã, o rei (soberano, ditador, déspota etc.), além de ser chefe da Administração e da Jurisdição, também era o principal (quando não único, e até por suposto direito divino) personagem da legislação. Infelizmente, até hoje encontramos muitos líderes que se têm por perpetuadores dessa nefanda tradição.

No mergulho da profundidade dos tempos, ora empreendido, cumpre relembrar que sumérios, acádios e outros primeiros povos mesopotâmicos editaram importante normatividade (da qual, repita-se, temos alguns fragmentos que a arqueologia recuperou) de máximas hipoteticamente preventivas ou corretivas de injustiças e rejeição às arbitrariedades, tanto nas relações privadas quanto no ambiente social e econômico. Enmetena (2404-2375 a.C.), Enanatum II, Enentarzi e Lugalanda foram alguns desses reis autores de textos jurídicos que podem ser tidos como pioneiros (claro, considerando apenas aqueles que chegaram ao conhecimento contemporâneo). Todavia, o destaque maior parece caber a Uruinimgina, um caldeu que, entre 2352-2342 a.C., editou, em escrita cuneiforme, muitas prescrições, gravadas em argila e barro, atinentes, dentre outros temas, à estrutura administrativa, ao patrimônio do Estado e do rei e sua gestão, bem como à regulação de profissões, atividades e serviços. Em tais restos documentais depreende-se que o propósito de Uruinimgina era, de um lado, reafirmar a validade e a coercitividade de "decretos" de tempos anteriores – Direito Administrativo, com ênfase em Atos Administrativos, pois! –, de outro lado, restaurar a ordem das coisas como instituídas pelos deuses na criação do universo. Menção também há de ser feita ao rei Sinn-iddinam, que por volta de 1800 a.C., dentre outros "reis", editou uma *regulação* relativa à correção do curso do Rio Tigre (pioneiro da *regulação?*).

As eras aqui enfocadas prenunciaram também a formulação de verdadeiros Códigos Jurídicos, que não devem ser por nós simplesmente ignorados. Não esgotaremos, contudo, a matéria, limitando-nos a alguns destaques dignos de tal esforço. Iremos itemizá-los por maiúsculas, para maior comodidade expositiva.

A- Em primeiro lugar, refira-se o *Código de Shulgi*, em língua suméria, composto – é o que ao menos parece ser, pelo material encontrado – por um prólogo (que, a pretexto de celebrar os feitos do rei Shulgi, revela uma série relevante de medidas administrativas) e 32 artigos (típicos do Direito Penal e que, parcialmente, foram abrigados no célebre Código de Hamurabi). Do citado prólogo iremos pinçar dois tópicos: os de números 7 (estabelecimento de medidas, pesos e padrões monetários) e 8 (regulação das margens dos rios Tigre e Eufrates e demais rios da Mesopotâmia). Os dois tópicos são redigidos com o formato de relato de atos já praticados pelo rei, mas, como alertaram os arqueólogos e outros pesquisadores, aquilo que narrado continha uma norma no sentido de que o já realizado não poderia ser modificado ou ignorado. Nas transcrições abaixo, o signo "chave" ([) indica uma inserção dos pesquisadores (seguida pelo contexto dos fragmentos de argila) para dar sentido à frase incompleta; e o uso de parênteses traduz a complementação de uma palavra, apenas parcialmente constante do suposto material do Código. Assim:

> (7) Estabeleci o que é um SILÀ; fiz uma medida BÁN de cobre [e] a fixei como dez SILÀ; fiz com que circulasse a medida real BÀN de cobre e avaliei em cinco SILÀ; o peso de pedra de um GÍN foi avaliado como 1/60 de mina. Decretei uma medida de bronze de um SILÀ [e] a estabeleci [como] uma mina; estabeleci [também] o peso de um GÍN de prata [em equivalência] ao valor de uma mina.[7]
>
> (8) Naquele tempo, as margens do Tigre, as margens do Eufrates e as margens de todos os rios, [preparados os ban (quetes) rituais, ofere (ceram)] suas províncias [voluntariamente]; plantei ali hortas e nelas nomeei como chefe supremo um arboricultor real.

Prossigamos em nossa incursão histórica.

B- É a vez do *Código de Lipit-Ishtar*. Trata-se de um *codex* que porta o nome do rei que o editou, quase dois séculos após o Código de *Shulgi*. *Lipit-Ishtar* governou de 1934 a 1924 a.C. Seu Código também foi localizado em placas de argila redigidas em sumério. Tal como o de *Shulgi*, no de *Lipit-Ishtar* também aqui encontramos um prólogo (autolaudatório e prescritivo, nos moldes expostos no item "A" precedente) e uma parte dispositiva, cobrindo o conjunto vários ramos do Direito, com ênfase no Direito Penal. Há ainda, no Código de *Lipit-Ishtar*, mais duas partes: um epílogo, sobretudo autolaudatório, mas contendo também determinações; um anexo, com sete parágrafos, sobre direito sucessório e direito penal. Anote-se derradeiramente a existência

---

[7] Anote-se: uma mina valia 500 gramas.

de um artigo redigido não em sumério, mas em acádio, relativo ao crime de apropriação indébita assemelhada a roubo ou a furto.

Para simples exemplificação, traremos à colação dois preceitos de Direito Público, do Código ora sob exame.

Os parágrafos 20 e 21, da parte dispositiva, ditam que as dívidas contraídas por uma pessoa, em estado de escravidão, caducam irremediavelmente, se ela, supervenientemente, é alforriada por um ato real, ato administrativo, pois, de graça.

C- Cuidemos agora do *Código de Eshnunna*. Trata-se de uma ordenação posterior à do item "B", mas até hoje de impossível datação. Ademais, a pertinente documentação resume-se a duas placas de barro, com pouco mais de 60 (sessenta) artigos, com, infelizmente, lacunas de muitas linhas (afora linhas incompletas). Desconhece-se sua autoria (Eshnunna era um dos estados mesopotâmicos, hoje denominado Tell Asmar, no atual Iraque), polemizando a respeito vários respeitados pesquisadores. Do prólogo, sobraram sete linhas incompletas. Do epílogo, há indícios de que tenha existido, mas não foi encontrado. Os textos foram escritos em acádio, cobrindo vários ramos do Direito. Procederemos, na sequência, à seleção de um artigo que, mesmo quando lindeiro a outros segmentos do jurismo, implica o exercício de *função administrativa*.

Diz o artigo 30:

> Se um governador, um inspetor de canais, um funcionário, ou qualquer que tenha autoridade, recolhe um escravo fugitivo [ou] uma escrava fugitiva, um boi extraviado ou um asno extraviado, pertencentes ao Palácio ou a um dependente do rei, e não [os] devolve a Eshnunna, [os] retendo em sua casa e ali os deixa ficar por mais de um mês, o Palácio o procurará por roubo.

Será tal norma a origem histórica das Leis de Improbidade Administrativa?

No curso do tempo, o Código de Eshnunna foi sendo modificado por alguns outros (como as reformas de Ur-Ninurta, Sin-Kashid, Sinn-Iddinam e Shamsh-Adid I), mas dessas contribuições apenas restaram poucos e extremamente lacunosos registros, de impossível datação até hoje. Tais contribuições somavam um ambiente de cultura jurídica de elevada significação e pavimentavam o caminho para o surgimento de um duradouro monumento, até hoje digno de atenção e reflexão: o *Código de Hamurabi*.

Mas antes de adentrarmos este fundamental tópico de reconstituição histórica, algumas sucintas explicações metodológicas:

Não obstante a primazia e a precedência dos diplomas citados não seja objeto de polêmicas sistemáticas, não negaremos que, possivelmente, na Índia, na China e em outros quadrantes do oriente distante, esforços similares tenham sido desenvolvidos. Mas sua influência eventual, sobre o Direito Ocidental, pode ser apenas especulada. Na nossa moldura jurídica o que interessa são os diplomas citados e analisados. E, mais que eles, o imponente Código de Hamurabi. Por isso, para quase por um fecho neste alentado item de rememórias, iremos agora deter-nos no marco referido.

D- Prossigamos então com o *Código de Hamurabi*.

O *corpus* legislativo em questão foi baixado no 40º (quadragésimo) ano do reinado de Hamurabi, quando ele já teria perto de 70 (setenta) anos de idade. Sua subida ao trono se dera em 1792 a.C., quando ele tinha entre 25 (vinte e cinco) e 30 (trinta) anos. Sua longa liderança se dá, e não por mero acaso, no período mais brilhante da cultura mesopotâmica.

O Código foi, como era o costume da época, escrito em placas de pedra e também de argila, com cópias distribuídas por todas as regiões do Império. Uma dessas vias, gravada numa placa de diorita negra, superfície de extrema resistência, viria a ser descoberta em fins de 1901, em Susa (no Irã). O achado se estampava em escrita cuneiforme e em língua acádia. Segundo a tradição mesopotâmica, o Código está dividido em três partes: prólogo, normas e epílogo. O prólogo e o epílogo são textos laudatórios da figura do rei e de suas realizações. A parte normativa é um conjunto de 282 (duzentos e oitenta e dois) artigos (alguns poucos estão perdidos ou só parcialmente foram recuperados).

De sua leitura extraímos algumas características que mais se acercam do nosso conceito de *função administrativa*. Assim:

- a propriedade imobiliária era fundamentalmente estatal, controlada por cadastros públicos permanentemente atualizados quanto a seu uso e conservação. Tais bens poderiam ter seu gozo cedido ou até mesmo, em casos especiais, transferido por liberalidade do rei ou de governadores provinciais;
- por sua extensão e riqueza, bem como pela vizinhança de outros Estados rivais e agressivos, o rei mantinha um permanente corpo militar, ao qual também cabia a manutenção da paz interna. O Estado se incumbia da formação, treinamento,

adestramento e remuneração do estamento militar. Aos oficiais era conferido usufruto de terras e casas públicas, por todo o tempo de seu vínculo. Os soldados tinham sua paga restrita ao soldo. Os oficiais de carreira e o funcionalismo administrativo das forças armadas integravam a classe social dos *awilu* (homens livres). Os soldados eram tidos como *muskenu*, o que consistia numa classe social intermediária ente a dos homens livres e a dos escravos. O clero constituía uma faixa apartada e privilegiada, diretamente ligada ao rei (que, de seu turno, era um monarca de direito divino).

E- É aconselhável, por disciplina metodológica, por um termo a essa pesquisa histórica. Não sem antes, contudo, darmos um salto geográfico e abordarmos o célebre Código de Manu.

Não há certeza estabelecida quando à data do Código de Manu, mais antigo exemplar de coletânea legal, editada (seguramente, contudo, muitíssimos séculos antes da era cristã) na Índia. Como também é claro que não sobreviveram, na documentação histórica, eventuais compilações anteriores. Tem-se afirmado até que Manu seria o primeiro rei indu.

De toda sorte, nosso propósito não é aprofundar o fascinante estudo da estrutura e da sistemática do Código. Vamos aqui limitar nossa indagação a alguns articulados importantes da coleção normativa em questão, relacionados com a temática deste nosso Tratado.

Por exemplo, no capítulo 7, dedicado às regras legais que um rei deve observar e logo discorrer sobre sua conduta apôs vitórias militares, os preceitos 201 a 215, dentre outras diretrizes, consagram as seguintes:

> — 205/206
>
> Depois de realizar os destinos coletivos de todos eles [nossa explicação, com base no preceito que antecede: deuses, brâmanes, combatentes] ele deverá estabelecer relações com o rei vencido e celebrar um tratado, baixar leis e honrar o novo dirigente, bem como presenteá-lo assim como seus oficiais.
>
> ....
>
> O sucesso de todas essas atividades depende do divino e das inclinações do humano. No entanto, o divino é inscrutável; mas o êxito no outro plano só é possível com *respeito aos seres humanos* (grifos nossos).

Ainda como exemplo, no capítulo 10, preceito 115, são disciplinados os meios de aquisição de propriedade pública: "Sete modos de aquisição de bens de acordo com a Lei, são: herança, achados, compra, conquista, investimento, trabalho e aceitação de presentes de pessoas impolutas".

Convém por fim, para encerrar este segmento, lembrar a raiz do princípio da imparcialidade do administrador (Capítulo 8, preceito 170): "Um rei jamais deve apoderar-se de algo a que não tenha direito, mesmo se ele é pobre; nem deve ignorar aquilo que ele deve adquirir – que se trate de muito ou pouco – mesmo se ele for rico".

Note-se: *rei* aqui é metáfora de Administração Pública.

Cremos suficientes, para os fins do presente item, os tópicos ora abordados.

Após a anterior digressão, impõe-se retornar às dimensões *conceituais* relativas ao ato administrativo. E aí é inevitável um misto de angústia e desencanto. É que, tradicionalmente, os autores, neste momento, abordam com minúcias os temas dos pressupostos, dos requisitos, dos elementos, dos atributos etc., dos atos administrativos. Pois bem: não deixaremos de lado tais questões, mas iremos enquadrá-las na moldura do nosso conceito de função administrativa, reduzindo consideravelmente a extensão que a bibliografia costuma a elas dedicar espaço. E isso não só porque o pilar (ontológico, axiológico e epistemológico) do CONSENSO assim exige, mas, sobretudo, porque a racionalidade e o bom senso assim impõem. Entre nós, infelizmente, aliás, é copioso o debate sobre figuras exaustivamente estudadas exegeticamente, por exemplo, os elementos do ato administrativo, poder de polícia, "atributos" da Administração Pública etc. E nada, ou quase nada, se diz sobre efeitos de decisões automatizadas (ou processadas eletronicamente ou, ainda, "decididas" por inteligência artificial) de pedidos e requerimentos administrativos, sobre a análise (em tais requerimentos) das condições subjetivas das pessoas envolvidas. Temos por óbvio que matérias novas e delicadas, como as que exemplificativamente apontamos, não devem impedir a análise de outras indagações clássicas até hoje discutidas. Mas sustentamos que estes questionamentos recorrentes devem ser compreendidos e definidos considerando os aspectos novos que o Direito Administrativo já deve enfrentar, considerando, inclusive, como simples formulação de temática contemporânea, o pilar do consenso, a utilização pela administração de algoritmos e do aprendizado de máquinas etc. De não ser assim, o que estaremos fazendo é travar discussões e controvérsias fragmentárias, quando não equivocadas, pondo de lado o que realmente deve interessar ao administrado e à Administração Pública. Não olvidemos a lição de Xavier Zubiri:[8]

> (...) Se alguém que quisesse abrir uma porta passasse horas estudando o movimento dos músculos de sua mão, provavelmente não chegaria jamais a abrir a porta.

Iniciemos na sequência o tópico dos requisitos e dos elementos do ato administrativo.

11.2

À exaustão já lançamos, desde o volume anterior, aliado, aliás, à boa parte da doutrina nacional, que nas ciências não exatas (caso do Direito) os conceitos, na maior parte das vezes, não devem ser vistos pelo ângulo do critério real/falso. O prisma aqui é forçosamente outro: o da utilidade ou inutilidade. E a utilidade em questão mede-se pela maior (ou menor) aptidão do conceito adotado, para identificar e abranger um conjunto de fenômenos e situações que o Direito toma em conta e os disciplina unificadamente. À amplitude dessa descrição adunam-se várias outras cogitações que de muito contribuem para uma inevitável flexibilidade (quando não mesmo vaguidade) das conceituações jurídicas. E, como inexiste uma metalinguagem estritamente jurídica, a comunicação do Direito se perfaz com o uso das palavras da(s) língua(s) vigentes em cada ordenamento. Na maior parte das vezes, o Direito delas se apropria com o sentido corrente que elas traduzem. Por vezes, contudo, o Direito *cria* palavras e lhe *atribui* um dado sentido (exemplo: a NOVAÇÃO de obrigações); ou se apropria da palavra corrente e lhe confere um sentido específico, que não o que habitualmente, na vida corrente, ela representa. Doutra banda, a palavra, na linguagem diária, muda seu conteúdo, no tempo e/ou no espaço. Tudo isso propicia inseguranças, ambivalências, conflitos e outros problemas similares ou equivalentes, cuja dinâmica, no campo do Direito, à interpretação compete (e nem sempre da maneira feliz) resolver.

Mas este não é um trabalho de semiologia ou de lógica formal. Por isso, nos limitaremos à declinação supra, de algumas das dificuldades que a conceituação jurídica encerra. A consequência mais óbvia

[8] ZUBIRI, Xavier. *Inteligência e Realidade*. São Paulo: É Realizações, 2011. p. LII.1980.

da problemática focalizada é que a elaboração de um conceito jurídico é, quase sempre, desde que inexista um conceito eleito pelo direito positivo (e ainda assim), uma tarefa de enunciação de preferências individuais. Cada autor adota aquele que lhe parece mais adequado, mais útil enfim, para servir como ponto de referência nuclear nas construções e pensamentos que deseja expor.

Em nossa visão pessoal, a elasticidade com que o Direito se apropria das palavras não deve, entretanto – quando mais não seja por cautela –, chegar a um ponto de ruptura semântica. Cada dia mais porfia-se por um Direito que seja inteligível, que não constitua simplesmente uma província reservada à elite dos iniciados. Cada vez mais o Direito deve ser transparente em suas dicções, de fácil acesso a todos. Até porque, não nos esqueçamos disso, a ninguém é dado ignorar ou infringir uma norma, pelo simples fato de não saber de sua existência, ou pelo dado de não entender sua dicção. Daí o dever do legislador, do julgador, do doutrinador, do administrador, de ser claro e inteligível, SOBRETUDO, pela comunidade dos que podem ser envolvidos ou atingidos por suas formulações. Em suma, mais que nunca, Direito é comunicação.

11.2.1

É em razão do que exposto que, respeitando, embora eventuais preferências individuais, temos por imprescindível evitar as confusões conceituais. Soa-nos assim estranho que por vezes se diga que *elementos* do ato administrativo sejam os seus *requisitos* componentes. Nosso compromisso de sempre que possível tornar o vocábulo com seu sentido correntio nos leva a rejeitar, cientificamente, tal confusão.

Requisito, ensina o dicionário do mestre Aurélio, vem do verbo latino *requirere* (particípio passado: *requisitu*) ou *requaerere* (latim vulgar). Como tal, significa uma *condição* ou *exigência* necessária ou legal, para que certo ato se produza ou certo efeito seja atingido.

Já *elemento* deriva-se do latim *elementu* e significa, no que interessa ao tema do ato administrativo, as *partes componentes* deste todo.

Ora, como pode certa palavra significar, ao mesmo tempo, uma condição de existência de um ato ou de um efeito, e também as partes componentes deste ato ou efeito?

Em face do conceito, que abraçamos, de *ato administrativo*, bem como atentos a nosso conceito de *função administrativa*, concluiremos inevitavelmente que REQUISITO de qualquer ato administrativo é a existência de uma *necessidade* ou *utilidade*, para indivíduos ou suas coletividades, de que uma certa atividade de função administrativa seja exercida. Essa a condição, suficiente e efetiva, para a prática de um ato administrativo. Seu *requisito*, portanto.

11.2.2

De seu turno, *elementos* do ato administrativo são, conforme antes afirmamos, as *partes* que compõem, analiticamente, o *todo* em questão. Trata-se, é claro, de uma segmentação meramente ideal, realizada com propósitos de estudar o referido ato.

Aqui, entretanto, duas considerações temos a fazer.

A *primeira*: inaceitamos a visão actocêntrica do Direito Administrativo. Em decorrência, não vemos razão para excessivas delongas no exame elemental. Até porque, como bem acentua Afonso Rodrigues Queiró,[9] a prática em questão é inútil e só traz complexidades e obscuridades desnecessárias.

A *segunda*: o direito positivo brasileiro já pautou e equacionou a matéria. Poderia e deveria tê-lo feito na Lei geral federal de processo administrativo (e algumas leis estaduais assim dispuseram). Mas nada impede que outro diploma normativo, de Direito Administrativo, o tenha disciplinado de forma pertinente e abrangente. Foi o que se deu com a Lei nº 4.717, de 29.06.65 que, ao regular a ação popular, prescreveu a nulidade dos atos administrativos, quando viciados em relação à *competência* do agente, à *forma* adotada, à legalidade do *objeto* (conteúdo), do *motivo* inspirador (inclusive tacitamente) para sua prática e à *finalidade* da atuação. E isso basta! Não é necessário, sequer para maior clareza e objetividade, equacionar uma divisão em antecedentes, pressupostos e resultados. Basta fixar a direção da indagação na apontada Lei, fazendo a partir dela as combinações estritamente necessárias. Com isso, poupa-se tempo e economiza-se espaço, para outras importantes indagações, infelizmente nem sempre tratadas pelos importantes autores brasileiros na matéria. Passemos, então, ao que é efetivamente *quantum satis*.

Aos vetores *epistemológicos*, acima apontados, cumpre adicionar a visão *axiológica*, com tal soma se mantendo coerência com as primeiras linhas, do primeiro volume, da presente obra. E para tanto, uma ênfase

---

9 QUEIRÓ, Afonso Rodrigues. *Reflexões sobre a Teoria do Desvio de Poder em Direito Administrativo*. Coimbra Editora, 1940. p. 19.

imprescindível: no estudo do *ato administrativo* imprescindível sempre será trazer à colação tudo quanto antes expressamos, relativamente aos *princípios* do Direito Administrativo. Com esse instrumental em mãos podemos, de pronto, fixar duas considerações basilares:

- quando se fala em *autoridade pública*, ou *autoridade administrativa*, não se está mais que utilizando uma figura linguística. E uma figura extremamente perigosa e antidemocrática, já que *autoridade* é vocábulo que desperta, de imediato, as ideias de *privilégios* e de *poderes*. E aliás, como nosso cotidiano comprova, aquele que investido em tal *status* (?) de *autoridade* logo se sente mesmo, quase sempre, elevado a um degrau ao qual seriam inerentes (?) poderes e privilégios. *Não se pode continuar a pensar assim*! Inexiste, do mais humilde servidor ao Chefe de Estado ou dos Poderes, uma situação de enfeixamento de poderes e/ou privilégios! Abandone-se o rótulo, há que substituí-lo pela denominação *agente público* ou *agente administrativo*. É dizer, pessoa a quem atribuída uma *competência*, normativamente definida, com o *dever* (e não o *poder*) de cumprir os encargos para os quais designado ou eleito o agente, responsabilizando-se, qualquer que seja seu grau hierárquico, pelos desvios ou infringências que cometer;
- exatamente em razão do que acima posto, a isso somando os vetores axiológicos norteadores do exercício da função administrativa, podemos afirmar que a plena sanidade do ato administrativo (bem como de qualquer outro tema de Direito Administrativo) é uma questão a um só tempo *jurídica* e *moral*.

Feitas as observações introdutórias que nos pareceram imprescindíveis, lembrando-se ademais que segundo nossa visão, anteriormente declinada (*só há um* REQUISITO para a prática em concreto de ato administrativo), vejamos objetivamente quais sejam seus *elementos* (segundo já conceituamos tal palavra), com remissão à mencionada Lei nº 4.717: competência, forma, objeto, motivo e finalidade. E só. Dissequemos tais *elementos*.

a) *Competência*: é o conjunto de atribuições e deveres, e seus pertinentes instrumentos, legalmente conferidos a um agente administrativo (singular ou coletivo), para o exercício da função administrativa.

O *sujeito*, ou seja aquele que, no exercício da *competência*, desempenha a função administrativa, praticando os adequados atos administrativos, NÃO É ELEMENTO DE TAL ATO. O sujeito é um dado variável, ele é simplesmente o *destinatário* da conferição de competência.

Como dado variável que é, o sujeito, na acepção antes exposta, pode até não existir. É o que se dá, por exemplo, nos atos administrativos automáticos ou eletronicamente praticados. Mas não só. Segundo já precedentemente anotamos, no estágio atual das inovações tecnológicas, no tempo da internet das coisas, da inteligência artificial e da *machine learning*, atos são praticados sem qualquer interferência (nem mesmo de programação) de uma pessoa (singular ou coletiva), enfim, sem um *sujeito*. Nem por isso o ato será inválido, desde que incluído no conceito de *função administrativa* e desde que presentes os demais *elementos* do ato administrativo. E mais: o mesmo ordenamento jurídico, que atribui a alguém a qualidade (com as pertinentes competências) de *sujeito* pode retirar ou modificar tal *status*. Não há dúvida, pois: o *sujeito* não se tipifica como *elemento* do ato administrativo, mas sim, a *competência*.

Não deve aqui ser também considerada, como *elemento*, ou como qualquer outra categoria desta natureza, a *vontade*. O *agente* da função administrativa não tem vontade própria, capaz de formatar, a seu talante, o ato administrativo. Em Direito Administrativo, o que interessa é a *vontade normativa de Administração*, em nada tendo relevo a *vontade psicológica* do *eventual* agente. Sábias, a propósito, as considerações de Marcello Caetano:[10]

> O que importa num ato administrativo não é apenas o que o indivíduo suporte do órgão psicologicamente quis: mas saber se exprimiu o que a norma lhe impunha que quisesse.
>
> A vontade administrativa corresponde ou à conclusão lógica de certas premissas de fato e de direito, ou à necessária dedução dos meios requeridos para atingir fins ou interesses públicos servidos por quem a expresse.

Como decorrência e derradeira consideração, neste tópico: o que nos importa, como elemento, do ato administrativo, é a *competência*. E como tal se tem, repita-se, o conjunto de atribuições, bem como de instrumentos para cumpri-las, que a Lei confere, para o desempenho de função administrativa, aí compreendida a prática de atos administrativos pertinentes às ditas atribuições. Por isso que conferida em razão de texto legal, a competência, salvo também expresso texto legal, é irrenunciável, intransferível, indelegável. Um autêntico dever-poder, portanto.

---

[10] CAETANO, Marcello. *Tratado Elementar de Direito Administrativo*. Coimbra: Coimbra Editora, 1944. p. 235.

b) *Objeto*: é o próprio *conteúdo* do ato. É dizer, objeto do ato administrativo é a prescrição de um agir (ou não agir, se essa for a *vontade normativa*) que, constituindo, modificando ou extinguindo uma relação jurídica Administrador/Administrado, produz o efeito perseguido no caso concreto. Por isso, o objeto do ato administrativo há de ser possível, certo, formal e lícito (conforme ao ordenamento jurídico). E mais, por enquanto, não é necessário dizer.

c) *Motivo*: é a situação fática que inspira e/ou determina a prática do ato administrativo. Ou seja, trata-se de uma utilidade, uma conveniência ou um reclamo, do indivíduo ou de suas coletividades, por tais destinatários enunciados, ou captados e fundamentadamente declarados pela Administração Pública, para que certo fim (do interesse, da utilidade ou da necessidade), em benefício dos referidos destinatários, seja satisfeito mediante o exercício da função administrativa.

Reiterando uma observação do primeiro volume da presente obra: ao falarmos em "indivíduo ou de suas coletividades", NÃO estamos negando a ideia-matriz do *Direito Administrativo do indivíduo*, premissa fundamental do nosso trabalho. Estamos sim a reforçar e enfatizar tal alicerce eis que, como bem ao correr (e desde o princípio) do tomo antecedente proclamado, rejeitamos o desgastado rótulo "interesse público" (definido pelo Estado e por seus infinitos segmentos, públicos e privados, singulares ou pluripessoais), como mola propulsora da função administrativa. Para nós, em repetição, essa mola propulsora são os indivíduos, ou, ainda, as coletividades por eles criadas ou a elas aderidos, espontaneamente, livremente, sem cooptações ou imposições estatais. É nesse universo, assim delimitado por nós, que se funda o interesse individual e coletivo que legitima o Estado e a prática da função administrativa.

Se *motivo* é – e é – o dado fático que deflagra a prática do ato administrativo, *motivação* é a exposição, pública e transparente de tais motivos.

Sobre *motivação*, já discorremos extensamente, quando da abordagem dos princípios fundamentais do Direito Administrativo e a tais considerações ora fazemos expressa remissão. Mas não deixemos de destacar alguns pontos então examinados, que serão pilares de muitas das assertivas que formularemos, com referência ao ato administrativo. Assim:

– ao contrário do que até pouco após o início da segunda metade do século 20 em nossa doutrina prevaleceu. Tem-se presentemente como *obrigatória* a motivação do ato administrativo, *concomitantemente* à sua prática. Pode até acontecer que ele seja praticado e produza seus efeitos sem *prévia* expressa *motivação*. Mas qualquer administrado, com interesse concreto em jogo ou não, pode *exigi-la* da Administração. Cifra-se aqui o fundamental *direito público subjetivo* à informação. Apenas se lei, em senso estrito, determinar *fundamentadamente*, e com declinação de tais fundamentos, para tanto o sigilo, é que não incidirá o dever transparente da motivação. E mesmo essa lei pode ser atacada e desconstituída, se provado, perante a instância competente, o abuso ou o desvio na invocação do silêncio;

- é lógica, metodológica, filosófica e constitucionalmente (juridicamente) falso situar na *faculdade* (e não, *poder*) discricionária da Administração a distinção entre o dever de motivar e a excepcionalidade de não justificar o desempenho administrativo. Da chamada *discricionariedade administrativa* cuidamos amplamente no primeiro volume. Mas ao tema regressaremos, com detença, mais adiante. E desde já antecipamos: as limitações que levantamos, quanto ao desempenho administrativo discricionário, são extremas;
- por amor à semântica jurídica, impõe-se não confundir *motivo* e *móvel*. Este último vocábulo tem de ver com impulsos psicológicos da vontade, devendo ser tido como estranho a um campo científico que se ancora, segundo antes visto, na *vontade normativa* e no *interesse dos administrados*.

De toda sorte, como decorrência até do quanto exposto neste segmento, revela-se importante identificar a existência de uma necessária relação de afinidade, consistência e simetria entre a ideia de *motivo* do ato administrativo e de seu *fim* (ou *finalidade*), elemento a ser focalizado na sequência. Tão eloquente é essa afinidade que, com uma certa frequência, ao se inclinar sobre os tópicos, aqui analisados, aflora a discussão da *causa* no ato administrativo. Mas a *causa* será assunto analisado após concluído o exame dos elementos do ato administrativo.

Os *arrêts* Belasri (24.07.81) e Agence Marítime Marsélle-Fret (27.11.1970), ambos do Conselho do Estado francês, são claros, e *têm* de inspirar nossa doutrina e nossa jurisprudência, quando indicam que não basta a simples menção ao fato genérico que integrou o *motivo* do ato administrativo, sendo exigida a apresentação de considerações de direito e especificação dos elementos do fato que induvidosamente conectem o fato-matriz ao objeto da medida.

Breve menção deve ser feita, mais de sabor histórico que por impositivos da ciência jurídica, à teoria francesa dos motivos determinantes. Por essa construção, inexistente que fosse, legal ou regulamentarmente, a obrigação de enunciação dos motivos e da motivação de um ato administrativo, se a Administração não obstante deles fizesse expressa menção, a eles ficaria obrigada, como condição mesmo da validade da atuação. Mas em nossos dias dita arquitetura perde qualquer relevância, à vista da obrigação de motivação a que antes nos dedicamos.

a) *Finalidade*: é o efeito concreto que o ato administrativo busca alcançar. Como consectário da nossa conceituação de função administrativa, o fim, ou finalidade, do ato administrativo é o atendimento aos anseios e/ou necessidades/utilidades, dos indivíduos e de suas coletividades. Na conjugação dos elementos do ato administrativo, sua finalidade há de ser alvo de uma ação (ou omissão) confiada a um agente, dotado de específica atribuição de competência para praticá-lo, estritamente observado, em toda a trajetória da consecução, o motivo (e, pois, a motivação) justificador do exercício, em caso concreto, da função administrativa. A temática da finalidade voltará a ser abraçada, mais adiante, ao revisitarmos a questão da discricionariedade administrativa;

b) *Forma*: é o revestimento externo do ato, pelo qual seu destinatário é comunicado da existência da atuação. Anote-se que de há muito o Direito Administrativo abandonou a concepção de sacralidade da forma. Prevalece, bem antes, a compreensão de *instrumentalidade das formas*: qualquer que seja o meio pelo qual com transparência e generalidade tornada acessível e inteligível a prática do ato, preenchida está a necessidade de observância da existência desse elemento do ato administrativo.

11.3

Para alguns autores, a *causa* seria também um dos elementos do ato administrativo. Para outros, *causa* seria simplesmente um sinônimo de *motivo*.

Conquanto reconheçamos a polissemia da palavra *causa* – e não nos omitiremos na apresentação de nosso conceito –, não vemos razão para confundi-la com *motivo*, *condição* e outros vocábulos análogos ou similares.

Doutra parte, e mais uma vez adotando o método do pareamento com o Código Civil, constata-se que nem o Código de 1916 (artigo 82), nem o Código de 2002 (artigo 104), elencaram a *causa* como elemento do ato jurídico.

É verdade que, na doutrina administrativista brasileira, o tema foi amplamente versado pelo notável Oswaldo Aranha Bandeira de Mello.[11] E o eminente autor em questão, não obstante até admitisse a existência de dúvidas quanto à necessidade de alusão à causa no estudo do ato administrativo, esposou a relevância de sua consideração, passando a discorrer sobre ela longamente.

Na nossa visão, a questão da *causa*, no ato administrativo, não pertence à província dos elementos, mas sim à indagação da validade do ato. Isso porque, em termos de lógica jurídica – e a esse prisma nos atamos, aqui –, *causa* é a correlação de adequação entre o *motivo* do ato e seu *conteúdo*, observando sempre que um e outro desses dados estejam em conformidade com o ordenamento jurídico. Faltante essa correlação, bem como a licitude dos dados correlacionados, o que se tem é a *invalidade* do ato administrativo (tópico a ser alvo, mais à frente, de abordagem específica).

11.4

Antecedentemente cuidamos de *encaminhar* o conceito de *ato administrativo* aos quadros definitórios gerais do *ato jurídico*. No presente segmento, até como compatibilização entre as ideias de *unidade* do sistema jurídico e da existência de *peculiaridades* que justificam o enfoque, em separado, do *ato administrativo*, passamos a destacar quais as principais notas especiais desta última categoria.

Ao fazê-lo, estamos abordando temas que os diferentes e conceituados administrativistas, que sempre nos inspiram, costumam estudar sob, entre outras, as rubricas "atributos" ou "poderes" inerentes aos atos administrativos. No curso da exposição indicaremos, explícita ou implicitamente, a razão de nossa opção, pelo abandono de tais denominações temáticas.

11.4.1

Em nosso sentir, *duas são as características fundamentais* dos atos administrativos, a saber: *i*) a estrita *observância, em sua prática, da pauta*

---

11 MELLO, Oswaldo Aranha Bandeira de. *Princípios Gerais de Direito Administrativo*. 2. ed. Rio de Janeiro: Forense, 1979. p. 500-540.

axiológica que baliza e legitima o exercício da função administrativa; *ii*) a essencialidade, em sua prática, da existência de *consensualidade*, é dizer, a compatibilidade entre a atuação administrativa e as necessidades/desejos dos indivíduos/suas coletividades, aqui atendidas pautas antes declaradas – constatação de serem as aspirações esteiadas no princípio da maioria; imperatividade de à minoria impor-se o menor impacto danoso possível, com as compensações necessárias e garantias do mínimo existencial constitucionalmente prestigiado.

Em suma, *valores* e *consenso*: para nós, sem a presença de tais *particularidades* estaremos, em cada caso, em face de um ato administrativo *inválido*.

Ao falarmos em *valores*, por evidente estamos a significar as balizas principiológicas da função administrativa. Trata-se de temática exaustivamente desenvolvida no primeiro volume da presente obra. Assim, de início, remetemo-nos às aludidas considerações, então expendidas. Alguns pontos, das pretéritas considerações, devem, contudo, voltar a ser enfatizados, pela especial incidência que têm, relativamente aos atos administrativos. Tal retorno tanto mais se torna imprescindível quanto nossa abordagem, em realidade, colima elaborar algumas *reformulações* na TEORIA GERAL do *ato administrativo*. Nem se veja, no particular, manifestação de atrevimento doutrinário ou de vaidade pessoal. Nossas reformulações constituem, tão somente, exigências de *coerência* entre os *pressupostos* declinados no primeiro capítulo (e em várias outras passagens) do primeiro volume e as conclusões conceituais referentes ao ato administrativo, que ao cabo sumarizaremos.

Vamos então, por ora, aos destaques axiológicos que hão de ser retomados.

A pauta estimativa, em sua primeira dicção, funda-se nos artigos 5º e 37 da Constituição da República. E se encontra mais detalhadamente capitulada no parágrafo único do artigo 2º da LPA.[12] E não bastasse tal codificação expressa, a Lei federal nº 13.655, de 2018, ao acrescentar 10 (dez) artigos à Lei de Introdução de 1942,[13] deu uma arquitetura integralmente estruturada à pauta sob exame. Todavia, aqui uma dolorosa constatação: *todos* os nossos Tribunais (e muitíssimos dos juízes singulares) e *toda* a Administração Pública continuam distantes seja da LPA, seja da LINDB! Não as estudaram ou não as compreenderam?

---

[12] Lei federal nº 9.784, de 1999.

[13] Decreto-Lei nº 4.657.

De toda sorte, *por que não as aplicam* invariavelmente, no cotidiano de suas atribuições?

Dissemos já muitas vezes, assim escrevemos e agora o reiteramos, a LINDB e a LPA, em suas matrizes valorativas e em seus vetores de *interpretação* e *aplicação*, são normas jurídicas plenamente operantes e criativas, constituindo verdadeiro *marco civilizatório*, viabilizador de nosso Estado Democrático de Direito.

No entanto, com o "silêncio" acumpliciador acima posto em destaque, juízes e administradores reforçam os vieses autoritários de nossa vivência institucional. Continuaremos, contudo, a pregar, na certeza de que não estamos a fazê-lo no deserto. Nossa insistência teimosa algum dia reproduzirá o efeito da água que sem esmorecer atinge a pedra dura.

Para sistematização de nossa tentativa de *reformulação da teoria geral do ato administrativo*, antes mesmo de adentrar o exame particularizado de alguns dos valores que a imantarão, apresentamos *dois postulados*:

a) o ato administrativo é *espécie* do ato jurídico, devendo por isso haurir seus insumos vitais na teoria geral do Direito;
b) TODO E QUALQUER ATO ADMINISTRATIVO ESTÁ SUJEITO A CONTROLE DE JURIDICIDADE. E isso é inafastável, por isso que só é válido o ato administrativo que *promova* o bem estar e a felicidade da maior parte dos indivíduos e *realize* os anseios das coletividades por eles (indivíduos) formadas (organicamente ou não).

11.4.1.1

Por dilargado tempo se afirmou que o ato administrativo chamado *discricionário* não desafiaria a incidência de amplo controle jurisdicional. Cremos que hoje quase ninguém assim proclama. Todavia, ainda sobrevivem algumas vozes que negam a possibilidade jurídica de controle jurisdicional dos chamados *atos políticos*. E, com esse rótulo, indicamos os atos diretamente infraconstitucionais, de caráter marcadamente ligado ao exercício de função estritamente política, fora dos quadros do puro desempenho da função administrativa. Tais atos políticos, mesmo que praticados por titular constitucional de competências privativas, sempre estarão sujeitos a controle jurisdicional pleno, por decorrência, mesmo, do que prescrito no artigo 5º, XXXV da Constituição.

Inesquecível o magistério de Jacques Chevalier: o objetivo do Estado de Direito é limitar o poder do Estado pelo Direito.[14]

Anote-se que o controle do ato político pelo Poder Judiciário vem sendo reiteradamente proclamado pelo Supremo Tribunal Federal. Já no primeiro volume indicamos decisão do eminente Ministro Gilmar Mendes, desconstituindo a nomeação, pela então presidente Dilma Roussef, do Sr. Lula da Silva, para a Chefia do Gabinete Civil da Presidência da República. Divisou-se então, na citada nomeação (ato privativo do Presidente da República), a mácula de desvio/abuso de direito/poder e infringência ao princípio da impessoalidade. Mais recentemente tal magistério ecoou, quando o ilustre Ministro Alexandre de Moraes, com os mesmos supedâneos, obstruiu a nomeação, em abril de 2020, pelo Presidente da República, de Alexandre Ramagem Rodrigues para exercer o cargo de Diretor-Geral da Política Federal.[15]

Não obstante tudo isso, nos dias presentes pretende-se, com desprezo à ciência jurídica e a nosso ordenamento constitucional, sustentar que recente decreto de "graça", esdruxulamente concedida a um deputado federal, condenado (à época de expedição do decreto, a decisão condenatória sequer havia transitado em julgado!) por agressões verbais e ameaças pessoais aos Ministros do Supremo, seria insuscetível de controle jurisdicional (porque praticado mediante ato político, privativo da Chefia do Executivo). É de cabo de esquadra!

11.4.2

Finda a digressão sobre o chamado ato político, focalizemos agora os princípios vetoriais do ato administrativo, nos pontos em que anunciamos que empreenderíamos uma abordagem mais aprofundada da matéria. Relembre-se: estão eles contidos nos artigos 5º e 37 da Constituição, bem como no parágrafo único do artigo 2º, da LPA. Com o advento dos artigos 20 a 30, da LINDB, a esta acrescidos pela Lei nº 13.655/2018, deu-se a positivação *detalhada* e *sistematizada* dos vetores estimativos em questão.

Assim é que integra as exigências, para que se dê a validade do ato administrativo, *além daquelas duas destacadas* no anterior item 11.4.1:

---

14 CHEVALIER, Jacques. *L'État de Droit.* Paris: Montchrestian, 1992. p. 12.

15 STF, Mandado de Segurança 37.097-DF.

– que o ato administrativo há de ser *motivado*. A motivação, necessariamente *específica*, (matéria antes extensamente examinada) deve ser prévia ou concomitante ao ato, clara e transparente, declinada inclusive a razão da escolha abraçada, quando possíveis alternativas, considerando ademais as consequências práticas que o ato ensejará. Em casos de urgência ou em face de circunstâncias excepcionais (ambas as hipóteses expressamente invocadas e justificadas, ainda que brevemente), a motivação poderá vir posteriormente ao ato, o mais próximo possível de sua prática.

O conteúdo pleno, da exigência sob exame, torna-se ainda mais claro quando se utiliza o artigo 20 da LINDB em conjugação com o artigo 489 §1º do CPC e os artigos 2º, parágrafo único, VII e 50 da LPA. TUDO ISSO EM PROL DA SEGURANÇA JURÍDICA.

E com tais considerações podemos arrematar o estudo da primeira das *características* fundamentais do ato administrativo: a observância, em sua prática, das pautas axiológicas condicionantes do exercício da função administrativa.

Urge, então, agora, considerar a segunda das *particularidades*: a existência de *consensualidade* administração/administrado, no desempenho da função administrativa.

11.4.3

Sobre *consensualidade*, também já desenvolvemos, no primeiro volume, extensas e provavelmente suficientes considerações. Cabe neste momento aduzir algumas abordagens outras, com vistas específicas à temática do ato administrativo. Não pretendemos, contudo, fazer excessivas anotações.

A função administrativa é a concretização suprema do *dever de agir*, em que investida a Administração Pública (em todos os níveis de competência e em todos os Poderes do Estado). E o *conteúdo* desse dever de agir se estampa no propiciamento, aos indivíduos e às suas coletividades, do *melhor* atendimento possível ao maior número possível de beneficiários. O Supremo Tribunal Federal, ao julgar a ADPF nº 45, ditou rumos claros para orientar a Administração, no desempenho do aludido *dever de agir*: trata-se de um encargo político-jurídico de atuar suficientemente, mas plenamente se viável, para dar atendimento às pretensões individuais e sociais razoáveis e financeiramente passíveis de serem respondidas.[16] Ora, para tanto, é IMPERIOSO conhecer tais pretensões. O que significa: não basta, para tal cognição, o esforço de sua captação pela Administração; é OBRIGATÓRIO o CONSENSO administração/administrado (e, reitere-se, a execução do mínimo existencial garantido constitucionalmente, para a minoria não atendida), sem o que o *dever de agir* será levado a cabo de forma errônea ou insuficiente: ATO ADMINISTRATIVO INVÁLIDO, a ser, se possível, convalidado. Repitamos: não se trata de onírico intento de retomada dos sistemas de democracia direta. O consenso, no estágio atual da tecnologia comunicativa, é fácil de ser obtido, *online* mesmo. As técnicas participativas, estatuídas na Lei Complementar (federal) nº 95 e no artigo 29 da LINDB são hialinamente cogentes, no particular. Os Decretos federais nº 4.176 e nº 9.191 contêm inclusive um verdadeiro *check-list* balizador da edição de atos administrativos normativos (facilmente adaptável aos atos administrativos de qualquer natureza). Mesmo a tese predominante (à qual não aderimos, contudo), de que o resultado da audiência pública ou de consulta pública não é de obrigatória observância, pela Administração, sofreu considerável restrição, em face da redação dos artigos 20 a 22 da LINDB, bem como do que disposto nos artigos 31 a 34 da LPA.

11.5

Consoante nossas observações, desenvolvidas nos precedentes itens 11.2 e 11.4, as pautas para que se afirme a validade do ato administrativo não podem ser, de sorte alguma, desconsideradas.

Dá-se, todavia, que novos desafios, decorrentes do incessante, e talvez ilimitável, desenvolvimento científico-tecnológico, aportam à temática abordada ângulos que têm de ser considerados pelo administrativista da atualidade. E de tais dificuldades não nos esquivaremos, sabendo embora dos riscos que afirmações, em terrenos ainda em consolidação e evolução, certamente envolvem.

11.5.1

O chamado metaverso é uma nova fronteira comunicacional, com imenso potencial de magnificação dos recursos e alcances da internet.

---

16 Tais parâmetros não são nossos apenas, pois constam da decisão na mencionada ADPF.

Combinando-se avançada tecnologia digital e busca incessante da realidade total, o metaverso constitui um espaço virtual de transmissão e coleta de informações e conhecimento, que permite aos participantes, com os instrumentos da realidade virtual (RV) e da realidade aumentada (RA), uma exata percepção de um objeto ou de um cenário performativo e, mesmo, de uma prestação de serviços ainda antes mesmo de sua realização. A isso se somam, por exemplo, visualizações em 3D, customização de um produto ou um serviço em tamanho real do ambiente em que são ou serão inseridos, modelagem de espaços (com navegação em 360 graus), projetos de locação/ocupação digital de imóveis etc. É a tais projeções virtuais, antecipadoras de futuras realidades efetivas, que se convencionou denominar "metaverso", com o sentido de "universos" de fato inexistentes ainda, mas que podem ser não só imaginados, mas "traduzidos" com quase total certeza de exatidão na real concretização do pensamento. A própria palavra, metaverso, é nova, possivelmente circulada a partir da década final do século anterior. Mas não o *conceito* que, aliás, vem sendo construído até mesmo em nossos dias (e possivelmente tal esforço de construção ainda perdurará por anos). Em verdade, a ideia de universos paralelos, que já circulava pela literatura desde fins do século 19, está na origem da concepção de metaverso. Com os vertiginosos progressos da ciência e da tecnologia, hoje não se contesta; existe, "na nuvem", um ambiente digital, que lida com dados físicos e imaginados, com elementos e espaços reais e virtuais. Às viagens espaciais e às submarinas somam-se, hoje, as virtuais pelo espaço digital. Nessa verdadeiramente nova dimensão o ser humano é chamado à imersão, à colaboração com seus companheiros de ação, à interação (sem consideração de "fronteiras") entre o fisicamente constatável e o criativamente (e mesmo criticamente) imaginado.

O metaverso, como acima conceituado, tem um campo infinito de aplicações no desempenho da função administrativa. Para fornecimento de materiais, execução de serviços incomuns, contratação de novas tecnologias, aquisição de produtos *necessários,* mas ainda inexistentes no estado da arte vigente à época da decisão pela compra, eis aqui apenas alguns dos campos de incursão da Administração pelas fronteiras do metaverso. Quanto maior for o reclamo individual ou coletivo, por serviços e objetos de maior excelência e mais sofisticada instrumentalização técnico-científica, tanto maior será a jornada criativa da função administrativa na ambiência do metaverso. Pode-se com isso prever que editais em papel, descrições totalmente exaurientes de produtos ou serviços que a Administração tenha de contratar, bem como do conteúdo das propostas dos ofertantes, não configurem mais o cotidiano do exercício da função administrativa. Claro, tudo isso parece ser uma fantasia futurista: engano total, eis que, no campo da inovação tecnológica, para o qual já existe inclusive um marco normativo (direito positivo, pois), metaverso e realidade estão separados por fronteiras extremamente fluídas.

Não se obscureça que as expansões digitais da função administrativa costumam ter custo elevado. E, ademais, reclamam por certo, a superação, no país, da ainda muito elevada exclusão digital (e isso sem contar com a qualidade da conexão com a internet, por isso que ainda engatinhamos no mundo do 5G).

Mas nada disso invalida o que afirmamos nos anteriores itens. É dizer, mesmo com a ocupação total (hipotética apenas, ainda por algum tempo) da função administrativa, pelas cogitações do metaverso e da realidade paralela *o ato administrativo,* nessa ambiência praticado, TEM DE SER reverente à *principiologia* por nós já exaustivamente abordada e à *condição inafastável* do CONSENSO, como exigência de validade.

No presente trabalho, não nos cabe analisar e definir o que sejam algoritmos, *blockchain* etc. Partimos, na dimensão de um tratado, da certeza de que um léxico dessa natureza já integra o patrimônio cognitivo do leitor. O que ora nos interessa é discorrer sobre como se dá a inserção de tais instrumentos, na ambiência nuclear da função administrativa.

Para tanto, e de plano, cumpre desfazer alguns equívocos conceituais, que começam a grassar em nossa doutrina administrativista.

Em primeiro lugar: inexiste qualquer conflito entre a metodologia gerencial de Administração Pública e o POSTULADO constitucional da *eficiência*. Pelo contrário. Aqui temos uma bivalência interativa, um termo alimentando o outro e sendo por ele alimentado. Nesse contexto, os critérios quantitativos e qualitativos, na formulação das opções administrativas, são e continuarão a ser imprescindíveis e mesmo *condicionantes* do *cumprimento* da exigência constitucional de EFICIÊNCIA. A tecnologia digital, antes de "brigar" com a diretriz de gerenciamento administrativo eficiente, pode assegurar a plena implantação dos interesses dos indivíduos e das coletividades.

Em segundo lugar: inexiste qualquer conflito entre a metodologia gerencial da Administração Pública e a realização do vetor axiológico constitucional da *coparticipação,* seja na pragmática individual, seja na social. *Pelo contrário*: as tecnologias digitais constituem o caminho excelso para uma real reconstrução dos antigos ideais helênicos de democracia direta, pela possibilidade que encerram, de incessante comunicação *online* entre administrados e administradores. E se assim ainda não se dá, entre nós, o problema não está na metodologia gerencial. Ele está, isso sim, e infelizmente, no campo da *política*. A prepotência e o messianismo, que nos têm marcado desde os tempos pandêmicos (e os imediatamente pré-pandêmicos assim como o pós-pandêmico), aliados à corrupção, aos populismos, ao clientelismo eleitoral (com ilimitação de recursos financeiros) e ao ataque às instituições de controle (que, no entanto, até mesmo com alguns erros, têm sido os pilares da resistência e da resiliência do Estado de Direito e da democracia) – panorâmica de hoje, mas que remonta à instauração dos desgovernos petistas precedentes –, hão magnificado intensamente a realidade da exclusão digital de nossa população. Não adianta criar amplos e inúmeros bancos oficiais de dados (públicos e particulares), ou editar normas modernas e bem concebidas, sem políticas públicas de inclusão digital, sem apreço à transparência administrativa e ao mecanismo de controle constitucional, sem pudor na escolha dos gastos públicos. Sem contenção do poder estatal, enfim, não haverá eficiência administrativa e tampouco participação popular.

Nosso receituário, desenvolvido desde as primeiras páginas do volume anterior, continua de pé e válido: sem o fortalecimento do *indivíduo*, sem o respeito às coletividades que ele crie para o benefício geral, não se chega à eficiência administrativa ou à realização do ideal de plena participação popular.

Desde os anos 60 já advertíamos que os arranjos meramente *formais*, de coparticipação popular, tinham um enorme potencial de se transformarem em instrumentos de viciosa legitimação da ação administrativa. Mas hoje existe um arsenal – a ser ampliado e aperfeiçoado, é verdade – que permite afastar os riscos da coparticipação meramente falaciosa. E como fazê-lo? É a responder a tão fundamental indagação que se dedicou o atual volume de nossa obra. Resumamos:

- pela difusão amplíssima da inclusão digital. Em vez de "emendas do relator", acessibilidade a instrumentos públicos de financiamento para aquisição de equipamento e treinamento;
- pela leitura (ou releitura) *axiológica*, à luz da Constituição, dos textos legais comprometidos com o ideal de participar, de sorte que consultas públicas, audiências públicas e outros instrumentos afins sejam revestidos de caráter *determinativo*,

e não apenas opinativo. A essa leitura (ou releitura) chega-se (nas instâncias administrativas, de controle e judicial) pela compreensão de que normas positivadas, outorgantes de função simplesmente opinativa às manifestações coparticipativas, são *inconstitucionais*, porque impeditivas do cumprimento do que posto nos artigos 37 (*caput*) e 70 (*caput*) da Constituição mesma. E isso não é *ativismo* ou consequencialismo, mas mera atividade hermenêutica pautada pela busca de concretização dos valores constitucionais.

Em ARREMATE: as *notas* efetivamente *distintivas* que temos apontado como garantidoras da construção de uma Administração Participativa, de uma Administração Dialógica, aqui devem ser enfatizadas: sem absoluto e integral *respeito aos ditames principiológicos* da Constituição e sem uma *real consensualidade* entre o que faz a Administração e aquilo a que têm direito os indivíduos e suas organizações, não se pode falar em função administrativa legal e legítima. O desenvolvimento e a difusão das tecnologias digitais podem levar a esse supremo desiderato. Será a sociedade em que *não basta* a simples *boa administração*, mas se exige, e se pode reclamar a *melhor administração*, a atuação competente das instituições e órgãos judiciais e de controle. Imenso papel terá ainda, na consecução desses faróis estimativos, o princípio da motivação, nos balizamentos a ele atribuídos pela LPA e pela LINDB.

Dar-se-á, então o fim da era dos pixulecos, dos mensalões, dos petrolões, das rachadinhas, dos centrões distribuidores de verbas públicas aos apaniguados, dos "mitos" autoritários e letais à Democracia.

11.5.2

A expansão da digitalização da função administrativa encontra ainda, em nosso país, alguns outros problemas de monta. Cite-se a propósito, como simples indicações exemplificativas: a grande extensão do país, a qualidade ainda questionável da internet no Brasil, o custo elevado da implantação de sistemas digitais. Quase todos esses fatores, bem como outros de índole análoga, podem ser reconduzidos a uma fórmula: precariedade dos recursos públicos, não obstante o elevado nível da tributação posta nos ombros dos brasileiros. Não obstante serem tais dados, a nosso ver, indiscutíveis, mais que provavelmente a carência de recursos poderia ser expressivamente atenuada com tributação mais justa e menos onerosa individualmente, somada à distribuição da arrecadação dimensionada, sobretudo, para as

Administrações locais. Por isso, o fato de tomarmos agora, como termo de comparação, um país pequeno, como a Estônia, em nada invalida nossa opção. Explicitemos a assertiva.

A Estônia iniciou a transformação digital de sua Administração e dos serviços por ela prestados na década de 1990. E, em pouco mais de 20 (vinte) anos, se tornou um exemplo, no requisito *eficiência* governamental, para todo o mundo.

Certo: a Estônia é um país de pequena dimensão territorial, com menos de dois milhões de habitantes. Mas também é um país de pouquíssimos recursos naturais e acanhada riqueza econômica. Não obstante tal panorâmica, sempre se destacou como um Estado que pratica baixos níveis de tributação das pessoas (naturais ou jurídicas).

Sua principal fonte de receitas e investimentos repousava nas trocas com a União Soviética. O desaparecimento desse pilar afetou significativamente a modesta economia estoniana. Mas a parceria persistia, centrada, a partir daquele evento, na Rússia. Todavia, também a Rússia entrou em crise, na segunda metade da década de 1990. Disso resultou impactante solavanco na economia da Estônia, particularmente no que atinente à arrecadação de recursos governamentais.

Premido por tais realidades, o governo estoniano decidiu racionalizar, ao máximo possível, o custo estatal, dedicando seus limitados recursos para os seguintes fins:

- enfatizar, em todos os graus de ensino, o estudo da informática e a utilização, pelo alunado, de equipamentos digitais;
- escolher, para priorizar investimentos, segmentos de serviços à população, nos quais o arsenal digital promovesse eficiência no atendimento e liberação de recursos humanos para outros setores da função administrativa;
- integrar todas as plataformas digitais públicas, de sorte a terminar com a duplicação (ou plurimultiplicação) de utilizações autônomas, para um mesmo fim); no mesmo sentido, impõe-se aos diversos setores da Administração Pública que interajam e partilhem conhecimentos e experiências;
- criar um sistema racionalizador dos gastos públicos para financiar o maior número possível de habitantes, tendo em vista a eliminação progressiva, mas total, da exclusão digital.

O crescente êxito desses vetores operacionais atraiu a atenção do sistema econômico privado, que não só se beneficiou do melhoramento na prestação dos serviços administrativos governamentais, como também celebrou parcerias, de conhecimentos e de recursos, para a expansão e aperfeiçoamento da digitalização da Administração Pública.

Esse envolvimento propiciou a instituição, na Administração, do uso da inteligência artificial, o que vem refletindo na melhoria da tomada de decisões e na automatização de expressiva parte dos serviços da Administração.

O fato é que o e-Governo é uma realidade quase total na Estônia, embora conte sua construção com pouco mais de 20 (vinte) anos de esforços e investimentos. Seus recursos mais evidentes situam-se no campo da digitalização dos serviços bancários e financeiros, na criação de portais objetivando a participação popular na execução da função administrativa (com destaque para o portal "Hoje eu Decido"), na instituição do voto eletrônico remoto (hoje utilizado por 55% dos eleitores) e no incentivo à manifestação eletrônica (dos cidadãos) na propositura da adoção de políticas públicas. Pode-se, por isso, acreditar na afirmação governamental daquele país, quando proclama que a Administração Pública estoniana disponibiliza 99% (noventa e nove por cento) de seus serviços *online*, 24 (vinte e quatro) horas por dia, 7 (sete) dias por semana. Com resultante já acessível à população, alguns exemplos:

- carteira de identidade digital e celular (98% dos estonianos dela já dispõem), o que representa uma economia estimada em 2% do PIB;
- registro imobiliário digital integral;
- registro eletrônico de saúde, acessível a qualquer paciente, alimentado por informações dos estabelecimentos médicos e pelos profissionais de saúde; tal registro propicia medidas preventivas e de consultas *online*, prescrição eletrônica de medicamentos, análise e resultados (incluindo os de imagem). E tudo isso com a aplicação de medidas de segurança, que garantem proteção às informações e dados sensíveis pessoais.

Mas sejamos justos: já temos no Brasil um diploma legal cujo objetivo é fundar, incentivar e plenamente instaurar um Governo Digital. Trata-se da Lei federal nº 14.129, de 29.03.2021. E a sua análise passaremos a dedicar nossa atenção na sequência.

A Lei nº 14.129 desdobra-se em um texto de considerável extensão, com mais de 50 (cinquenta) artigos. A par das inovações que introduz, opera ela modificações parciais em importantes Leis, ainda em plena vigência. Com essa introdução, estamos a justificar o critério que adotamos, à vista da complexidade e amplitude da normatividade em questão: focalizaremos em itens apartados os principais temas do diploma, não nos esquivando a apreciações críticas e/ou elogiosas, quando assim entendermos conveniente.

O Capítulo I traz por título o indicativo "Disposições Gerais". Em seus 4 (quatro) artigos são expostos os propósitos da Lei, seu campo de abrangência-vigência, os princípios e as diretrizes do Governo Digital. E não falta, referente a nossos estranhos costumes de técnica legislativa, um glossário (art. 4º) que, pretendendo por certo auxiliar na interpretação e aplicação da Lei, provavelmente acabará, no curso do tempo, por originar desnecessárias controvérsias e mesmo divergências entre os diferentes operadores que lidarão com o ordenamento.

Logo no *caput* do artigo 1º o legislador explicita a razão de ser do parto legislativo: em nome do princípio da eficiência da Administração Pública, do incentivo às políticas públicas de permanente adoção (nessa ambiência) de inovações tecnológicas e científicas (com ênfase, aqui, na busca da meta de concretização de uma administração pública digitalizada) e da crescente participação do cidadão no exercício da função administrativa. Esses três módulos de justificação, por isso que *diretamente emanados* da Constituição, por certo explicam a *vocação nacional* da Lei nº 14.129. E é até natural que assim se dê: os artigos 1º a 4º da Lei Maior, ao enunciarem os princípios fundamentais da República, proclamam, dentre outros direcionamentos, a cidadania, a erradicação ou ao menos a redução das diferenças regionais e a promoção do bem de todos. Por tais artes, a inauguração de um Governo Digital, com as justificativas que mais acima apontamos, claramente nos impõe a concepção de estarmos em face de uma LEI NACIONAL, e não apenas de uma lei federal. Só que, e muito diversamente do que se dá com outras *leis nacionais*, houve aqui certa dose de "diplomacia": atentos ao *princípio da realidade*, que se estampa na constatação de que há muitos e diferentes Brasis, neste continente de mais de 5.000 (cinco mil) municípios, preconizou-se (art. 2º, III e §2º) que a observância da Lei nº 14.129, nas administrações diretas e indiretas dos demais entes federados, haverá de consumar-se mediante a edição de atos normativos próprios.

Com a ressalva imediatamente anterior, o que se tem é uma regra de vigência abrangente de órgãos de administração direta de todos os Poderes, dos Tribunais de Contas e dos Ministérios Públicos, assim como fundações públicas, autarquias e empresas estatais (inclusive suas subsidiárias e controladas) *que atuem na prestação de serviço público*.

Curiosamente, e não obstante a existência, que referimos, de um glossário (art. 4º), a Lei nº 14.129 *não conceitua* o que seja o Governo Digital que deseja fundar. Mas do exame de vários de seus preceitos torna-se possível construir um conceito.

Trata-se de uma Administração Pública que disponibiliza, em plataforma única, acesso às informações e aos serviços públicos (o que pressupõe uma atuação integrada entre os órgãos e entidades envolvidos na geração de informações e na prestação e controle dos serviços públicos), de sorte a assegurar a qualquer interessado, sem caráter presencial, a formulação de demandas e de pedidos por meio digital (inclusive por dispositivos móveis).

Essa nova realidade é, por enquanto, muito mais um ideal que um dado concreto da função administrativa. Muito falta, ainda, para que cheguemos a tal estágio. Mas desde já se pode construir um elenco de *princípios* (com a acepção, tantas vezes exposta, que atribuímos ao vocábulo) do Governo Digital, a saber:

a) desburocratização e simplificação da função administrativa;
b) transparência, inclusive ativa, da execução da função administrativa, monitoramento de sua qualidade e permanente aperfeiçoamento de sua execução;
c) não só abertura à participação do cidadão no exercício da função administrativa, mas *incentivo ativo* a que assim se dê, inclusive no tocante à fiscalização das atividades da Administração Pública;
d) prestação de contas, se possível diária, do gestor administrativo, sobretudo de forma *ativa* (i.e; sem necessidade de solicitações), abrangente de todas as atividades pertinentes às capacidades em que investido.

A Lei nº 14.129 aqui, mas também em várias outras passagens, insiste, *muito acertadamente, aliás*, que a Administração Digital tem de *conviver* com a Administração Presencial. O atendimento presencial será prestado não só quando a norma assim o exigir (segundo as características do caso concreto), mas também quando o administrado assim preferir. Ou, ainda, nas situações especiais de pessoas idosas, ou com deficiências ou com mobilidade reduzida. Ou, ademais, e por fim, quando o administrado não disponha de equipamento de comunicação virtual, ou não se sinta à vontade em sua utilização.

E aqui chega o momento de expor três problemas graves que divisamos, na plena edificação de uma Governança Digital no Brasil. Itemizar-lo-emos em apartados indicados por letras minúsculas. Assim:

a) inclusão digital

Com essa expressão busca-se indicar em termos absolutos ou relativos (conforme o caso), a quantidade de pessoas, em um certo espaço geográfico, que tem acesso a equipamentos de comunicação visual e sabem utilizá-los.

No Brasil, conquanto extremamente atrasados os dados (coleta e análise) do censo previsto para 2020, demonstrativos setoriais e parciais, divulgados pelo IBGE (órgão encarregado do recenseamento), apontam que menos de 30% (trinta por cento) dos brasileiros têm acesso à internet. E somente 22% (vinte e dois por cento) sabem plenamente usar equipamentos e aplicativos informáticos. Infelizmente, não há qualquer estranhamento possível ou admissível, quando se toma ciência de tais dados. Afinal, se é estimado que temos 30 (trinta) milhões de brasileiros em situação de fome, como cogitar de uma expressiva inclusão digital? Dispensável qualquer esforço argumentativo maior, para apontar no dado, ora exposto, gravíssimo empecilho à efetiva existência, entre nós, de um Governo Digital. É veraz que a Lei nº 14.129 acena, particularmente em seu artigo 3º, com instrumentos e iniciativas que têm o objetivo de atrair as pessoas à participação no exercício do Governo Digital (encarecemos, sobretudo, o que disposto no inciso XV do referido artigo 3º, no qual, ecoando, aliás, preceito da Lei da Liberdade Econômica, reafirma-se a presunção de boa-fé dos particulares). Mas sem garantir a sobrevivência dos milhões de famélicos, como fazer algo mais além de sonhar com a inclusão digital e, pois, com o Governo Digital?

b) aptidão técnica dos agentes administrativos

Ainda aqui, são desoladores os números de agentes administrativos realmente preparados ou dispostos à instalação, ao atendimento e ao exercício digital das funções governamentais. É verdade que, dentre outros, o já mencionado artigo 3º da Lei nº 14.129 consigna instrumentos e iniciativas destinados à especial capacitação do pessoal administrativo. Mas isso é, se e quando vencidas eventuais resistências pessoais e funcionais, trabalho para mais de uma geração.

Não que isso deva impedir a alavancagem do processo de digitalização administrativa. Mas se trata de esforço progressivo, sujeito a marchas e contramarchas. Também por isso reiteremos que, de pronto, o Governo Digital é um sonho apenas.

c) complexidades temáticas

O universo da digitalização, da inovação tecnológica e da incessante atuação administrativa eletrônica passa, necessariamente, pelo conhecimento ao menos razoavelmente operativo, das técnicas e das ações sem as quais tal universo não passa de teorização. Para tanto, os dois problemas, anteriormente focalizados, têm de ser efetivamente enfrentados e resolvidos. Mas tal escopo não é sequer de longe atendido ou mesmo compreendido pela Lei nº 14.129. Fiquemos só num viés demonstrativo de tal assertiva.

No artigo 3º, inciso VII, da Lei sob exame, afirma-se que, na construção e funcionamento do Governo Digital, há que se observar:

> o uso de linguagem clara e compreensível *a qualquer cidadão* (grifo nosso).

Mas a própria Lei em questão não é inteiramente *clara* e *compreensível* sequer para "qualquer advogado". E isso é, muito mais que uma decorrência da matéria nela disciplinada, uma consequência do grave defeito de técnica legislativa, consistente nas infinitas remissões da Lei nº 14.129 a *dezenas* de outras Leis. Alguns exemplos expressivos:

- já no artigo 1º é alertado o leitor para o dado de que a Lei º 14.129 há de ser aplicada *conjuntamente* com a Lei de Acesso à Informação (Lei nº 12.527/2011), a Lei de Direitos dos Usuários dos Serviços Públicos (Lei nº 13.460/2017), a Lei Geral de Proteção de Dados (Lei nº 13.709/2018), o Código Tributário Nacional e a Lei Complementar nº 105/2001;
- no artigo 3º, XXV, o elenco acima citado é enriquecido com a inserção, na aplicação conjunta, às disposições da Lei nº 12.965/2014 (Marco Civil da Internet);
- no artigo 7º, ao cuidar da generalização do uso de assinatura eletrônica nos documentos administrativos, mais de 6 (seis) outras Leis são trazidas à colação!
- mais adiante, no artigo 39, é a vez de a Lei nº 13.444/2017 entrar na ciranda.

Note-se: a indicação supra *não é* exauriente!

Ora, com tal abundância remissiva o que se tem é que não é dado a *qualquer advogado* lidar com a temática do Governo Digital brasileiro. Recomenda-se que, para tal fim, se consulte um profissional jurídico versado, pelo menos, em Direito Digital ou em disciplinas análogas. Reitere-se: nem estamos a adentrar o universo cognitivo tecnológico e científico, contido na Lei nº 14.129. Estamos apenas a referir sua *complexidade* para *qualquer advogado,* imagine-se como se dá com "qualquer cidadão"!

E aqui retomamos considerações do início deste subitem: não há como comparar, *quantitativamente,* em termos de população e extensão territorial, Brasil e Estônia. Mas *qualitativamente,* sobretudo quando se toma em conta que a Estônia conta com escassos recursos de riqueza natural e limitados recursos orçamentários, cremos que uma conclusão generalizante, *comparativa* mesmo, não é inviável ou injusta. O tamanho de nossa economia, se utilizado sem *corrupção,* sem clientelismo eleitoral, sem rachadinhas e sem arreganhos autoritários, sem populismos, nos catapultaria para o mundo dos países desenvolvidos. A Estônia, hoje, está em 30º (trigésimo) lugar do IDH (nota 0,861, sendo 1 a nota máxima possível). É tida como praticante da melhor educação na Europa, além de exemplares serviços de transportes públicos, saúde pública, segurança pública. Isso se faz com práticas políticas *decentes,* liberdade econômica (sem intervenções espúrias, por exemplo, entre nós, na fixação do preço dos combustíveis), numa ambiência verdadeiramente democrática e praticante de segurança jurídica (o que incessantemente atrairia a entrada de capitais privados expressivos).

Abandonemos os arcaicos padrões populistas, sindicalistas e de assistencialismos estatais; mas também enviemos ao báratro os nostálgicos dos tempos ditatoriais (militares ou não, 1930 ou 1964), cultores das passeatas infantilóides de motocicletas, típicas das épocas dos filmes de James Dean e dos seus parceiros de juventude transviada. Mas mesmo com o demorado fim das "motociatas", os tempos que se anunciam – volta ao populismo – não se apresentam risonhos.

11.5.3

Mergulhemos ainda mais fundo e em amplitude maior, no metaverso do ato administrativo. E aqui a lição do poeta:

A imaginação é a memória que enlouqueceu.
(Mário Quintana)

A interferência da IA, na realização de um ato administrativo, bem como as potenciais consequências daí derivadas, *desafiam* não só nossa "memória" (isto é, todo o cabedal de conhecimentos acumulados, respeitantes à temática do ato administrativo), mas, sobretudo, *provoca* nossa "imaginação" (para que ela enfrente, sem receios ou preconceitos, bem como sem a intenção ou pretensão de estar certa em todas as visões a serem assumidas).

E de pronto uma irresignação metodológica: deixando de lado as normas técnicas da ABNT, concernentes à produção de textos jurídicos, NÃO iremos apontar o livro de Quintana, de que extraído o lema introdutório do presente subitem. E isso por quatro razões:

– a uma, porque não queremos fazer a referência;

– a duas, porque não localizamos, em nossa biblioteca, qualquer obra de Quintana, um dos poetas de nossa preferência. A razão de tal ausência? Não sabemos;

– a três, porque preferimos endereçar o espaço e o tempo de pesquisa da localização, para a continuação do presente volume de nosso Tratado;

– a quatro, porque a lição de Quintana está, há décadas, gravada a fogo em nossa memória, sendo para nós totalmente dispensável dizer em que obra o poeta a lançou, sendo muito mais relevante guardá-la para sempre e relembrá-la tanto quanto possível.

Breve interlúdio, antes do anunciado mergulho no metaverso: em certa altura do volume anterior enunciamos a normatividade extraestatal como uma das fontes do Direito Administrativo. E aludimos às regras de utilização, tanto por particulares como pela Administração Pública, do índice ISO, estabelecido e regrado por uma entidade privada estrangeira. Claro que sabemos que a ABNT[17] é uma entidade brasileira, privada, que emite padrões de ampla adoção e utilização por particulares e pelo Estado. Mas tais atos normativos (ISO, ABNT etc.) têm sua validade, em nosso entendimento, condicionada à efetiva presença das duas características do ato administrativo: *conformação* à pauta axiológica ditada (expressa ou implicitamente) pela Constituição da República e *consenso* administração/administrado quanto à

[17] Associação Brasileira de Normas Técnicas.

necessidade, razoabilidade e utilidade da norma. Tudo isso equivale a dizer: a normatividade extraestatal passa primeiro, para aferição de sua validade, pelo crivo de sua utilidade; em segundo lugar, parte-se para a apuração da compatibilidade da norma com os pilares estimativos da Constituição. Por último, há que existir o *diálogo* entre a entidade reguladora privada e os destinatários do preceito, quanto ao seu mérito, sua razoabilidade e sua necessidade. O fato, porém, é que, exatamente nesse último patamar, as normas da ABNT – particularmente no que pertinente à produção de textos científicos, incluídos os jurídicos – carecem, via de regra, de qualquer tentativa de *consensualidade*. São ditadas *ex cathedra*, com muito rarefeita exteriorização do processo geratriz. E isso, por certo, atinge o juízo de validade de muitos dos ditames da ABNT. De toda maneira, ao tema da normatividade extraestatal regressaremos, quando, no terceiro volume, estudaremos o fenômeno da *regulação*.

De há muito se alude à categoria dos atos administrativos *automáticos*. Como tais se têm aqueles que se expressam sem *imediata* intervenção humana, conquanto essa de regra exista nas etapas precedentes, de programação e/ou preparação, diríamos, de sua efetivação. Exemplo nítido, de tal conceituação, é a sucessão das mudanças de cores dos semáforos de trânsito. Num estágio mais avançado, ainda dentro do exemplo oferecido, se verificou a possibilidade técnica e tecnológica de reprogramação dos semáforos, harmonizando a duração da cor ao fluxo eventual de pedestres e veículos. Ainda aí, portanto, o que se tem é um típico ato administrativo, que deflagra e concretiza sua manipulação por determinação *direta* de um agente administrativo.

Não é, entretanto, a tais realidades que voltaremos nossa atenção, no estreitamento do espaço conteudístico ato administrativo/IA.

Em trabalhos precedentes, devidamente publicados (por exemplo, no livro de introdução à LGPD – Lei Geral de Proteção de Dados;[18] em artigo doutrinário sobre o contrato administrativo de aquisição de tecnologia), traçamos o cordão umbilical entre o conceito e a realidade da IA, e a decifração, por Alan Türing (e sua notável equipe de *Bletchey Park*), do código criptografado nazista *Enigma*, utilizado na segunda guerra mundial.

---

[18] FERRAZ, Sergio. *Lei Geral de Proteção de Dados*. Belo Horizonte: Fórum, 2021.

Rememorando passagens de nossa inicial abordagem sobre os fatos administrativos, reiteremos que por *algoritmos* podemos entender um conjunto de instrumentos e métodos, constituído de instruções, para execução de operações vocacionadas à solução de certo problema ou à forma de alcançar tal solução. Nessa acepção simplificada, temos que é exatamente isso que se dá com nossa atividade cerebral: em face de um desafio, organizamos e sequenciamos uma série de comandos e atuações, em busca de uma "saída". E, em tal perspectiva, é perfeitamente aceitável falar em "algoritmos humanos", para batizar e explicar essa maravilha que é o cérebro em atividade.

Deu-se, porém, que, com o progresso inimaginado da ciência e da tecnologia (particularmente no campo da cibernética e da informática, bem assim de seu matricial instrumento da internet), o conceito, acima elaborado, foi transportado para o terreno de sofisticadíssimo instrumental e de novos equipamentos. Tais equipamentos, conforme desenvolveram seus criadores e seus usuários, foram tornados capazes de receber e armazenar informações de todo o tipo e instruções de várias naturezas, tudo isso especificado em linguagem técnica e/ou científica. E com tal arsenal, disposto numa sequência lógica de sucessivas concretizações de operação – os algoritmos –, os equipamentos em questão – instruídos, "pensantes" e operantes – enfrentariam desafios e obteriam soluções para deslindá-los e superá-los. Aqui utilizamos "pensantes" com o significado de que o conjunto de algoritmos, implicados na operação, está capacitado a, com rapidez extraordinária e com o manuseio de quase incomensuráveis informações e alternativas, caminhar *logicamente* (i.e., com a lógica dos programadores humanos da ação cibernética), para atingir *a* solução almejada por tais programadores.

De seu turno, a IA conceitua-se exatamente como o universo, a ambiência, em que se desenrola o estudo e a aplicação dos algoritmos, numa verdadeira simulação do que faria, idealmente, a inteligência humana, mas sem as limitações temporais e informacionais que o cotidiano nos impõe. Note-se, em reiteração: está cientificamente comprovado, como enunciamos no estudo do *fato administrativo*, que nem o mais requintado e complexo dos computadores até hoje existente supera, em quantidade e talvez qualidade, a capacidade operativa do nosso cérebro. Mas a máquina – ou seja, a IA – não é, em suas lógicas e subsequentes etapas de atuação, influenciável por emoções, medos, preconceitos, ambições etc. Isso ao menos é o que predominantemente ainda se diz em nossos dias.

Está aí, nessas considerações, a *memória*, a que se refere Mário Quintana, no seu mote poético com que iniciamos o presente subitem.

Pois bem: em sendo assim, restritamente entendida, a IA não *produz* (ainda) atos administrativos. Ele será apenas uma valiosa ferramenta de automação de procedimentos, de agilização na preparação de tomada de decisões, tudo enquadrado dentro de um panorama de processos repetitivos, para os quais já exista uma resposta genérica, predefinida, tudo isso limitado por um banco de dados preparado e limitado, como também preparadas e prelimitadas são as soluções genéricas perseguidas pela Administração. Nesse contexto, o valioso auxílio da IA enseja respostas prontas a solicitações multitudinárias, permitindo, inclusive, uma recolocação racional do conjunto de agentes administradores, que têm oportunidade de "delegar" várias de suas rotineiras tarefas para sofisticadas aparelhagens. Também nesse contexto, em princípio as *consequências* dos atos administrativos, auxiliados pela utilização da IA, não encerram perplexidades, aplicando-se o arcabouço teórico de responsabilização que o Direito Administrativo bem conhece. Haverá talvez, aqui e acolá, alguns problemas pontuais, como a vulneração ilícita de dados pessoais sensíveis (ver a LGPD) ou a desatenção aos parâmetros legais para a contratação de inovação tecnológica. Enfim, nada que não possa ser resolvido com o instrumental conjunto, por exemplo, da LGPD, da Lei de Inovação Tecnológica, da Lei de Licitações e Contratações Administrativas, da Lei nº 13.655/2018, da Lei nº 13.853/2019 e, sobretudo, do parágrafo 6º do artigo 37 da Constituição da República.

País periférico que é, "deitado eternamente em berço esplêndido" do caminho para o desenvolvimento e para o Primeiro Mundo, candidato renitente ao ingresso permanente na OCDE e no Conselho de Segurança da ONU, essa função ancilar da IA, não produtora ou editora de atos administrativos, talvez seja mesmo nossa realidade permanente.

Mas fora de nossos confins e fronteiras a memória já muitas vezes enlouquecera e dera origem à imaginação!

Só assim se explica, por exemplo, a inventividade de Leonardo da Vinci, ou ainda, a criatividade de Júlio Verne, isso para ficarmos apenas em dois exemplos.

A ficção literária, no século 20, conheceu a memória enlouquecida ou a imaginação ilimitada de Asimov e de Robert Heilein, explorando mundos e até universos em que as máquinas pensam e dominam a humanidade.

Mas para quê ficarmos no mundo da ficção?

No mundo atual (particularmente – mas não só – nos Estados Unidos e China, bem como na antiga União Soviética), em pelo menos três setores industriais IA significa, ao pé da letra, *Inteligência* artificial. É que aqui, em tais setores, operados pelo Estado, ou pela iniciativa privada – mas em razão de contratos com o Estado –, os equipamentos acionados por algoritmos NÃO TÊM um resultado *fechado* a ser atingido. Eles são ativados para produzir um resultado apenas em linhas gerais acionado, mas a eles (equipamentos) é confiada a escolha de meios, a opção pelas etapas a realizar e a conformação do objeto final. Tudo isso aliado à liberdade para buscar dados com utilização da internet das coisas (IoT – *internet of things*) – é dizer, numa ambiência de ampla *machine learning*, em que equipamentos contratados, *e outros* não contratados, *produzem atos administrativos*: aprovam pagamentos, encomendam insumos, entregam um resultado final em relação ao qual a "encomenda" inicial é simplesmente um marco mínimo a ser concretizado, além do qual os algoritmos podem continuar atuando, inserindo no acervo algo que está além do que as instruções previam. É o que hoje se dá com as indústrias espaciais, de armamentos (pense-se nos drones suicidas e letais, que "escolhem" seus alvos) e de veículos bélicos e seus implementos. Daí que mísseis, por exemplo, são encomendados para atingir, multiplamente, alvos estratégicos relacionados na "encomenda", mas destroem hospitais, escolas, orfanatos etc. Daí que simples semáforos de trânsito, que deveriam *pelo menos* inteligentemente funcionar, levando em conta o fluxo de transeuntes e de viaturas, acabam não só criando nós de engarrafamento como também, decifrando a seu talante os desafios do sistema de mobilidade, direcionam, para além das instruções inicialmente oferecidas pela encomenda, correntes de veículos para rotas de colisão, ou aproximam perigosamente navios de perigosos obstáculos litorâneos, ou superpõem arriscadamente aeronaves na mesma faixa de altitude. Afirma-se, por exemplo, como já dissemos bem antes, que os desastres que marcaram a estreia da série de jatos comerciais 700 Max, da Boeing, se viu enredada em fatais desastres em razão de erros na IA que planejara seus módulos eletrônicos. Nós mesmos, em nosso dia a dia, na busca de nos orientarmos nos carros que dirigimos, muitas vezes somos encaminhados, por nosso GPS, para locais ou vias de precária segurança pública, apenas por ser o caminho mais direto ou rápido para o destino desejado.

A maior parte desses sérios horizontes não estará, provavelmente, no visual brasileiro próximo. Mas cautela é sempre melhor que o remendo. Além do que, em um determinado segmento de atitudes, a questão da existência da IA efetivamente inteligente, e consequentemente operativa, já se põe. Trata-se da área da saúde. E aqui enfoquemos um caso simples e outro de clara complexidade.

No caso simples (tecnologicamente) tenha-se em mente o implante de partículas ou *chips* radioativos, de última geração, já dotados de IA, no organismo de pacientes afetados por câncer, a fim de que, migrados para órgãos vulnerados, exerçam um papel de combate e destruição das células disfuncionais. Esse resultado é *esperado*. Mas por vezes o que ocorre é um efeito nulo ou, o que é mais grave, de agravamento do mal. Óbvio que as "instruções", orientadoras da produção de tais elementos radioativos, eram determinadas e exatas. Mas a possibilidade do acerto jamais poderia ser absoluta, já que, na ambiência efetiva em que deveriam atuar tais elementos, uma considerável dose errática de operações nulas ou prejudiciais não pode ser afastada, eis que eles operam, a partir de sua introdução, com a utilização de sua própria inteligência.

Um caso complexo: o Hospital das Clínicas de São Paulo é o maior complexo de saúde do país. E ele é dotado de cerca de 70 (setenta) sistemas de IA, que devem operar não só coerentemente, como deles se espera que tratem das informações, com que lidam, com prudência e eficiência, deles dispondo de forma *lícita*, para fins de ensino, pesquisa, inovação e aperfeiçoamento do conjunto. No gerenciamento dessas dezenas de sistemas de AI foi constatado que, até por solicitações intensas e quase sempre urgentes, de suas atuações isoladas, inconsistências e vulnerabilidades ocorriam, não só prejudiciais ao funcionamento do complexo de saúde como, por vezes, infringentes à devida proteção legal de dados pessoais dos pacientes. Bom é que se diga que todos esses desvios vêm sendo combatidos e sanados, de sorte a se ter um sistema compreensivo de todas as partes componentes e orientado para a integral licitude e utilidade de sua existência.

Mas tais panoramas danosos, exemplificativamente referidos, podem estar acontecendo no Brasil e no mundo, no mundo governamental ou no empresarial. A nosso ver, o enfrentamento de tais distopias passa necessariamente por dois filtros:

- as "encomendas" de algoritmos e de sistemas de AI, com suas finalidades justificadoras do uso de tais tecnologias, deve ser sempre "fechada", com objetivos *estritos* (e não apenas *mínimos*), de sorte que nenhum ato "*decisório*", ou produtor de ato administrativo, se realize sem o *prévio* controle de agentes dotados de competência e portadores dos conhecimentos (técnicos, jurídicos, econômicos etc.) imprescindíveis a tal supervisão;

- as encomendas e as instruções têm de estar pautadas pela consciência e prática de um uso ético da IA.

Alguns detalhamentos:

a) a plataforma ética, do uso de IA, consiste na observância, em todas as etapas de seu desenvolvimento, das *balizas axiológicas*, explícitas e implícitas, da Constituição da República;

b) os sistemas de IA têm de ser acessíveis ao público (com ressalva dos dados sensíveis, como estatuídos legalmente), transparentes, tendo seus atos e decisões revisíveis por instâncias administrativas (agências, por exemplo), judiciais e controladoras (tribunais de contas, por exemplo). Como essas vias de revisão são constitucionalmente permeáveis ao conhecimento da coletividade, devem ser assegurados EFETIVAMENTE os direitos constitucionais de petição e de reclamação: aqui se concretiza a particularidade inafastável do *consenso* na atividade administrativa.

Somente quando verificada a existência de respeito às pautas estimativas constitucionais, bem como do *consenso* administração/administrado, é que podemos falar em ato administrativo válido praticado por, ou com emprego de sistemas de IA.

No capítulo e volume próprios, deste Tratado, cuidaremos das responsabilidades, civil e administrativa, implicadas na edição e produção do ato administrativo, inclusive se derivado de utilização de IA.

11.6

Ao contrário do que ocorre em muitos países (por exemplo, Argentina), e mesmo em alguns estados brasileiros (por exemplo, São Paulo e Sergipe), inexiste, na órbita federal, lei que disponha, genérica e amplamente, sobre a produção de atos administrativos.

Certamente por essa razão, a LPA – Lei nº 9.784/1999, que é a Lei Geral (federal) do Processo Administrativo – contém alguns preceitos especificamente pertinentes à prática de atos administrativos.[19] E doutra

[19] Por exemplo, artigos 53 e 54.

parte, artigos outros do aludido diploma, embora principalmente endereçados à regência do processo administrativo, também balizam a edição de atos administrativos: é o que se dá, por exemplo, com a fixação de prazos, nos artigos 22 e 24 da LPA. Mas não só: claríssimo é o artigo 48 do mesmo diploma, ao ditar expressamente que existe um *dever* de tempestivamente não só "emitir decisão nos processos administrativos", mas igualmente é tal *obrigação* aplicável a quaisquer "SOLICITAÇÕES ou RECLAMAÇÕES" formuladas à autoridade administrativa.

Mas: e se a Administração não cumpre esse DEVER?

A questão do silêncio da Administração insere-se nitidamente na tensão existente entre as equivocadamente chamadas prerrogativas da Administração (em realidade, trata-se de um conjunto de *competências*, que engendram verdadeiros deveres) e as garantias dos particulares.

No nosso processo administrativo o problema torna-se agudo, à vista do artigo 48 da LPA, que confere ao particular um direito público subjetivo a uma decisão explícita e fundamentada, em prazo circunscrito (art. 49 da LPA). Tanto mais relevante é essa questão, quando se sabe que a LPA, ao contrário do que por vezes ocorrido em direito comparado, não outorga *expressamente* ao silêncio a qualidade de uma denegação tácita.

Para nós, no plano meramente teórico, em princípio o silêncio administrativo, persistente após o decurso de todos os prazos legais, constitui um *ato administrativo* decisório, em favor do particular. E, por isso mesmo, esgotado tal prazo a Administração não poderá emitir uma decisão tardia, muito menos uma decisão denegatória. Com efeito, de nada adiantaria a LPA afirmar o dever de decidir e a LINDB trazer exigências específicas sobre como decidir, inclusive a afirmação das consequências da decisão, além de prever expressamente a possibilidade de soluções consensuais, se isso tudo puder ser simplesmente ignorado pela inércia do julgador.

A *atuação* ilícita administrativa – isto é, a *prática* de um ato administrativo ilícito – pode ser traduzida como "fazer aquilo que não se deve", ou "não fazer aquilo que se deve". Assim, o silêncio administrativo, quando há um dever legal de explícita e motivadamente decidir, é um *ato* e ato ilícito, que jamais poderá ser desconstituído por uma decisão tardia. O silêncio é, enfim, um ato (omissivo embora), decorrente da *vontade* da Administração. É claro que quando há pluralidade de interesses ou de interessados privados em cheque, ou fundamentais interesses da comunidade, a solução, por nós brandida, há que ser calibrada segundo as peculiaridades de cada caso. Mas, em regra, a opinião ora exposta se mantém incólume.

É significativo destacar que o silêncio administrativo dificulta a concretização de soluções consensuais e compromete assim a realização dos propósitos de eficiência administrativa (além de, em muitos casos concretos, dificultar a atividade de controle da Administração Pública). Vamos mais longe: o silêncio da Administração é uma verdadeira ofensa ao constitucional direito de petição e de representação. E, no plano infraconstitucional, esse comportamento omissivo compromete toda a pauta axiológica de deveres da Administração consagrados no artigo 2º da LPA, constituindo desvio indesculpável ao postulado do devido processo legal.

A Lei federal nº 9.784/1999 andou muito perto de enfrentar sem erros a matéria dos prazos no processo administrativo.

Assim é que, tendo optado – e bem o fez, saliente-se – por um prazo genérico curto (5 dias),[20] ao mesmo tempo previu ser razoável que tal lapso pudesse ser elastecido (10 dias), à luz de circunstâncias concretas, mediante comprovada justificação.[21]

Mais adiante, ao cuidar da instrução processual, visualizou a hipótese de se tornar imprescindível ouvir um órgão consultivo; e assinalou, para a emissão do parecer, um prazo máximo de 15 (quinze) dias, admitindo, porém, seu elastecimento, pelo tempo necessário, em caso de comprovada necessidade.[22]

Ainda reverentes à ideia de "duração razoável" do processo as fixações da mesma lei de 10 (dez) dias para alegações finais[23] e recurso,[24] bem como a de 5 (cinco) dias para o juízo de retratação.[25] De se lastimar, contudo, tenham sido até criados alguns mecanismos de frontal contrariedade à realização do propósito de duração razoável do processo. Nesse sentido, para exemplificar: a) nada se prevê, em termos de prosseguimento do processo, quando um parecer, embora obrigatório e de efeito vinculante, requerido a um órgão consultivo, não seja emitido;[26] b) o mesmo praticamente ocorrerá se, reiterada e sucessivamente, diversos órgãos administrativos se esquivarem à produção de laudo técnico requerido pela autoridade processante;[27]

---

20 Art. 24, *caput*.

21 Art. 24, parágrafo único.

22 Art. 42, *caput*.

23 Art. 44.

24 Art. 59.

25 §1º do art. 56.

26 Art. 42, §1º.

27 Art. 43.

c) tampouco ousou o legislador enfrentar aberta e frontalmente a questão da consequência processual, na hipótese de omissão do dever de decidir, dentro dos prazos consignados no diploma.[28]

Em todas essas hipóteses, só seria respeitada a invocada principiologia constitucional se a lei tivesse consagrado o prosseguimento do processo sem a prova ou o parecer requeridos, bem como explicitado o efeito do requerimento, quando ultrapassado o prazo para o exercício do *dever de decidir*. Impunha-se, enfim, que a lei tivesse enfrentado expressamente o problema do silêncio administrativo, a ele conectando a consequência de se ter por *procedente* o pleito. Mas, como não o fez, princípios vários (dentre eles, o do formalismo, o da finalidade, o da legalidade, o da indisponibilidade do interesse público) dificultam (ressalvada a hipótese de *atos vinculados*, quando a vontade e/ou o juízo administrativos são fatais decorrências das etapas precedentes que os conformam) que se dê ao silêncio essa consequência (que é a que preferimos). As advertências de Couture (*tempo é justiça*) e de Sentis Melendo (*tempo é liberdade*) – projetadas embora à luz da processualística cível – fundamentariam, no processo administrativo, a solução sustentada. É claro que, em todos esses casos, configurar-se-ia uma *omissão* administrativa, atacável por vias judiciais bem conhecidas. Mas não é disso que se trata!

De toda sorte, a jurisprudência vem sinalizando rumos alvissareiros. Traremos, como amostragem, quatro importantes arestos.

No primeiro, o STJ tinha em mãos um pedido de autorização para funcionamento de rádio comunitária. A requerente esperara por mais de cinco anos, para a solução de seu pedido, sem obter uma decisão administrativa. Levado o fato ao Judiciário, aí se autorizou o funcionamento provisório da rádio, pelo menos até que decidido o pleito administrativo, em razão da então proclamada "mora administrativa".[29].]

No segundo, o TRF da 4ª Região, em razão de excessiva delonga da Seccional da OAB de Santa Catarina na apreciação de um pedido de inscrição suplementar de advogado naquele Estado, assegurou ao interessado o exercício profissional pretendido, ao menos até obter a decisão de seu pedido administrativo.[30]

---

[28] Arts. 49 e 59.

[29] RESP nº 531.349/RS, rel. Min. José Delgado, DJU 09.08.04, p. 174.

[30] AMS nº 1999.04.01.099381-9/SC, rel. Des. fed. Teori Zavascki, DJU 17.05.00, Seção 2, p. 167.

No terceiro, o mesmo TRF adotou uma linha diversa, mas igualmente aceitável, a lume da hipótese cogitada. Tratava-se de um requerimento administrativo pendente de decisão, para cuja emissão não havia prazo legalmente estabelecido. A Corte enfocou a questão sob o ângulo da *razoabilidade*, concluindo pelo acolhimento da ação, com o efeito de fixar o Judiciário *prazo razoável* para a decisão do pleito pela Administração.[31]

No último, o TRF da 5ª Região assegurou o funcionamento provisório da filial de uma casa de câmbio, tendo em consideração o prefalado silêncio da Administração (BACEN – Banco Central do Brasil), novamente vindo a contexto o princípio da razoabilidade.[32]

Como se pode observar, a tendência jurisprudencial é no sentido de tomar provisoriamente a omissão ou o silêncio da Administração como manifestação em favor do particular interessado, o que tem uma lógica perfeitamente consistente. Ora, se o particular manifestou formalmente sua vontade devidamente embasada de usufruir um determinado direito, não pode ficar na dependência da boa vontade da Administração, pois não tem esta o poder, mas, sim, o dever de dar seguimento ao pedido, podendo até negá-lo, desde que o faça fundamentadamente, mas não pode negá-lo, de maneira indireta, tacitamente, por simples omissão, sem qualquer motivação.

Em síntese, em nosso entendimento, o silêncio da Administração deve ter o sentido de decisão favorável ao interessado, dado que não se pode presumir a má-fé ou a ilicitude da postulação. De resto, já se tem valioso e vigoroso entendimento doutrinário no sentido de que nem mesmo a lei pode atribuir sentido negativo ao silêncio da Administração:

> Por fim, se o ordenamento jurídico, apesar de também prescrever expressamente os efeitos do silêncio, assim o fizer para reconhecer o indeferimento diante da omissão do Poder Público (e, neste caso, pouco importa de qual licença se trata, se urbanística, incluindo-a para o parcelamento do solo, ou se ambiental), tal disposição padecerá de vício de inconstitucionalidade por afrontar o princípio constitucional da motivação, pois o silêncio administrativo, como acima se assinalou, não é ato administrativo, mas fato administrativo, portanto, não contém forma e não apresenta motivação, e não pode a Municipalidade dispensar-se

---

[31] REOMS nº 2001.72.01.004390-0/SC, rela. Desa. fed. Maria Lúcia Luz Leiria, DJU 09.10.02, Seção 2, p. 625.

[32] Ag. Nº 58.280/PE, rel. Des. fed. Luiz Alberto Gurgel, DJU 12.01.05, Seção 2, p. 976.

de um comando constitucional ao seu bel prazer porque a ele está, como qualquer outro ente estatal, como qualquer administrado, jungida aos seus imperativos.[33]

O dito popular no sentido de que "quem cala, consente" pode ter assento no âmbito administrativo quando a Administração, podendo e devendo manifestar-se, simplesmente se omite, dado que as decisões administrativas devem ser sempre motivadas. Quando o particular apresenta uma postulação devidamente fundamentada no sentido do seu deferimento, já se tem aí um motivo para a decisão favorável, que somente poderá ser negada se e quando lastreada em expressa motivação que justifique o indeferimento. Na hipótese em que esse deferimento tácito não se apresenta como desejável, sempre haverá possibilidade de correção, ou pela própria Administração, no exercício da autotutela, ou pelos órgãos competentes para o exercício do controle externo.

Essa questão da inobservância dos prazos legais merece um especial cuidado, na medida em que pode ensejar desvio de poder e improbidade. Já se tem observado, na prática, condutas imorais e ilícitas quanto a esse assunto: em alguns casos, a autoridade competente para deferir o pedido simplesmente retém o processo indevidamente, exigindo propina para proferir a decisão final; em outros casos, não havendo condições legais para deferir o pedido, o interessado e a autoridade competente para decidir ajustam a retenção indevida do processo, para viabilizar um possível deferimento tácito ou implícito, até mesmo mediante determinação do Poder Judiciário. São vícios, mais que jurídicos, culturais, que devem ser atacados e punidos fundamentadamente, se comprovados inequivocamente. Mas tais vícios mão afastam a validade da tese por nós aqui sustentada, pois são *desvios*, e não a *regra*. Nem por isso, contudo, pode-se simplesmente ignorar o relevo da temática do silêncio ou "não-ato".[34]

Com a devida vênia de pensamentos contrários ilustres, não vemos no silêncio administrativo um *fato administrativo*. Conquanto, ao conceituarmos *ato administrativo*, tenhamos centralizado nossa visão no elemento *manifestação de vontade*, não podemos omitir, doutra parte,

---

[33] PIRES, Luís Manuel Fonseca. *Regime Jurídico das Licenças*. São Paulo: Quartier Latin, 2006. p. 174.

[34] MEDAUAR, Odete. *Direito Administrativo*. 3. ed. São Paulo: Ed. Rev. dos Tribunais, 1999. p. 170-171.

conforme, aliás, pouco antes referido, não só o *ato positivo* de expressá-la formalmente, como também o ato tácito ou implícito de não fazer algo, quando algo se deve fazer. A omissão é uma manifestação de vontade, da qual se origina um *ato ilícito*, como antes expressamos. E desse equacionamento decorrem reluzentes efeitos, a serem examinados quando do estudo das responsabilidades da Administração.

Importante referir que copiosa legislação vem seguindo o rumo jurisprudencial antecedentemente por nós exemplificado. Assim é que o efeito deferitório do silêncio se consolidou, por exemplo, nas:

– Lei nº 13.874/2019 (Lei da Liberdade Econômica), art. 3º, IX;
– Lei nº 8.934/1994, art. 41;
– Lei nº 9.478/1997, art. 26 §3º.

Anote-se que o STF, julgado a ADIN nº 3.273, exatamente com referência ao terceiro exemplo supra, decidiu pela *inexistência* de inconstitucionalidade nas Leis que estabeleçam efeitos positivos ao silêncio da Administração.

Intentando organizar, em retrospecto, um resumo das prévias considerações, deduzimos o seguinte elenco enunciativo:

a) o silêncio administrativo configura uma ilicitude, por tratar-se de infringência ao *dever* de exercer motivadamente uma função administrativa;
b) trata-se, pois, de um *ato administrativo*, de um *ato ilícito*, e não de um simples fato administrativo e, muito menos, de uma ficção legal;
c) cuidando-se de *agir* (embora *omissivo*) da Administração, o silêncio administrativo NÃO PODE acarretar dano ao administrado, tampouco podendo ser alegado pela Administração em seu benefício (*turpitudinem suam allegans non est audiendus*).

11.6.1

Deflui do quanto exposto anteriormente que não enquadramos o silêncio administrativo como figura do abuso de direito. É que não há qualquer direito da Administração a silenciar, em face de um pedido ou reclamação do administrado. Tal omissão é, repetimos, um ato administrativo ilícito, pois omisso em face de um dever jurídico, que consiste numa resposta ou decisão, expressas e motivadas.

Mas cumpre não obscurecer que muitos destacados juristas já sustentaram, ou ainda sustentam aqui, com as teses que esposam, a admissibilidade circunstancial do abuso de direito. Muito embora isso, ainda que pudéssemos simplesmente rejeitar, *reiteramos*, com base na teoria geral do direito:

- onde não há direito, não há que se falar em abuso de direito. É, aliás, o pensamento de Léon Duguit, no primeiro volume de seu *Traité de Droit Constitutionnel*.[35] Outra vez enfatizando: para nós, direito subjetivo havendo ao pronunciamento, o impropriamente denominado "abuso de direito" não passa de prática de ato ilícito, ou, no mínimo, de exercício exacerbado do direito: o que também, pensamos, não passa de ilicitude. Em suma, sustentamos que abuso de direito não é um *conceito jurídico*, mas simples *dado de fato*. E antecipamos que vemos da mesma forma o *abuso de poder* e o *desvio de poder*, temas a serem enfrentados no momento oportuno. Desnecessário assim, para nós, que o ordenamento jurídico formalmente "batize" o abuso como exemplo de ilicitude: havendo exercício egoísta (no exato sentido do adjetivo) do direito, haja ou não intenção de prejudicar alguém, ilicitude haverá. Assim, o chamado abuso de direito será, a nosso ver, hipótese de cunho fático, de antijuridicidade.

Com tais concepções em mente, temos por justificada nossa posição de rejeição à ideia de que o silêncio administrativo, nos quadrantes da definição por nós esposada, constituísse exemplo de figura do abuso de direito.

11.7

Sempre adotamos a lição de Gordillo (em toda a sua obra): a rigor, as classificações não se submetem ao crivo do certo/errado. São elas, bem antes, úteis ou inúteis. Por isso mesmo, não prezamos, de regra, a tipologia doutrinária dos atos administrativos, reverente que é à preferência de cada autor. Por isso é que estaremos apresentando inúmeras propostas no tema, quase todas no modo binário (isto é, em pares nos quais um conceito é apresentado com outro, que é exatamente o oposto do primeiro).

---

[35] DUGUIT, Léon. *Traité de Droit Constitutionell*. 3. ed. Paris: Fontemoing, 1930. p. 173 e seguintes.

Por opção metodológica e lógica, faremos de início um apanhado dos tipos que alguns ilustres nomes da doutrina brasileira adotam. E, na sequência, haveremos de nos concentrar nas classificações que nos parecem mais afinadas aos pressupostos deste Tratado.

11.7.1

Hely Lopes Meirelles, na edição de 2009 de seu importante *Direito Administrativo Brasileiro,*[36] cinge-se a referir cinco espécies de ato administrativo: os *negociais* (concertados com o administrado, sem liberdade conteudística para este, uma vez observados os pertinentes condicionantes legais; exemplo: as licenças), os *normativos* (atos de caráter geral e metaindividual, disciplinando o exercício da função administrativa; exemplo: os regulamentos), os *enunciativos* (os que afirmam ou explicitam uma situação existente; exemplo: as certidões), os *ordinatórios* (os que, na órbita administrativa interna, regulam as atividades dos agentes administrativos; exemplo: as ordens de serviço) e os *punitivos* (os concretizadores de sanções administrativas; exemplo: as multas).

De regra, todas as categorias, acima referidas, correspondem às distintas modalidades de efetivo desempenho da função administrativa.

Por ora, vamos reter, para disciplina expositiva, apenas uma das propostas de Hely: a dos atos *normativos,* aos quais se opõem, em nosso critério classificatório, os atos *concretos,* ou de *efeitos concretos* (nos quais todos os demais tipos, abraçados por Hely, podem ser enquadrados).

Nessa nossa visão, *normativos,* com perdão da redundância, são aqueles que estabelecem *normas,* preceitos de caráter geral e diretivo, tendo por alvos os administrados e a própria Administração e seus agentes. De tais atos normativos de regra não decorrem efeitos concretos e/ou individualizáveis (pessoa natural ou jurídica, bem como certas coletividades, como tais a serem consideradas e tratadas, embora sem personalidade jurídica). O exemplo mais evidente de tais atos é o *regulamento,* matéria a qual regressaremos em item específico.

---

[36] MEIRELLES, Hely Lopes. *Direito Administrativo Brasileiro.* 35. ed. São Paulo: Malheiros, 2009. p. 181.

11.7.2

Irene Patrícia Nohara[37] adota o molde de agrupar tipos de atos administrativos por vieses conteudísticos.

Nesse primeiro vetor, encontramos os atos *gerais* e os *individuais*; em grande parte, tal referência se acomoda à díade *normativos* e *concretos*, mais acima exposta.

Na sequência, surgem os atos *simples*, os *complexos* e os *compostos*, todos eles distinguidos pelo critério da unidade ou da pluralidade de vontades, na edição do ato. A origem dessa classificação é, pela autora sob comento, atribuída à professora Maria Sylvia Zanella Di Pietro.[38] *Simples* seriam os atos frutos de uma só vontade (que pode se tratar de *um* agente singular, bem como de *um* órgão ou entidade); nos *complexos* ocorre o concurso de duas ou mais vontades, externadas, entretanto, em um ato único; por fim, no caso dos *compostos*, ter-se-ia a conjugação de duas ou mais vontades, irmanadas por um mesmo objetivo ou finalidade, mas produzido um ato principal e um ato acessório ou instrumental (imprescindível para o aperfeiçoamento e exequibilidade do ato principal). Registre-se que autores há que, embora adotando as categorias de atos complexos e atos compostos, conceituam-nos com algumas diferenças relativamente à explicitação anterior. Assim, segundo alguns, nos atos *complexos* haveria a vontade de um só órgão, que seria manifestada por um prolator e ratificada por outros agentes, de maior hierarquia (que confirmariam ou não a total exequibilidade do ato). E nos atos *compostos* a conjugação de vontades, formadora do ato, exigiria a participação de órgãos ou setores diferentes. Seja pela dúvida conceitual doutrinária existente, seja mesmo pela própria inexistência de um *diferencial* substantivo ou material, discernível nessas três categorias, a elas não dedicaremos, por ora, especial atenção.

Irene Patrícia Nohara refere, ainda, um terceiro segmento classificatório, mas havemos de considerá-lo em outro item do presente trabalho.

---

[37] NOHARA, Irene Patrícia. *Direito Administrativo*. 8. ed. São Paulo: Atlas, 2018. p. 189 e 193.

[38] PIETRO, Maria Sylvia Zanella Di. *Direito Administrativo*. 5. ed. São Paulo: Atlas, 1995. p. 222.

11.7.3

O saudoso e sempre lembrado Diogo de Figueiredo Moreira Neto[39] oferece uma copiosa classificação dos atos administrativos, vinculando-os a nada menos que 16 (dezesseis) categorias de visão.

Num primeiro escaninho surgem, em um par de óptica classificatória, os atos de relação e os atos de gestão. No primeiro, teríamos o campo das relações administrativas ditas de *subordinação* e nas quais o polo Administração atuaria com o atributo da coerção. Do outro lado, estariam os atos de gestão ou de atividades de coordenação, em que o relacionamento não seria de coerção, mas sim, de concertação. À vista dos pressupostos do nosso Tratado, declarados logo no primeiro segmento do primeiro volume, não cuidaremos da classificação em questão.

Tampouco nos debruçaremos na 16ª categoria, por coincidir com o critério adotado por Hely Lopes Meirelles, antes por nós examinado.

Da maior relevância, contudo, é a classificação que veicula os conceitos de *ato discricionário* e de *ato vinculado*. No primeiro caso, teríamos aqueles atos nos quais o agente administrativo tem competência para fazer *escolhas* (nos campos do *como*, do *quando*, do *por quê* e, ainda do *para quê* e/ou do *para quem*). E aqui pararemos, já que o tópico da discricionariedade será objeto, mais adiante, de item específico. Em oposição aos atos discricionários teríamos os *atos vinculados*, constituídos pelas atitudes inteiramente regidas pela normatividade própria, abrangente da oportunidade, do modo, da finalidade e dos efeitos da atividade administrativa, não restando espaços para escolhas do agir.

No prosseguimento, aborda Diogo, os atos *simples*, *compostos* e *complexos*, que já foram objeto de anteriores comentários nossos, aos quais ora faremos remissão.

Em várias linhas classificatórias, Diogo de Figueiredo cuida, adiante, de algumas classificações cujos critérios estipulativos, porém, serão por nós estudados em outros pontos deste trabalho, sem o caráter, entretanto, de se tratar de atos de tipologia diferenciável no universo amplo dos atos administrativos.

---

[39] MOREIRA NETO, Diogo de Figueiredo. *Curso de Direito Administrativo*. 15. ed. Rio de Janeiro: Forense, 2009. p. 163-178.

11.7.4

José dos Santos Carvalho Filho[40] trata do tema da classificação com certa concisão. Aditando visão análoga a de alguns dos autores previamente citados, elenca ainda dois vetores classificatórios importantes (ressalvado que, aqui, não vimos propriamente tipos de atos administrativos, mas sim, características de tais atos). Assim é que teríamos:

- atos constitutivos, declaratórios e enunciativos, segundo a perspectiva dos efeitos que produzem;
- atos autoexecutórios (aqueles que se tornam plenamente operantes após sua simples edição, sem necessidade de interferências de outros órgãos administrativos, ou mesmo de outro dos Poderes do Estado) e atos não executórios (aqueles em que tal característica não existe, sendo imprescindível, para sua plena efetividade, uma intervenção de outro órgão ou de outro Poder do Estado).

Reconhecendo, com a ressalva antes produzida, a relevância desses atos administrativos catalogados pelo autor ilustre, reafirmamos que, o de que se cuida, no ponto, é de *características* dos atos administrativos, a serem em futuros itens apreciadas.

11.7.5

Lucas Rocha Furtado,[41] eminente jurista, Sub-Procurador Geral do Ministério Público junto ao Tribunal de Contas da União, igualmente esposa, no tema, uma indicação copiosa de tipos de atos administrativos. Algumas das classificações, por ele admitidas, já foram objeto de antecedentes abordagens nossas, ao ensejo de examinar a contribuição de outros também valiosos autores. Mas há aqui algumas inserções e a elas cingiremos, agora, nosso foco. Assim:

- após fundamentadamente (aliás, a adequada fundamentação, por vezes mesmo extensa, é uma característica de sua obra) criticar a dicotomia atos de império/atos de gestão, Lucas Rocha Furtado alude ao tipo "atos de expediente".

---

40 CARVALHO FILHO, José dos Santos. *Manual de Direito Administrativo*. 17. ed. Rio de Janeiro: Lumen Juris, 2007. p. 117-121.

41 FURTADO, Lucas Rocha. *Curso de Direito Administrativo*. 5. ed. Belo Horizonte: Fórum, 2016. p. 224-238.

Esses seriam os atos de "mera tramitação processual", ou de "encaminhamento do processo administrativo", deles não resultando "qualquer direito ou obrigação";[42]

– atos restritivos e atos ampliativos de direitos.

No que toca ao primeiro tópico destacado, pedimos vênia para justificar nossa não adesão. É que, em nosso entendimento, os atos de expediente constituem simples espécies dos chamados atos de gestão. Mas a divergência aqui é mais de cunho metodológico do que de ponto de vista material. E ela reside em que, no pensamento do eminente Mestre, a expressão "ato de gestão" não se coaduna com a existência das chamadas prerrogativas do poder público, além de veicular a intromissão de conceitos do direito privado no regime administrativo. Como outorgamos às "prerrogativas" em tela um tratamento diverso, declarado desde a fixação dos pressupostos deste Tratado, a confusão em questão não se põe, deixando de ser útil, para nosso texto, a consideração autônoma dos "atos de expediente".

Relativamente à equação atos restritivos/atos ampliativos (a nosso ver faltou levar em conta, com a devida vênia, os atos modificativos) de direitos, temos que a discussão só é relevante na perspectiva das *consequências* do ato, razão pela qual, pedindo vênia aos que avaliam diversamente de nós, à matéria nos restringiremos ao registro ora feito.

11.7.6

Refere-se ainda, por extremamente bem motivadas e elaboradas, a contribuição de Edmir Netto de Araújo,[43] Alexandre Santos de Aragão[44] e Marçal Justen Filho.[45]

11.7.7

Por último, calha mencionar Celso Antônio Bandeira de Mello.[46] Valiosa e douta a capitulação da matéria, coerente com os pressupostos

---

42 FURTADO, Lucas Rocha. *Curso de Direito Administrativo*. 5. ed. Belo Horizonte: Fórum, 2016. p. 229.

43 ARAÚJO, Edmir Netto de. *Curso de Direito Administrativo*. São Paulo: Saraiva, 2005. p. 441-449.

44 ARAGÃO, Alexandre Santos de. *Curso de Direito Administrativo*. 2. ed. Rio de Janeiro: Forense, 2013. p. 165-169.

45 JUSTEN FILHO, Marçal. *Curso de Direito Administrativo*. 13. ed. São Paulo: Revista dos Tribunais, 2018. p. 297-301.

46 MELLO, Celso Antônio Bandeira de. *Curso de Direito Administrativo*. 35. ed. Salvador e São Paulo: JusPodium e Malheiros, 2021. p. 345-3500.

teóricos do brilhante autor, embora nem sempre estejamos no particular – pressupostos teóricos – em total afinação. Adite-se que nos subitens anteriores já expressamos nosso pensamento sobre os tipos de atos que Celso Antônio visualiza como destacáveis.

11.7.8

Como introdução à temática dos vícios do ato administrativo, importa destacar três tópicos pertinentes à sua *formação*. São eles pertinentes à *perfectibilidade*, à *validade* e à *eficácia* do ato.

O ato administrativo tem-se como *perfeito* quando contém todos os dados que a ordem jurídica exige para sua formação. Será ele *imperfeito* se o ciclo formativo não foi integralmente concluído. Com relação à trajetória completa de produção do ato, a doutrina ainda alude aos atos *pendentes* (quando as etapas de produção, ou sua cadeia de efeitos, compreendem uma condição ou um termo) e aos atos *consumados* (aqueles que já produziram efeitos).

O ato administrativo se diz *válido* quando, além da perfectibilidade, apresenta-se indene de máculas ou infringências em face do ordenamento jurídico. A partir daí pode-se falar que o ato perfeito e válido está tecnicamente apto a produzir os efeitos que o sistema jurídico prescreve ou admita.

Por último, o ato será *eficaz* a partir do momento em que desencadeie os efeitos válidos para cuja consecução se deu sua formação.

11.7.9

Toca a vez de, manifestada a preferência ou a inaceitação de alguns critérios classificatórios, aduzir comentários sobre uma ou outra das categorias analisadas. E, na mesma toada, enfatizar alguns pontos antes pelo menos esboçados, mas que voltam a ser relevantes para as diferentes categorias classificatórias dos atos administrativos.

Antes de tudo, importa reiterar a relevância do imperativo da *motivação* do ato administrativo. É sua observância de especial consideração, quando tratamos, por exemplo, da interpretação do ato administrativo, da legitimidade que embasa sua edição, da dimensão do controle (administrativo, judicial, legislativo) de sua validade.

Mas também por outros prismas de visão a motivação desfruta do inequívoco atributo da imperatividade. Tome-se como exemplo a questão da *causa* do ato administrativo. Enquanto que, em direito privado, a causa se encarta na vontade das partes, em direito público a causa é sempre a expressão da vontade da lei e dos interesses dos administrados. Tais exigências, para serem adequada e integralmente aferidas, necessitam do conhecimento da motivação do agir administrativo. E pouco importa que se cuide de atos de efeitos internos (à Administração) ou com afetação de terceiros. Admitimos, não, porém, como regra, que a motivação possa estar implícita. Mas, convocada a explicitá-la, a Administração não pode eximir-se desse dever, pena de nulidade do seu proceder. Daí nossa afirmação, já no primeiro volume, no sentido de que, como comando geral, a *explicitação é obrigatória* e deve ser concomitante ao ato. Tudo isso, por óbvio, é um reclamo inafastável do princípio da segurança jurídica (dentre outros) e da aferição atinente à *legitimidade* da ação administrativa.

Impõe-se também, para reforçar a relevância da *motivação*, que ela colabora intensamente com o supra apontado princípio da segurança jurídica. E assim é na medida em que oferece argumentos e convicções que possibilitam ao intérprete jurídico preciosa redução no campo do espectro original e naturalmente amplo da polissemia dos textos legais, caminhando para um terreno de pragmatismo hermenêutico, assim atribuindo confiabilidade à interpretação abraçada. Não se olvide: as boas interpretações aperfeiçoam o Direito.

Para nós, a fundamentação expressa dos atos administrativos é obrigatória tanto no plano constitucional como no infraconstitucional. Não se trata, pois, segundo entendemos, de simples questão de política pública (legislativa ou administrativa). Mas não fechamos os olhos ao *princípio da realidade*, com essa expressão pretendendo significar a força normativa da vida concreta e do cotidiano, como fator incluído no continente dos limites negativos à obrigatoriedade da fundamentação expressa e concomitante. No particular estamos, em linhas gerais, afinados parcialmente ao notável magistério de José Carlos Vieira de Andrade.[47] É dizer, tal obrigatoriedade inexiste:

- quando se trata de atos favoráveis aos administrados ou por eles solicitados ou prestados com sua participação e aceitação;
- em face dos chamados atos estritamente vinculados;
- nos casos em que a revelação da motivação acarrete violação a segredos legalmente protegidos, à intimidade ou privacidade dos administrados;

---

[47] ANDRADE, José Carlos Vieira de. *O Dever da Fundamentação Expressa de Actos Administrativos*. Coimbra: Almedina, 1992. p. 117 e seguintes.

– se constatada a impossibilidade fática e concreta de formular a motivação. É o que ocorre, ao menos em princípio, quanto aos atos administrativos orais, os não formais, os automatizados ou decorrentes de pura atuação algorítmica ou do uso de inteligência artificial, os marcados de urgência, e, por fim, os atos administrativos resultantes do silêncio da Administração (matéria antes abordada).

Mesmo em tais hipóteses, contudo, se houver nelas danos a terceiros e até mesmo dificuldades ao exercício do controle de validade pelas instâncias competentes, os interessados poderão exigir a fundamentação superveniente do ato, cabal ou simplificada, mas suficiente para a dirimência das dúvidas ou dos questionamentos. Além disso, mesmo nas circunstâncias contempladas, muitas vezes será *faticamente possível*, E ASSIM OBRIGATÓRIA, a redução a termo da essência ou do fim do ato, com justificação clara e aceitável, conquanto resumida, e não violadora de valores constitucional ou legalmente garantidos.

Outro viés classificatório, difundido em nossa doutrina, é aquele que admite a existência de atos administrativos *retroativos*.

Com vistas a uma pacificação semântica prévia, assumindo atitude pragmática que nos afaste de maiores discussões introdutórias, esclareça-se que com o vocábulo *retroatividade*, neste segmento, temos em vista a aptidão de um ato administrativo para afetar e produzir repercussões em fatos ou situações passadas, regendo-os parcial ou totalmente. Acentue-se: trata-se de opção metodológica, e não de uma inadmissível (cientificamente) tentativa de obscurecer a riqueza e a complexidade do tema ora focalizado. Bem ao contrário, farta é a bibliografia, brasileira e alienígena, registrável. E note-se: não só sobre o tema da vigência da lei e do ato jurídico no tempo, como especificamente a respeito da retroatividade (ou da irretroatividade) do ato administrativo.[48]

Para fins de, com a possível objetividade, fixar desde já parâmetros que temos por válidos, para a discussão da matéria, afirmamos que o sistema jurídico e o ordenamento positivo brasileiros têm, tradicionalmente, firmado uma diretriz: a inovação jurídica, no sistema

[48] Com destaque, aqui, para o valioso *Da Retroatividade do Ato Administrativo*, da professora Odete Medauar, Ed. Max Limonad, SP, 1986.

e no ordenamento, não atinge as situações jurídicas constituídas plenamente no tempo anterior, tampouco seus efeitos e consequências integralmente consolidados. Mas a inovação, quer decorrente da normatividade estatal, quer a conformada por atos jurídicos estatais ou não estatais, passa a ter seus efeitos e sua disciplina geral submissos aos novos parâmetros. Essa é a fórmula, que nosso direito positivo elegeu, segundo magistério, sobretudo, de Gabba e Roubier: fatos e relações de direito e os efeitos de uns e outros, estruturados em conformidade com observância do sistema jurídico precedente, continuam válidos, mas sua regência e seus efeitos passam a ser disciplinados por supervenientes diretivas que o sistema e o ordenamento jurídicos venham a absorver. Trata-se da regra do efeito *imediato* e geral da lei nova, textualmente consagrada em nossa Constituição,[49] na Lei de Introdução às Normas do Direito Brasileiro (LINDB)[50] e, coerentemente endereçada aos atos administrativos, na Lei nº 9.784 de 1999.[51] A referência, nos diplomas citados, à irretroatividade da LEI é, por óbvio, à vista do caráter coativo absoluto de tais disposições, abrangente de qualquer forma de produção de efeitos jurídicos, como atos e contratos, públicos ou privados, de qualquer espécie. A reforçar *constitucionalmente* a eleição do padrão da irretroatividade, o artigo 5º, XXXIX e XL só admite retroatividade quando se tratar de preceito benéfico ao réu (comando esse que, como veremos no devido tempo, tem guarida integral no chamado direito administrativo sancionatório).

Registre-se que nem mesmo a velha máxima de que não há direito adquirido contra a Constituição tem cabimento sem ressalvas. Ela só é admissível, teoricamente, em face do exercício do chamado poder constituinte originário. Esse sim, porque oriundo da redefinição do pacto social, tem uma amplitude material de grandes proporções. Mas uma vez promulgada a *Lex Magna*, efeitos retroativos só serão admissíveis nos termos em que posta a matéria na mesma primeira pactuação. Para tanto, basta comprovar a leitura do quarto parágrafo, inciso IV, artigo 60, da Constituição brasileira, extremamente restritivo (e muito bem, em nosso sentir) ao poder constituinte derivado.

Como vemos da axiologia constitucional, divisamos de pronto a existência de um princípio de irretroatividade das leis e dos atos jurídicos, aí incluídos os atos administrativos. Tal princípio entrosa-se

---

[49] Artigo 5º XXXVI.

[50] Artigos 1º, 2º e 6º.

[51] Artigo 2º e seu parágrafo único, inciso XIII.

com outros dois, formando um bloco indestrutível, integrado pelos princípios da segurança jurídica, da confiança legítima, da boa-fé e, sobretudo, com o da dignidade da pessoa humana. Nesse construto de bloqueio importante mais uma vez esclarecer: retroatividade, para nós, significa desconsiderar uma situação ou relação jurídica anterior à inovação, bem como os efeitos em razão delas produzidos, a lume do anterior sistema ou ordenamento. Tais efeitos radicais somente poderão suceder:

- se houver preconização contrária, fruto do exercício de poder constituinte original;
- se a situação ou relações jurídicas anteriores, assim como os efeitos delas decorrentes, tiverem sido constituídos em desrespeito ao sistema ou aos ordenamentos jurídicos vigentes à época de suas concretizações.

A esses dois pontos acrescentamos outro, conectado às considerações expendidas no item 11.4 da presente obra. Naquele tópico, afirmamos que só se pode falar em existência de ato administrativo quando presentes duas características, concomitantemente, no exercício da função administrativa: observância estrita à axiologia administrativa constitucional e constatação de consenso administração/administrado. Se essa díade não comparecer, ou somente se verificar a presença de um de tais polos, inexiste conceitualmente um verdadeiro ato administrativo. E, por isso, um novo ato administrativo pode vir a ser supervenientemente editado, para expungir do ordenamento o falso ato administrativo *e seus efeitos*, oferecendo inclusive as vias reparatórias cabíveis, se efeitos danosos já tiverem sido produzidos. Partamos para exemplificação esclarecedora.

Ao fim da segunda guerra mundial, os pactos de paz cuidaram das reparações devidas, pelos vencidos, por suas iniciativas bélicas, aos países vencedores. Isso não bastou, ao sentimento natural de justiça. Por isso, décadas passadas depois de 1945, a Alemanha decretou a nulidade de todos os atos administrativos praticados com base na legislação antes vigente (o nazismo), determinando ainda indenizações aos que atingidos pelo ordenamento prepotente. Também o Japão pediu desculpas e pagou reparações a populações (sobretudo a coreana), por crimes de guerra. Adicione-se ao que invocado a maré, dos últimos anos, de devolução de obras de arte pilhadas a países pobres. Em todos esses casos, o que se dava era o esmagamento de um princípio *natural*, jurídico por derivação, oportunidade em que se torna o princípio dos princípios: o respeito inafastável à vida e à dignidade dos seres. As maldades praticadas no Brasil, na vigência do regime escravocrata, os atos privados e os administrativos, consumados com base na legislação então vigente, foram, continuaram e continuam a ser atividades violadoras à vida e à dignidade do ser. Por essa razão, qualquer ato legislativo, judicial ou administrativo que determine a adoção de um regime legal e de atos concretos de reparação moral e econômica às vítimas (e seus descendentes) da ignomínia apontada *têm de ser retroativos*: declararão a inaceitação dos atos aparentemente legais e determinarão as fórmulas compensatórias adequadas. Podia até haver consenso administração/administrado, durante o regime da escravidão. Nem por isso deixava ele de ser ofensivo ao princípio da dignidade humana, como, aliás, o atesta o elevado número de dedicados abolicionistas sempre existente entre nós.

Por fim, uma ponderação: não divisamos a existência de *retroatividade* nos atos de anulação, revogação, ratificação, retificação e conversão dos atos administrativos. Trata-se, isso sim, de atos de saneamento do ordenamento, conectados à temática dos vícios dos atos administrativos, a ser objeto de análise em itens posteriores do presente trabalho.

11.7.10

Após as considerações antes desenvolvidas, bem como dos comentários aos vários projetos de classificação dos atos administrativos, impõe-se a nós, até como exigência metodológica – quando não didática – oferecer algumas considerações de encerramento a este subitem 11.7.

Aditaremos um viés comprometido com a simplificação da matéria, sem prejuízo de, em um ou outro prisma classificatório, oferecer algum aprofundamento que se apresentar conveniente ou necessário.

Comecemos pelos chamados *atos privados da Administração*. Como tais, a doutrina tradicional (que abraça o conceito de um regime jurídico-administrativo, notoriamente qualificado pela convicção de uma superioridade jurídica, teórica e prática, da Administração sobre o administrado) identifica as atividades da Administração, desenvolvidas sob o pálio do Direito Privado. Reconhecendo a existência dessa classificação, temo-la como superada. E isso porque o regime jurídico a predominar, em cada caso, comparecendo ou não em certas situações a presença de prerrogativas públicas, não desfigura o exercício da função administrativa. O que determinará o complexo normativo, circunstancialmente incidente, são as exigências do interesse individual dos administrados e o coletivo das pessoas jurídicas ou organizações pelos indivíduos criadas, sempre reverentes à axiologia constitucional indispensável ao desempenho da função administrativa.

Corrente também na doutrina a tipificação dos atos administrativos, segundo a destinação de sua incidência, em *atos concretos* e *atos normativos*. Os ditos *concretos* dispõem para um caso específico (exemplo: a nomeação de um agente). *Atos normativos* são os que disciplinam previamente a atividade administrativa geral, regendo o desempenho da função administrativa e sua concretização. O ato administrativo normativo mais complexo e abrangente é o *regulamento*. Por sua notável relevância, o regulamento será objeto de itemização ulterior.

Destaque-se, no particular o Decreto Federal nº 10.139, de 28.11.2019, cujos artigos 1º e 2º merecem transcrição:

> Art. 1º Este Decreto dispõe sobre a revisão e a consolidação dos atos normativos inferiores a decreto editados por órgãos e entidades da administração pública federal direta, autárquica e fundacional.
>
> §1º O disposto neste Decreto aplica-se a:
>
> I – portarias;
>
> II – resoluções;
>
> III – instruções normativas;
>
> IV – ofícios e avisos;
>
> V – orientações normativas;
>
> VI – diretrizes;
>
> VII – recomendações;
>
> VIII – despachos de aprovação; e
>
> IX – qualquer outro ato inferior a decreto com conteúdo normativo.
>
> §2º O disposto neste Decreto não se aplica a:
>
> I – atos cujo destinatário, pessoa natural ou jurídica, esteja nominalmente identificado; e
>
> II – recomendações ou diretrizes cujo não atendimento não implique aos destinatários consequências jurídicas, efetivas ou potenciais.
>
> *Espécies admitidas de atos normativos futuros*
>
> Art. 2º A partir da entrada em vigor deste Decreto os atos normativos inferiores a decreto serão editados sob a forma de:
>
> I – portarias – atos normativos editados por uma ou mais autoridades singulares;

II – resoluções – atos normativos editados por colegiados; ou

III – instruções normativas – atos normativos que, sem inovar, orientem a execução das normas vigentes pelos agentes públicos.

§1º O disposto no *caput* não afasta a possibilidade de:

I - uso excepcional de outras denominações de atos normativos por força de exigência legal;

II – edição de portarias, resoluções ou instruções normativas conjuntas;

III – edição de portarias com atos de pessoal; ou

IV v manutenção da denominação de atos normativos editados antes da data de entrada em vigor deste Decreto.

§2º Os atos de pessoal de que trata o inciso III do §1º são os atos referentes a agentes públicos nominalmente identificados.

A *autorização* de serviço público não só é um ato concreto, na medida em que investe alguém no desempenho de um serviço público, como também é um ato normativo, no que preestabelece regras para a referida prestação.

Em face da extrema particularidade das autorizações e permissões, do tema cuidaremos mais adiante, em item específico.

Cogita-se doutrinariamente do chamado *ato administrativo inexistente*. Há mesmo autores que até desprezam uma alusão a essa concepção.

Postas de lado controvérsias e celeumas, filosóficas ou jurídicas, sobre a questão da *inexistência*, podemos admitir que ato administrativo inexistente é aquele que não completou seu ciclo formativo. E aí difere dos atos administrativos anuláveis e dos nulos, eis que estes percorreram a via de sua constituição, mas absorveram, no processo, vícios aos quais a ordem jurídica não é insensível.

De toda sorte, a distinção ainda se justifica num país, como a França, de dualidade jurisdicional. Entre nós é parca a relevância da questão, até porque, em face do artigo 37, parágrafo 6º, da Constituição, pouco importa que se trate de fato administrativo ou de ato administrativo (válido ou viciado): a responsabilidade estatal e dos agentes administrativos se configura. E o mesmo vale para os chamados atos administrativos inexistentes. Dissentindo, contudo, de respeitável número de autores que se dedicaram ao tema, acreditamos que, enquanto perdure a *aparência* da existência do ato, ele pode até produzir, na prática, efeitos tal como se existente fosse. E aqui reside uma indiscutível aproximação conceitual entre o ato inexistente e o ato nulo. Proclamada ou reconhecida que seja, a *inexistência*, a questão dos danos e demais consequências eventualmente registrados se reconduzem ao já citado artigo 37, §6º da Lei Maior. De toda sorte, as decorrências e efeitos dos vícios do ato administrativo serão examinados mais adiante, em segmento específico.

11.8

Todos os autores destacam – e têm razão ao fazê-lo – a importância da *competência* do agente, como um traço distintivo da sanidade do ato administrativo.

Há, todavia, no particular, algumas situações assaz interessantes, em que o elemento *competência* adquire contornos diferenciados. Destacamos, no particular, três situações de vulto incontestável:

A- Segundo já se viu, a *competência* é o descritivo *legal*, indispensável e de feição coativa, das atribuições cometidas a um agente administrativo. A competência é ainda, consoante o que exposto bem anteriormente, irrenunciável e sua interpretação é de direito estrito.

O saudoso Lafayette Pondé[52] chegou a apontá-la "como um dos mais obscuros problemas do direito administrativo".

Et pour cause...

A contradição fundamental, na questão da delegação, reside exatamente no dado de que ela parte: a aceitação de que alguém possa, por ato próprio, transferir sua competência legal para outrem.

Presentemente, há um marco constitucional, disciplinador da matéria. Constate-se:

> Art. 84. Compete privativamente ao Presidente da República:
>
> ....
>
> VI – dispor, mediante decreto, sobre:
>
> a) organização e funcionamento da administração federal, quando não implicar aumento de despesa nem criação ou extinção de órgãos públicos;
>
> b) extinção de funções ou cargos públicos, quando vagos;
>
> ....

[52] PONDÉ, Lafayette. Da Delegação Administrativa. *Revista de Direito Administrativo*, Rio de Janeiro, n. 140, p. 1-15, abr./jun. 1980.

> XII – conceder indulto e comutar penas, com audiência, se necessário, dos órgãos instituídos em lei;
>
> ....
>
> XXV – prover e extinguir os cargos públicos federais, na forma da lei;
>
> ....
>
> Parágrafo único. O Presidente da República poderá delegar as atribuições mencionadas nos incisos VI, XII e XXV, primeira parte, aos Ministros de Estado, ao Procurador-Geral da República ou ao Advogado-Geral da União, que observarão os limites traçados nas respectivas delegações.

Mas tais balizas, embora razoavelmente elásticas, não esgotam a questão, na teoria ou na prática. É que as incumbências estatais tornam-se cada dia mais complexas, numerosas e de necessária implementação com a possível brevidade. Tal panorama engendrou, já no célebre Decreto-Lei nº 200, de 1967, seu artigo 12, com o seguinte texto:

> Art. 12. É facultado ao Presidente da República, aos Ministros de Estado e, em geral, às autoridades da Administração Federal delegar competência para a prática de atos administrativos, conforme se dispuser em regulamento.

Iniciava-se aí uma prática que só fez crescer, até os dias de hoje, com delegações e subdelegações frequentes, originando por vezes insegurança jurídica, quando não mesmo ilegalidades.

Certamente como tentativa de reduzir a amplitude das dúvidas suscitadas pela delegação de competência é que o Supremo Tribunal Federal expediu sua Súmula nº 510, com o seguinte teor:

> Praticado o ato por autoridade, no exercício de competência delegada, contra ela cabe o mandado de segurança ou a medida judicial.

Nem por isso, contudo, cessaram as hesitações. Até porque há atos os quais, por sua gravidade ou pelos requisitos de habilitação que exijam, ou por incompatibilidades conceituais, ou pelas peculiaridades de seu processo de formação, não podem e não devem ser passíveis de delegação. Sirvam de exemplo, respectivamente à precedente enunciação, a declaração de guerra, a emissão de parecer jurídico vinculante, o controle das contas públicas, a expedição de um ato colegiado ou de um ato complexo (conceitos anteriormente fixados).

B- De par com a *delegação* insta também referir a *avocação*. Com essa designação, entende-se a absorção, por um superior hierárquico, de uma competência atribuída originariamente a um seu subordinado.

C- A Lei de Processo Administrativo,[53] em seus artigos 12 a 14, cuidou de disciplinar, embora com prudência, as delegações e subdelegações. E, no artigo 15, cuidou da *avocação*. Em todos esses casos o caráter *transitório*, das citadas figuras excepcionais de afastamento da competência originária, foi expressamente ressaltado. Certamente com o fito de diminuir ao máximo possível eventuais confusões que a delegação e a avocação podem causar, o Tribunal de Contas da União, respondendo a Consulta sobre procedimentos conduzidos por substitutos delegatários, assentou:[54]

> É legítimo o exercício simultâneo de atribuições do cargo pelo titular e seu substituto eventual.

Mas:

> O exercício simultâneo de atribuições pelo delegante e o delegado é legítimo quando houver avocação formal.

D- Com a expressão "funcionário de fato", o que se indica é uma pessoa que, embora não integre os quadros de pessoal da Administração, aparentando, contudo, assim ser, exerce por quaisquer motivos função administrativa. É o caso, por exemplo, tanto daquele que se instala no local de uma repartição e age como agente público, como também aquele que, em vista de uma situação emergencial, procura apagar um incêndio antes da chegada dos bombeiros. E esses são apenas alguns dos muitos exemplos cogitáveis na espécie.

De regra, atos administrativos praticados por agentes de fato são tidos por válidos, em vista, sobretudo, dos princípios da segurança jurídica e da boa-fé presumida dos administrados, bem como pela tão decantada presunção de validade dos atos administrativos (matéria a que regressaremos mais adiante). Tais fatores de validação permanecem, a nosso ver (sabemos, contudo, que nosso ponto de vista não coincide,

---

[53] LPA – Lei federal nº 9.784/1999.

[54] Processo nº 15.989/1987. *Revista de Direito Administrativo*, Rio de Janeiro, v. 173, p. 199-204, jul./set. 1988.

aqui, com o de muitos juristas), mesmo quando o apoderamento episódico da função administrativa se dê por malícia ou dolo. Para tal validação o que se impõe é, tão apenas, a aparência consistente da competência do agente ou a efetiva existência de circunstancial emergência ou de necessidade pública. E se, eventualmente, o desempenho de fato vier a originar remuneração pelos cofres públicos, não haverá que se falar em devolução, eis que isso poderia originar enriquecimento ilícito pela Administração.

Acreditamos que a convalidação da atuação administrativa por servidor de fato guarda certa semelhança com a figura da *gestão de negócios*, assunto regrado nos artigos 861 a 875 do Código Civil e estudado na teoria geral dos atos jurídicos; ademais secularmente enraizado no direito romano.

Daí adotarmos uma tipificação de conduta de fato válida, para tanto elegendo os seguintes dados:

a) a *alienidade* da ação, isto é, a conduta não era titulada, legalmente, no agente de fato;
b) a *utiliter gestum*, isto é, o fato prestado revela-se útil aos indivíduos direta ou indiretamente atingidos;
c) a inexistência de oposição à conduta;
d) a licitude objetiva da finalidade da conduta do servidor de fato;
e) a consistente aparência de competência, para o fato produzido, do agente de fato.

Observadas tais balizas, apresenta-se indene de vício o ato administrativo proveniente do chamado funcionário de fato.

11.9

A incessante ampliação dos afazeres administrativos multiplica, por enormes potências, as espécies de atos administrativos. Daí nos parecerem inúteis as tentativas de classificação, e mesmo de arrolamentos, de tais espécies. Demais disso, para as espécies ora existentes, a conceituação de cada qual ou está tradicionalmente assentada, ou em menor número, em construção (isso sem contar com eventuais espécies sobre as quais talvez nunca se chegue à pacificação conceitual). Não acreditamos que aqui uma opinião a mais, de nossa parte, tenha qualquer utilidade.

A verdade é que estudantes e estudiosos de há muito dissertam sobre admissões, nomeações, promoções, pareceres, editais, alvarás etc.

É até possível que, em algum momento à frente, retomemos algumas dessas figuras em capítulos mais circunscritos que o presente. Por tudo isso, nossa opção: concentramo-nos numa altamente significativa espécie de ato administrativo, rica o suficiente para explicitar e explicar as multicomplexas e mais relevantes missões da função administrativa. Ademais, esse mergulho em uma figura com tais características revela-se, a nosso ver, mais adequada às intenções e pretensões de um Tratado, que o varejo da casuística infindável das intermináveis espécies de atos administrativos.

Autoguiados por tais visões, decidimo-nos por meditar, mais detalhadamente, sobre o ato comumente denominado *autorização*. Desde já com um acertamento semântico: aqui se está, com a palavra *autorização*, significando um *ato administrativo unilateral* da Administração (discricionário ou vinculado? De caráter precário ou dotado de certa estabilidade? Veremos depois.), pelo qual, afastando certas óbices ou restrições normativas, faculta-se a um particular, pessoa natural ou jurídica, o exercício de alguma atividade com ou sem a utilização de espaço público. Requer-se, para tanto, a constatação da aptidão do pretendente a ser titular da autorização, bem como a utilidade social da atividade a ser exercida. Com tais vieses, de regra a autorização é um *ato concreto* (ao definir o agente autorizado e suas atividades facultadas) e um *ato normativo* (ao estabelecer coativamente os condicionamentos, de tempo, de objeto e de finalidade da atividade autorizada). Nesse sentido – ato regrado pela Administração e somente prestado quando comprovada sua utilidade social, direta ou indiretamente –, cabível nos parece afirmar-se o caráter *unilateral* da autorização. Por outro lado, em coerência com os *pressupostos* conformados nas páginas iniciais do primeiro volume deste Tratado, temos que, identificado o interesse administrativo individual e/ou coletivo dos que venham a ser beneficiárias da atividade autorizada – havendo sobre isso consenso, expresso ou implícito, entre Administração, autorizado e administrados beneficiários – a autorização, para nós, assume o caráter de *ato vinculado*. E não deixa de ser assim só porque, em certo momento, se dê sua desconstituição: esta só será possível se não houver mais interesse em sua manutenção da parte do autorizado, ou se não mais se registrar o *consenso* antes mencionado. Lateralmente: não vemos qualquer pertinência, científica ou prática, aqui, à invocação da categoria de ato-condição, como pretendida por Jèze.[55]

---

[55] JÈZE, Gaston. *Princípios Generales de Derecho Administrativo*. Buenos Aires: Depalma, 1948. v. I. p. 225-226.

Na sequência, consideremos uma das mais ricas figuras da autorização: a de prestação de serviço público.

Pressuposto inafastável, quando se fala sobre serviço público e suas modalidades de execução, está em assentar, com nítida precisão conceitual, aquela ambiência dentro da qual o autor terá de movimentar-se. Ou seja, para tratar de serviço público urge, ainda que com o propósito estrito de fundar um patamar semântico que o dissertante abrace, explicitar o que ele entende por *serviço público*. Como, porém, *serviço público* encerre um conceito extremamente suscetível de influências geográficas e temporais, haurindo suas balizas significantes do próprio conceito de Direito Administrativo prestigiado em determinado espaço e tempo, ao estágio conceitual primeiro deverá, obviamente, o ensaísta retroceder, aí fixando o pilar mesmo de seus esforços conceituais e definitórios. Essa a justificação que lealmente apresentamos, logo ao pórtico do presente capítulo. Com um dado a mais: não abraçamos aquelas formulações clássicas (por exemplo, Jèze ou Duguit), que veem o conceito de serviço público como o núcleo mesmo do Direito Administrativo, a ponto de, por vezes, tornarem sinônimos Direito Administrativo e Serviço Público; tampouco nos afinamos com os radicais de nossos tempos, que chegam a negar a relevância do conceito em tela ou até mesmo, cá e acolá, a sustentar a inexistência dessa categoria conceitual. No amplo abismo que se abre com tais extremos cabe uma verdadeira multidão de ingênuos, desavisados e também de obscuros pensadores. Deixemo-os de lado. Serviço Público ainda é um tópico de grande relevância em nossa matéria. Mas está a exigir uma abordagem afinada à evolução dos estudos sobre a matéria e, tanto quanto possível, divorciada de pregações ideológicas e/ou politiqueiras. Com um adendo: vemos como um dos pilares fundamentais, do novo Direito Administrativo, o conceito de *eficiência*. Há que se olhar até com piedade a opinião dos primeiros e apressados glosadores que, atordoados com a inserção na nossa Constituição do princípio da eficiência, se dedicaram a negar sua relevância e compostura jurídica e a pregar fosse ele ignorado pelos juristas (à semelhança do que antes intentado relativamente ao princípio da moralidade). Negação cega e estulta (do mesmo quilate da negação à imperatividade, em nosso constitucionalismo, do princípio da subsidiariedade). A busca da eficiência é a busca da própria razão de ser do Direito Administrativo; e tão dramática é essa constatação que chegamos mesmo a afirmar que *Eficiência* é o nome que hoje poderíamos dar ao próprio Direito Administrativo. Daí aplaudirmos a lúcida formulação de Michel Temer, no sentido de que, após as etapas históricas do Estado Liberal e do Estado Social, vivemos hoje o Estado da Eficiência. Analogamente diremos: ao Direito Administrativo da função administrativa, ao Direito Administrativo do ato administrativo, ao Direito Administrativo da coparticipação, segue-se, e hoje prepondera, o Direito Administrativo do Consenso e da Eficiência (e, pois, o Direito Administrativo do Controle).

Para uma primeira corrente de autores, serviço público é toda atividade, exercida direta ou indiretamente pelo Estado, para realização de suas finalidades, com exclusão das funções legislativa e jurisdicional, *tendo em vista a satisfação de necessidades da coletividade* ou *simples conveniência do próprio Estado, sob normas e controles estatais*, num regime de direito público *derrogatório do direito comum*.

Um segundo vetor, apenas em parte coincidente com o primeiro acima referido, agrega alguns elementos conceituais: o serviço público é uma *atividade pública administrativa de satisfação concreta de interesses individuais ou transindividuais, materiais ou imateriais, insuscetíveis de satisfação adequada mediante os mecanismos da livre iniciativa privada, vinculados diretamente a um direito fundamental*, atividade essa *destinada a pessoas indeterminadas*, *qualificada legislativamente* e *executada sob regime de direito público*.

O terceiro viés afina-se em linhas gerais com os dois precedentes, dando, todavia, ênfase especial ao balizamento de serem os serviços públicos prestados sob *regime de Direito Público, consagrador de prerrogativas de supremacia e de restrições especiais*.

Como deflui dos pontos grifados nos conceitos correntes, acima trazidos à colação, há dados comuns em que pacífica a tarefa dos juristas cujas obras foram percorridas, a saber:

a) o serviço público é direta ou indiretamente prestado pelo Estado;
b) consiste ele na realização de prestações materiais e imateriais essenciais ou úteis, individual ou transindividualmente;
c) a realização da atividade de serviço público está ordenada por um regime de direito público, derrogatório, efetiva ou potencialmente, do direito comum;
d) a atividade de prestação de serviços públicos não compreende as atuações pertinentes às funções legislativa e jurisdicional, em sentido estrito.

Note-se ainda que alguns elementos conceituais, antes transcritos, não gozam de adesão doutrinária unânime. Mas ao ponto voltaremos adiante.

É evidente que, no campo dos conceitos e das definições navegamos quase sempre em águas revoltas. Mas não seria sempre necessário que assim ocorresse, bastando, para tanto, o uso do instrumental da lógica. A partir desse equipamento teremos em mente que a operação intelectual de *definir* consiste na revelação dos elementos que declaram a *essência* (substancial e significativa) capaz de *identificar* (isto é, *singularizar*, distinguir de qualquer outro) o objeto, material ou imaterial, de nossa reflexão; identificada a essência do objeto, é possível propor seu *conceito*, ou seja, a noção abstrata ou ideia geral do objeto.

Antes de verter as considerações acima expendidas, para o trato que estamos a desenvolver sobre o conceito de serviço público, parece conveniente fazer algumas reflexões, inclusive de ordem histórica, com a finalidade precípua de dizer *o que não é serviço público.*

Sabe-se que, em tempos idos, insistia a doutrina na distinção entre serviços públicos e serviços de utilidade pública. Aqueles eram os que prestados diretamente pelo Estado, em vista de sua *essencialidade* para a coletividade e/ou para o próprio Estado. Os da segunda categoria seriam os que corresponderiam à *conveniência* da coletividade, que sem eles poderia, entretanto, sobreviver. Tal distinção encontra-se presentemente desprestigiada, até porque (mas não só por isso) o que hoje é conveniente, amanhã pode ser imprescindível (variação conceitual no tempo); o que em certos lugares é imprescindível – tratamento de água e esgoto – pode ser um luxo ou uma impossibilidade de fato em determinados espaços (variação conceitual no espaço).

Doutra banda, divisar o protagonismo do Estado, como o ponto diacrítico conceitual, levando-se tal ideia às máximas dimensões cogitáveis, terminaria por sinonimizar *serviços públicos* e *Direito Administrativo*, quando não, mesmo, *serviços públicos* e *Direito Constitucional.*

Para evitar ciladas lógicas do jaez das que antes exemplificadas, imprescindível se faz buscar na Lei Fundamental as luzes ou faróis que guiarão nossas conclusões. Com isso pretendemos enfatizar, também neste campo, a indispensabilidade de ter o pesquisador em consideração o direito positivo, sobremodo a Constituição do país. Com o que, aliás, mais uma vez se afirma o caráter essencialmente variável do conceito que estamos a perseguir.

A Constituição brasileira não explicita o que é serviço público. Mas em diversas passagens a ele se refere (exemplos: arts. 21, X, XII,

XV etc.; 25 §2º; 30, V; 196 etc.). Há, todavia, um preceito específico, que ao Poder Público confere a *incumbência* de prestar os serviços públicos, direta ou indiretamente. Trata-se do *caput* do art. 175, assim redigido:

> Art. 175. Incumbe ao Poder Público, na forma da lei, diretamente ou sob regime de concessão ou permissão, sempre através de licitação, a prestação de serviços públicos.

Do preceito em questão extrai-se uma primeira conclusão conceitual: os serviços públicos, no Brasil, são de *titularidade* do Poder Público, podendo, entretanto, sua execução ser *delegada* a particulares. Advirta-se: aqui não adentraremos o exame amplo do vocábulo *delegação,* já antes desenvolvido. Iremos limitar nossos esforços à *delegação* com vistas à prestação dos serviços públicos. E, nesse desiderato, desde já destacaremos que a Constituição enuncia, no particular, *quatro* modalidades de execução, a saber: execução *direta* pelo Estado; execução indireta, ou delegada, mediante concessão (art. 175); execução indireta ou delegada, mediante permissão (art. 175); execução indireta ou delegada, mediante autorização (por exemplo, art. 21, XI). Seria ainda possível referir a execução indireta sem delegação, nos casos em que o serviço é prestado *de fato,* por particular (terceiro sem vínculo, de qualquer natureza, com o Estado), em benefício do interesse público; mas a excepcionalidade de tal dado permite que o deixemos de lado agora. Da mesma sorte, será posta à parte a execução direta pelo Estado por não se tratar de alvo material do presente capítulo; tão apenas lembraremos, a propósito, o marco normativo vedatório de tal execução direta, consagrado no *caput* do artigo 173 constitucional, que é também o pilar fundamental (ao lado do artigo 170), da existência, em nosso sistema jurídico, do princípio da subsidiariedade.

Continuando no esforço de identificar, na correntia lição doutrinária, o que, em nosso sentir, *não é constituinte da noção de serviço público,* impõe-se desse conceito extrair as atividades prestacionais da simples conveniência do Estado. Como tais a doutrina usualmente aponta os atos burocráticos internos ou preparatórios, concernentes aos serviços prestados ao público. Soa-nos evidente que tais atos dizem respeito exclusivamente à organização interna do Estado, não se revestindo, *a priori,* de proveito para os particulares, até porque podem ser mesmo desastrados e impeditivos da efetiva prestação do serviço público.

Sem sentido ainda, acreditamos, pensar que só se possa falar em serviço público quando a atividade estatal tenha em mente ações vinculadas diretamente a um direito fundamental. Para a configuração de um serviço público basta que se promova, com ele, não unicamente a satisfação dos direitos fundamentais (como tais entendidos aqueles constitucionalmente qualificados como imprescindíveis para a plena consecução da dignidade humana), mas o preenchimento de qualquer conveniência ou utilidade para a coletividade – mesmo quando em jogo um simples anseio, cuja concretização, ou não, não degrada nem santifica a exigência da dignidade. Em suma, a aceitação do dado aqui contemplado, como necessariamente conectado a direitos vocacionados à plena consagração da dignidade humana, na verdade mais não é, por outro viés, que frustrada tentativa de ressuscitar a já referida, e de muito ultrapassada, distinção entre serviços públicos e serviços de utilidade pública.

Ainda despidos de razão nos parecem os doutos que, em seu labor conceitual, inserem, em suas fórmulas, o requisito de serem as atividades estatais, alocadas nesse escaninho conceitual, insuscetíveis de satisfação adequada mediante os mecanismos da livre iniciativa privada. Aliás, a tanto contrariar basta lembrar que, verdade houvesse na assertiva, a brecha à delegação, contida no artigo 173 da Constituição, seria um despautério.

Mas seguramente o que mais nos incomoda, nas definições e conceitos correntes de serviços públicos, é a cláusula que os diz necessariamente sujeitos a um regime jurídico de direito público, derrogatório do direito comum. E nosso desconforto justifica-se plenamente pelo palmar equívoco de lógica que se comete com tal fórmula. É que não se define ou conceitua um objeto pela *forma* de sua utilização ou realização! Façamos como um recente Ex-Presidente da República, ora ressuscitado no cargo: estabeleçamos analogias com um esporte de afeição nacional. Se dissermos que o futebol brasileiro é um esporte em que, anteposto certo número de jogadores a outro número igual, se tenta impulsionar, sem uso das mãos, uma bola esférica, para dentro de uma baliza padronizada, saindo vencedor aquele que em um maior número de vezes obtiver o resultado almejado, teremos por inteiramente definido e conceituado o esporte. Mas se a isso acrescentarmos uma cláusula afirmando, por exemplo, "observadas as regras da Federação...", o apenso em tela será um corpo estranho à definição e à conceituação. Tanto assim que, fosse ele integrante da definição, nas muitas vezes em que, na juventude, jogamos partidas em que vencedor seria o que primeiro atingisse a marca de seis gols, por exemplo, não estaríamos praticando futebol! Mas até mesmo no futebol oficial assim se dá: até há cerca de 5 (cinco) anos, a entidade internacional do futebol (FIFA) determinava que o goleiro não poderia dar mais de um passo em sua área, sem jogar a bola ao chão e retomá-la (no jargão futebolístico, "quicar" a bola). Mas a partir de então, baixou a FIFA nova regra, determinativa de que o goleiro pode caminhar por sua área com a bola nas mãos, sem "quicá-la", desde que a reponha em jogo até 15 (quinze) segundos. Pois bem: se a *regra* oficial que aceitou não "quicar" a bola integrasse o conceito de futebol, o que antes dela se jogava, inclusive em campeonatos mundiais, não seria futebol!

Igualmente se dá, em termos de serviço público. O *essencial* é que

I: A necessidade ou utilidade pública seja efetivamente concretizada, de forma cabal e eficiente;

II: A prestação realizada preencha o requisito da *melhor administração,* seja ela executada direta ou indiretamente.

O que é *essencial* é isso: em face de a titularidade do serviço público ser sempre do Estado e em razão de esse se obrigar sempre ao dever da melhor administração, o regime jurídico peculiar ao serviço público exaure-se na impossibilidade de transferência da titularidade. E só. A sua prestação pela iniciativa privada, em razão de delegação do Poder Público, não é determinante da existência de um regime jurídico derrogatório do direito comum.

Nem se diga que fórmula, como a acima propugnada, subordinaria interesses públicos a interesses particulares. A delegação funcional da prestação do serviço público, mediante as formas constitucionalmente previstas, já constitui dado por si só suficiente, para assegurar a prevalência do bem coletivo.

Em acabamento, vai nossa proposta conceitual: serviço público é toda e qualquer atividade de relevância social, constitucionalmente titularizada pelo Estado e legalmente tida como serviço público, por ele executada diretamente ou mediante delegação, em concretização de interesses, necessidades ou utilidades da coletividade.

Por óbvio, tal formulação não tem pretensões de universalidade ou atemporalidade. Ela é inspirada no e decorrente do direito positivo brasileiro vigente, não cabendo qualquer extrapolação ambiciosa. Todavia, em definitivo, com validade total no tempo e no espaço: *o regime jurídico da prestação do serviço público* não pode logicamente integrar o *conceito* mesmo de serviço público. Mas assim entende, por diversas razões, de mera tradição ou de viciosa inspiração ideológica, ponderável parcela de nossa doutrina.

Para a doutrina brasileira ainda dominante, pouco importa que a Constituição do Brasil não tenha exigido um regime de direito público, para a conceituação de serviço público. O que lhe interessa é a visão ideológica maximalista do Estado. Mas não caiamos nesse monocórdio e monótono canto da sereia: o regime de direito público, na prestação delegada de serviços públicos, é um mero acidente factual, não componente do conceito de serviço público, mas apenas descritivo de uma das modalidades de *regulação* de sua execução. E TÃO SÓ!

Dessa síntese desde já resulta que não vemos como justificar a surpresa de alguns quanto à prestação de serviços públicos sob regime de direito privado. Em cada particular delegação eventual o Estado-Titular (é dizer, União, Estado-Membro, Município, Distrito Federal), ao optar pelo instrumento de delegação que entender cabível (concessão, permissão, autorização), *regulará* a forma compatível de prestação, sempre cuidando no sentido de que o interesse geral a ser alcançado prevaleça seja sobre o interesse direto do Estado delegante, seja sobre o interesse particular do executor da delegação. Mas sempre buscando a plena satisfação dos administrados e das coletividades, com personalidade jurídica ou não, por eles criadas.

Segundo já antes se afirmou, três são as principais modalidades aqui traçadas pela Constituição: concessão, permissão e autorização.

De plano, uma advertência: o fato de, no artigo 175 da Constituição, não se mencionar a autorização não implica a impossibilidade de usar a figura em tela para delegar a prestação de serviço público. Se isso fosse verdade, o que não é, chegaríamos ao impensável absurdo de não considerar públicos alguns serviços de correios, telecomunicações, radiodifusão, transporte e tantas outras prestações essenciais à coletividade, para as quais expressamente os artigos 21 e 30 (para mera exemplificação), da Constituição, preconizam a modalidade da autorização. A par disso, insta considerar que a titularidade de tais serviços, constitucionalmente distribuída aos entes federados (União, Estados, Municípios, Distrito Federal), importa na atribuição a eles do poder de escolher, para as pertinentes delegações, o modelo que considerarem mais adequado, para a plena consecução dos interesses coletivos visados.

A conceituação das três figuras de delegação, mais acima destacadas, tem variado no tempo e no espaço.

Classicamente, a concessão tem sido vista como modalidade de delegação *contratual* para e execução de serviço público, escolhida em razão da complexidade do plexo de deveres assumidos pelo delegatário, de regra implicando um vulto considerável nos ônus e investimentos com que deva ele arcar. Daí a segurança maior do instrumento do contrato, o que é inegável, não obstante o influxo, típico dos acordos administrativos, do mecanismo das cláusulas regulamentares e do caráter de verdadeiro pacto de adesão, próprio à espécie. A mesma especial relevância, nesse conjunto de escudos em favor do delegatário, deve-se outorgar à garantia constitucional do equilíbrio econômico-financeiro do contrato.

Não cabe aqui e por enquanto uma aprofundada dissertação sobre a categoria classificatória e a conceituação de contrato administrativo. Retenha-se, porém, que ele é uma das formas a viabilizar a coparticipação administração/administrado, justificando sua existência (traduzindo o liame causa-finalidade) no propósito de produção de aspirações humanas e de satisfação de necessidades, que atendam a valores públicos normativamente consagrados.

De seu turno também a *permissão* tem experimentado sensíveis mutações em sua conceituação. Originariamente encarada como ato administrativo, unilateral, mas com fim negocial, pelo qual delegada precariamente a execução de certos serviços públicos – por isso mesmo reservada a empreendimentos que não exigissem do permissionário investimentos e riscos excessivos –, viu-se tal noção superada pelos fatos da prática administrativa. A opção administrativa pela discricionariedade e pela precariedade, contrastada com a dimensão dos ônus reservados ao permissionário – pense-se, por exemplo, nos serviços de transporte público de passageiros – fez com que, na variação temporal, se falasse em *permissão condicionada*: como tal se entendia ainda, da parte do delegante, um ato administrativo, mas com a Administração limitando a amplitude de sua discricionariedade, além de estipular prazos de vigência e fórmulas de compensação pela ruptura antecipada da situação jurídica. Daí se partiu para a *contratualização* da permissão, prenunciada clarividentemente por Cáio Tácito e até albergada constitucionalmente.[56] A distinção entre o contrato de concessão e o de permissão reside, mais claramente, na maior densidade da concessão, no que respeita à característica e à amplitude da *adesividade*, bem como à maior força impositiva das cláusulas regulamentares. Em contrapartida, o equilíbrio econômico-financeiro do contrato[57] passa a aplicar-se também às permissões. Doutra parte, o âmbito do controle centra-se

---

[56] Ver, por exemplo, o inciso I do parágrafo único, artigo 175.

[57] CF, art. 37, XXI.

na permissão, sobretudo, na constatação da eficiência dos resultados alcançados, enquanto que na concessão a pauta estipulativa formal também atrai fortemente a atenção do controlador.

Ainda na perspectiva da doutrina clássica, a *autorização* seria a verdadeiramente precária e discricionária modalidade de delegação para a execução de serviço público, por isso *ab ovo* reservada para a satisfação de interesses públicos instáveis ou transitórios, que dispensassem a exigência de qualificação de especialização aos executores. Essa conceituação, evidentemente, não se compadece com a previsão constitucional do uso da autorização tal como, por exemplo, elencado no artigo 21 da Constituição. Estamos a dizer que a nota da precariedade e instabilidade das autorizações se viu grandemente atenuada nos últimos tempos, de sorte que não constitui qualquer delírio, de nossa parte, anunciar que estamos a iniciar uma nova era conceitual, marcada, dentre outras tendências, pela *contratualização* das *autorizações* de serviços públicos. E, mesmo antes de a tanto se chegar, insta ver que, por força de densos princípios constitucionais (para simples exemplo: boa-fé, responsabilidade patrimonial do Estado por danos causados, razoabilidade, adimplemento substancial etc.), não mais assiste à Administração a faculdade de abruptamente, sem *motivação expressa,* dar por finda uma autorização.

Tudo mais que extrapole os campos da segurança jurídica, da boa-fé, do adimplemento substancial e da eficiência não tem relevo para a conceituação de qualquer modalidade de execução de serviço público, de sua fiscalização e do *controle* da atividade do delegante e do delegatário, aí incluída a autorização.

Com o que exposto, em arremate ao presente subitem, afirmamos que a autorização NÃO É um *ato administrativo de caráter precário,* com sua temporalidade alocada tão apenas na vontade da Administração ou do agente administrativo.

11.10

No item 11.4, cuidamos das *características materiais* do ato administrativo. Configuramo-las como os dados essenciais sem cuja presença concomitante nem se pode falar em *ato administrativo.* E, como consequência, tampouco em *função administrativa.*

No decorrer dos itens subsequentes, reenfatizamos a natureza irrenunciável *e necessariamente incessante* do *exercício* da função administrativa: pautada pela absoluta observância dos seus imperativos axiológicos (a serem buscados principalmente na Constituição) e derivada das necessidades e utilidades dos *administrados* e de suas coletividades (por ação criativa deles ou do atendimento a seus reclamos, ou ainda seus consentimentos, estruturados – eis a *consensualidade*, deflagradora ou ratificadora), a função administrativa constitui um processo e um procedimento infindáveis e irremediavelmente comprometida com suas finalidades próprias.

Nessa panorâmica de ordem conceitual é que se insere a temática dos *instrumentos* peculiares à função administrativa, exatamente de ordem a sempre assegurar que as prefaladas *essencialidades materiais* da função administrativa produzam realidades.

De regra, a doutrina apõe os rótulos *atributos*, ou (o que é pior) *poderes*, às *características instrumentais* a serem agora abordadas. Para ficarmos, por brevidade, em apenas dois conceituados autores: Edmir Netto de Araújo,[58] em diferentes capítulos, alude, dentre outros de tais instrumentos, à discricionaridade, à descentralização, à normatização, à hierarquia e à disciplina; Celso Antônio[59] elege, como "atributos", a presunção de legitimidade, a exigibilidade e a executoriedade. Daí seriam derivadas as fórmulas poder normativo (ou regulamentar), poder hierárquico, poder disciplinar, poder discricionário e poder de polícia.

Discrepamos, no presente assunto, com toda a possível vênia, quer da expressão "atributos", quer do vocábulo "poder". E justificamo-nos.

"Atributo" é palavra de considerável plurissignificação. Consulte-se, por exemplo, o afamado Dicionário de Aurélio Buarque de Hollanda. Muitos são os sentidos ali conferidos ao vocábulo. Um deles até se aproxima com o que assumido pelos doutrinadores supracitados: atributo indica o que é próprio do ser. Mas, mais adiante, "atributo" também é aquilo que se concede ou confere a uma pessoa, coisa ou sentimento: exatamente o que é o oposto do sentido anterior. Para evitar equívocos de polissemia, preferimos abandonar, aqui, a palavra *atributos*.

Doutra banda, igualmente inaceitamos a rotulagem "poder". Em primeiro e fundamental lugar, porque, como asseveramos no capítulo introdutório do primeiro volume da presente obra, o Direito

---

58 ARAÚJO, Edmir Netto de. *Curso de Direito Administrativo*. São Paulo: Saraiva, 2005.

59 MELLO, Celso Antônio Bandeira de. *Curso de Direito Administrativo*. 35. ed. Salvador e São Paulo: JusPodium e Malheiros, 2021.

Administrativo é a ciência jurídica da contenção do poder estatal. Em segundo lugar, porque discricionariedade, hierarquia, normatividade, ação disciplinar são DEVERES, e não *poderes* da Administração.

Em suma, para arrematar as presentes considerações introdutórias, definamos: as *características instrumentais*, de que estamos a falar, são um conjunto de meios albergados no sistema jurídico, de que dispõe a Administração, para efetivo e eficiente desempenho da função administrativa. No presente item trataremos, separadamente, daqueles instrumentos que nos parecem mais eloquentes para o cabal cumprimento dos afazeres administrativos, bem como para o atendimento mais pronto e adequado, para as necessidades dos indivíduos e de suas coletividades.

11.10.1

E comecemos pelo espinhoso tópico da discricionariedade. Por muito tempo, provavelmente para a maioria dos autores, nacionais e estrangeiros, a discricionariedade foi vista como um dos pilares de que iterativamente referimos como Direito Administrativo do poder estatal. Nesse viés, a discricionariedade consiste no reconhecimento, conferido à Administração pelo ordenamento jurídico, de margens de liberdade na avaliação das oportunidades, conveniências e modos de agir, no desempenho da função administrativa.

Como de regra a Constituição – teoricamente a sede própria do conceito – não é clara e taxativa na delimitação da discricionariedade administrativa, doutrina e jurisprudência, muitas vezes ideologicamente matizadas, costumam elastecer a acima apontada margem de liberdade eletiva, manobra, aliás, essencial para a afirmação do superado postulado da preponderância do chamado "interesse público". Chega-se assim muito próximo de afirmar até mesmo um "regime jurídico-administrativo" – perdão: ora bolas! – de *Gestaltungsfreiheit*.

Foi nessa vivência conceitual liberticida que se plasmou a teoria administrativista do desvio de poder (bem como a do abuso de poder). E tal desvio ocorreria quando o agente, embora investido de competência, ou praticara ato diverso do âmbito de tal competência, ou, ainda, estranho à finalidade inspiradora do ordenamento jurídico. A consequência, aposta a tal desvio, seria a invalidação do ato.

Nos presentes dias, nem a definição, nem a consequência têm os limites desenvolvidos pela tradicional doutrina. Teoricamente, a amplitude excessiva da margem de liberdade, sem que a Constituição (brasileira e estrangeira) estatua marcos objetivos limitadores, dificulta o controle da atividade administrativa. Doutra parte, a coima de invalidação, sem considerações à realidade fática do cotidiano, fragiliza a observância do fundamental princípio da segurança jurídica: por isso mesmo (à matéria regressaremos bem mais à frente) a LINDB privilegia toda uma série de balizas substitutivas à invalidação, nas hipóteses classicamente admitidas como de desconstituição do ato administrativo.

A ausência de claros marcos, no direito positivo, do que seja *discricionariedade* enseja a prática da *arbitrariedade*. Um dos remédios mais seguros, para a reversão desse panorama, reside na adoção de algumas diretrizes, para cuja observância vem nitidamente se orientando o Direito Administrativo brasileiro, não obstante as cautelas devidas, que também deduziremos. Tais diretrizes nos parecem ser as seguintes:

- a imprescindibilidade da transparente MOTIVAÇÃO do ato administrativo, sempre que possível concomitante à própria prática do ato;
- a rejeição ao parâmetro de CONTROLE (administrativo ou judicial) restrito à *legalidade formal*, estendendo-o ao *mérito* do ato administrativo;
- no entanto, como prevenção à insegurança jurídica, a atividade de controle, qualquer que seja sua sede, está limitada à observância, ou não, no caso concreto, de adequação entre a *competência* conferida ao agente e a *motivação* do ato, à *finalidade* buscada pelo legislador e pelo administrador, e, por fim, ao resultado efetivamente produzido.

Nesse conjunto de balizas, densifica-se o princípio de segurança jurídica, evita-se a formulação de viciosas "políticas do controle" e restringe-se a possibilidade de ampliação dos chamados "ativismos" judiciais.

Em tempos idos – felizmente idos já há um considerável tempo – chegamos a acreditar não só na possibilidade (e conveniência) de abandono do conceito de discricionariedade, como também ligávamos sua sobrevivência à falência da univocidade vocabular. Eram épocas em que nos dedicávamos fortemente aos estudos de semiologia jurídica e nos enriquecíamos com um relacionamento até pessoal com destacadas figuras, como Genaro Carrió e Luis Alberto Warat. Com o tempo, vimos o erro de nossa miragem teórica. E mais: compenetramo-nos da indisponibilidade da sobrevivência da discricionariedade, até mesmo como elemento garantidor da tripartição do poder estatal.

Hoje, estamos convictos de que nossos antigos receios podem ser atendidos com a observância das três diretrizes acima expostas. Elas produzem uma redução *razoável* na antiga concepção de discricionariedade, uma ampliação na esfera do controle (sobretudo do judicial) e uma segurança jurídica maior para o administrado.

Mais até: numa visão antropossociológica da questão a definições diversas não chegaríamos. Com ou sem inspiração nos modelos de Rousseau, o certo é que nossos antepassados mais recuados no tempo só vieram a assegurar sua sobrevivência com o abandono do solipsismo e a formação de grupos, com escolha (ou a pura submissão) de um líder ou líderes, em que delegados certos poderes, inclusive a discricionariedade. Aliás, na luta pela sobrevivência, até os chamados animais não racionais (registre-se nossa discordância quanto a tal rótulo) ascendem ao topo da escala alimentar à medida que aprendem a somar esforços (como exemplo, tanto a força das sociedades dos leões quanto a coexistência solidária das sociedades das formigas).

As meditações restritivas, acima expendidas, não impedem, contudo, que admitamos a existência de peculiaridades, na atividade administrativa, que robusteçam o campo da discricionariedade.

É o que se dá, por exemplo, quando a função administrativa envolva a contratação ou a direta execução de obras e serviços, assim como a aquisição de equipamentos, técnicas, metodologias e programas que envolvam expressivos conhecimentos científicos ou tecnológicos. Em casos desses moldes, padrões *objetivos* de avaliação são muitas vezes rarefeitos e mesmo de difícil formulação e aplicação. Cresce, então, a faixa de discricionariedade do agente administrativo, que deverá socorrer-se, ao máximo possível, de aconselhamentos notoriamente capazes de trazer luzes e discernimento.

Anotamos ainda, embora propositadamente sem a extensão que boa parte da doutrina dedica à matéria, que não nos incluímos entre aqueles que timbram em acentuar diferenças dos chamados conceitos jurídicos indeterminados em relação à discricionariedade. Para quem, como nós, empenha-se na redução do campo discricionário e na ampliação do espaço do controle jurisdicional adequado (isto é, sem ativismos "criativos", quando não deformadores), tal distinção não se justifica. E tampouco temos como justificável discutir se a discricionariedade reside na norma, no motivo ou na finalidade da atuação administrativa.

O que damos por suficiente – e infelizmente acabamos por nos estender além do planejado para este item – é assentar que o controle da função administrativa se dá sobre decisões administrativas vinculadas ou discricionárias, bem como, portanto, as envolventes dos ditos conceitos jurídicos indeterminados. O julgador atuará adstrito às três diretrizes antes por nós destacadas, manobrando ainda com os princípios da proporcionalidade e da razoabilidade, da fundamentação e da opinião média da sociedade, dos juízos de sua experiência e, ademais, com as métricas do custo e da utilidade para o administrado.

Por imperativos de coerência com nossas proclamações contrárias ao atocentrismo do Direito Administrativo, bem como nossas premissas refratárias à supremacia da Administração, dedicamos ao tema da discricionariedade o que, a nosso ver, *quantum satis*.

Nem se estranhe muito nossa opção pela perda do protagonismo, referentemente à discricionariedade. Também na ciência jurídica institutos e conceitos por vezes têm reduzida sua relevância, quando não mesmo extinta. Dessa extinção sirva de exemplo, no Direito Administrativo brasileiro, a famosa *teoria dos motivos determinantes*. Resultou ela da forte influência da jurisprudência do Conselho do Estado francês. E reiteramos: exprimia ela a diretriz segundo a qual, nas hipóteses em que a Administração não estaria obrigada a motivar os seus atos, mas mesmo assim o fizesse, a tal explicitação estaria submissa, ficando as instâncias de controle autorizadas a controlar a validade da atividade inclusive pelo prisma da sua adequação, ou não, à motivação declarada.

Entre nós, no Brasil, como amplamente evidenciamos desde o primeiro volume deste Tratado, *a motivação é obrigatória*, devendo ser, preferencialmente, enunciada em concomitância com a prática do ato.

Certifique-se, então, a morte, entre nós, da teoria dos motivos determinantes, bem como o ocaso do protagonismo do estudo da discricionariedade.

11.10.2

A *executoriedade* é outra característica instrumental do ato administrativo. A palavra indica a possibilidade, posta em lei ou inerente e essencial à concretização de um ato administrativo e à produção de seus efeitos, de a Administração impor ao administrado *diretamente* (isto é, sem qualquer outra interferência), o cumprimento do comando contido no ato. A elegância do conceito de Adolf Merckl nos impele à transcrição:

> *Execução*, mais exatamente, *execução forçada*, é uma atuação executiva que consiste em estabelecer imperativamente, mediante coação, uma situação jurídica reclamada pelo Estado, no caso de o obrigado não cumprir o dever.[60]

Dá-se a coação da executoriedade, além dos casos expressamente assim colocados em lei, naquelas situações em que o descumprimento do dever pelo administrado alvejado pelo ato administrativo, além de afetar o ordenamento jurídico, acarreta prejuízos à coletividade ou à maioria das pessoas. Sirvam de exemplos a interdição de uma casa em estado de ruína iminente, bem como a suspensão das atividades de uma fábrica que produz grave toxidade no meio ambiente.

Configuram também o exercício da executoriedade os casos da chamada execução mediante subrogação. É o que se dá quando a Administração determina ao proprietário de um imóvel que refaça a calçada adjacente a seu bem, cujo estado de ruína pode acarretar dano aos pedestres. A omissão do administrado, ou mesmo o simples retardo em cumprir seu dever, autoriza a Administração a empreender o conserto, cobrando o correspondente custo de quem tinha a obrigação do reparo (sem prejuízo, anote-se de passagem, da imposição de multas ou outros encargos administrativos).

Devemos sempre ter em mente que a atividade administrativa não é um capricho ou uma superfluidade. Axiomático, até, assim afirmar. Por isso mesmo, e como pilar explicativo da executoriedade, há que se proclamar que o ato administrativo, inatamente, é dotado de *exigibilidade*. Ele impõe um *dever ser*. Cai a talho de foice o magistério de Dromi:

> O ato administrativo é pois dotado de exigibilidade e executoriedade, sendo claro que a primeira é uma qualidade substancial e a segunda meramente instrumental.[61]

Em concordância com a lição supra, podemos afirmar que a exigibilidade ou eficácia do ato são a regra geral de todos os atos administrativos perfeitos (segundo nossa anterior acepção de perfeição do ato administrativo).

---

60 Grifos do original. MERCKL, Adolf. *Teoría General del Derecho Administrativo*. México D.F.: Editora Nacional, 1975. p. 365-366.

61 DROMI, José Roberto. *Acto Administrativo*, Macchi, Buenos Aires, 1973, página 20.

Conquanto inexista disposição textual em nossa Constituição, fundamentando a executoriedade do ato administrativo, parece-nos mesmo assim inequívoco o assento constitucional, com ênfase no artigo 84: é que ali se estabelece, para o Executivo, a *atribuição constitucional* de administrar, o que supõe seu aparelhamento para que os atos administrativos perfeitos sejam, de imediato, revestidos de exigibilidade e, por isso, de executoriedade quando essenciais à paz social e ao bem estar geral.

Registre-se mais um ponto de vista contrário, de nossa parte, no tema da executoriedade. Ela não é um instrumento reservado aos atos de efeitos concretos, ou individualizáveis. Também atos normativos podem, em parte ou totalmente (segundo o objeto e a finalidade que os inspiram), ser revestidos de executoriedade. Por exemplo: um ato normativo, que estabeleça (justificada e motivadamente) a proibição de circulação de veículos em determinadas ruas ou locais, assim criando para o administrado um dever-ser, habilita o agente administrativo a fazê-lo diretamente observável, obstaculizando o percurso do infrator, apreendendo e recolhendo a carteira de habilitação e o próprio veículo etc. Até mesmo os regulamentos, que constituem a mais complexa espécie de ato administrativo normativo, contêm, por vezes, alguns preceitos que exigem *imediato* cumprimento, abrindo portas assim para a executoriedade da obrigação ou da abstenção posta em vigor. Enfim, o que importa, para a existência ou não de executoriedade, não é o caráter concreto ou abstrato do ato, mas sim sua incidência personalizada: incompatível que seja a infringência, com o ordenamento ou com o bem-estar a ser alcançado de pronto, para a maior parte das pessoas ou o consenso da coletividade, a pronta coação há de ser colocada em ação.

11.10.3

Ao lado dos chamados "poderes" (a eles logo voltaremos), a doutrina brasileira tradicional alude às "presunções", uns e outras tidas como ora "atributos", ora "apanágios", ora como essência definitória da própria ideia de Administração. E todos, poderes e presunções, são então entrevistos como prerrogativas asseguradas à Administração, para cumprir seus objetivos.

Ora bolas – perdoem-nos mais um desabafo.

A Administração não tem *prerrogativas*. Ela tem, sim, *deveres* em benefício de cada uma das pessoas que alicerçam sua existência e exigem seu *melhor* funcionamento. Para tanto, o ordenamento e o sistema jurídicos, a partir da Constituição mesmo, outorgam-lhe *competências* e conferem-lhe alguns *instrumentos*. Mas tais instrumentos – acaciano dizê-lo e pedimos desculpas pela obviedade da anotação – são apenas caixas de ferramentas acopladas a manuais do usuário. Não são prerrogativas, nem *privilégios*! São guias para o exercício adequado da função administrativa.

Nesse instrumental aparecem, citadas frequentemente, as *presunções*.

Como no linguajar comum, presunções são *suposições*, afirmações antecipadas e precárias de que certos fatos e certas atitudes são verazes e corretos. Por vezes, até mesmo a lume de circunstâncias ditadas pela *conveni*ência dos *administrados*, certas suposições são tidas como *absolutas*: as *verdades*, que elas afirmam, não comportam, salvo excepcionalmente, contraditas (é o caso, por simples exemplos, da maternidade; pelo menos até o advento da chamada "barriga de aluguel" assim era) e da intangibilidade constitucional do ato jurídico perfeito.

Já algumas outras, por isso mesmo denominadas presunções *relativas*, a verdade precária, por elas veiculada, subsiste até que haja prova em contrário do seu enunciado.

Em razão das PREMISSAS declaradas logo ao início do primeiro volume deste Tratado, e adentrando, para simples fins metodológicos (quando não didáticos) a discussão sobre tais presunções, abordaremos *duas* delas, costumeiramente enfatizadas por nossos autores: a presunção de *legitimidade* (que para nós engloba duas "sub-presunções", a saber, a da verdade e a da necessidade) e a presunção de *legalidade*. No presente subitem, dedicaremo-nos à presunção de legitimidade.

Com a chamada *presunção de legitimidade* o que se pretende significar é a acepção de que o ato administrativo é, em princípio, a tradução do anseio dos administrados, a resposta a suas necessidades e a verdade e a correção antecipadas da função administrativa.

É evidente que o conceito, expresso no parágrafo anterior, choca-se frontalmente com as premissas de nossa visão de Direito Administrativo e de função administrativa.

A presunção de legitimidade merece ir para o mais fundo porão da história do Direito Administrativo, como elemento componente da pré-história jurídica. Ela não se justifica nem no regime da unidade de jurisdição (Brasil), nem do da dualidade (França). No primeiro, ela é uma ideia autoritária, incompatível com um Estado Democrático de Direito e de Constituição. No segundo, ela atua como dado de privilegiamento ao Poder Executivo (aliás, com a devida vênia dos que pensam em contrário, tal tendência é inerente a todos os sistemas dualistas de jurisdição, mesmo em países desenvolvidos, como França e Bélgica).

Divisamos, e o dizemos a título de encerramento deste subitem, cinco *efeitos nefastos* na tal presunção de legitimidade:

I: reforço do *autoritarismo*: a rigor, no particular, nada precisa ser aduzido ao que anteriormente desenvolvido;

II: enfraquecimento da *motivação*: se a Administração é *aprioristicamente legítima*, desaparece a necessidade, repetidamente por nós proclamada, de *motivação* do ato administrativo, sempre que possível anterior ou pelo menos concomitante à prática do ato. Isso é inaceitável!

III: dificuldades para o *controle*: é evidente; se uma presunção só pode ser afastada por prova, *a posteriori*, do descabimento da suposição, a atividade de controle, qualquer que seja a modalidade ou natureza, torna-se mais difícil e de mais tardia deflagração;

IV: *intimidação* do Judiciário: se a atividade da Administração é, em princípio, legítima, o Judiciário, mormente em sistemas de unidade de jurisdição, busca precatar-se no alcance de seu funcionamento, alegando respeito ao primado da separação de Poderes. Daí a clássica – mas aos poucos sob revisão – orientação do controle meramente formal da *legalidade* (não chegando, jamais mesmo, ao controle da *legitimidade*!) do ato. Ora, em tempos como o que vivemos, da *indisponibilidade da motivação*, não há explicação alguma que justifique a sustentação da malfadada presunção de legitimidade;

V: dificuldade de atuação da Administração: aqui um elemento *a contrario sensu*; se a Administração não goza da *prerrogativa* de se ter como legítima, como pode ela ser exercida, e em caráter contínuo e permanente, como dela se deve *exigir*? FALÁCIA! A Administração não só *pode* agir, mas, sobretudo, *deve* agir. Mas haverá de fazê-lo MOTIVADAMENTE, de pronto exibindo, ou o fazendo após requerimento e mesmo de ofício, a existência de EFETIVO *consenso*: sua iniciativa vai ao encontro dos anseios e pedidos dos administrados. Nem se diga, numa era de extrema agilização dos meios de comunicação, que estamos a tratar de uma quimera. NÃO! Até mesmo o advento do 5G enfatiza a falsidade dessas esfarrapadas desculpas.

No plano teórico, o que se deve fazer é *abandonar* a presunção de *legitimidade* e abraçar a de *legalidade*. Até porque essa última tem berço constitucional expresso, no *caput* do artigo 37. E, ao cumprir o que ali se põe, respeitando os pressupostos da ideia de *legalidade*, a Administração pode ser ágil, pronta e eficiente.

Dada a relevância da presunção de legalidade, a ela dedicamos o subitem subsequente.

11.10.4

Anunciamos acima a *presunção de legalidade*. Mas, em realidade, o que se tem é um *postulado* de legalidade.

Em parágrafos bem anteriores, até mesmo do primeiro volume, já distinguimos princípio, pressuposto, presunção e postulado. Entre nós, no prefalado artigo 37 da Lei Magna, impõe-se à Administração o DEVER de continuamente atuar, mas o de fazê-lo em estrita conformidade à lei, em sentido amplo e estrito. Aí está o conteúdo do postulado da legalidade, que melhor se apresenta ao denominá-lo presunção de *juridicidade*. Isso porque o ato administrativo não está submisso apenas à lei formal, mas sim reverente a todo o sistema e ordenamento jurídicos, desde a Constituição à mais reduzida circular interna eventualmente vigente. O ato há de pautar-se, pois, pela Constituição e pelos demais degraus normativos, sempre entendidos e revelados em conformidade com o sentido da Lei Maior.

Conquanto *postulado*, a legalidade não é uma barreira monolítica, granítica, impermeável. Ademais, mesmo a mais requintada das teorias não tem condição de abarcar todos os fenômenos que deseja explicar e ordenar. O cotidiano tem exigências que superam muitas vezes as doutrinas. Por isso, o máximo que uma ideia pode fazer é nos esclarecer o mecanismo da pragmática existencial, não tendo forças, contudo, para moldá-la ou modificá-la.

O mesmo se dá com a função administrativa. Bastará lembrar, para fundar nossas ressalvas, a situação já antes referida, do *servidor de fato*, à qual acrescentaremos a das urgências e/ou excepcionalidades administrativas. Ao primeiro tópico – servidor de fato – faremos alguns adendos na sequência. À questão das urgências dedicaremos, mais adiante, item específico, sem prejuízo embora de breves aditamentos na sequência.

Segundo antes expressamos, *servidor de fato* é, sobretudo, aquele que, sem título algum para atuar, aparente ou não, mas sem foros de legalidade, exerce função administrativa. Como explicita com sua invulgar ciência o brilhante professor Paulo Otero,[62] a par das causas de normalidade político-constitucional nos quais urge o desempenho de fato para garantia da continuidade dos serviços públicos (afetada por situações graves ou calamitosas), também se pode falar em servidor de fato quando, em razão, por exemplo, de revoluções ou mesmo de ocupações do território nacional por forças estrangeiras, um ou alguns *usurpam* e desempenham a função pública.

Pelo viés das excepcionalidades administrativas, frequentemente relativizadoras (quando não até extintivas) da normalidade institucional, temos que se põe em cheque o princípio da legalidade estrita nos casos de estado de necessidade, estado de defesa, estado de sítio, tudo na perspectiva do que item específico ulterior detalhará. Não incluímos nesse rol, necessariamente restritivíssimo, somente invocável, aliás, em situações constitucionalmente e formalmente postas, com taxatividade, as objeções de consciência e o chamado direito de resistência. Estamos seguros de que tais assertivas estão cercadas de polêmica. No entanto, entendemos que a segurança jurídica e a normalidade institucional não convivem com ditas objeção e resistência. Elas só podem ser admitidas se, quando e na forma de expressas previsões constitucionais. Se é a Lei Magna – e é – o berço do princípio da legalidade, tal pilar somente poderá ser afastado igualmente, e apenas, na Constituição. Mais concretamente ainda: tais relativizações ou ablações do princípio da legalidade são *exclusivas* do *poder constitucional originário*, descabendo sua abordagem pela via de emendas, intentadas pelo constitucionalismo derivado. Aqui não há campo seja para o ativismo jurisprudencial, seja para o ativismo administrativo, seja enfim para o ativismo legislativo infraconstitucional.

A panorâmica ora exposta sugere, de forma praticamente incontestável, que estamos, mais uma vez, cuidando de presunção relativa. Talvez *relativíssima* mesmo. Nossos conceitos, expostos no primeiro volume, de Direito Administrativo e de função administrativa, aliados a nossa convicção da necessidade fortíssima da *motivação* do exercício da função administrativa – ordinariamente precedente ou concomitante ao ato, excepcionalmente *a posteriori* –, nos permitem falar em esgarçamento cada dia mais eloquente, do conceito clássico de discricionariedade. Recordemos que a restringimos a duas únicas

---

[62] OTERO, Paulo. *Legalidade e Administração Pública*. Portugal: Almedina, 2003. p. 985-987.

situações: ambiência tecnológico-científica da opção administrativa de atuação e a expressa previsão legal de possibilidade de escolha. Relembre-se, a propósito, referentemente à segunda situação, que no primeiro volume já aludimos à possibilidade de controle, inclusive jurisdicional, da opção "discricionária", se comprovadamente demonstrado que a abraçada, conquanto *boa* e *legal*, não era a *melhor*. Fazendo remissão à passagem pertinente do precedente volume, adiantamos que, ao tratar dos vícios do ato administrativo, voltaremos à dualidade boa/melhor administração e às consequências derivadas de cada um dos termos da equação. E antecipemos: a motivação posterior, da ação administrativa, se corrobora pelo consenso ou *aceitação* (tácita ou expressa) da maioria dos administrados, atuando então inclusive como fator de convalidação do ato praticado sem expressa justificação. Como se vê, nos afinamos ao conceito de legalidade de Locke,[63] para quem é o consenso da maioria dos cidadãos que fundamenta a presunção de legalidade da função administrativa. E muito nos conforta que nossas concepções, inclusive no que diz respeito à interpretação dos conceitos de discricionariedade e de conceitos jurídicos indeterminados, encontrem forte apoio nas lições de Hartmut Maurer.[64]

11.10.5

Ao iniciarmos este item 11.10, rejeitamos a fórmula PODER, habitualmente empregada em nossa doutrina, para indicar as características fundamentais, materiais e instrumentais do ato administrativo. E sublinhamos: onde em tais autores se lê *poder*, entenda-se *dever*.

Com essa básica ressalva conceitual, podemos agora afirmar que a *estruturação hierarquizada* da função administrativa é DEVER organizacional da Administração Pública, ao mesmo tempo em que atua como *instrumento* viabilizador da realização concreta e saudável da atividade administrativa.

Daí caber assentar que *hierarquia*, na Administração Pública, traduz-se na sua organização em escalões inter-relacionados, mas dispostos em camadas inferiores e superiores. Dessa sorte, *coordenação* e *subordinação* são as ferramentas fundamentais de um conjunto

63 LOCKE, John. *Dos Ensayos sobre el Gobierno Civil*. Madrid: Espasa Calpe, 1991.

64 MAURER, Hartmurt. *Derecho Administrativo*. Madrid: Marcial Pons, 2011. p. 174 e seguintes.

administrativo hierarquizado, no qual o tópico da *autoridade* assume relevância central. Nesse complexo, inserem-se:

- por meio da coordenação e da subordinação, o propósito de uma *unidade diretiva*, como condição de harmonia da Administração;
- a faculdade e dever de dar ordens e determinações, como condição da eficácia e da eficiência da atuação administrativa;
- o dever de fiscalização e eventual revisão (provocada pelo próprio sistema ou por petições dos administrados e interessados) do desempenho da função administrativa.

Alguns prestigiosos autores ainda referem, em caráter de especificação, o *poder* (?) *disciplinar* ou *punitivo* (aplicação de sanções aos agentes que não cumpram, ou cumpram mal, suas incumbências), o *poder* (?) *de resolução* dos conflitos de competência e o *poder (?) de delegar* ou *avocar competências*.

Mais uma vez enfatizada nossa rejeição, aqui, ao vocábulo *poder*, não temos oposição ao desdobramento relatado no parágrafo anterior. Só que, em nosso entendimento, as peculiaridades, ali expostas, são inerentes à anterior tripartição por nós adotada, motivo pelo qual consideramos o detalhamento desnecessário. E reitere-se: a atuação punitiva ou disciplinar, a atuação de dirimência dos conflitos competenciais e, por fim, a atuação delegatária ou avocatória constituem *deveres* da Administração, integrando os universos, a serem mais à frente abordados, do controle da atividade administrativa e do estudo da validade ou invalidade do ato administrativo.

Cabe notar que nem o "poder" hierárquico, nem o "poder" disciplinar são particularidades da atividade da Administração Pública. Também no mundo das atividades privadas tais conceitos são essenciais a qualquer sistema de organização. Haverá apenas que se lembrar: muitas vezes, por força da característica da *executoriedade,* antes por nós meditada, as atuações hierárquica e disciplinar da Administração Pública perfazem-se sem intermediações, por ação direta e efetiva do próprio aparato administrativo juridicamente competente. Nos campos investigativo e punitivo da atividade disciplinar há que se ter em vista o conceito, que apresentamos e sustentamos, de Direito Administrativo do consenso e da função administrativa garantista das liberdades individuais. Não mais vige a crença de que a limitação aos direitos individuais assegure uma atuação administrativa mais célere e mais eficaz. Pelo contrário: a efetiva vivência de um Estado Democrático de

Direito, reforçando os laços da confiança legítima do administrado, ajuda a construir uma Administração Pública sensível, continuamente presente e eficientemente produtiva. Na temática do exercício do poder (?) disciplinar, envolvendo a investigação de condutas e o apenamento de desvios, pode-se situar, do lado do administrado, a presunção de inocência; do lado da Administração, a presunção de veracidade dos documentos públicos que constituam material probatório. Obviamente, de uma ou outra visão, presunções relativas.

Fruto das nossas concepções-alicerces – consenso, juridicidade, axiologia constitucional, contenção do poder estatal – é a rejeição à noção de *relações de sujeição do administrado à Administração*, tanto a sujeição geral (fundada na suposta e obsoleta ideia de supremacia da Administração Pública), quanto a especial (de que seriam exemplos a ambiência escolar, a vivência prisional, o acesso e a frequência em certos locais etc.) A incidência de tais "sujeições" ou decorre da *vontade* do administrado (por exemplo, quando alguém decide tornar-se usuário de uma biblioteca pública, situação racional e logicamente pautada por normas de conduta), não havendo pois que entrever no caso qualquer tipo de "sujeição" diversa das que implicadas no conceito *geral* de *normatividade*; ou decorre de leis e regulamentos que se impõem em razão de situações específicas e da força coativa inerente às normas jurídicas regentes de tais situações (por exemplo, a disciplina prisional que atinge aqueles que, em função de premissas legais estritas, encontram-se privados de sua liberdade pessoal). Mas tanto num escaninho, quanto noutro, a "sujeição" mais não é que a geral submissão, da Administração e dos administrados, dos Poderes do Estado e dos cidadãos, às balizas constitucionais definidoras do Estado Democrático de Direito. Daí dizermos que a verdadeira teimosia, em destacar conceitualmente as malfadadas relações de sujeição, não passa de infeliz nostalgia dos tempos do Direito Administrativo autoritário.

11.10.6

Poder (?) de polícia...

A interrogação, entre parênteses, já foi em itens anteriores justificada. E ela significa, pois, que, a *existir utilidade científica* no conceito de poder de polícia, haverá que se falar, bem antes, em *dever* de polícia.

Refletindo no questionamento da *utilidade científica* do conceito: de nada adianta lembrar que *polícia*, aqui, está diretamente ligada a

POLIS, cidade em grego. Daí que polícia compreenderia, sobretudo, a gestão da cidade, da vida das pessoas no espaço denominado cidade. Para manter, contudo, viva a discussão sobre a validade de falar-se em poder de polícia é imprescindível destacar o *diferencial* entre a expressão em análise e os demais pilares teóricos e práticos do Direito Administrativo, particularmente da acepção, que se adote, de *função administrativa*.

Posto o problema nesse quadro, nosso primeiro passo residirá no exame da doutrina brasileira clássica, que persiste majoritária, sobre poder de polícia.

11.10.6.1

Clássica e predominantemente, dizem os autores que, quando se fala em poder de polícia, ou também em "polícia administrativa", o que se tem em mente é uma possível faculdade da Administração Pública de, com fundamento inequívoco no ordenamento e no sistema jurídicos, impor limitações às atividades individuais, em benefício do interesse coletivo e/ou da utilidade pública. E timbram tais autores: não se trata de limitar ou restringir o *direito de liberdade* ou o *direito de propriedade*. A restrição, inerente ao dito poder de polícia, atingiria não tais *direitos*, mas sim seu *exercício*. Indo mais além, os autores em questão se estendem a vários subtemas, que seriam peculiares ao "poder de polícia", sempre salientando que sua invocação conforma um complexo de ações que tanto podem ser preventivas como fiscalizadoras e ainda repressivas, ao exercício de direitos individuais, quando o interesse coletivo assim o ditar. Daí as grandes controvérsias: seria tal "poder" discricionário ou vinculado? Seria a "polícia administrativa" revestida do "atributo" da *executoriedade* de seus atos, ou não? Tratar-se-ia, ou não, de um poder delegável?

Na doutrina comparada não se põe diversamente, como tampouco, na maioria dos respeitáveis doutrinadores brasileiros que sejam consultados. A ânsia por outorgar ao "poder de polícia" um conteúdo autônomo e identificador conduz habitualmente os administrativistas a categorizar, em *formas* diferenciadas, a atividade administrativa. Por simples exemplo: Ramon Parada, Catedrático na Universidade de Sevilla, elenca tais "formas", propondo categorizá-las em *limitações* "à liberdade e direitos dos particulares", regulamentações, autorizações, ordens, determinações, proibições e "atividades administrativas de fomento" (incentivos, subvenções etc.). É o que se expõe a partir da página 384 do seu acatado *Derecho Administrativo.*[65] Mas o mestre ibérico submete *textualmente* toda e qualquer ação administrativa, inclusive as do "poder de polícia", aos imperativos da legalidade, da igualdade, da proporcionalidade e da boa-fé. Em antecipação ao subitem próximo, afirmamos nossa comunhão opinativa com Luciano Benévolo de Andrade,[66] quando adverte: o "poder de polícia", embora amplo, está confinado – podendo assim ser controlado e desconstituído – pela *finalidade* de sua invocação e exercício, pela competência do agente ou do órgão em que inserido, pela oportunidade e proporcionalidade da ação. Ao que aderimos: TAL COMO TODA E QUALQUER MODALIDADE DE AÇÃO ADMINISTRATIVA!

Ainda no presente subitem cabe referir a existência, no direito positivo brasileiro, de um conceito de "poder de polícia". É o que se vê do artigo 78 do Código Tributário Nacional,[67] cuja transcrição nos parece relevante:

> Art. 78. Considera-se poder de polícia atividade da administração pública que, limitando ou disciplinando direito, interêsse ou liberdade, regula a prática de ato ou abstenção de fato, em razão de intêresse público concernente à segurança, à higiene, à ordem, aos costumes, à disciplina da produção e do mercado, ao exercício de atividades econômicas dependentes de concessão ou autorização do Poder Público, à tranqüilidade pública ou ao respeito à propriedade e aos direitos individuais ou coletivos.
>
> Parágrafo único. Considera-se regular o exercício do poder de polícia quando desempenhado pelo órgão competente nos limites da lei aplicável, com observância do processo legal e, tratando-se de atividade que a lei tenha como discricionária, sem abuso ou desvio de poder.

Conforme se constata da leitura do preceito, o legislador, aqui, intentou codificar *todos* os elementos conceituais que a doutrina tradicional considera, ao abordar a temática do chamado poder de polícia, inclusive sua tônica de discricionariedade e sua justificação de interesse público (óbvio: como assim "categorizado" pela própria Administração). Pelo menos, em contrapartida, consagram-se os requisitos da legalidade, da finalidade, da adequação e do devido processo legal. O que, evidentemente, não é favor algum.

---

65 PARADA, Ramon. *Derecho Administrativo*. 6. ed. Madrid: Marcial Pons Ed., 1994. v. I.

66 ANDRADE, Luciano Benévolo. *Curso Moderno de Direito Administrativo*. São Paulo: Saraiva, 1975. p. 20.

67 Lei nº 5.172, de 25.10.66.

11.10.6.2

Prestadas as devidas homenagens à doutrina tradicional, importa agora expressar nossas reservas pessoais.

"Poder de polícia", aglomerando numa só expressão dois vocábulos que, no imaginário coletivo, traduzem fórmulas de autoritarismo estatal, constitui um rótulo de há muito criticado.

Celso Antônio Bandeira de Mello, na 35ª edição de seu justamente afamado "Curso de Direito Administrativo",[68] mais concretamente nas páginas 787-788 da referida obra, afirma agora aliar-se a Agustín Gordillo, quanto aos "inconvenientes desta expressão". Há, com profunda vênia, equívoco na declaração de Celso Antônio. Gordillo, na obra por ele trazida à colação, *Tratado de Derecho Administrativo*[69] não só aponta "inconvenientes" na expressão (por seu óbvio ranço autoritário), mas afirma sua inaceitabilidade lógica e doutrinária. Ele proclama sua inutilidade científica, considerando-a supérflua e negativa (textualmente), tratando-se mesmo de mera paráfrase da expressão *função administrativa* – essa sim, repleta de sentido, conteúdo e utilidade. Imprescindível lembrar que no mesmo sentido sempre lecionou Dromi.[70]

No mesmo sentido, entre nós, Carlos Ari Sundfeld.[71]

Os magistérios, até aqui coligidos, justificam a nosso ver as limitações de espaço que estamos dedicando à temática. Também por aí nos dispensaremos, por exemplo, de aprofundar a análise da história da tentativa de construção de tal "poder".

Doutra parte, se assumirmos – como assumimos – que poder de polícia e função administrativa são expressões sinônimas, mais se fortalece a convicção de que falar de "poder", aqui, ou é ato falho (biombo para uma visão autoritária do Direito Administrativo), ou clara infringência a cânones de nossa disciplina. Isso porque, quando se fala em *função administrativa*, o que se estatui, à atenção e ação da Administração, é um *dever*. E, como dever, obrigação, sujeita a vários graus e espécies de controle. Também por aí, portanto, inadmissível, em nosso entendimento, a locução "poder de polícia".

---

[68] MELLO, Celso Antônio Bandeira de. *Curso de Direito Administrativo*. 35. ed. Salvador e São Paulo: JusPodium e Malheiros, 2021. p. 787-788.

[69] GORDILLO, Agostín. *Tratado de Derecho Administrativo*. Parte General, Tomo 2, p. 4-35.

[70] DROMI, José Roberto. *Derecho Administrativo Económico*. Buenos Aires: Astrea, 1979. p. 290.

[71] SUNDFELD, Carlos Ari. *Direito Administrativo Ordenador*. São Paulo: Malheiros, 1997. p. 11.

Se a todas as nossas precedentes opiniões acrescentássemos o dizer do artigo 4º da Declaração dos Direitos do Homem e do Cidadão, fruto direto da Revolução Francesa – *La liberté consiste à pouvoir faire tout ce qui ne nuit pas à autrui* –, torna-se claro que estamos, no Direito Administrativo brasileiro também, evoluindo, como bem notara o saudoso Caio Tácito,[72] do *poder de polícia* para a *polícia do poder*.

11.10.6.3

Em uma de suas obras seminais – aqui, "Poder de Polícia, Ordenação, Regulação",[73] por todo o trabalho, por isso sem especificação de páginas –, Gustavo Binenbojm dedica-se, científica e metodologicamente, a, digamos, *reabilitar* o conceito de poder de polícia.

Nessa trajetória, o festejado jurista começa por, tendo como foco famosa conferência do saudoso Hely Lopes Meirelles em 1972 (na Escola Superior de Guerra), relembrar a origem autoritária do rótulo poder de polícia: fundamentalmente, a subordinação do indivíduo ao poder estatal. Prossegue acentuando, com erudição de abundância, vários autores importantes que se preocuparam com a matéria, ora observando a visão originária do instituto, ora procurando reconstruí-la em adaptação aos novos tempos.

A tarefa de reabilitação é balizada, na sequência, por considerações cultas e amplamente motivadas, de ordem democrático-constitucional e de apoio no direito positivo – aqui, inevitavelmente, com adstrição à LINDB. Com esse ponto de partida, Binenbojm dedica-se à busca do reconhecimento da existência, entre nós, de uma *constitucionalização* do poder de polícia. Nesse momento, inclusive com uma muito crítica alusão à Lei da Liberdade Econômica (Lei nº 13.874/2019), Gustavo Binenbojm, enunciando os pilares (axiológicos e positivados) do consenso do administrado e da executoriedade da atividade administrativa, conclui que os direitos individuais fundamentais e as autonomias públicas equilibram-se reciprocamente. Tal calibração da equação relacional administração/administrado resulta na fixação de limitações à visão clássica de poder de polícia, o que estaria até mesmo

---

[72] TÁCITO, Caio. Poder de Polícia e Polícia do Poder. *Revista de Direito Administrativo*, v. 162, p. 1-9, out./dez. 1985.

[73] BINENBOJM, Gustavo. *Poder de Polícia, Ordenação, Regulação*. 3. ed. Belo Horizonte: Fórum, 2021.

consagrado pela jurisprudência do Supremo Tribunal Federal,[74] da Corte Suprema dos Estados Unidos[75] e do Tribunal Constitucional Federal alemão.[76] Assim "temperado", o poder de polícia poderá atuar na promoção de direitos fundamentais. Enfim, os crivos da proporcionalidade e da racionalidade funcionariam como chaves de ponderação constitucional entre objetivos coletivos e garantias individuais. Essa tentativa de reabilitação pragmática, ainda segundo o relevantíssimo administrativista cujo pensamento estamos a reverenciar aqui, contribuiria para o afastamento do fantasma de Carl Schmitt e a juridicização da excepcionalidade administrativa (tema ao qual regressaremos em segmento ulterior).

Ressalvando que podemos estar (mais uma vez) equivocados, parece-nos haver, na construção de Binenbojm, um fundamento de *ordem* prática, uma tentativa heroica e científica, de reabilitação conceitual: a permanência, no tempo, as raízes profundas enfim – ancoradas até mesmo nas sociedades patriarcais da antiguidade clássica, é dizer, greco-romanas – do conceito de poder de polícia. E a forte esperança de que seja aqui possível uma transformação conteudística do instituto. Em arremate: uma notável iniciativa de dogmática jurídica, em trabalho de referência obrigatória, da verdadeira ciência jurídica. Aplaudimos, mas resistimos. Pelo viés, talvez iconoclasta, da reteorização, e assumindo o mesmo instrumental do consenso e da axiologia, antes referidos, optamos pela recomendação de se abandonar o "poder de polícia", tal como antes fizemos com a teoria dos motivos determinantes. A isso somos inclusive impulsionados pela constatação de que mesmo a mais recente bibliografia administrativa brasileira, com as honrosas exceções de sempre, continua atrelada à velha concepção de poder de polícia. Daí, também, nossa radical opção, talvez equivocada, mas coerente com os pressupostos deste Tratado.

11.10.7

Aqui também o vocábulo "poder" recebe as mesmas críticas desenvolvidas nos itens precedentes. De fato: se a função administrativa, a ser desempenhada, requer a edição de normas, tal produção não

---

74 Adin 930, RE 511.961, 414.426.

75 Pennsylvania Coral Co. v. Mahon, 206 U.S. 393, 1922, relator Juiz Oliver Wendell Holmes Jr.

76 BVarf GE 58, 137.

é um "poder", mas um "dever". Com essa advertência inaugural, adentremos o tema.

Vários autores de peso, ao tratarem da matéria a ser aqui abordada, – e daí nascem celeumas e polêmicas ainda em curso –, utilizam a expressão "poder regulamentar", em vez de "poder (?) normativo". E a partir daí, tendo em vista que as Constituições brasileiras, tradicionalmente, só tratam do *regulamento* de execução e viabilização de aplicação de leis em sentido estrito, proclamam que nesses limitados confins se exaure a competência normativa da Administração Pública. É desse equívoco que se derivam proclamações de efeito retórico, mas que, desassisadamente, são repetidas com ênfase: não há *regulamento autônomo* no direito brasileiro, com tal sentença lapidar pretendendo que só seja admitido falar em *regulamento*, entre nós, quando se tratar de figura prevista no artigo 84, IV de nossa Lei Maior. Ou seja, tomam o *gênero* REGULAMENTO, pela *espécie* do citado artigo 84, IV. Trata-se não só de um equívoco, mas de uma leitura superficial e apressada do referido artigo, eis que nele estão TAMBÉM contidas *atribuições executivas que demandam expedição de normatividade pertinente*, veiculada por DECRETOS (segundo se colhe dos incisos IX e X, como simples *exemplos*, do mesmo preceito).

Enfim, não adianta lutar contra as realidades ou contra as necessidades individuais e coletivas: muitas vezes, a Administração há de expedir *decretos*, regulamentos, portarias, instruções, circulares, regimentos e vários outros tipos de *normatividade*, de efeitos *externos* e *internos*, criando direitos, interesses e obrigações, para Administração e administrados. E não nos importa, cientificamente, juridicamente, que tais *decretos*, ou tais *regulamentos*, sejam destinados a esmiuçar e assegurar a execução de normas *precedentes*, ou que, pelo contrário, estejam *inovando* no ordenamento jurídico (claro, sempre em harmonia com o *princípio da juridicidade*, e não, com o da *legalidade estrita*). Para mera comodidade expositiva: se atrelados a normas anteriores, teremos *decretos regulamentares ou regulamentos de execução*, regimentos, instruções etc. Se inovam no ordenamento, estaremos em face de *decretos* ou *regulamentos autônomos*. Em suma, respectivamente, poder normativo *derivado* ou *originário*, dependendo de cada caso. Neste nosso trabalho, com os esclarecimentos acima desenvolvidos, utilizamos a expressão *regulamento autônomo* para denominar a generalidade da *atuação normativa originária*, da Administração Pública. E indicamos as circunstâncias em que esta se apresenta forrada de legitimidade e juridicidade.

Bom é que se diga, em definitivo reforço a nossa posição, que a *evolução interpretativa* da Constituição de 1988 comprova nossas assertivas. É o que se explicita em sequência.

Na sua dicção original, a *Lex Magna* de 1988 rezava, em seu artigo 84:

> ....
>
> VI – dispor sobre a organização e o funcionamento da administração federal, *na forma da lei*; (nossos grifos)
>
> Todavia, pela Emenda Constitucional nº 32, de 11 de setembro de 2001, a regra passou a ter o seguinte comando:
>
> ....
>
> ....
>
> VI – dispor, *mediante decreto*, sobre:
>
> a)organização e funcionamento da administração federal, quando não implicar aumento de despesa nem criação ou extinção de órgãos públicos;
>
> b)extinção de funções ou cargos públicos, quando vagos; (nossos os grifos).

Com tais achegas constitucionais, temos por dispensáveis, ao menos por enquanto, maiores detenças sobre a polêmica (que nem mais deveria existir): há em nosso *ordenamento constitucional* espaço para os decretos (ou regulamentos) autônomos, conviventes com os decretos (ou regulamentos) de execução das leis.

Essa dimensão do poder normativo não é uma PRERROGATIVA da Administração. Bem antes, ela é uma GARANTIA PESSOAL dos administrados, e um DEVER FUNCIONAL da Administração. É tal visão que dá segurança existencial e jurídica à sociedade, sabedoria que fica de que a Administração, mesmo no eventual silêncio da lei em sentido estrito, não quedará inerte e expedirá, adstrita sempre à *juridicidade* imperativa, normas gerais e abstratas disciplinadoras de sua necessária atuação, buscando, na medida do possível, evitar o emprego de conceitos jurídicos indeterminados, destarte reduzindo o campo para invocações abusivas às ditas interpretações e aplicações fundamentalmente discricionárias. Ademais de tudo isso, antecipa-se (a matéria será objeto de outro segmento expositivo, mais à frente da presente obra) que o exercício da função normativa, pela Administração, está sujeito a todo um complexo de controles impeditivos de que o *dever normativo* enseje arbitrariedades, abusos e desvios de "poder".

A panorâmica, até aqui esboçada, constitui, ademais, um efetivo progresso, quando comparada às fórmulas das "leis de quadro" de Portugal (Constituição de 1976, artigo 201), das *lois cadre* da França (Constituição de 1958, artigo 34) e dos "estados de necessidade legislativa" alemães (artigo 68 e 81 da Lei Fundamental de Bonn).

Nos casos citados, em apertado resumo o que se estabelece é que o Legislativo baixa leis de princípios ou de amplo espectro fundamental, cabendo à Administração, encarnada particularmente no Executivo, a normatização do desenvolvimento de tais postulados (em sentido geral). Tal sistema, parcialmente também existente na Espanha, dá margem a não poucos conflitos de atribuições e de competências, bem mais raros em nosso ambiente jurídico.

Por tudo quanto até aqui abordado, sentir-nos-emos, em prosseguimento, confortáveis em enfrentar a temática dos *regulamentos*, pela nossa óptica, adotando, para uma de suas espécies mais importantes, a nomenclatura "regulamento autônomo". Não se trata, é evidente, do "regulamento autônomo" do direito francês, objeto, aliás, de recente e ferrenha oposição popular na França, quando, invocando (exageradamente e, portanto, erradamente) previsões dos artigos 34 e seguintes da Constituição, o presidente Macron intentou alterar todo o regramento das aposentadorias, sem qualquer participação do Legislativo. É, isso sim, o regulamento autônomo brasileiro, fundado em nossa Constituição. Quem não gostar da denominação que proponha outra, mas não se esconda da REALIDADE.

O regulamento é um ato administrativo, de caráter normativo, com a finalidade de especificar os mandamentos da lei ou de prover situações ainda por ela não disciplinadas (mas que não podem esperar por tal disciplina), emitido por órgão ou agente no exercício de função não legislativa. Nessa definição, resumem-se seus três elementos caracterizadores essenciais:

a) sob o ponto de vista subjetivo, o regulamento pode emanar de órgãos ou agentes de qualquer dos Poderes estatais, atuando em caráter administrativo, não legislativo;
b) materialmente, apresenta o regulamento marcantes analogias com a lei, pois que, tal como esta, revela-se abrangente de uma série indeterminada e impessoal de hipóteses, criando normas jurídicas gerais, e, também como ela, distancia-se nitidamente dos atos públicos de efeitos individuais e das decisões concretas em situações particulares;

c) formalmente, constitui o regulamento manifestação de vontade da Administração Pública, desvinculada dos cânones de produção impositivos típicos do processo legislativo.

Desde muito tem merecido atenção a contraposição entre os dois tipos fundamentais de atos normativos. Na Roma Imperial, os pretores tinham capacidade regulamentar, *secundum et praeter legem atque constitutionem*. E ao curso de toda a história do direito assume indisputável relevo a dicotomia lei-ordenança, elegendo-se como traço diacrítico a existência ou inexistência, na respectiva formação, ou emanação, de pessoas que, ao menos em senso amplo, pudessem ser consideradas representantes da coletividade.

No mundo medieval, o monarca não era um legislador livre, pois estava adstrito, para a formulação da regra jurídica, ao *consensu populi*. Já o afirmara, peremptoriamente, a Dieta de Worms, em 1231:

> *Ut neque principes neque alii quilibet constitutiones vel nova iura facere possint nisi melioribus et maioribus terrae consensus primitus habeatur.*

Também identicamente acontecia entre os germânicos: o soberano detinha o poder regulamentar (*Banngewalt*) – poder de banca – mas inteiramente preso aos limites contidos na *lex terrae*, norma básica da vida comunal.

Contrastada com tal restrição, a necessidade da pronta atuação administrativa crescentemente exigia do soberano atividades em campos, para os quais ainda não existia ordenamento legal. Impossibilitado de ditar leis – pois esta era da exclusiva competência da comunidade, e só com seu consenso utilizável – o rei passou a baixar ordenamentos particulares. É o desenvolvimento, na amplitude e na profundidade, do exercício de editar tais ordenamentos que teve origem o poder regulamentar. Isso explica o fato histórico de, formalmente, os primeiros regulamentos se terem revestido do caráter de notificação, para levar a todo o povo o conhecimento da ordenança real.

Também decorre da circunstância histórica supramencionada o dado de estar a contraposição lei-regulamento indissoluvelmente ligada à ideia de democracia representativa. De fato, somente num esquema político-jurídico em que haja um corpo representativo do povo, encarregado da emanação de leis, e independente em relação à potência executiva, justifica-se a repartição e a hierarquização das fontes de normatividade estatais. Novamente, a história serve de abono à tese – sob o absolutismo houve um total amálgama quanto às faculdades legislativa e regulamentar, arbitrariamente concentradas num só agente ou corpo de agentes. Também aí perdeu sentido o processo formal de edição de um ou outro tipo de norma, passando a ordenança real a constituir quando não o único, ao menos o supremo vetor legal. Aliás, a lição histórica tem inteira validade em nossos dias, para aqueles sistemas político-jurídicos em que inexistente um critério de competência normativa diferenciada, ou em que excessivamente concentradas em um Poder as funções estatais.

Poucas matérias têm sido alvo de discussão teórica tão ampla, na ciência jurídica, quanto a do fundamento do poder regulamentar. O primeiro impulso da doutrina administrativa, coincidente com sua fase histórica de afirmação inflamada dos institutos e conceitos autônomos, pretendeu fixar na atuação regulamentar mera concretização de um poder discricionário generalizadamente inerente à função administrativa. Entendeu-se que aquilo que o órgão administrativo pode ordenar ou proibir, em um caso isolado, pode ordenar ou proibir em forma geral, para todos os demais casos similares. Dessa parêmia, extraiu a doutrina da época duas conclusões:

a) se a autoridade administrativa pode adotar procedimentos especiais referentes a casos particulares, pode igualmente reunir em um corpo orgânico de disposições todos os casos similares, disciplinando-os mediante normas gerais;
b) outrossim, inteiramente conatural à faculdade de atuação administrativa em hipóteses isoladas é o poder de autolimitá-la ou autodisciplináá-la.

Transpondo para um ordenamento jurídico integral essas assertivas, afirmou a doutrina que a lei deixava à Administração certa esfera de ação, dentro da qual ela pode disciplinar e limitar sua atividade e a dos administrados, por meio de um regulamento.

Todo esse arcabouço sistemático, entretanto, choca-se contra um dado palpável e irrefutável: conquanto, em maior ou menor dose, quase todo órgão administrativo esteja investido de amplas faculdades, apenas os legalmente a tanto capacitados podem ditar regulamento. Ademais, por vezes o poder discricionário de certos agentes públicos tem sua origem no regulamento. Dessa forma, apenas parcialmente a doutrina do poder (?) discricionário explica o poder (?) regulamentar.

Outra corrente procurou o fundamento da faculdade regulamentar nela divisando uma delegação legislativa. Teria, assim, essa índole a disposição constitucional que, mais ou menos amplamente, atribui ao Executivo essa função. Para quem, a exemplo de Duguit e Jèze, não trace diferença material entre lei e regulamento, talvez a explicação fosse satisfatória. Mas sua insuficiência é patente. Em primeiro lugar, porque encerra renúncia inadmissível à busca de critérios diferenciais, difíceis, mas existentes, entre uma e outra categoria de norma. Em segundo lugar, porque representa, à luz do direito moderno, assentado no princípio da separação dos Poderes, evidente retrocesso. Por último, porque se choca com a esmagadora maioria do direito constitucional positivo vigente atualmente, em que ou as delegações são formalmente vedadas, ou restrita e expressamente admitidas.

Há quem fundamente o exercício regulamentar na lei ou na Constituição. Em outras palavras, ele nasce e se exerce segundo a disposição legal ou constitucional o estabeleça e discipline. Mas ainda aqui não encontramos a plena justificação da faculdade. Bastará, para tanto negar, lembrar que a maior parte das constituições só prevê expressamente o chamado regulamento de execução, mas é ostensivamente óbvio que a ele não se circunscreve a faculdade regulamentar.

Realmente, a faculdade regulamentar constitui um atributo próprio, inerente ao exercício da atividade administrativa, em caráter majoritário conferida ao Poder Executivo. Com esta ressalva, talvez se pudesse admitir a teoria da determinação legal ou constitucional: como a Constituição não só atribua determinadas faculdades ao Poder incumbido da tarefa administrativa, mas também, e sobretudo, lhe determine o dever de agir, implicitamente lhe confere as potestades necessárias ao desempenho desse dever. Daí poder-se admitir certa margem de amplitude na atuação da faculdade regulamentar, cujo exercício, discricionariamente avaliado e efetivamente desenvolvido por quem legalmente habilitado, conformar-se-á aos limites balizados pela juridicidade do sistema. Por isso, podemos constatar cindir-se a faculdade regulamentar em duas espécies: a originária e a derivada. Mas ambas se exercem *secundum* ou *praeter legem*, jamais *contra legem*. Se é reconhecida à ação individual certa esfera de liberdade no silêncio da lei, entre o que esta proíbe e o que ela determina, não haverá como negá-la ao Estado. Há efetivamente, para o exercício da faculdade regulamentar, uma *Rechtsfreiesphäre* em que sua atuação, muito mais que uma *faculdade*, representa um *dever*.

Outro espinhoso tema reside na tentativa de delimitação do específico regulamentar. Intimamente ligado a este problema, encontra-se o da distinção entre lei e regulamento.

Há um específico regulamentar e um específico legal?

A maior parte dos textos constitucionais delimita o que se convencionou denominar *reserva legal*. Trata-se de matérias que, por determinação da lei maior, devem ser objeto de disciplina mediante *lei formal*. Ao lado desse compartimento, há um vasto campo para o qual não se prevê uma competência normativa exclusiva. Classicamente, à luz de uma estrita concepção do princípio da separação dos poderes, ainda aqui com cunho normativo geral só seria admissível a atuação do Poder Legislativo. Todavia, a dinâmica e a complexidade atual dos fenômenos sociais, como já ressaltamos, transformou em imperiosa obrigação a faculdade administrativa normativa. Daí, a explicação e a justificação da atuação regulamentar nesse terreno, preenchido conteudisticamente, em caráter majoritário, pelos sistemas de organização administrativa. Do silêncio quanto à competência normativa decorre, entretanto, importante consequência: embora admissível o regulamento autônomo a superveniência da lei é irreprimível e sua supremacia hierárquica incontornável, *a não ser que se trate de matéria de reserva normativa da Administração.*[77] Ainda como consequência do princípio da separação dos poderes, cabe afirmar a existência de um campo estritamente regulamentar, que consistirá na esfera de competência da particularização dos meios e condutas diretamente ligados à atuação administrativa.

Examinada a questão sob essa perspectiva, verificamos que a velha afirmação da integral submissão do regulamento à lei deve ser encarada com reservas. Para o estabelecimento de um limite entre uma e outra categoria normativas, deveremos ter em mente o critério de competência em virtude do qual age normativamente o órgão, e não a categorização formal do próprio órgão. Daí deflui que *lei* será a norma emanada do Poder Legislativo, como tal se entendendo não um órgão específico, mas uma *competência* constitucional. Somente esse critério poderá tornar racionalizável a estratificação de uma hierarquia normativa, nos sistemas em que constitucionalmente se atribuam tarefas materialmente legislativas ao Poder Executivo, fato dia a dia mais comum. É à luz do princípio da competência que num sistema em que se prevê a faculdade de editar medidas provisórias, poderemos impugnar a edição de regulamentos de execução por essa via. É ainda a admissão desse critério que permitirá constatar a violação do princípio

[77] É o caso do artigo 84, VI, de nossa Constituição.

da reserva legal ou diagnosticar eventuais desvios no processo de desconstituição legislativa.

O estabelecimento do limite entre lei e regulamento, nos moldes supra expostos, permite, outrossim, afastar uma série de critérios de duvidosa validade. A concepção cifrada nos caracteres de ser a lei *inicial* e *incondicional*, em contraposição ao regulamento (que seria secundário e limitado) sofre indiscutível enfraquecimento em face da existência palpável, concreta e crescente do regulamento autônomo (que dá partida à normatividade de determinada matéria, sem qualquer limite posto em anterior lei formal). Do mesmo defeito carece o pretenso requisito diacrítico da *novidade* da lei, em face do regulamento. Em outras palavras, o crescimento do campo de atividade da administração normativa tornou apenas clássica a distinção no sentido de ser a lei um *Rechtsgesatz* (uma disposição que estabelece um direito novo do ponto de vista objetivo e subjetivo), ao passo em que o regulamento – *Verordnung* – não o seria (pois não criaria direito novo, nem objetiva nem subjetivamente, incidindo e atuando no interior do ordenamento jurídico existente). Em nossos dias, todos esses critérios têm validade, quando muito, ou para caracterizar uma determinada feição do labor regulamentar – o regulamento de execução –, ou para distinguir o regulamento, *lato sensu*, dos atos administrativos individuais.

Realmente, é correto repousar na generalidade ou na abstração a distinção entre os regulamentos e os demais atos administrativos, desde que por *generalidade* se entenda não obrigatoriamente uma universalidade (pois o regulamento pode ser de aplicação limitada), mas a *impessoalidade*. Ademais, o regulamento é um ato de eficácia interna e externa, ou seja, sua normatividade não obriga tão apenas a administração que por ele se autolimita, mas confere direito público subjetivo invocável pelo particular. De regra, os comandos de abrangência interna podem ser levados ao conhecimento de seus destinatários por quaisquer outros meios, além da publicação. Quanto ao costume, um ostensivo traço diferencial existe – o da forma escrita do regulamento. Relativamente ao tratado, igualmente um claro critério de diferença se põe – a unilateralidade da formação do regulamento.

A generalidade é o dado marcante no tracejar a distinção entre o regulamento e o ato administrativo individual. Não se trata, repise-se, da generalidade numérica, mas da generalidade abstrata:

a) um ato normativo que seja endereçado aos cidadãos, cujo prenome comece por "Y", é regulamentar, embora eventualmente só atinja um administrado;

b) já a ordem de um agente policial, dirigida à multidão, para dissolver ajuntamento, ou interditar o acesso, a determinado lugar, é um conjunto de atos individuais, cujo conteúdo jurídico esgota-se em cada aplicação a cada administrado. Trata-se do *allgemeinverfügung*, a que alude a doutrina germânica (ato individual geral).

Há ainda que referir os atos indiretamente regulamentares, quais sejam aqueles que, embora diretamente estabeleçam uma determinação individual, em seu resultado final acabam por estipular uma norma abstrata. O exemplo é o ato administrativo incidente sobre determinado local de diversões, vedando-o à frequência de menores.

Questão de magna importância se põe intimamente ligada à definição da justificação da faculdade regulamentar: por que a autoridade que emite um regulamento não pode inobservá-lo em caso singular, mas pode produzir uma nova regra geral substitutiva? Apenas uma resposta científica pode ser outorgada à indagação: os regulamentos têm o valor de norma jurídica, sendo suas prescrições obrigatórias quer para os administrados, quer para os administradores. Dão nascimento, em decorrência, até mesmo, a direitos públicos subjetivos. Trata-se de mais uma confirmação do princípio de isonomia, de regra constitucionalmente consagrado. A revogação ou a modificação do regulamento assume, assim, o sentido de uma das maneiras de exercer a faculdade regulamentar, ao mesmo tempo em que exprime o respeito da Administração pela normatividade que ela mesma emite, autolimitando-se.

A faculdade regulamentar, longe de infirmar o princípio da separação dos poderes, antes o confirma: o regulamento é uma das principais formas de manifestação da atuação administrativa, deferida majoritariamente ao Poder Executivo, e não pode contrariar a lei formal, esteiando sua legitimidade, outrossim, na previsão, implícita ou explícita, assentada na constituição ou nas leis ordinárias.

A via formal em que habitualmente baixado o regulamento é, entre nós, o *decreto*. Tanto faz, contudo, que o regulamento constitua texto destacado do decreto que o baixe e aprove, ou que se apresente como um texto uno. Evidentemente, a segunda dessas alternativas ostenta como vantagem uma comodidade maior, para fins de citações.

Por isso que, como assentado, a justificação última da faculdade regulamentar reside no dever de administrar inerente à Administração, o âmbito de sua incidência está limitado aos campos do direito em que lhe caiba atuar. Descabe a regulamentação da execução pelo Executivo, portanto, de leis civis ou comerciais (que regem relações jurídicas privadas) ou de leis processuais (concernentes a tarefas de outro Poder). Realmente, só compete ao órgão dotado da faculdade regulamentar exercê-la com referência ao direito público que lhe caiba aplicar. A regulamentação da competência judicial por lei, tão apenas, atende não só ao princípio da separação dos Poderes, como também constitui efetiva afirmação das garantias jurisdicionais.

A consagração quase total no mundo ocidental, com as alterações que os novos dias vieram a impor, da fórmula de Montesquieu, a partir da Revolução Francesa, de repartição dos poderes, resultou na primeira modalidade de regulamento, conhecida pelo direito moderno, foi a do chamado *regulamento de execução*.

O regulamento de execução é um ato administrativo normativo, contendo comandos gerais, com vistas à correta aplicação da lei. A finalidade dessa modalidade regulamentar é a explicitação da norma legal e o aparelhamento dos meios concretos para sua execução.

Cumpre observar que algumas leis são total ou parcialmente autoexecutáveis. Isso importa em dizer que nelas já se contêm os dados de aptidão imprescindíveis à imposição concreta e pronta de sua normatividade. Entretanto, de regra, nas leis se estabelecem apenas os balizamentos gerais da disciplina de determinada conduta ou instituto, relegando-se ao regulamento a operação de particularização da regra abstratamente posta. O progresso tecnológico, diariamente conquistado, e a crescente complexidade dos fenômenos sociais tornam, realmente, indesejável e praticamente impossível que na lei possa exaurir-se o objeto da atuação normativa. Cedo se revelaria de insuportável fixidez, divorciada da realidade fática, a lei que descesse às minúcias, de hábito, regulamentares.

De toda sorte, contudo, seja ou não autoexecutável, em qualquer caso sua regulamentação será legítima. A única distinção existente entre uma e outra hipótese reside na circunstância de, quanto ao segundo tipo, o regulamento consistir em condição de sua aplicação. Doutra parte, cabe observar que, conquanto, de regra, a lei cuja execução fique subordinada à expedição de regulamento só entre em vigência quando da expedição deste, a falta de sua emanação, no tempo prescrito, importa na subsequente incidência da normatividade legal, nas partes que independentemente da especificação possam ser aplicadas. Assim não fora, estaria aberta via ao exercício regulamentar para obstar a plena imperatividade do comando legislativo. A mesma sorte de considerações leva à afirmação de imediata eficácia da lei subordinada à regulamentação, sem cominação de prazo para tanto, ressalvadas as regras na prática inaplicáveis sem o implemento regulamentar.

Em nosso direito positivo, a subordinação dessa modalidade de regulamento à lei não constitui mero princípio doutrinário. Nossa LINDB afirma o primado da lei, só admitindo sua derrogação ou revogação por diploma da mesma hierarquia. Da afirmação da submissão do regulamento à lei não decorre, contudo, poder esta vedá-lo. A faculdade de regulamentar a execução da lei tem assento constitucional. Entre nós, ela está proclamada desde a primeira Carta Política. Ademais, ela é, como já frisamos, um dado conatural à atribuição administrativa. Realmente, é inteiramente falsa a noção de constituir o trabalho regulamentar uma resultante setorizada do poder legislativo, até mesmo porque, historicamente, o exercício regulamentar se afirmou espontaneamente, sem atendimento a qualquer sistematização jurídica, e anteriormente à conformação de um poder legislativo autônomo, formal ou materialmente. Além disso, ainda quando prevista sua edição em lei, o regulamento constitui ato *de administração*, e não a concretização de uma *delegação legislativa*, que pudesse ser discricionariamente cassada.

Nem mesmo quando a lei se apresente claramente autoexecutável poderá ser inquinado de ilegítimo o exercício da faculdade regulamentar. Será talvez inócuo, atécnico, supérfluo ou pleonástico, mas não inconstitucional. Realmente, de nenhuma valia é o regulamento que se limita a repetir a lei. Entretanto, nenhuma, outrossim, é a mácula desse regulamento, pois que, ao repetir a lei que visa executar, obviamente não ultrapasse seu âmbito de incidência, nem os limites da reserva legal.

Conquanto ínsito no dever de administrar o exercício da faculdade regulamentar, pode a lei expressamente prescrever à Administração o dever jurídico de regulamentação *in concreto*. O descumprimento, ou a omissão por tempo excessivo, na medida em que atentar contra a execução da lei, poderá configurar, em nosso direito positivo, o crime de responsabilidade.

Parece-nos, contudo, inconstitucional a fixação de prazo, ao Executivo, para a expedição de regulamento de execução. Não há supremacias entre os Poderes do Estado. Como poderes constituídos que são, seu inter-relacionamento há de ser *estritamente* ditado pelo Poder Constituinte. Assim, inexistindo em nossa ordem constitucional norma que possibilite a cominação, sua consagração, a nível legal, infringe o estatuto do princípio da separação de poderes.

Doutra parte, inteiramente descabido se afigura o fixar, à guisa de regulamentar, uma *interpretação* cogente da lei. A atividade hermenêutica é a província constitucional do Poder Judiciário (embora *interpretar* seja DEVER de todos os Poderes, na aplicação da lei), que não fica, portanto, adstrito à regra executiva. Realmente, a única interpretação cogente é a chamada "autêntica", mas, como adverte a melhor doutrina, a rigor aí não se trata de *interpretação*, mas de formulação de nova regra legal, mais explícita que a anterior.

Observe-se que, frequentemente, com o regulamento a Administração não só se autolimita, mas também restringe os poderes que a lei lhe atribuíra. Essa restrição só é admissível quando incidente sobre poderes, cujo exercício a Administração estava habilitada discricionariamente a efetivar. A invalidade da limitação é óbvia, entretanto, quando tem por objeto não um simples poder de atuar, mas um dever de fazê-lo.

Da subordinação do regulamento de execução à lei deflui que, revogada esta, fica aquele sem aplicação. Mas quando se trata de simples modificação, o regulamento anterior, no que compatível com as novas normas, perdura eficaz.

Persiste, também, sua eficácia como *regulamento autônomo*, naqueles temas não abordados pela lei nova, desde que não haja atrito entre o diploma suplementar e o sentido do arcabouço jurídico defluente da lei revogadora da inicialmente regulamentada, e desde que seja socialmente danoso deixar de aplicar a norma regulamentar.

Importante é realçar que o regulamento de que estamos tratando não é um ato de execução servil da lei, mas um meio para se chegar plenamente a essa execução. Realmente não pode ele ser *contra legem*, porque norma secundária, emanada para atendimento aos requisitos formais de viabilização de aplicação dos comandos substantivos de competência da lei. Mas sua finalidade é a execução do *conteúdo* da lei, e não de seu limite formal. Pode, por isso, conter norma *nova*, desde que não contrarie a ordem jurídica e seja necessária à plena execução do diploma regulamentado. O regulamento deve ser compatível com as leis. Dessa forma, observadas essas cautelas, e atendidos os critérios de distribuição de competência, não deve um regulamento submissão a outro. E, em relação à lei, *stricto sensu*, deverá ele guardar uma relação de *compatibilidade*, e não de mera *conformidade*. Eis porque, desde que não contrarie a ordem legal formal, pode exercer-se livremente a edição regulamentar de execução. Assim, a lei, que para o legislador é o objeto de sua atividade, e para o Juiz, o fim de sua atuação, para o administrador representa um limite. Mas um limite amplo, que não se reduz à lei que particularmente estiver sendo regulamentada, mas à ordem jurídica vigente. A violação frontal ou oblíqua a tais limites constitui eloquentes exemplos de, respectivamente, excesso e desvio de poder.

Se historicamente o regulamento de execução é a primeira manifestação importante do "poder" regulamentar após a consagração do princípio da separação dos poderes, dúvida não resta quanto à maior significação, em nossos dias, do chamado regulamento autônomo ou independente, em face da tremenda complexidade e aceleração dinâmica dos fenômenos político-sociais de nossos dias. Quando estudarmos o tema das "excepcionalidades administrativas", em segmento mais à frente, cuidaremos particularmente do requisito da *urgência,* como ensejo da prática de tais excepcionalidades. Mas habitualmente a urgência da ação administrativa é também fonte de legitimação da expedição de regulamentos autônomos.

Já tivemos oportunidade de traçar, em linhas anteriores, a justificação dessa modalidade de faculdade regulamentar. Bastará, portanto, por ora, lembrar que ela decorre do dever que tem a Administração de organizar e tornar plausivelmente efetiváveis as atribuições que lhe são próprias. Quando inexista texto expresso a prevê-lo, à sua validade se chega quer por construção do texto constitucional, quer por costume constitucional.

Os regulamentos autônomos têm como campo de ambiência, frequentemente admitido, um dos dois seguintes terrenos: ou aquela área reservada à lei, mas onde norma legal, *stricto sensu,* ainda não foi editada (a *Rechtsfreiesphäre* deferida à Administração ou, como no direito americano, o campo dos poderes residuais); ou a chamada "reserva da Administração", isto é, aquela em que, por disposição de lei maior, é livre, discricionário e exclusivo o desenrolar da ação administrativa. No primeiro caso, a superveniência de lei revogará a norma regulamentar. No segundo, a iniciativa do Poder Legislativo padecerá de insanável ilegitimidade. Não hesitaríamos, enfim, em inserir na província do regulamento autônomo aqueles temas em relação aos quais se configurem os seguintes requisitos:

a) matéria de reserva legal, mas
b) em que for omisso o legislador, e

c) urgente, em benefício da coletividade, uma atividade, concreta ou normativa, da Administração Pública.

Consigna a doutrina europeia dois outros tipos de regulamento que merecem referência e atenção.

Em primeiro lugar, há que examinar o *regulamento autorizado* ou *delegado*. Como tal se entende o tipo de regulamento que, por expressa permissão legislativa, disciplina matéria de ordinário abrangida pelo princípio da reserva legal. É evidente a atecnicidade da expressão *delegação, in casu*, pois não ocorre uma transferência de poderes, mas simples determinação de competência. É de toda relevância ressaltar que o chamado *regulamento* delegado é: assim, está integralmente limitado ao sistema de legalidade vigente. E nisso diferencia-se da lei delegada e da medida provisória, categorias hierarquicamente equiparadas à lei formal, podendo, assim, reformá-la ou revogá-la. Exemplo, entre nós, do regulamento delegado encontramos no "Regulamento Geral do Estatuto da Advocacia e da OAB", diploma baixado pelo Conselho Federal da Ordem dos Advogados do Brasil, por força dos artigos 54 e 78 da Lei nº 8.906 de 1994. Tal Lei, verdadeira "lei-quadro", conceito anteriormente examinado, conferiu expressamente à OAB competência para, dentre outras matérias, disciplinar em *regulamento*, por exemplo, o processo ético-disciplinar dos exercentes da profissão.

Em segundo lugar, cabe rápida vista aos chamados regulamentos de necessidade ou de urgência. Por essa denominação a doutrina europeia refere as normas ditadas por Poder não investido de competência legislativa, em matéria de reserva legal, em circunstâncias graves, que justificariam a suposição de usurpação, caso não houvesse a previsão constitucional. Como já vimos, a Constituição da Alemanha contém previsão nesse sentido.

Como emanações corriqueiras do "poder" normativo da Administração, temos as circulares, avisos, ordens de serviço, diretivas, regimentos, instruções e outras denominações análogas.

Tais documentos, de regra, têm um caráter primordialmente interpretativo das regras positivas ou costumeiras, que balizam o funcionamento, particularmente o interno, das instâncias administrativas. Não obstante a arquitetura interna e sua atuação constituam quase sempre o objeto de tais disciplinas, nem por isso são (as circulares e quejandos) documentos irrelevantes para terceiros ou alheios à administração. No que elas digam respeito exclusivamente aos administradores e aos agentes administrativos, disciplinando, é claro, as *relações jurídicas* assim entretecidas, sua divulgação/publicidade poderá dar-se apenas nessa ambiência; mas mesmo assim, os preceitos que as conformam não podem dar ensejo às arbitrariedades, tendo de estar conformes ao ordenamento jurídico *interno e externo* à sua área de incidência e à axiologia constitucional atinente à Administração Pública. Mas Administração Pública raramente é um fenômeno monologal. Quase sempre há interesses e/ou direitos de terceiros (processuais, procedimentais ou materiais), alheios à Administração, em jogo. E aí a ampla *publicidade* de tais documentos internos é obrigatória, além, é claro, de sua harmonia com o sistema e o ordenamento jurídicos, os valores constitucionais administrativos e as garantias individuais constitucionais.

No tempo próprio cuidaremos do chamado direito da regulação, bem como das agências reguladoras, em capítulos específicos. Mas há um aspecto concreto, pertinente à normatividade administrativa, que merece aqui uma antecipação de abordagem.

Dá-se que as leis que criaram tais autarquias especiais lhes atribuíram, dentre outras, a faculdade de expedir normas jurídicas *ab ovo,* sobre as matérias que justificaram suas criações. Há autores que ainda hoje divisam, no ponto, inconstitucionalidades.

Equívoco marcante. A juricidade da normatividade deferida a tais agências é ínsita à própria *existência* desses modelos, existência jurídica essa sempre confirmada, com suas características originais, pelo Supremo Tribunal Federal, guardião último de nossa Constituição.

Mas o equívoco denunciado torna-se ainda mais agudo, quando se pretende alicerçar a coima de inconstitucionalidade no patamar do princípio da legalidade estrita. E assim dizemos por três razões, a saber:

- o confronto entre a faculdade normativa concedida às agências, e o princípio da separação de Poderes, *tem de ser feito* a lume não do princípio da legalidade estrita, mas sim o da *juridicidade;*
- no plano *lógico,* é inafastável da ideia de *regulação* a atribuição de faculdades normativas;
- por fim, o "poder" normativo das agências *não se choca* com o princípio da legalidade estrita porque ele é estatuído, expressamente, nas próprias leis de criação das agências. Trata-se de

simples autorização legislativa, pelo próprio Poder Legislativo, na forma do clássico e agudo magistério do saudoso José Bonifácio Fortes.[78]

11.11

Em itens precedentes, cuidamos dos dados componenciais imprescindíveis à constituição dos atos administrativos.

Cumpre afirmar, contudo, que, tal como se dá com o ato jurídico em geral, também aqui se dá a possibilidade da existência de *cláusulas acessórias* ou *acidentais*. Pondere-se que, de regra, a doutrina administrativista não se preocupa com essa matéria.

Sigamos adiante e, com o instrumental da teoria geral do Direito, examinaremos as principais formas de cláusulas acidentais compatíveis com o conceito de ato administrativo. E aqui, seguramente, tal como se dá em nosso Código Civil, há que abordar as *condições*, os *termos* e os *modos* ou *encargos*.

Em nosso Código Civil, a matéria das cláusulas acidentais ou acessórias vem disciplinada nos artigos 121 a 137. Para a doutrina civilista, tais cláusulas apresentam-se com autonomia conceitual relativamente às cláusulas essenciais. Estas últimas são as que, por determinação normativa, apresentam-se imprescindíveis para o ato jurídico (bem como o contrato e o negócio jurídico) ostentar *validade*. Já as acessórias ou acidentais são declarações adicionais emitidas pelos partícipes ou interessados na formação do ato, que dizem respeito à *eficácia* ou aos *efeitos* (ou consequências) do ato. Claro que, uma vez incorporadas ao ato, as cláusulas acessórias *obrigam* e, nesses limites, dizem respeito também à *validade* (se infringidas ou deturpadas, integral ou parcialmente).

As *condições* são cláusulas, como reza o artigo 121 do Código Civil, que subordinam a *efetividade* do ato a evento futuro e *incerto*. São ditas *suspensivas* quando a *eficácia* e *efetividade* apenas se dão quando da implementação do evento futuro e incerto; e são *resolutivas* se o evento futuro e incerto determina a extinção do ato, o qual até então se apresentava eficaz e efetivo (desde sua conformação).

[78] FORTES, José Bonifácio. Delegação Legislativa. *Revista de Direito Administrativo*, Rio de Janeiro, p. 354, 1960.

O *termo* é uma estipulação que ou suspende o gozo de um direito até a ocorrência de um evento futuro e *certo*, ou extingue o ato quando tal evento se dá. A distinção entre condição e termo está exatamente na *certeza* da *incidência* do evento futuro.

Por fim, o *modo* (ou *encargo*) é uma estipulação que, sem afetar a eficácia, o gozo ou a efetividade do direito decorrente do ato (ou do negócio jurídico), pode ser exigido por quem o instituiu. No Direito Administrativo, são extremamente comuns licenças e autorizações sujeitas a encargos. Evidentemente, se a eficácia do ato for subordinada à implementação do modo, estaremos não em face de um encargo, mas sim de uma condição suspensiva.

As considerações acima desenvolvidas repousam na teoria geral do Direito e estão albergadas em nosso Código Civil. Neste importante diploma o tema encontra-se, aliás, bem mais ampla e minuciosamente desenvolvido. Mas na aludida ambiência estamos no campo do primado da vontade psicológica. Já no Direito Administrativo, há um protagonismo relevante da *vontade normativa* e isso apõe particularidades de monta à matéria das cláusulas acidentais aqui. E é ao ponto que nós vamos, na sequência, dedicar. Com uma advertência, contudo, que, aliás, será enfatizada nos momentos adequados: no Direito Administrativo da atualidade, há um campo imenso para a consideração da vontade psicológica *do administrado e das coletividades, espontâneas ou instituídas*, por eles criadas. Aqui nossa base fundamental: juridicidade, consenso, axiologia constitucional, concretização dos anseios individuais e coletivos, contenção do poder estatal.

11.12

Os pressupostos epistemológicos e axiológicos, declarados como *compromissos* do autor ao início do primeiro volume do presente trabalho, foram (e serão) fielmente observados em cada linha, item e subitem. Evidentemente, presidirão eles a tarefa de *reteorização* do ato administrativo, conforme os pilares há pouco postos em relevo: juridicidade, consenso, observância dos valores constitucionais e busca da concretização dos anseios dos administrados e de suas coletividades.

Não obstante tão elevadas pautas, o ato administrativo é tarefa humana e, por isso mesmo, sujeita a erros, desvios e abusos. Daí a necessidade do *controle* dos atos administrativos. E por *controle* será significado aqui um complexo de estruturas, agentes e instrumentos a serem utilizados para prevenção, fiscalização, acompanhamento, correção e responsabilização do exercício da função administrativa, com o propósito de assegurar a observância das pautas mais acima proclamadas, ou, tendo ocorrido equívocos ou deformações na prática dos atos, a restauração da sanidade da atividade administrativa, inclusive com a aplicação das consequências que o ordenamento e o sistema jurídico prescrevam.

Pode-se dizer, sem receio de cometer enganos, que o sistema jurídico vigente institui, entre nós, uma verdadeira e ampla *agenda de controles*. Realmente: há, no Direito Administrativo brasileiro uma impressionante pluralidade de instâncias de controle, o que é bom, mas também é estruturante de problemas. Falível por essência, o homem – seja o agente administrativo, seja o administrado – no empenho em obter vantagens, ou até mesmo por uma falsa concepção que o faz ver nos controles um instrumento de sufocação da liberdade individual, frequentemente intenta infiltrar-se pelas malhas e vazios dos sistemas de controle, para atingir seus egocêntricos interesses pessoais. E quanto mais apertada for a malha, tanto mais inventiva será a imaginação dos que a querem vulnerar.

É em razão do desabafo supra que afirmamos: temos uma verdadeira e ampla agenda jurídica de controles. Mas isso infelizmente não basta. É necessário que o sistema jurídico, encarregado da prefalada agenda, esteja *sempre* desperto e atento, onipresente e vigilante, para que alcancemos algum dia o estágio de termos não só uma *agenda de controles*, mas, sobretudo, uma *cultura do controle*. Utopia? Mesmo que assim seja, a tarefa de edificar essa cultura do controle é irrenunciável.

Doutra parte, a anomalia por vezes constatada, no *desempenho* da tarefa controladora, enfatizando-a no viés sancionatório e punitivo, constitui fator de inibição quando não de infantilização, do agente administrativo. Por medo da censura ou da pesada mão punitiva, o administrador não age, esquecendo-se, aliás, de que a inação, quando a ação *deve* ser feita, também é campo para o funcionamento do controle. Aqui, como em tudo o mais, a virtude está no meio. O controle, com suas instituições e instrumentos, há de ser, sobretudo, educativo, fiscalizando mas orientando, sancionando quando necessária e efetivamente comprovada a impossibilidade de prevenção do desvio/abuso e/ou a inviabilidade de direcionar os agentes no sentido da melhor administração.

Postas em destaque as balizas que devem inspirar o controle, importa agora adentrar sua estrutura e atuação. Para tanto, de plano uma tipologia útil: o controle pode ser *interno* ou *externo*.

O *interno* é aquele executado pela própria Administração, tendo em mente seus agentes, órgãos, estruturas, sistemas e funcionamento.

O *externo* é aquele exercido por instâncias controladoras situadas fora do âmbito da Administração Pública agente. Aqui aparecem o controle legislativo, o jurisdicional, o social, o popular e o ministerial (isto é, do Ministério Público). A par dessas modalidades, quando a Administração Pública atua em moldes empresariais ocorrem também, como controles internos, os órgãos legalmente credenciados a supervisionar e corrigir (conselho fiscal, conselho de administração, auditores etc.).

Exposta a tipologia, viajemos por seus escaninhos.

O *controle interno* tem como vetores supremos de seu desenrolar a *juridicidade* e a busca de *satisfação dos anseios dos administrados e de suas coletividades* (espontâneas ou institucionalizadas). Seu instrumental por excelência reside no *dever* (e não simples poder, consoante já por nós examinado) *hierárquico*. Seus objetivos são a conformidade do ato ao padrão de juridicidade (conceito bem antes por nós estudado) e a afinação do *mérito* do ato aos reclamos dos administrados. Em linguagem corrente de nossa doutrina administrativa, é um controle de legalidade (*lato sensu*) e de mérito, exercido mediante provocação (dos interessados, aí incluídos os próprios agentes administrativos) ou de ofício. Inevitável, para exibir o fundamento do controle interno, a leitura do artigo 74 constitucional:

> Art. 74. Os Poderes Legislativo, Executivo e Judiciário manterão, de forma integrada, sistema de controle interno com a finalidade de:
>
> I – avaliar o cumprimento das metas previstas no plano plurianual, a execução dos programas de governo e dos orçamentos da União;
>
> II – comprovar a legalidade e avaliar os resultados, quanto à eficácia e eficiência, da gestão orçamentária, financeira e patrimonial nos órgãos e entidades da administração federal, bem como da aplicação de recursos públicos por entidades de direito privado;
>
> III – exercer o controle das operações de crédito, avais e garantias, bem como dos direitos e haveres da União;
>
> IV – apoiar o controle externo no exercício de sua missão institucional.

> §1º Os responsáveis pelo controle interno, ao tomarem conhecimento de qualquer irregularidade ou ilegalidade, dela darão ciência ao Tribunal de Contas da União, sob pena de responsabilidade solidária.
>
> §2º Qualquer cidadão, partido político, associação ou sindicato é parte legítima para, na forma da lei, denunciar irregularidades ou ilegalidades perante o Tribunal de Contas da União.

Ainda em consonância com nossa doutrina, é aqui que vêm a contexto as figuras dos chamados *excesso* e *desvio* de poder, como espécies de um conceito englobante, usualmente timbrado como *abuso do poder*. Dá-se o excesso quando o agente atua ultrapassando os limites legais de sua competência. Ocorre o desvio quando o agente se mantém dentro dos referidos limites competenciais, mas não observa o norteamento e os fins indeclináveis de atendimento aos anseios e valores dos administrados. A distinção, conquanto clara, é, em nosso sentir, irrelevante: num e noutro caso o controle administrativo há de ser exercido, para reconduzir agente e ato às pautas irrenunciáveis, por nós anunciadas ao início deste item.

O controle revisivo, denominado doutrinariamente *tutela* (por vezes *autotutela*, quando atuante no âmbito interno da *administração direta* e da *indireta*), se comporta em confins claros, constitucionalmente ditados, postos em homenagem aos princípios da eficiência, da juridicidade e da segurança jurídica. Na forma do artigo 84, incisos I, II e VI, da Lei Maior, a direção superior da Administração Pública é atribuição do Chefe do Poder em que praticado o ato, e, quando no âmbito do Executivo, dos Ministros de Estado (quer direta, quer indireta a Administração). A ambiência *material* do controle encontra-se descrita no *caput* do artigo 70 constitucional. Integram tal sistema os recursos administrativos, as avocatórias, os pedidos de reconsideração e de revisão, o direito de petição e de representação, a reclamação administrativa, conceitos a serem esmiuçados quando cuidarmos do *processo administrativo*. Ainda invocável, aqui, o teor dos artigos 19 e 26 do Decreto-Lei federal 200 de 1967, cujos textos merecem transcrição:

> Art. 19. Todo e qualquer órgão da Administração Federal, direta ou indireta, está sujeito à supervisão do Ministro de Estado competente, excetuados unicamente os órgãos mencionados no art. 32, que estão submetidos à supervisão direta do Presidente da República.
>
> Art. 26. No que se refere à Administração Indireta, a supervisão ministerial visará a assegurar, essencialmente:

I – A realização dos objetivos fixados nos atos de constituição da entidade.

II – A harmonia com a política e a programação do Govêrno no setor de atuação da entidade.

III – A eficiência administrativa.

IV – A autonomia administrativa, operacional e financeira da entidade.

Parágrafo único. A supervisão exercer-se-á mediante adoção das seguintes medidas, além de outras estabelecidas em regulamento:

a) indicação ou nomeação pelo Ministro ou, se fôr o caso, eleição dos dirigentes da entidade, conforme sua natureza jurídica;

b) designação, pelo Ministro dos representantes do Govêrno Federal nas Assembléias Gerais e órgãos de administração ou contrôle da entidade;

c) recebimento sistemático de relatórios, boletins, balancetes, balanços e informações que permitam ao Ministro acompanhar as atividades da entidade e a execução do orçamento-programa e da programação financeira aprovados pelo Govêrno;

d) aprovação anual da proposta de orçamento-programa e da programação financeira da entidade, no caso de autarquia;

e) aprovação de contas, relatórios e balanços, diretamente ou através dos representantes ministeriais nas Assembléias e órgãos de administração ou contrôle;

f) fixação, em níveis compatíveis com os critérios de operação econômica, das despesas de pessoal e de administração;

g) fixação de critérios para gastos de publicidade, divulgação e relações públicas;

h) realização de auditoria e avaliação periódica de rendimento e produtividade;

i) intervenção, por motivo de interêsse público.

É notório o estreito parentesco entre *preclusão* e *coisa julgada* (esta última até mesmo denominada, com frequência, *preclusão máxima* ou *consumativa*). E isso é natural, tendo em vista o *efeito prático aparente*, que de uma e outra deflui: a impossibilidade de reapreciação de certa matéria. No caso da preclusão, por força de se ter deixado exaurir o prazo próprio ou assinado, para a prática de certo ato, influente na decisão; no caso da coisa julgada, porque examinada e decidida irrecorrivelmente a matéria. E conquanto, de regra, a área de amplitude da impossibilidade de reapreciação seja mais ampla quando se fala de coisa julgada, verdade também é que, muito frequentemente, a preclusão acaba por acarretar consequências práticas amplas, muito além da consideração de simples percalço de natureza processual.

A transposição de tais considerações, para o âmbito do controle administrativo, deflagra sutilezas das mais interessantes.

Anote-se, em primeiro lugar, que a própria ideia de *coisa julgada administrativa* sempre foi um *punctum dolens*. E não só porque a *final enforcing power* da decisão última da Administração é relativa, eis que em nosso sistema jurídico invariavelmente apresenta-se possível promover seu reexame em *sede jurisdicional*. Além dessa consideração, sempre se proclamou uma possibilidade ampla (mas com limites) de autorrevisão do ato administrativo, bem como ainda um dever (irrestrito) de sua anulação (permanecendo em aberto o debate quanto aos limites da convalidação e saneamento do ato administrativo).

Claro está que, num panorama de tal dimensão, afigura-se, para alguns, difícil falar em "coisa julgada administrativa", como até mesmo discutível a utilidade do conceito de "preclusão" (que, quando muito, só incidiria contra o administrado).

Com profunda vênia de eventuais visões divergentes,[79] parecem-nos totalmente equivocadas as posições acima referidas, no parágrafo imediatamente precedente.

Pode-se (e deve-se) falar, sim, em *coisa julgada administrativa*. Não infirma sua existência a possibilidade de reexame jurisdicional do ato. O que a expressão traduz é a impossibilidade de se rever, de ofício ou por provocação, o ato *em sede administrativa*, após o percurso traçado no ordenamento jurídico. Trata-se de um imperativo dos princípios da Administração Pública em geral, dos da boa-fé, moralidade e segurança jurídica (dentre outros) em particular.

Também não a infirmam as verdades abstratas, genéricas, em tese, da revogação e da anulação do ato administrativo, por iniciativa até da própria Administração. Quanto à revogação, é pacífico que não deve ela se dar, quando de sua prática possam decorrer lesões (ou ameaças) a direitos de terceiros. Quanto à anulação, propomos a mesma sorte de considerações.

A Administração não pode ser volúvel, errática em suas opiniões: à Administração não se confere o atributo da leviandade. A *estabilidade* da decisão administrativa é uma qualidade do agir administrativo, que os princípios da Administração Pública, mais acima referidos, impõem. É inadmissível que a mudança unilateral de opinião possa desconstituir

---

[79] BRÜNING, Raulino Jacob. *Processo Administrativo Constitucional*. São Paulo: Contracorrente, 2007. p. 56 e seguintes.

o que definido sob o crivo da observância do devido processo legal (nesse sentido, aliás, expressamente dita a Lei federal nº 9.784/1999, no inciso XIII do parágrafo único de seu art. 2º). A consideração superveniente, da ocorrência de ilegalidade, no ato administrativo, só poderá autorizar a busca de seu desfazimento pela via, *também processual, também balizada pelo contraditório e pela ampla defesa,* da revisão do processo administrativo que antecedeu sua produção. Ou seja: o que no processo administrativo se afirmou só em outro poderá ser desfeito. A processualização incontestável da Administração, imposta pela Constituição de 1988, dita inexoravelmente a submissão da matéria aos parâmetros aqui enunciados.

Merece transcrição irretocável estudo de Almiro do Couto e Silva,[80] sobre o tema:

> *É interessante seguir os passos dessa evolução. O ponto inicial da trajetória está na opinião amplamente divulgada na literatura jurídica de expressão alemã do início do século de que, embora inexistente, na órbita da Administração Pública, o princípio da res judicata,* a faculdade que tem o Poder Público de anular seus próprios atos tem limite não apenas nos direitos subjetivos regularmente gerados, mas também no interesse em proteger a boa-fé e a confiança (*Treue und Glauben*) dos administrados. (...)
>
> Esclarece Otto Bachof que nenhum outro tema despertou maior interesse do que este, nos anos 50, na doutrina e na jurisprudência, para concluir que o princípio da possibilidade de anulamento foi substituído pelo da impossibilidade de andamento, em homenagem à boa-fé e à segurança jurídica. Informa ainda que a prevalência do princípio da legalidade sobre o da proteção da confiança só se dá quando a vantagem é obtida pelo destinatário por meios ilícitos por ele utilizados, com culpa sua, ou resulta de procedimento que gera sua responsabilidade. Nesses casos, *não se pode falar em pro*teção à confiança do favorecido. BACHOF, Otto. *Verfassungsrecht, Verwaltungsrecht, Verfahrensrecht in der Rechtssprechung des Bundesverwaltungsgerichts.* Auflage: Tübingen, 1966. v. 1.; vol. II, 1967. p. 339 e ss.).
>
> Embora do confronto entre os princípios da legalidade da Administração Pública e o da segurança jurídica resulte que, fora dos casos de dolo, culpa etc., o anulamento com eficácia *ex tunc* é sempre inaceitável e o com eficácia *ex nunc* é admitido quando predominante o interesse público no restabelecimento da ordem jurídica ferida, é absolutamente

[80] SILVA, Almiro do Couto e. Os princípios da legalidade da Administração Pública e da segurança jurídica no Estado de Direito contemporâneo. *Revista da Procuradoria-Geral do Estado,* Rio Grande do Sul, v. 18, n. 46, p. 11-29, 1988.

defeso o anulamento quando se trate de atos administrativos que concedam prestações em dinheiro, que se exauram de uma só vez ou que apresentem caráter duradouro, como os de índole social, subvenções, pensões ou proventos de aposentadoria.

E prossegue, rememorando o clássico *affaire* "Dame Cachet":

Bem mais simples apresenta-se a solução dos conflitos entre os princípios da legalidade da Administração Pública e o da segurança jurídica no Direito francês. Desde o famoso *affaire* "Dame Cachet", de 1923, fixou o Conselho de Estado o entendimento, logo reafirmado pelos *affaires* "Vallois" e "Gros de Beler", ambos também de 1923 e pelo *affaire* "Dame Inglis", de 1935, de que, de uma parte, a revogação dos atos administrativos não cabia quando existissem direitos subjetivos deles provenientes e, de outra, de que os atos maculados de nulidade só poderiam ter seu anulamento decretado pela Administração Pública no prazo de dois meses, que era o mesmo prazo concedido aos particulares para postular, em recurso contencioso de anulação, a invalidade dos atos administrativos.

Hauriou, comentando essas decisões, as aplaude entusiasticamente indagando: "Mas será que o poder de desfazimento ou de anulação da Administração poderá exercer-se indefinidamente e em qualquer época? Será que jamais as situações criadas por decisões desse gênero não se tornarão estáveis? Quantos perigos para a segurança das relações sociais encerram essas possibilidades indefinidas de revogação e, de outra parte, que incoerência, numa construção jurídica que abre aos terceiros interessados, para os recursos contenciosos de anulação, um breve prazo de dois meses e que deixaria à Administração a possibilidade de decretar a anulação de ofício da mesma decisão, sem lhe impor nenhum prazo". E conclui: "Assim, todas as nulidades jurídicas das decisões administrativas se acharão rapidamente cobertas, seja com relação aos recursos contenciosos, seja com relação às anulações administrativas; uma atmosfera de estabilidade estender-se-á sobre as situações criadas administrativamente". (*La Jurisprudence Administrative de 1892 à 1929*, Paris, 1929, vol. II, p. 105-106).

Preciosa, ainda, a lição de Gilmar Mendes:[81]

Na Alemanha, contribuiu decisivamente para a superação da regra da livre revogação dos atos administrativos ilícitos uma decisão do Tribunal Administrativo de Berlim, proferida em 14.11.1956, posteriormente

81 Informativo do STF, nº 343, p. 3/4.

confirmada pelo Tribunal Administrativo Federal. Cuidava-se de ação proposta por viúva de funcionário público que vivia na Alemanha Oriental. Informada pelo responsável pela Administração de Berlim de que teria direito a uma pensão, desde que tivesse o seu domicílio fixado em Berlim Ocidental, a interessada mudou-se para a cidade. A pensão foi-lhe concedida. Tempos após, constatou-se que ela não preenchia os requisitos legais para a percepção de benefício, tendo a Administração determinado a suspensão de seu pagamento e solicitado a devolução do que teria sido pago indevidamente. Hoje a matéria integra a complexa regulação contida no §48 da Lei sobre processo administrativo federal e estadual, em vigor desde 1977 (Cf. Erichsen, Hans-Uwe, in Erichsen, Hans-Uwe/Martens, Wolfgang, *Allgemeines Verwaltungsrecht*, 9ª edição, Berlim/Nova York, 1992, p. 289).

Considera-se, hodiernamente, que o tema tem, entre nós, assento constitucional (princípio do Estado de Direito) e está disciplinado, parcialmente, no plano federal, na Lei nº 9.784, de 29 de janeiro de 1999 (*v.g.* art. 2º).

Como se vê, em verdade, a segurança jurídica, como subprincípio do Estado de Direito, assume valor ímpar no sistema jurídico, cabendo-lhe papel diferenciado na realização da própria ideia de justiça material. Arrematamos nós com acertada decisão do TRF da 1ª Região:[82]

> Não há de se admitir uma transitoriedade aparente às decisões administrativas a justificar a insegurança e o império da arbitrariedade.

É dentro dessa moldura que se tem de entender o §2º do art. 63 da Lei federal nº 9.784/1999, antes referido, que ora se transcreve:

> Art. 63. O recurso não será conhecido quando interposto: I – fora do prazo; II – perante órgão incompetente; III – por quem não seja legitimado; IV – após exaurida a esfera administrativa; §1º. Na hipótese do inciso II, será indicada ao recorrente a autoridade competente, sendo-lhe devolvido o prazo para recurso. §2º. O não conhecimento do recurso não impede a Administração de rever de ofício o ato ilegal, desde que não ocorrida preclusão administrativa.

Amarra-se, no preceptivo em tela, o tema do *conhecimento* do recurso, afirmando-se que não será ele conhecido quando interposto fora do prazo, perante órgão incompetente, por quem não legitimado

---

[82] AMS 1997.01.00.010538-4/MG, rel. Des. fed. Ney Bello, DJU 01.04.02, Seção 2, p. 183.

ou após exaurida a esfera administrativa. Note-se, de passagem, certa impropriedade técnica do preceito, eis que nele, após se brandir com o não conhecimento no caso de interposição perante autoridade incompetente, abre-se – com felicidade, aliás – a possibilidade de envio do recurso para a autoridade competente (em vez do excessivamente formal sepultamento, puro e simples, da irresignação).

A rigor, há aqui temas bem diferentes, tratados, porém, num mesmo dispositivo, conforme se há de ver.

O poder de revisão de ofício do ato, alvo de considerações mais acima expendidas, assenta-se em verdadeiros imperativos, axiológicos e constitucionais, da atividade administrativa (notadamente, os princípios da legalidade, da boa-fé individual, da indisponibilidade do interesse coletivo e da finalidade). Por isso, cuida-se muito mais de um poder-dever, que de um simples poder.

De toda sorte, não tem sentido, tecnicamente, falar-se em revisão de ofício do ato ilegal, "desde que não ocorrida preclusão administrativa", no caso de recurso intempestivo (inciso I do art. 63) ou de exaustão da esfera administrativa (inciso IV do art. 63): nessas duas hipóteses, *sempre* terá ocorrido, até mesmo como efeito inelutável das duas figuras nelas tratadas, preclusão administrativa, *máxima* até (coisa julgada administrativa). Tem-se, assim, que o §2º, em exame, nenhuma pertinência apresenta com a matéria dos aludidos incisos, eis que o pressuposto fático de sua incidência (não ocorrência de preclusão administrativa) é de absolutamente impossível configuração (por isso que, em tais casos, sempre terá ocorrido a preclusão).

No que diz respeito às duas outras hipóteses do focalizado art. 63, somente não ocorrerá preclusão administrativa se a parte, atingida pela decisão de não conhecimento, insurgir-se contra tal. Fora daí, a preclusão é efeito inevitável da própria dinâmica processual.

As reservas ora formuladas decorrem exatamente da impropriedade técnica, cuja existência já fora antes anunciada, conquanto somente agora vá ser explicitada.

O legislador envolveu num só mandamento dois temas diferentes, apenas eventualmente relacionáveis e de abrangências especiais diversas. Um deles, o do não conhecimento do recurso administrativo; o outro, o da revisão unilateral, de ofício, pelo próprio autor do ato ilegal – temática em realidade, muito mais ampla do que a precedente, e que só parcial e acidentalmente com essa interfere.

O poder-dever de revisão do ato ilegal, tratado inclusive nas célebres Súmulas 346 e 473 do STF (bem como, por exemplo, no art.

114 da Lei federal nº 8.112/1990), há de ser, atualmente, meditado à luz da processualização da atividade administrativa, com seu escudo de garantias, tudo como fundado nos incisos LIV e LV, do art. 5º, da CF.

Preliminarmente, por mais óbvio que possa parecer, é preciso deixar bem claro que as mencionadas Súmulas apenas consagram a capacidade de autotutela da Administração Pública com relação a seus atos, mas não significam, absolutamente, que a Administração pode sempre, imotivadamente e independentemente de qualquer demonstração de pertinência, revogar ou anular seus próprios atos. Toda e qualquer desconstituição de ato administrativo deve ser devidamente fundamentada e claramente motivada, cabendo sempre ao particular afetado recorrer (inclusive ao Poder Judiciário) na defesa da manutenção do ato desconstituído, quando a autoridade houver desbordado dos limites da discricionariedade, no caso de revogação; ou quando não houver ocorrido ilegalidade alguma, quando se tratar de anulação. Em decorrência desse direito do particular, tem o Poder Judiciário o dever de analisar a pertinência dos motivos e fundamentos invocados pela Administração, não bastando, simplesmente, apelar a tais Súmulas, como se nelas estivesse contida uma franquia ao abuso ou desvio de poder.

A desconstituição do ato administrativo somente é possível quando houver razões de fato e de direito, devidamente comprovadas, que a autorizem. Mas, mesmo em caso nos quais tenha ocorrido efetiva e indiscutível violação da lei, é preciso evitar a precipitada conclusão no sentido de que a decretação da nulidade é fatal e inevitável.

Enfim, parece-nos equivocado afirmar, *tout court*, que não há direito subjetivo à manutenção do ato administrativo desconforme à Lei (em sentido amplo), independentemente do tempo decorrido,[83] dispensando-se inclusive a instauração do processo administrativo de cunho rescisório.[84]

Em nossa visão, o tema hoje comporta a fixação de novas balizas.

De regra, deve-se evitar, até em homenagem ao valor da segurança e da estabilidade jurídica, a invalidação de ofício do ato administrativo viciado ou irregular. E, mesmo quando haja impugnação de interessado, a convalidação deve ser perseguida, desde que a ela não se contraponham o princípio finalístico e o interesse individual ou coletivo

83 TRF-4ª Região, AMS 2001.71.01.002101-0/RS, rel. Des. fed. Carlos Eduardo Thompson Flores Lenz, DJU 23.10.02, Seção 2, p. 644.

84 STJ, ROMS 10.784/SC, rel. Min. Hamilton Carvalhido, DJU 19.02.01, p. 134.

dos administrados (dentre outros valores). Por óbvio, assim não se há de dar com atos cujas máculas se revelam de tal gravidade e monta, que se apresentam absolutamente inadmissíveis pelo ordenamento jurídico e/ou pela ordem pública.

Mas tais considerações ganham outra roupagem, quando em face de decisão administrativa emitida em razão de um processo administrativo. Em primeiro lugar, porque tal decisão, como qualquer ato administrativo, goza de presunção de legalidade; em segundo lugar porque, tendo sido ela produzida no bojo de um contraditório, a boa-fé e a estabilidade das relações sociais estariam irremediavelmente vulneradas, se admitida a revisão *unilateral*, de ofício (independentemente, aliás, de ter havido, ou não, preclusão administrativa); em terceiro lugar, porque à decisão administrativa há de ser atribuída uma sólida consideração de segurança e consistência, sob pena de se tornar inútil a própria ideia de processo administrativo. E não só: quem garante que a superveniente (à decisão no processo administrativo) suposição *unilateral*, de ilegalidade do ato, é mais acertada que a precedentemente obtida, após o embate do contraditório?

Do contraste de todos esses argumentos, a ilação a se extrair, em nosso entendimento, é a de que, quando se cuide de ato administrativo resultante de decisão proferida em processo administrativo, sua revisão, em sede administrativa, por impulso ou de ofício, somente se afeiçoará aos enfoques constitucionais, ora trazidos à colação, se a propósito instaurado novo processo administrativo (verdadeira ação rescisória administrativa, fundada na infração à lei, como até previsto no Código de Processo Civil), com a participação de todos os interessados antes envolvidos. É à luz de tais linhas que nos parece devam ser lidos não só o art. 63, §2º, da Lei federal nº 9.784/1999, como também, atualmente, as Súmulas 346 e 473 do STF (e assim já se colhe expressiva amostragem jurisprudencial[85] e doutrinária[86]).

Na anteriormente citada AMS 1997.01.00.010598-4-MG, o TRF da 1ª Região, ademais de consagrar o princípio da segurança jurídica, aditou, em consonância com o pensamento que aqui sustentamos:

---

[85] TRF-2ª Região, AMS 27.161, rel. Des. fed. Ney Fonseca, DJU 06.04.00, Seção 2, p. 137; TRF-4ª Região, AI 2000.04.01.012554-1/RS, rel. Des. fed. Valdemar Capeletti, DJU 26.04.00, Seção 2, p. 186.

[86] CHAVES, Marily Diniz do Amaral. *Teoria Geral do Processo Administrativo* (obra coletiva)., p. 21 e segs. Verbatim, São Paulo, 2013.

> Apenas pela via judicial, ou com válido e regular procedimento de revisão da decisão, com o contraditório e a ampla defesa respeitados, é que se pode alterar decisão sobre a qual se operou a coisa julgada administrativa.

Na doutrina, conosco, Mônica Martins Toscano Simões.[87]

Importa referir que, com visível intuito de liberalizar a aplicação do novo limite à faculdade revisiva, o STJ tem afirmado que o prazo de cinco anos, do art. 54 da Lei nº 9.784/1999 tem seu termo *a quo* na data do início de sua vigência.[88] Nesse sentido, há exemplar acórdão do STJ no MS 16.141-DF (2011/0031840-4), sendo relator o então Ministro Castro Meira,[89] de cuja ementa extraímos os seguintes trechos, mais que expressivos:

> ....
>
> 5. É certo que o poder de autotutela conferido à Administração Pública implica não somente uma prerrogativa, como também uma obrigação de sanear os vícios e restabelecer o primado da legalidade em hipótese na qual se depara com equívocos cometidos nas incontáveis atividades que desempenha, conforme rezam as Súmulas 346 e 473, do STF e o art. 53 da Lei nº 9.784/99.
>
> 6. Nada obstante, há fatores excepcionais que inibem a atuação da Administração tendente a corrigir o ato imperfeito. Essas hipóteses extraordinárias são marcadas pelas notas fundamentais da segurança jurídica e proteção da boa-fé e visam precipuamente a assegurar estabilidade jurídica aos administrados e a impedir que situações já consolidadas sem qualquer indício de conduta capciosa do beneficiário possam vir a ser objeto de releitura – o que, diga-se, em casos mais extremos decorre de reprováveis personalismos e subjetivismos.
>
> ....
>
> ....
>
> 9. Concluir em sentido diverso seria submeter o servidor público ao completo alvedrio da Administração, o que geraria insuportável insegurança na medida em que irregularidades provenientes única e exclusivamente da atuação do Poder Público em sua faceta disciplinar

---

87 SIMÕES, Mônica Martins Toscano. *O Processo Administrativo e a Invalidação dos Atos Viciados. São Paulo: Malheiros, 2004.* p. 160-177.

88 AgRgRESP 679.405/RS, rel. Min. Felix Fischer, DJU 13.06.05, p. 337; AgRgRESP 692.664/MG, rel. Min. Gilson Dipp, DJU 13.06.05, p. 338.

89 *DJe* 02.06.11, p. 912-914.

teriam o condão de tornar altamente mutáveis as decisões nesse campo, inclusive para fins de agravamento da sanção.

....

....

E ainda:

1. *O direito da Administração de anular os atos administrativos de que decorram efeitos favoráveis para os destinatários decai em cinco anos, contados da data em que foram praticados, salvo comprovada má-fé." e "Considera-se exercício do direito de anular qualquer medida de autoridade administrativa que importe impugnação à validade do ato.* (artigo 54, *caput* e parágrafo 2º, da Lei nº 9.784/99).

2. Instaurado o processo de revisão da cumulação das pensões após decorridos mais de quinze anos da sua concessão e recebimento, permanente e continuado, resta consumado o prazo decadencial de que cuida o artigo 54 da Lei nº 9.784/99. Precedentes.

3. Conquanto se admita que o controle externo, oriundo dos Poderes Legislativo e Judiciário, não esteja sujeito a prazo de caducidade, o controle interno o está, não tendo outra função o artigo 54 da Lei nº 9.784/99 que não a de impedir o exercício abusivo da autotutela administrativa, em detrimento da segurança jurídica nas relações entre o Poder Público e os administrados de boa-fé, razão pela qual não poderia a Administração Pública, ela mesma, rever as pensões concedidas há mais de cinco anos. (STJ, AgRgAgRgREsp 1.215.897-RJ (2010-0183540-8, rel. Min. Hamilton Carvalhido).[90]

Consideremos agora o *controle legislativo*, modalidade do controle externo.

O controle legislativo está edificado na própria Constituição. Essa competência funda-se nos incisos V e XI do artigo 49 e no artigo 71 da Lei Maior, que assim estatuem:

Art. 49. É da competência exclusiva do Congresso Nacional:

....

V – sustar os atos normativos do Poder Executivo que exorbitem do poder regulamentar ou dos limites de delegação legislativa;

....

[90] *DJe* 24.03.11, p. 868-869.

XI – zelar pela preservação de sua competência legislativa em face da atribuição normativa dos outros Poderes;

....

Art. 71. O controle externo, a cargo do Congresso Nacional, será exercido com o auxílio do Tribunal de Contas da União, ao qual compete:

I – apreciar as contas prestadas anualmente pelo Presidente da República, mediante parecer prévio que deverá ser elaborado em sessenta dias a contar de seu recebimento;

II – julgar as contas dos administradores e demais responsáveis por dinheiros, bens e valores públicos da administração direta e indireta, incluídas as fundações e sociedades instituídas e mantidas pelo Poder Público federal, e as contas daqueles que derem causa a perda, extravio ou outra irregularidade de que resulte prejuízo ao erário público;

III – apreciar, para fins de registro, a legalidade dos atos de admissão de pessoal, a qualquer título, na administração direta e indireta, incluídas as fundações instituídas e mantidas pelo Poder Público, excetuadas as nomeações para cargo de provimento em comissão, bem como a das concessões de aposentadorias, reformas e pensões, ressalvadas as melhorias posteriores que não alterem o fundamento legal do ato concessório;

IV – realizar, por iniciativa própria, da Câmara dos Deputados, do Senado Federal, de Comissão técnica ou de inquérito, inspeções e auditorias de natureza contábil, financeira, orçamentária, operacional e patrimonial, nas unidades administrativas dos Poderes Legislativo, Executivo e Judiciário, e demais entidades referidas no inciso II;

V – fiscalizar as contas nacionais das empresas supranacionais de cujo capital social a União participe, de forma direta ou indireta, nos termos do tratado constitutivo;

VI – fiscalizar a aplicação de quaisquer recursos repassados pela União mediante convênio, acordo, ajuste ou outros instrumentos congêneres, a Estado, ao Distrito Federal ou a Município;

VII - prestar as informações solicitadas pelo Congresso Nacional, por qualquer de suas Casas, ou por qualquer das respectivas Comissões, sobre a fiscalização contábil, financeira, orçamentária, operacional e patrimonial e sobre resultados de auditorias e inspeções realizadas;

VIII – aplicar aos responsáveis, em caso de ilegalidade de despesa ou irregularidade de contas, as sanções previstas em lei, que estabelecerá, entre outras cominações, multa proporcional ao dano causado ao erário;

IX – assinar prazo para que o órgão ou entidade adote as providências necessárias ao exato cumprimento da lei, se verificada ilegalidade;

X – sustar, se não atendido, a execução do ato impugnado, comunicando a decisão à Câmara dos Deputados e ao Senado Federal;

> XI – representar ao Poder competente sobre irregularidades ou abusos apurados.
>
> §1º No caso de contrato, o ato de sustação será adotado diretamente pelo Congresso Nacional, que solicitará, de imediato, ao Poder Executivo as medidas cabíveis.
>
> §2º Se o Congresso Nacional ou o Poder Executivo, no prazo de noventa dias, não efetivar as medidas previstas no parágrafo anterior, o Tribunal decidirá a respeito.
>
> §3º As decisões do Tribunal de que resulte imputação de débito ou multa terão eficácia de título executivo.
>
> §4º O Tribunal encaminhará ao Congresso Nacional, trimestral e anualmente, relatório de suas atividades.
>
> Quanto à ambiência *material* do tal controle, imprescindível ler o artigo 70 constitucional:
>
> Art. 70. A fiscalização contábil, financeira, orçamentária, operacional e patrimonial da União e das entidades da administração direta e indireta, quanto à legalidade, legitimidade, economicidade, aplicação das subvenções e renúncia de receitas, será exercida pelo Congresso Nacional, mediante controle externo, e pelo sistema de controle interno de cada Poder.
>
> Parágrafo único. Prestará contas qualquer pessoa física ou jurídica, pública ou privada, que utilize, arrecade, guarde, gerencie ou administre dinheiros, bens e valores públicos ou pelos quais a União responda, ou que, em nome desta, assuma obrigações de natureza pecuniária.

Como derradeira consideração, insta lembrar que a existência do controle externo legislativo é inerente às próprias *balizas fundamentais* da República Federativa do Brasil, declaradas no parágrafo único do artigo 1º (todo poder emana do povo) e no *caput* do artigo 2º (interdependência dos Poderes), da Constituição. Trata-se de concretização do alicerce inafastável de um Estado Democrático de Direito.

No que se refere ao controle externo jurisdicional, tanto no presente volume, quanto no primeiro volume deste Tratado, ao conceituarmos "função administrativa", lhe atribuímos espectro dilatadíssimo, não adstrito ao formalismo clássico do exame exclusivamente da legalidade em sentido estrito, ou à simples correção de danos atinentes à atuação administrativa. Com base no inciso XXXV do artigo 5º Constitucional, estendemos tal controle às simples ameaças de danos, bem como submeteremos a ele os atos discricionários e mesmo os atos políticos (aí incluídas obviamente as políticas públicas). Mas não só: em face de nossa concepção do *dever* da prática da *melhor* administração – refutando a intangibilidade da apenas *boa* administração –, temos como atribuição do controle jurisdicional o desfazimento do ato administrativo legal, mas COMPROVADAMENTE não o *melhor*, para que outro, e *adequado* a tal dever, seja adotado pela Administração. Ao tema regressaremos detidamente, oportunidade em que também apontaremos a desconstituição do ato administrativo legal, mas incapaz de dar o devido atendimento específico aos reclamos ou anseios efetivos da maioria dos administrados abarcados pelas consequências da prática. Nessas duas hipóteses, de regra não abordadas doutrinariamente, a pretensão, que se esteia no *direito público subjetivo à melhor administração*, terá de comprovar: o conhecimento, pela Administração, da específica preferência dos administrados; a viabilidade técnica e jurídica de sua implantação; a superioridade da opção dos administrados, sob a perspectiva da *eficiência administrativa*; a razoabilidade orçamentária da reformulação do ato impugnado. Enfim, aqui estamos no primado da univocidade das escolhas administrativas (em oposição à clássica concepção da prevalência das opções da Administração Pública).

O controle social, em nossa personalíssima conceituação, é aquele exercido pelos *meios* de divulgação social, elos que são entre o poder e o destinatário de suas ações (a pessoa, em acepção ampla). Estamos, pois, a falar da *imprensa*, em suas diversificadas apresentações: imprensa escrita, falada, televisiva, informatizada, filmada e quaisquer outros tipos de formação e propagação de ideias, que outorguem voz e imagem ao pensamento individual. Sem informação não há liberdade, nem dignidade pessoal. Ainda quando os instrumentos de imprensa se desviem da verdade ou dos padrões saudáveis de difusão, imprescindível é que os tenhamos, corrigindo e condenando episódicos abusos e desvios. Responsabilize-se o autor da inverdade, mas não se cale a imprensa.

A liberdade e o dever de informar impõem, contudo, a observância dos balizamentos axiológicos constitucionais. Há liberdade de *informar* responsavelmente, mas não há liberdade para editar e propagar *fake news*, como tais se entendendo, como bem assentou iterativamente o Supremo Tribunal Federal, a notícia intencionalmente falseada, por inspiração ideológica ou de qualquer matiz subalterno, com a vocação de aliciar (ou agredir) ou de fazer proselitismos, prática frequente de nosso mais recente Ex-Presidente da República (o "mito") e seus apoiadores. Não se confunda liberdade de expressão com libertinagem de expressão. Nem se admite que, invocando-se a liberdade de expressão, busque-se adulterar a verdade ou suprimir a própria liberdade em questão.

O controle externo popular se dá pela via da participação da cidadania, no exercício da atividade administrativa e de seu controle. Os direitos de petição, de reclamação e de representação, consagrados na Constituição, fundamentam materialmente o controle popular. Sua viabilização instrumental e, pois, efetiva, também tem assento constitucional, particularmente em seu artigo 5º: o processo administrativo (incisos LIV e LV), o *habeas corpus* (inciso LXVIII), o mandado de segurança (incisos LXIX e LXX), o mandado de injunção (inciso LXX) o *habeas data* (inciso LXXII) e a ação popular (inciso LXXIII). E isso sem contar com as ações ordinárias, a participação na fiscalização (artigo 31) e a iniciativa legislativa popular (§2º do artigo 61). Sobre o tema de coparticipação popular, na função administrativa, discorremos amplamente no primeiro volume e a ele voltaremos em outros segmentos da presente obra.

Por fim, o que denominamos *controle ministerial*, querendo significar a atividade controladora desenvolvida por iniciativa do Ministério Público. É o que se dá não só com as chamadas funções institucionais do Ministério Público (CF, arts. 129 e 130-A), como também a legitimação para a propositura de ações de controle de constitucionalidade (CF, art. 103). E não é demasia acrescentar que, na forma do artigo 66 do Código Civil, o Ministério Público detém ampla ação controladora nas fundações, molde organizacional pelo qual às vezes a Administração Pública opta, para dinamizar seu funcionamento.

11.13

De regra, os atos administrativos se extinguem quando cessados inteiramente os efeitos a que vocacionados; ou, se baixados com termos extintivos ou condições resolutórias, quando da implementação de tais eventos.

A par dessa panorâmica do que poderíamos ver como extinções "normais", os atos podem ser desconstituídos quando apresentam vícios que os maculam ou quando, mesmo sem vícios, revelam-se, de pronto ou no curso do tempo, inviáveis para assegurar a plena concretização dos anseios e dos requerimentos dos administrados. No primeiro viés temos os casos de *invalidação*, providência que tanto pode ser deflagrada pela própria Administração, quanto pelos demais Poderes ou por instâncias controladoras estranhas à Administração. No segundo caso, estamos em pleno território da tutela e da autotutela (segundo a posição, no sistema administrativo, do produtor do ato e do seu revisor, regulador ou simplesmente agente desconstituinte).

A doutrina costuma arrolar, para abarcar os vários casos de extinção, numerosos rótulos (com seus conceitos), na ânsia de tudo classificar. Embora tenhamos até hoje irremissíveis dúvidas quanto à utilidade de tais escaninhos tipológicos, por consideração aos eminentes juristas que as adotam iremos, embora em breve passo, a tais equações aludir.

11.13.1

Em item bem anterior, abordamos o tema da *validade* da atuação administrativa. Agora, contudo, à vista da matéria deste subitem, faremos um retorno a tão relevante assunto.

Não é nosso propósito – e certamente aqui não seria o *locus* próprio – analisar todas as mais importantes concepções jusfilosóficas sobre o que é validez. Não vamos, pois, abraçar ou rejeitar as doutas construções, sobre a matéria, de uma elite pensante em que se destacam, por exemplo, Kelsen, Alf Ross, Genaro Carrió, Hart Dworkin e vários outros.

Como *não súditos* do positivismo (em qualquer vertente, inclusive a Kelseniana), *não* afirmamos, como condicionamento da validez, a simples inserção, de uma norma ou de um ato (aliás, *atos* são também, é claro, *normas*), num sistema jurídico ou num ordenamento jurídico. Para nós, a validez exige, sim, a inserção em questão. Mas, além disso, é imprescindível que a *razão* e a *moral* JUSTIFIQUEM a norma (ou, no caso corrente, o ato administrativo). *Isso tanto mais é verdadeiro num sistema CONSTITUCIONAL,* como o nosso, que, dentre os alicerces da sua *cogência,* identifica como válvulas confirmatórias a *democracia,* a *moralidade* e a *razoabilidade*. Por assim pensarmos é que, a par dos conceitos clássicos ou majoritários de nossa doutrina, abraçamos, com esteio em considerações ético-jurídicas, causas pouco esposadas por nossos juristas, para a desconstituição do ato administrativo. E não há o que estranhar nessa profissão de fé na inovação ou na reformulação:

desde o início deste volume anunciamos a opção pela *reteorização do ato administrativo*. E, a cada página que escrevíamos, esse nosso empenho só fez fortalecer-se: do ponto de vista teórico, em razão dos pressupostos do presente Tratado; no plano ético, pela constatação da tragédia institucional que se abate sobre nosso país, dividido pendularmente entre os retornos constantes de uma liderança política comprometida com um histórico de ofensa à moralidade administrativa, e uma ácida e corrosiva condução do Brasil por alguém que todos os dias ameaçou e ameaça nossa democracia e cultua a grosseria e a ausência de empatia. Que desgraça!

Esmagados por essa pungente escolha de Sofia, resta-nos a batalha da inteligência e da cultura, da sensibilidade e da solidariedade. E tudo isso nos convoca à luta contra a *arbitrariedade*.

Razão, razoabilidade, moralidade e possibilidade de justificação de cada momento do exercício da função administrativa: é assim que se combate a *arbitrariedade*, que significa exatamente a ausência de tais condicionantes, cumulativamente exigíveis, das atividades da Administração Pública. E essa é, pois, a batalha a que cada um de nós deve lançar-se sem temores de agravos de parte de todas as arbitrariedades do poder, e de seus áulicos.

11.13.2

Na sequência, examinaremos as tipologias extensamente adotadas em nossa doutrina, para explicar a extinção do ato administrativo. A início, expressaremos o conteúdo dos rótulos e em relação a alguns deles aditaremos, mais adiante, alguns pressupostos.

Fala-se em:

– *revogação*, quando os fatores de conveniência (aí incluída a oportunidade) não mais persistam ou forem substancialmente modificados. Em tais casos, a indeclinabilidade do exercício da função administrativa impõe a retirada do ato e, dependendo das circunstâncias fáticas e/ou jurídicas, a prática de um ato administrativo substitutivo. A revogação configura, pois, manifestação eloquente da tutela e da autotutela administrativas, conceitos já anteriormente expostos. Mas não se trata de um dever incontornável: consoante considerações anteriores, fazendo-se valer aqui os escudos da segurança jurídica, da boa-fé do administrado, da coisa julgada administrativa, do direito adquirido e do ato jurídico perfeito, casos em que não mais é lícito *revogar* livremente um ato administrativo (ou atingir seus efeitos). Tampouco é lícito revogar atos que já produziram cabalmente seus efeitos, ou atos que o ordenamento e o sistema jurídico estatuem como irrevogáveis. De regra, à revogação vem atrelado o dever de reparação, na forma de artigo 37 §6º da Constituição;

- *invalidação*, quando o ato implique vulneração ao ordenamento e/ou ao sistema jurídico. A invalidação pode dar-se não só como manifestação da tutela e da autotutela, quanto por heterotópica atuação, ou seja, quando o Legislativo ou o Judiciário constatem a vulneração e desconstituam o ato, incluindo por vezes seus efeitos;
- *caducidade, decaimento* ou *decadência*, quando a normatividade sob cujo pálio se editou o ato e ele produziu efeito é contraposta por outra, que o veda (parcial ou totalmente);
- *renúncia*, quando o beneficiário do ato, ou de seus efeitos, dele ou deles abre mão.

As peculiaridades da função administrativa, sobretudo quando nela se vê um *dever*, e não um poder, afastam a aplicabilidade automática, aqui, da teoria civilista das nulidades e das anulabilidades. Mas desde já cabe esboçar um esquema genérico (que, a seu tempo será visto, comporta exceções tópicas):

a) o ato administrativo tem de ser motivado;
b) nos limites da motivação legítima e transparente ele se presume válido;
c) se, não obstante, está marcado de desvios jurídicos, deve ser *corrigido*, inclusive com a reparação dos eventuais danos causados;
d) a esse binômio correção/reparação denominamos *convalidação* do ato administrativo;
e) a convalidação não é uma *faculdade*, mas um *dever* da Administração;
f) como *regra* (que comporta exceções expressamente postas no ordenamento), nos casos em que impossível a convalidação, os efeitos da invalidação operam *ex nunc*; trata-se de imperativo do princípio da segurança jurídica;
g) à vista do amplíssimo rol de instrumentos cautelares que nosso sistema processual contempla o direito de resistência do administrado à imperatividade do ato administrativo, é

admissível quando *imediatamente* em jogo sua vida ou sua integridade (física, mental ou moral);

h) o desaparecimento (por exemplo, por morte, em se tratando de direito intransmissível) do beneficiário do ato importa em sua desconstituição;

i) o descumprimento, pelo beneficiário, de *condições* legítimas e faticamente possíveis a ele impostas no ato, acarreta sua *cassação*.

Anote-se que é parca nossa doutrina sobre a figura da renúncia, como vetor extintivo do ato administrativo e/ou de seus efeitos. É verdade que repousa, sobretudo, na teoria geral do Direito a análise das renúncias, sua natureza e sua admissibilidade. Comparecem então aí subtemas como capacidade jurídica do renunciante, cautelas na emissão da vontade de renunciar, efeitos jurídicos (em particular para terceiros) da renúncia, forma e formalidades, responsabilidades etc. E é mais que razoável a extensão do rol de cuidados aqui adotados. Afinal, a renúncia é uma abdicação voluntária de um direito subjetivo ou de uma situação jurídica benéfica. Mas desempenha ela importantes papéis no dia a dia da Administração Pública: renúncia a direitos indenizatórios, aos benefícios da prescrição ou da coisa julgada, à formulação de reclamações ou à interposição de recursos etc.

Muito embora, na sua *essência existencial* (com perdão para a formulação pleonástica), a renúncia vá buscar seu regramento fundamental na teoria geral do Direito, no que toca à *forma* de sua expressão tornou-se necessário, em Direito Administrativo, ponderar que o excesso privatístico aqui deve ser coartado. Constatada a capacidade jurídica do renunciante para tal ato específico, a renúncia, como ato personalíssimo que é, respeitante a direitos da pessoa abdicante, há de ser válida desde que patentemente espontânea e clara. Até mesmo pelo imperativo da segurança jurídica ela deve ser *formal*, mas, a não ser que o sistema jurídico dite em contrário, num caso ou noutro, a forma somente se sujeita a esses dois elementos: a clareza e a espontaneidade.

Há também, convém acentuar, efeitos decorrentes de atos que a própria ordem jurídica estatui serem irrenunciáveis. Trata-se de direitos ligados à personalidade, de caráter não patrimonial, vinculados diretamente ao fundamental princípio constitucional da dignidade humana. Aqui não há transação ou transigência.

O processo administrativo é meio, ou instrumento, para a produção do ato administrativo. Portanto, a invalidação do processo implica, necessariamente, invalidação do ato por meio dele produzido.

Essa imanência entre o ato e o processo pode levar a algumas confusões, mas é certo que os pressupostos da invalidação do ato também se aplicam à invalidação do processo administrativo. A validade do ato pressupõe a validade do processo, razão pela qual o desfazimento do processo ou do ato deve também observar o devido processo legal.

Pertinente lembrar a observação feita por Marçal Justen Filho:

> Não cabe argumentar que o ato administrativo, porque nulo, pode ser desfeito sem observância do devido processo legal. A afirmativa traduz uma petição de princípio. Somente é possível concluir que um ato administrativo é nulo por meio de processo administrativo. A qualificação do ato administrativo como inválido é a conclusão de um processo administrativo. Portanto, sem processo administrativo é juridicamente incabível afirmar que o ato administrativo é inválido.[91]

O ato administrativo, já o dissemos, de regra exaure-se com a produção regular de seus efeitos. Seu desempenho junge-se a condições de validade descritas pela lei – condições essas que podem ser pertinentes seja à forma, seja ao fundo do ato.

Pode-se dar, portanto, que haja discrepância entre a receita da lei e a pragmática do ato. Quando isso ocorre, configuram-se as situações de *invalidade*. Inversamente, então, pode-se dizer, com Marcos Bernardes de Mello,[92] que *validade* é qualificação que se atribui a atos jurídicos conformes ao Direito.

Podem ocorrer, entretanto, situações nas quais a inobservância do processo regular de produção do ato (e o próprio ato produzido) não estejam em exata conformidade com a norma de regência, mas podem ser mantidos. O parágrafo único do art. 21 da LINDB prevê a possibilidade de regularização, dado que não se pode impor aos sujeitos atingidos "ônus ou perdas que, em função das peculiaridades do caso, sejam anormais ou excessivos". O formalismo excessivo, no Direito Administrativo atual, deve ceder diante da razoabilidade. Novamente recorremos ao magistério de Marçal Justen Filho para mostrar que, em certos casos, não basta desenvolver o processo de produção do ato administrativo: "*Também é indispensável examinar a decisão adotada no contexto das circunstâncias concretas. Em muitas*

[91] JUSTEN FILHO, Marçal. *Curso de Direito Administrativo*. 13. ed. São Paulo: Revista dos Tribunais, 2018. p. 374-375.

[92] MELLO, Marcos Bernardes de. *Teoria do Fato Jurídico*. São Paulo: Saraiva, 1991.

hipóteses, o agente administrativo não dispõe de recursos materiais nem de assessoramento adequado para identificar a solução mais satisfatória. Não se configura ilícita a solução justificável em vista das circunstâncias. Exige-se que o agente estatal atue de modo diligente, mas não se impõe a ele o dever sobre-humano de ultrapassar às limitações materiais que o cercam e nem dele se exige a capacidade de previsão quanto ao futuro. Muito mais, há hipóteses de urgência ou necessidade que impõem ao agente adotar uma solução concreta para evitar o sacrifício de direitos fundamentais e de interesses coletivo".[93]

Mas a LINDB foi bem mais incisiva no art. 22, ao *determinar* que na interpretação e aplicação das normas sejam considerados os obstáculos e as dificuldades reais do gestor. Seu §1º precisa ser transcrito: "*Em decisão sobre regularidade da conduta ou validade do ato, contrato, ajuste, processo ou norma administrativa, serão consideradas as circunstâncias práticas que houverem imposto, limitado ou condicionada a ação do agente*". Note-se a menção expressa ao processo.

Repise-se: o interesse dos administrados com frequência recomendará, em certas hipóteses, seja o ato expungido de suas máculas, curado (total ou parcialmente) de suas doenças, destarte reinserido ou mantido na vida administrativa, com modulação (ou não) dos efeitos temporais da decisão desconstitutiva ou convalidadora. A este saneamento habitualmente se denomina *convalidação* do ato. Se é bem verdade que, talvez acaciano dizê-lo, um ato ilegal é aquele que não se encontra em conformidade com a lei, cumpre não olvidar que, por motivos vários, frequentemente ou o ato viciado não é erradicado do mundo jurídico (continuando, pois, a produzir efeitos), ou, embora proclamada sua patologia, dele acabam decorrendo efeitos legais. Até porque, recorde-se, os atos administrativos, inclusive os de índole processual/procedimental, gozam do atributo da presunção (provisória) de validade. Como observa percucientemente Christopher Forsyth:[94]

> Neste momento, é suficiente reiterar e esclarecer os fios deste argumento: primeiro, arguiu-se que os atos administrativos ilegais são nulos na lei. Porém, eles obviamente existem de fato e frequentemente parecem ser válidos; logo, aqueles que não estão cientes de sua invalidade podem tomar decisões e agir na suposição de que estes atos são válidos.

---

[93] JUSTEN FILHO, Marçal. *Curso de Direito Administrativo*. 13. ed. São Paulo: Revista dos Tribunais, 2018. p. 370.

[94] FORSYTH, Christopher. A metafísica da nulidade. *Interesse Público*, n. 52, p. 147-169, nov./dez. 2008.

A fundamentação lógica e principiológica da anulação é riquíssima e conhecidíssima. Assim, ao apontarmos agora seu pilar no princípio da juridicidade, não estamos, de sorte alguma, a obscurecer a relevância, aqui, dos conceitos de "preponderância do interesse coletivo", "boa-fé", "isonomia", "devido processo legal" etc. O que dessa forma operamos é, tão apenas, a eleição daquele valor que, a nosso ver, ainda quando por figuração imaginária pudéssemos eliminar todos os demais (inclusive os que antes referidos), justificaria sempre, em todos os casos, suficiente e inafastavelmente, o poder-dever de anulação, não só por provocação, mas, sobretudo, de ofício.

Mas esse poder-dever há de ser metrificado à luz do princípio da segurança jurídica, com as conotações mais de uma vez antecedentemente expostas a seu propósito. Aqui, o interesse coletivo e a paz social determinam que, transcorrido certo tempo, ditado em obediência ao princípio da razoabilidade, tenha-se por imutável o ato. E a lei federal do processo administrativo fixou esse prazo em cinco anos, contados da data da prática do ato (ou, no caso de ato que produza efeitos patrimoniais de trato sucessivo, a partir da percepção do primeiro pagamento). É dizer, o fluxo do tempo tem um efeito saneador, só por si, do ato originariamente ilegal, sem necessidade de declaração expressa nesse sentido.

Isso significa que aqui se deve evitar a tradicional discussão teórica, jamais pacificada, aliás, sobre os tipos de invalidade do ato administrativo. Para efeitos práticos, temos os atos nulos e os anuláveis (evidentemente, a coincidência com o direito privado é apenas nominal: "nulidade" e "anulabilidade" têm conceitos próprios em direito administrativo): os *nulos* são os marcados pela ilegalidade de modo indelével, a desafiarem, por isso, o poder-dever de anulação, com as limitações temporais antes referidas (surgindo, então, a nulidade como a sanção que atinge o ato não conforme à lei); os *anuláveis* são aqueles que podem ser alvo de saneamentos ou ser novamente realizados sem máculas.

Os vícios do ato podem dizer respeito a qualquer dos chamados elementos dos atos administrativos.

Atos processuais há em que a gravidade do vício é de tal monta que se apresentam inconviviveis não só com o ordenamento, mas com o próprio sistema jurídico. São atos praticados com desprezo ao Direito, fora do próprio *logos* do Direito. Constituem, por isso mesmo, uma não entidade. Do que deriva o cabimento de se falar, a respeito, em *atos inexistentes*.

Em verdade, até hoje se controverte em Direito Administrativo a respeito da admissibilidade da categoria "atos inexistentes". Mas antiga é sua aceitação em direito processual. Eduardo Couture, por exemplo, ensinava, a respeito: "*O conceito de inexistência é utilizado para algo onde faltam aqueles elementos que são da essência e da própria vida do ato, um 'quid' incapaz de todo efeito*".[95]

Exemplo clássico de ato inexistente no processo é o da decisão proferida por quem não é juiz, "ou não o é no momento".[96] Já no Direito Romano a decisão judicial, advinda de quem não era juiz, era tida como "ato inexistente", salvo nos casos de usurpação grosseira, implausível, da função judicante (hipóteses em que, pela flagrante ostensividade do vício, de *ato* não se podia falar, mesmo que "inexistente").

Enfim, como referia com acuidade o saudoso Zeno Veloso,[97] inexistente é o ato deficitário de elemento fundamental para sua formação: "*Não se trata de ele ter nascido com má formação; trata-se de ele não se ter formado*" (também assim Mônica Toscano Simões).[98]

O ato inexistente, exatamente porque significa "a negação do que possa constituir um objeto jurídico", não só pode ser atacado pelos interessados, mas deve ser lancetado pela Administração, pouco importando o momento em que ocorrente. E, exatamente porque inexistentes, tais atos não comportam convalidação, que é ação saneadora do que exista, embora com defeitos maiores ou menores.

O "ato administrativo inexistente" não goza, pois, da natureza de *norma jurídica*. Em verdade, não passa ele de um fato, natural ou jurídico (ou seja, como bem assinalou Ricardo Marcondes Martins,[99] um fato do mundo fenomênico, previsto no suporte fático de alguma norma jurídica). Na primeira hipótese, fato despido de qualquer significação jurídica; no segundo caso, fato juridicamente relevante, eis que detona os efeitos estatuídos no suporte fático da norma jurídica que o contempla.

---

95 COUTURE, Eduardo. *Fundamentos del Derecho Procesal Civil*. Buenos Aires: Depalma, 1951. p. 274.

96 MIRANDA, Pontes de. *Tratado da Ação Rescisória*: das sentenças e de outras decisões. 3. ed. Rio de Janeiro: Forense, 1957. p. 125-126.

97 VELOSO, Zeno. *Invalidade do Negócio Jurídico*: nulidade a anulabilidade: Belo Horizonte: Del Rey, 2002. p. 112.

98 SIMÕES, Mônica Martins Toscano. *O Processo Administrativo e a Invalidação dos Atos Viciados. São Paulo: Malheiros, 2004*. p. 134.

99 MARTINS, Ricardo Marcondes. *Estudos de Direito Administrativo Neoconstitucional*. São Paulo: Malheiros, 2015. p. 138-139.

Doutra banda, por se tratar na hipótese de "ato inexistente", incapaz, portanto, de ensejar qualquer providência sanatória, quem por ele se apresente como atingido a ele poderá opor resistência ativa (análoga à do ato praticado em estado de necessidade – CP, art. 24; em legítima defesa – CP, art. 25; em estrito cumprimento de dever legal – CP, art. 23 e CCB, art. 1.210 §1º), sem que se possa sequer falar então em crime de resistência (CP, art. 329). Tudo isso, obviamente, sem prejuízo da busca das reparações patrimoniais pertinentes e da responsabilização administrativa e penal do agente público que concorreu (ou se omitiu, quando devia evitá-la) para a prática do "ato inexistente", assim como as de seu efetivo perpetrador.

A *forma* constitui, inequivocamente, um elemento de relevância no ato administrativo. Só que de braços dados com esse relevo vai também o conceito de *instrumentalidade das formas*, bem como o da *não prejudicialidade*. Isso é, se bem que a forma compareça aqui, segundo visto acima, como garantia de realização efetiva de supremos princípios, ela, por isso mesmo, não é um fim em si (ao contrário do que ocorria, por exemplo, remotamente no processo formulário romano, mais recentemente no período praxista das *Ordenações*).

Dessa sorte, na análise que se faça de um caso concreto de inobservância da forma, há que se valer o agente administrativo de toda uma pauta informativa e estimativa, até mesmo da avaliação política, que lhe há de dizer se deve, então, prevalecer ou não a obediência ao rito. E não se trata de colocar a carruagem à frente dos bois! Como bem advertiu Dworkin,[100] "valer-se de uma teoria política não é uma corrupção da interpretação, mas parte do que significa interpretação".

Por outra parte, não seria demasia lembrar, a propósito, a inegável tendência para uma crescente aceitação da informalidade que o Direito Administrativo e a própria função administrativa vêm experimentando.

Exemplo marcante do que se disse é o ato normativo baixado nos Estados Unidos, em 18.02.97, pela FDA (Food and Drug Agency – Agência governamental encarregada de velar pela qualidade dos alimentos e dos remédios), intitulado *Good Guidance Practices* (isto é, "As Práticas das Boas Diretrizes"). Aqui, a FDA se endereçou aos interessados e, sobretudo, aos advogados atuantes na área, assinalando caminhos procedimentais, mínimos, quase informais, de postulação

---

100 DWORKIN, Ronald. *Uma Questão de Princípio*. São Paulo: Martins Fontes, 2000. p. 247.

perante a referida Agência. A FDA assinalou, então, não só que estava a prestigiar, sobretudo, a eficiência administrativa e a consecução eficiente dos propósitos legais de sua competência, como também que estava a distanciar-se do *The American Administrative Procedure Act* (APA), de 1997, o maior e mais conhecido código de processo administrativo daquele país. É ainda digno de nota, no particular, o interesse que tais estudos vêm despertando nos administrativistas japoneses (servindo, para tanto, de exemplo o alentado ensaio *Administrative informality in Japan*, do professor Takehisa Nakagawa, das Universidades de Tóquio e de Kobe, publicado, dentre outros repertórios, na *Administrative Law Review* 52/175-211,nº 1, da *American Bar Association*).

A esses tipos de preocupação têm respondido com sensibilidade não só a doutrina brasileira, mas também a jurisprudência. Dessa última, valha de prova a seguinte ementa sugestiva:

> Em tema de nulidade no processo, o princípio fundamental que norteia o sistema preconiza que para o reconhecimento da nulidade do ato processual é necessário que se demonstre, de modo objetivo, os prejuízos consequentes, com influência no direito material e reflexo na decisão da causa. Eventual irregularidade no curso do procedimento administrativo disciplinar, sem a prova de influência no indiciamento do servidor público, não tem relevância jurídica.[101]

Em suma: o vício de forma pode deflagrar diferentes consequências. Assim, se o ato, tal como praticado, atinge suas metas efetivas, de regra deverá ignorar-se a patologia; se ele, revelando-se embora gravemente contaminado, se apresentar, no que diz respeito ao interesse público, passível de saneamento ou de repetição saudável, o caso será de convalidação; por último, se aqui o desvio for insuportável (*v.g.*, quando afeta garantias do administrado ou a segurança das relações jurídicas), sua nulidade há de ser declarada e produzida, como poder-dever da própria Administração[102] ou em resposta à reclamação dos interessados legitimados. Nesse sentido, inequívoco (conquanto o tema seja extremamente polêmico, na Teoria do Direito em geral) o caráter de sanção, de que se reveste a invalidade.

Em diversas passagens temos alertado quanto à necessária ponderação que se há de fazer, em cada caso concreto, relativamente

---

[101] STJ, REsp 182.564-PR, rel. Min. Vicente Leal, *DJU* 26.06.00, p. 207.

[102] SANTOS NETO, João Antunes dos. *Da Anulação Ex Officio do Ato Administrativo*. 2. ed. Belo Horizonte: Fórum, 2006.

aos princípios constitucionais que emolduram o estudo dos diferentes tipos de consequências provocadas pelo ato administrativo viciado.

Por óbvio, avulta de importância, num primeiro tomo, o princípio da juridicidade. E a seu lume, pura e simplesmente, seríamos sempre levados à ablação do próprio ato, se inviável expungi-lo tão apenas de seus vícios.

Mas sabemos que em Direito as meditações e as soluções não se encartam nos simples modelos binários claro-escuro, legal-ilegal, validade-invalidade. Tampouco a paz social, terreno fluido e relativo, em que repercutem os vícios dos atos administrativos, aceita o radicalismo da oposição aceitável-insuportável.

Daí que, na consideração da ocorrência de irregularidades, há que se dar o peso adequado a outros valores, igualmente abrigados na ordem jurídica. É quando surgem, como temperamentos ao exame dos atos administrativos patológicos, os princípios antes extensamente referidos, da segurança jurídica, da boa-fé e da confiança legítima, dentre tantos outros. A eles ainda caberia agregar mais algumas ponderações da mesma natureza, que sequer consistem em novidades do pensamento jurídico, bem antes lançando suas raízes nos mais remotos estratos históricos de nossa ciência.

Citemos, em primeira incursão, a chamada *teoria da aparência*. Conquanto se revista ela de múltiplas fisionomias, naquela, que aqui importa referir, temo-la como incidente sempre que, pela repetição em dado curso expressivo de tempo, da irregularidade ou do vício administrativo, sem reação, sobretudo, de parte da Administração, possa o homem médio avaliar como legítima aquela dada atividade (ou omissão).

Na segunda investida, insta agora mencionar a *teoria do fato consumado*. Por essa fórmula se traduz o pensamento segundo o qual a invalidação de situações jurídicas já consolidadas, pelo longo curso do tempo, de regra produz maior intranquilidade social, que sua manutenção. Sustenta-se essa teoria tanto no princípio da segurança jurídica quanto no da razoabilidade, conforme destaca Mauro Roberto Gomes de Mattos:[103]

---

[103] MATTOS, Mauro Roberto Gomes de. Princípio do Fato Consumado no Direito Administrativo. *Revista De Direito Administrativo*, n. 220/196, p. 195-208, 2000.

> A segurança jurídica funciona, assim, como resultado de um conjunto de técnicas normativas encaminhadas a garantir a própria consistência do sistema, que tem no fato consumado um dos elos de sustentação. O desfazimento de atos que já produziram efeitos após vários anos, mesmo que sejam considerados viciados, se afigura como irrazoável.

Por último, cabe referir neste momento a hipótese das eventuais irregularidades, cobertas, não obstante isso, pelo manto da *coisa julgada* (jurisdicional ou administrativa).

No manuseio cuidadoso de todos esses valores, desde o da "legalidade estrita" até a consideração da "coisa julgada", é que deverão o intérprete e o julgador distinguir qual o fim social a se prestigiar, no caso concreto: a invalidação ou a manutenção do ato.

Tais cuidados e preocupações estarão claramente presentes, no segmento subsequente, relativo à *convalidação*. Mas antes mesmo dele nos parece cabível operar mais uma reflexão, a respeito dos efeitos temporais da invalidação.

Mais uma vez: aqui nos sentiremos balizados pela necessidade de uma ponderação entre valores. De um lado, a legalidade e a autotutela administrativa. De outro, a segurança jurídica, a boa-fé, a proteção à confiança, o fato consumado, a teoria da aparência. E desse embate extraímos a conclusão da imperatividade de, quando inevitável a anulação, buscar-se, sempre que possível, a modulação temporal dos efeitos de sua declaração/documentação, de sorte que ela opere *pro futuro*. A própria decisão invalidatória ditaria o termo inicial futuro dos seus efeitos, mediante padrões razoáveis de pesagem dos valores contrapostos, enunciados ao início deste parágrafo, bem como tomando em conta os indicativos que regem os efeitos das declarações de inconstitucionalidade na pertinente ação direta.[104]

Reclama, na matéria, grande interesse – até mesmo por força de inúmeras apreciações anteriormente expendidas – a temática da *convalidação*. Em realidade, muitas vezes o prejuízo decorrente da invalidação se revelará maior, para o interesse coletivo, do que o defluente da sobrevivência do ato.

É verdade que os princípios da instrumentalidade das formas, da utilidade (*utile per inutile non vitiatur*) e da segurança jurídica inspiram a convalidação.

104 Lei nº 9.868/1999, art. 27.

"Convalidação" ou "saneamento" é o ato pelo qual se expunge uma invalidade.

Para alguns autores, a convalidação importaria no refazimento do ato inquinado de vício, já agora com integral observância da juridicidade. Ocorre, porém, que hipóteses há em que o saneamento se produz sem que se toque no ato viciado. Tal se dá pelo menos em duas circunstâncias: quando o ato, apesar de defeituoso, produz efeito abrigado na lei; quando transcorre *in albis* o prazo para exercício do direito de anular o ato (prescrição, segundo alguns autores; mas o caso é, realmente, de decadência). De notar que a Lei nº 9.784/1999, com acerto, tratou o caso como de decadência. Certa corrente doutrinária prefere, para as situações acima examinadas, em que a sanatória se processa sem que o ato seja repraticado, a denominação "confirmação". Questão de gosto. Julgamos desnecessária a distinção terminológica, por isso que o fenômeno jurídico é o mesmo em todas essas circunstâncias.

Nesse terreno semântico algumas outras precisões também se revelam úteis.

Assim, alguns doutos dividem a convalidação em três conceitos: *ratificação*, quando operada pelo mesmo agente que praticou o ato doentio; *confirmação*, quando a correção é de outra autoridade; *saneamento*, quando o ato viciado provém de particular. Novamente, questão de preferência.

Fala-se também em *conversão*: ora como sinônimo de convalidação; ora como a substituição de um ato viciado por outro (saudável), de diferente categoria. Edmir Netto de Araújo classifica a conversão como espécie do gênero convalidação, mas concorda na essência:

> Na conversão, são reaproveitados os elementos válidos de ato relativamente nulo, para estruturar novo ato, legal, sem convalidar elementos do primeiro (portanto não seria convalidação, mas conversão de um ato em outro). O princípio da conservação dos valores jurídicos (art. 184 do Código Civil) informa que as nulidades parciais de um ato, se não absolutas, não prejudicam as partes legítimas, se separáveis (*utile per inutile non vitiatur*), como em uma nomeação sem concurso para cargo efetivo em nomeação para cargo em comissão.[105]

---

[105] ARAÚJO, Edmir Netto de. A Convalidação dos Atos Administrativos e as Leis de Processo Administrativo. *In*: NOHARA, Irene Patrícia; MORAES FILHO, Marco Antonio Praxedes de (Org.). *Processo Administrativo* – Temas Polêmicos da Lei nº 9.784/99. São Paulo: Editora Atlas, 2010. p. 56-57.

Para que se dê a convalidação dos atos administrativos, imprescindível é que:

a) não tenha havido impugnação do ato pelo interessado atingido; admitir, ainda assim, a convalidação implicaria a inutilidade da faculdade de arguir o vício, com o quê se estaria, em verdade, quebrando o princípio de igualdade entre as partes;
b) o interesse coletivo não tenha sido lesado; obviamente, essa ponderação cede passo quando a lesão decorrente da invalidação seja mais onerosa do que a que se registrara antes da convalidação;
c) os interesses ou direitos de terceiros estranhos à relação processual não tenham sido atingidos;
d) do ato viciado não tenham decorrido direitos a terceiros de boa-fé;
e) não se trate de "ato inexistente", na dicção de considerações antes apresentadas.

Invalidação e convalidação são *atividades vinculadas*. E quando, em tese, pareça indiferente uma ou outra, por certo que *a convalidação será incontornável*, na medida em que se trata de operação que não se cinge apenas a fulminar a invalidade, alcançando, bem antes, a restauração da legalidade. Dúvida não pode, assim, haver quanto ao cabal e completo atendimento ao basilar princípio da juridicidade que a convalidação, quando é possível, propicia. Aliás, cabe, aqui, importante ponderação: o art. 55 da Lei nº 9.784/1999 não transformou em *faculdade* da Administração a operação de convalidação. A flexão verbal "poderão", nele utilizada, significa a *expressa* atribuição de um *poder-dever*: "expressa", porque sempre potencialmente existiu, mesmo antes da aludida lei; "poder-dever", porque a convalidação é emanação direta dos princípios da legalidade e da segurança jurídica, não restando aberta, para o agente administrativo, a avaliação de dever, ou não, trilhar esse caminho.

As conclusões, acima assentadas, adquiriram força ainda mais eloquente após a edição da Lei nº 13.655 de 2018 a qual, conforme antes demonstramos, ao acrescentar à LINDB os artigos 20 a 30, estabelece normas asseguradoras da segurança jurídica nas relações tecidas no âmbito do Direito Público.

Neste segmento sobre invalidação, uma palavra precisa ser dita sobre os atos administrativos supostamente insuscetíveis de qualquer controle; os chamados atos políticos ou de governo. Normalmente, os atos administrativos são produzidos como resultante de um processo administrativo no qual deve ficar explícita sua motivação e até sua finalidade. Entretanto, segundo entendem alguns autores, atos administrativos existem que seriam dotados de uma superdiscricionariedade, dispensando qualquer processo de produção e sendo absolutamente insuscetíveis de controle judicial. Tais atos são designados como atos políticos ou atos de governo, tendo-se, como exemplo, a nomeação de um Ministro de Estado e a concessão de indulto. Para essa corrente, o controle judicial de tais atos seria inviável por incidir sobre o que consideram um núcleo meritório "duro" do ato administrativo, de alçada exclusiva do agente político encarregado de sua edição.

O grande problema é que dessa suposta absoluta imunidade ao controle judicial pode decorrer abuso ou desvio de poder ou de finalidade. Com lamentável frequência, ocorre que autoridade, legalmente investida de poder e no exercício de suas atribuições, pratica determinados atos visando à satisfação de interesses pessoais, embora aparentemente esteja cumprindo a finalidade visada pela norma de competência. Hely Lopes Meirelles mostra que o desvio de poder ou de finalidade é uma das modalidades de abuso de poder que apresenta especiais dificuldades para sua percepção e, principalmente, para o exercício do controle judicial:

> O desvio de finalidade ou de poder verifica-se quando a autoridade, embora atuando nos limites de sua competência, pratica o ato por motivos ou com fins diversos dos objetivados pela lei ou exigidos pelo interesse público. O desvio de finalidade ou de poder é, assim, a violação ideológica da lei, ou, por outras palavras, a violação moral da lei, colimando o administrador público fins não queridos pelo legislador, ou utilizando motivos e meios imorais para a prática de um ato administrativo aparentemente legal.[106]

O Direito Administrativo contemporâneo já não discute mais a possibilidade de controle judicial dos atos administrativos discricionários, mas sim, os meios e modos de exercício desse controle e, principalmente, os seus eventuais limites. Em excelente tese sobre o assunto (com a defesa da qual conquistou a Livre-Docência na Faculdade de Direito da Universidade de São Paulo), Marcos Augusto

---

106 MEIRELLES, Hely Lopes Meirelles. *Direito Administrativo Brasileiro*. 18. ed. São Paulo: Malheiros, 1993. p. 94 e seguintes.

Perez demostra que, com a amplitude atual do conceito de juridicidade, está definitivamente sepultada a teoria da imunidade judicial do mérito do ato administrativo: "*Os atos de governo têm, ao contrário, uma função importante no edifício constitucional das normas, pois, preservando determinadas decisões de sua eventual revisão judicial – por razões de ordem política – confere-se estabilidade e governabilidade para algumas ações fulcrais do Estado*". Mas, imediatamente em seguida o autor se pergunta: "*Mas quais são os atos que, a partir da Constituição de 1988, poderiam ser considerados atos políticos ou de governo?*". Como a Constituição Federal não contém critérios para a identificação de tais atos, o autor indica, como um dos possíveis critérios, a tradição histórica: "*ou seja, o critério de coerência para com o tratamento ou para com a interpretação que normalmente vem se dando às competências criadas diretamente pelo texto constitucional*". Há no particular, seja-nos permitido, um claro equívoco! Em nosso entendimento, os chamados atos políticos ou atos de governo não deixam de ser atos administrativos. Na questão específica do controle, seguimos a lição do insuperável Geraldo Ataliba: "*A adoção de instituições republicanas teve por principal escopo a exclusão do arbítrio, como expressão de poder. A segurança dos direitos e a fixação destes em leis impessoais e genéricas impede peremptoriamente o emprego caprichoso dos instrumentos do poder*".[107] Comungamos do entendimento de que a República é incompatível com privilégios, com desigualdades intrínsecas, com potestades ou imunidades imanentes, incontrastáveis ou eternas.

Para concluir, cabe registrar a inegável, *mas indefensável*, existência de casos em que o ato administrativo seja praticado sem que se instaure precedentemente um processo administrativo (como é o caso da nomeação de Ministro de Estado, escolha pessoal do Presidente da República). Mas essa praxe é, repita-se, indefensável! Mesmo tais atos não são insuscetíveis de controle, à luz dos princípios que regem o Estado Democrático de Direito. Como regra geral, decisões pessoais da autoridade que se inserem numa política pública ou mesmo numa política de Estado, como é o caso da concessão de indulto e da extradição, ou ainda, da expulsão de estrangeiro, devem emergir de um processo administrativo, no qual fiquem atestadas a motivação e a finalidade a que se destinam. Nessa linha de consideração, sustentamos que o chamado ato político ou de governo *há de ter* uma documentação (física ou eletrônica, mas de simples e efetivo acesso) de seu início,

---

[107] ATALIBA, Geraldo. *República e Constituição*. São Paulo: RT, 1985. p. 135.

motivação, objeto e concretização final. Seja permitida uma longa transcrição, da mais atualizada doutrina, que espelha perfeitamente nosso entendimento:

> A noção de que em determinados atos restaria aberta à Administração Pública uma margem de apreciação, com parcela insindicável (mérito), não mais pode ser concebida em sua integralidade. Em todos os atos da Administração, ainda que a lei confira ao administrador público certa margem de liberdade, haverá certo grau de vinculação aos valores e normas contidos no ordenamento jurídico, inclusive quanto ao mérito, pois neste está certamente incluída a aferição de proporcionalidade e de razoabilidade, entre outros valores consagrados pela ordem jurídica.
>
> Neste contexto, emerge o processo administrativo como elemento essencial na definição de validade de um determinado ato administrativo. Ao se considerar o ato isoladamente, como um elemento autônomo e não como o resultado de um longo processo de ponderação e consideração de valores e interesses, perde-se em boa medida a capacidade de aferição da compatibilidade do ato com a legalidade ampla, pois se perde a noção de relação do ato editado com a situação fática que ensejou sua edição. Os interesses existentes, os conflitos que deram origem ao ato, os argumentos trazidos pelas partes interessadas etc. ficam escondidos ao se considerar o ato isoladamente, o que dificulta a aferição da legalidade (ampliada) da atuação administrativa.
>
> De outro turno, trazendo-se o ato final ao contexto do processo, no qual restaram apresentados os interesses subjacentes e os argumentos de todas as partes interessadas, tem-se consideravelmente ampliado o campo de apreciação da juridicidade do ato final com o ordenamento, visto que será possível claramente aferir a razoabilidade, a proporcionalidade e a compatibilidade da finalidade do ato exarado com a situação fática que levou à sua edição. O ato deixa de existir isoladamente e passa a existir dentro de um contexto, como já afirmamos, e, dentro deste contexto, será possível aferir a efetiva legalidade do ato praticado em seu sentido amplo e com relação a todas as etapas necessárias à sua produção.[108]

A irresponsabilidade do governante e a impossibilidade de controle de seus atos, previstas nos artigos 99 e 101 da Constituição do Império do Brasil, são incontestavelmente incompatíveis com a República.

---

[108] SCHIRATO, Vitor Rhein. O processo administrativo como instrumento do Estado de Direito e da Democracia. *In*: MEDAUAR, Odete; SCHIRATO, Vitor Rhein (Org.). *Atuais Rumos do Processo Administrativo*. São Paulo: Revista dos Tribunais, 2010. p. 30-31.

Confira-se, para exemplificar, o alentado elenco de atribuições presidenciais, contido no artigo 84 da Lei Maior. Sem grandes esforços imaginativos, fácil será em todas elas entrever a imensa carga subjetiva, contingencial, política, que as motiva, sendo doutra banda evidente que estamos em face de atos cujo exercício decorre *imediatamente* de previsão constitucional. Mas isso não os torna, no aspecto meritório, indenes de controle (no caso dos Mandados de Segurança Coletivos 34.070 e 34.071 do Supremo Tribunal Federal o ato coator era a nomeação de Ministro de Estado – art. 84, I, da Constituição – com o propósito comprovado de tornar o indicado beneficiário de foro privilegiado).

O imortal Ruy Barbosa, no volume XXIV, Tomo III, páginas 147 e seguintes, de suas "Obras Completas", editadas pelo Ministério da Educação e Cultura (1955), enfrentou com a habitual solidez o que denominou *"objeção do caso político"*.

Após bem lembrar que se trata de evasiva habitual ou de governos autoritários, ou de governos em geral, que pretendem fraudar garantias constitucionais, o grande Ruy lecionou: se o ato só contém elementos políticos, só entende, unicamente, exclusivamente, com referenciais políticos, vedada estará a investigação jurisdicional. Mas arrematou: se, de envolta com o elemento político, interessar a direitos individuais ou garantias constitucionais, "a caracterização do ato político, não sendo perfeita e absoluta, não constitui obstáculo à defesa dos prejudicados, empenhados em anulá-lo".

No caso dos dois Mandados de Segurança Coletivos acima referidos e que já bem antes examinamos, o Ministro Gilmar Mendes, em vista da prova pré-constituída exibida pelos Impetrantes, concluiu que a nomeação do Ministro de Estado, na espécie, feria as garantias constitucionais da moralidade e da impessoalidade da Administração Pública. Destacamos, de seu pronunciamento, o seguinte texto irretocável:

> Nenhum Chefe do Poder Executivo, em qualquer de suas esferas, ostenta papel de simples mandatário da vontade popular, a qual deve ser seguida em consonância com os princípios constitucionais explícitos e implícitos, entre eles a probidade e a moralidade no trato do interesse público "lato sensu".
>
> *O princípio da moralidade pauta qualquer ato administrativo,* inclusive a nomeação de Ministro de Estado, de maneira a impedir que sejam conspurcados os predicados da honestidade, da probidade e da boa-fé no trato da "res publica". (nossos os grifos)

Aos princípios, acima invocados, somente acrescentaríamos a expressa vedação legal ao desvio de poder, inequívoco no caso em tela.

A advertência de Ruy Barbosa, dissertando sobre a matéria, grava-se a ferro e fogo em nossa mente:

> Uma vez desencadeada, a soberania da conveniência política não conhece limites: rota a cadeia das garantias, não há uma só, que não se perca.[109]

Assinale-se, por fim, que ainda com invocação ao princípio da moralidade, foi também impugnada, segundo bem precedentemente assinalamos, a indicação, pela então presidente Dilma Roussef, da deputada Cristiane Brasil, para o cargo de titular do Ministério do Trabalho.

Nas duas situações, aqui relatadas, não se chegou a um pronunciamento colegiado definitivo. No caso de Lula, por força do superveniente impedimento da ex-presidente Dilma. No caso de Cristiane, pelo expresso e formal pronunciamento da própria interessada, abrindo mão da indicação.

Cumpre sublinhar, em afinação com várias assertivas emitidas ao longo do nosso trabalho, que, como imperativo do *princípio da MELHOR administração*, tanto a própria Administração Pública quanto as instâncias de controle em geral, podem (e devem) desconstituir (com as ressalvas postas no correr do presente item) ato administrativo que concretiza uma *boa* administração, quando possível apontar comprovadamente uma opção *melhor*. Os reflexos desse desfazimento, na temática das responsabilidades, serão examinados na passagem pertinente desta obra. Obviamente, só será imponível o *melhor* se preenchidas três condições, a saber:

- que a *melhor* opção seja viável tecnicamente, tanto no desfazimento da que implantada, quanto na realização da nova;
- que haja previsão orçamentária para suportar o desfazimento e o subsequente ato;
- que da implementação da *boa* opção não se tenham originado direitos para terceiros.

Por fim, destacaremos que nosso mais recente direito positivo nitidamente aponta para a preferência que se deve dar à *convalidação*

---

[109] *Op. cit.*, p. 158.

do ato administrativo, em confronto com a invalidação. Neste sentido, impõe-se apontar não só os artigos 147 e 149 da Lei de Licitações e Contratos (nº 14.133, de 2021), mas também os artigos 20 a 30, da LINDB.

11.14

Tal como ocorre com as pessoas, também a função administrativa conhece o advento de situações críticas, às quais as respostas ortodoxas não dão a satisfação devida. É a essas situações que denominamos *excepcionalidades administrativas*, que é o tema do subitem que agora é iniciado.

De plano um axioma: a mesma *versão original* da Constituição, que funda o *exercício normal* da Administração Pública, *tem de ser* a matriz normativa do enfrentamento das excepcionalidades administrativas. É dizer, um e outro, dos aludidos hemisférios, constituem matérias cujo ambiente próprio é o *poder constituinte original*. Ao poder constituinte derivado é vedado, na Constituição brasileira, inovar no particular, sob pena de instabilizar destrutivamente toda a coesão do sistema jurídico e a solidez das instituições e empreendimentos, públicos ou privados.

No Direito Constitucional brasileiro as máximas, acima cunhadas, estão postas em letra de forma na Lei Maior. Efetivamente:

> Art. 60. ....
>
> ....
>
> §4º Não será objeto de deliberação a proposta de emenda tendente a abolir:
>
> I – a forma federativa de Estado;
>
> II – o voto direto, secreto, universal e periódico;
>
> III – a separação dos Poderes;
>
> IV – os direitos e garantias individuais.
>
> ....

As quatro vedações, acima transcritas, conformam exatamente o rol das garantias basilares, cuja vivência se vê parcial ou totalmente suspensa, nos diferentes casos – a serem na sequência examinados – de excepcionalidades administrativas.

Circunstâncias há em que, por sua excepcionalidade, configura-se para a Administração Pública um verdadeiro *estado de necessidade*. Cremos desnecessário dissertar extensa e aprofundadamente sobre o que é *estado de necessidade*, matéria em que farta, alentada e excelente a bibliografia, seja na teoria geral do Direito, e no Direito Penal, seja no próprio Direito Administrativo. Para as metas confinadas deste trabalho, podemos assentar que se configura um *estado de necessidade* sempre que, em razão de graves instabilidades institucionais, de calamidades naturais de sérias proporções, de comoções de supina repercussão nacional, de guerras ou, por fim, de situação de ineficácia da utilização dos meios administrativos constitucionalmente previstos, a paz social, a ordem pública ou o regime democrático se vejam substancialmente ameaçados. A Constituição dedica a essas questões emblemáticas inúmeros remédios (artigos 136 a 139: estado de defesa e estado de sítio) e prescrições instrumentais (artigos 89 a 91: Conselho da República e Conselho de Defesa Nacional). Em nossa visão pessoal, também temos como caracterizado o estado de necessidade nas situações em que, fincados nos mesmos valores e nas mesmas circunstâncias acima conceitualmente aludidas, opera-se a intervenção da União nos Estados e no Distrito Federal, bem assim, a dos Estados nos Municípios (artigos 34 a 36).

Não haveremos de nos deter nas minúcias e detalhes que pré-ordenam o funcionamento da atuação administrativa, nos quadros das excepcionalidades. Nosso foco estará centrado nas circunstâncias que as configuram, eis que, essas sim, afetam o exercício da função administrativa. Tais pressupostos configuradores envolvem, contudo, dois conceitos de grande relevância, na temática do Direito Administrativo: a *imprevisibilidade* da situação geradora e a *urgência* com que ela deve ser enfrentada. Já as consequências, o enfoque constitucional, por nós trazido à consideração, é claro e unívoco: caracterizado o estado de necessidade, podem ser adotadas, isolada ou cumulativamente, medidas que impactam o regime federativo, a separação dos Poderes e as garantias individuais fundamentais. E quanto aos membros do Conselho da República, importa frisar, para detalhar em futuro capítulo específico, que seus integrantes, recrutados dentre a cidadania, no exercício de seus mandatos se caracterizarão como agentes públicos especiais (o Conselho de Defesa Nacional só conta com membros natos já integrados na Administração Pública). E uma achega:

tampouco verteremos olhares para a questão dos danos eventualmente causados pela ação estatal, nas ocorrências das excepcionalidades, por julgarmos que aqui incide o comando do parágrafo 6º do artigo 37 constitucional; note-se que a responsabilização por atos ilícitos, dos executores ou agentes envolvidos pela decretação do estado de defesa e do estado de sítio, é de cunho penal e administrativo, não interferindo com a indenizabilidade do citado artigo 37 §6º. Corolário de tais afirmações é mais uma declaração: os mecanismos e instituições de controle da atividade administrativa, com ênfase no judicial, permanecem hígidos e efetivos, no curso das excepcionalidades administrativas e de seu enfrentamento. Sem isso, o que se tem não é democracia ou Estado de Direito, mas simples e rude ditadura e golpe de estado.

É exatamente em razão de nossa imediatamente anterior afirmação, que exige a busca de equilíbrio entre o enfrentamento das situações excepcionais e a permanência do Estado de Direito Democrático (como também do Estado Democrático de Direito), que proclamamos: toda a principiologia do Direito Administrativo, exaurientemente abordada no primeiro volume, permanece de *obrigatória* observância, durante o estado de necessidade. Com isso, reforça-se nossa afirmação da *indisponibilidade de motivação* de cada ato da inortodoxa atuação administrativa, como também a *imprescindibilidade do respeito à dignidade da pessoa*. Novamente: estado de necessidade NÃO PODE SER antônimo de Estado de Direito ou sinônimo de arbitrariedade. Daí o papel acentuado então desempenhado pelos princípios (dentre outros) da moralidade, da proporcionalidade e da razoabilidade.

Enrique Silva Cimma, na 4ª edição de seu festejado *Derecho Administrativo Chileno y Comparado*[110] adverte que a tipificação dos pressupostos das excepcionalidades administrativas deve estar consagrada no mais alto patamar normativo, sob pena de se facultar à Administração um raio de ação ameaçador ao modelo democrático.

Aliás, o dado de os marcos definitórios da emergência estarem lançados na Constituição afasta, de imediato, uma polêmica que o assunto suscita na teoria geral do Direito, mas, sobretudo, no Direito Penal: definir qual bem há de ser sacrificado e qual será prestigiado. Os artigos 136 a 139 de nossa Lex Magna já realizaram expressamente tal opção (mas anote-se que lavra, em Direito Internacional, viva con-

---

[110] CIMMA, Enrique Silva. *Derecho Administrativo Chileno y Comparado*. Santiago: Editorial Jurídico de Chile, 1996. particularmente p. 41-42.

trovérsia sobre se a emergência estatal pode ser alegada pelo devedor como exceção suspensiva do pagamento de suas dívidas).

Precedentemente aludimos que as causas conducentes ao estado de emergência devem revestir-se de duas notas, *concomitantemente*: a *imprevisibilidade* da circunstância excepcional e a *urgência* que seu enfrentamento requer. Examinemos tais pilares separadamente.

A *previsibilidade* tem por parâmetro a capacidade de observar, tomar conhecimento (ser portador de adequados níveis de cognição), analisar os dados pertinentes inerentes a seu cotidiano e tomar providências apropriadas. Esses indicadores são aferidos tendo-se em consideração as aptidões de um gestor que, integrante do comum dos bons administradores, revele-se à altura dos desafios de seu ofício. A própria Constituição aponta os nortes axiológicos que são exigíveis aqui: a eficiência no atuar e a transparência de seus atos e motivações. Trata-se, enfim, das fórmulas do "homem médio comum", do *bonus paterfamilias*, que a teoria geral do Direito, recuando às origens remotíssimas, erigiu e transmitiu a todos os segmentos da ciência jurídica.

É certo que, sobretudo nos ofícios, cargos e funções em que se pense, o "comum", o "normal" e o "usual" – em suma, o critério do homem médio comum – vê aumentado o sarrafo aferitório do salto em altura a patamares que não são exigíveis para todas as funções, cargos e ofícios. É o que se dá quando as atribuições do trabalho a exercer demandem níveis de cognição, de conhecimentos adquiridos, de desenvoltura analítica e de respostas opcionais e decisórias mais céleres. Tal ocorre, particularmente, nos afazeres científicos e/ou tecnológicos, bem como no das ciências humanísticas (Direito, Sociologia, Antropologia etc.) em que a eleição dos agentes se pauta por avaliação de critérios de excelência, pensando-se sempre no bom agente, mas buscando de fato os melhores agentes. Em boa parte, tais métricas deveriam também orientar a escolha dos agentes políticos e dos detentores de cargos e funções de confiança – o que nem sempre, infelizmente, acontece.

Todavia, mesmo nesses altiplanos funcionais, pode-se falar que se busca uma aptidão média, comum, em relação às exigências de cada rol de atribuições.

Nesses *consideranda* obtém-se, como resultado, um agente administrativo não só apto para o exercício do cotidiano de seus compromissos funcionais, mas também capaz de divisar o futuro, imaginar consequências a advirem, captar insatisfações e prevenir suas eclosões danosas. Essa panorâmica ajusta-se inteiramente à exigência CONSTITUCIONAL de *eficiência*. Doutra parte, a exigência, igualmente CONSTITUCIONAL de *transparência* desestimula cizânias, ardis ou composições, cujos resultados poderiam suscitar efeitos fora de controle e acima das cautelas de estilo. Mas se o agente gestor não se revela capacitado para assegurar o funcionamento ordenado das instituições, sua inércia (desídia) ou suas falhas (incompetência, no sentido comum da palavra) acendem luzes de alerta e deflagram o funcionamento dos diversos instrumentos típicos do exercício do controle e do direito sancionador. Na sua acepção máxima, a reação poderá levar até à configuração do crime de responsabilidade.[111]

Em todas as figurações de irregularidades, acima desenvolvidas, jamais terá entrado em jogo a exigência da *imprevisibilidade*. E, por isso, ao administrador faltoso não assistirá a excusa do *estado de necessidade*, para justificar o apelo à utilização dos instrumentos constitucionais previstos para os casos de excepcionalidades administrativas, conforme definidos, por exemplo, nos artigos 136 a 139 constitucionais.

Mesmo quando, contudo, plenamente invocável o requisito da *imprevisibilidade*, ainda não estará completo o quadro fático configurador do estado de necessidade. Será ainda *imprescindível* que se tenha, cabal e comprovadamente evidenciada, a imperatividade da *urgência* na resposta administrativa a ser dada. E *urgência* aí com dupla significação: a *presteza* de uma reação e a *adequação* específica de resposta à específica situação de excepcionalidade. Tudo isso formal, expressa e integralmente *comprovado* pela Administração, prévia ou pelo menos *concomitantemente* ao(s) ato(s) administrativo(s) cabível.

A temática da *urgência* comparece em inúmeros tópicos do Direito Administrativo (por exemplo, na imissão antecipada na posse do desapropriante). Nossa bibliografia, tanto a do presente volume quanto a do anterior, reporta importantes obras sobre o assunto.

Pode-se falar, para os fins do presente segmento, em *urgência* quando *graves* e *imprevisíveis* eventos, do homem ou da natureza, ameaçam eminentemente ou prejudicam, iminentemente, os interesses legítimos dos cidadãos e/ou a realização das obrigações e das finalidades da Administração, sob risco de os tornar irrealizáveis se não enfrentados

---

111 Para exemplo, veja-se o artigo 84, V, da Constituição Federal.

apta e imediatamente. Pelo exposto, a ação urgente tanto pode ser preventiva quanto reparatória ou corretiva: mas é sempre exigível.

Por tudo isso para nós, e em dissenso com alguns autores clássicos, especialmente franceses, não nos dedicaremos a traçar artificiais distinções entre situações excepcionais e estado de necessidade. Para nós, basta a constatação da existência de uma tríade: que a situação seja grave e imprevisível; que ela exija, como resposta, a adoção de soluções céleres que não são apenas a do dia a dia da função administrativa; que a ameaça ou a ocorrência sejam de clara e justificada configuração.

É evidente que da exaltação da urgência, como fator configurador das excepcionalidades administrativas, poderão decorrer eventos vários, perturbadores das soluções aqui propugnadas. Para citar apenas algumas: haveria mesmo a urgência? As medidas tomadas foram adequadas? Foram elas executadas a tempo e a contento? Em caso negativo, de quem a responsabilidade (se houver)? É exatamente porque tais dúvidas são em tese admissíveis que ponderamos, desde o início do presente item: mesmo em casos nos quais aprioristicamente justificável a invocação de excepcionalidades administrativas, os órgãos e instâncias de controle permanecem atuantes e estão obrigados a tomar as medidas compatíveis sempre que deparem com desvios ou abusos inaceitáveis.

O eminente Celso Antônio Bandeira de Mello[112] arrola, dentre as excepcionalidades administrativas (que aqui apoda "restrições excepcionais ao princípio da legalidade"), as *medidas provisórias*. Pedimos vênia para discordar.

Em primeiro lugar, porque as medidas provisórias integram, na institucionalidade constitucional das modalidades normativas, o processo legislativo.[113] Em segundo lugar, porque, conforme expressamos ao longo dos dois volumes deste Tratado, substituímos o chamado "princípio da legalidade" pelo *princípio da juridicidade*, com o que as fontes normativas do Direito Administrativo têm, para nós, fronteiras amplificadas.

Porém, para além disso, as medidas provisórias não passam de uma lei *in fieri*: têm força PROVISÓRIA de lei,[114] perdem eficácia se não

---

[112] MELLO, Celso Antônio Bandeira de. *Curso de Direito Administrativo*. 35. ed. Salvador e São Paulo: JusPodium e Malheiros, 2021. p. 113-119.

[113] Artigo 59.

[114] Artigo 62, *caput*.

convertidas em lei nos prazos e circunstâncias da Constituição[115] ou se rejeitadas e são convertidas em lei formal (com a numeração destas) se aprovadas. Afora isso, os seus requisitos autorizadores de edição (relevância e urgência da matéria) são controláveis, *antes* da perquirição de seu mérito, pelo Legislativo[116] e pelo Judiciário. Difícil ver, para nós, uma excepcionalidade administrativa na espécie.

No ensejo dos comentários supra, uma explicação de nossa parte: não divisamos, no inciso V do artigo 49 constitucional, uma excepcionalidade administrativa. E explicamos: a competência ali atribuída, com *exclusividade*, ao Congresso Nacional, "para sustar atos normativos do Poder Executivo que exorbitem o poder regulamentar ou dos limites da delegação legislativa", não passa de uma extravagância decorrente da mudança, na última hora da votação do Projeto de 1988, do parlamentarismo (em que eloquente o número de atribuições administrativas deferidas ao Legislativo) que plasmava o texto, para o presidencialismo restaurado às pressas no momento culminante do trabalho constituinte. Decorrência do afogadilho foi a permanência, na Constituição vigente, de vários dispositivos estranhos ao presidencialismo, inclusive este (aliás, sem precedente nas anteriores Constituições brasileiras, com a parcial ressalva, talvez, ao artigo 91, II da Constituição de 1934).

Ademais, nenhuma a implicação do artigo 49, V, com a necessária atuação célere da Administração Pública, pela via dos regulamentos autônomos, matéria antes por nós desenvolvida.

Em 14 de julho de 2022, foi promulgada a Emenda nº 123 à Constituição brasileira. No que de perto interessa ao tema de que estamos a tratar, impõe-se destacar:

- o "reconhecimento" de um ESTADO DE EMERGÊNCIA, em decorrência da "elevação extraordinária e imprevisível dos preços do petróleo, combustíveis e seus derivados e dos impactos sociais dela decorrentes";
- em decorrência de tal reconhecimento, foram concedidos inúmeros subsídios financeiros a executores de atividades profissionais dependentes dos produtos mencionados no primeiro destaque supra;

---

115 §2º e seguintes do artigo 62.

116 §5º do artigo 62.

- viram-se instituídos benefícios para reduzir a carga tributária da União, Estados, Municípios e Distrito Federal, direta ou indiretamente incidentes sobre os mencionados produtos;
- aumentou-se transitoriamente, em 50% (cinquenta por cento), o valor de um auxílio mensal governamental (Programa Auxílio Brasil) pecuniário, pago às famílias de baixa renda (conceitos fixados na Lei nº14.284, de 2021);
- tais elevações consideráveis do teto de gastos públicos, estabelecidos na Constituição e algumas leis de ordem financeira e orçamentária, foram excluídos da apuração do aludido "teto".

Não obstante tenhamos, em passagens anteriores, limitado as hipóteses de estado de necessidade administrativo às taxativas categorias constitucionais do estado de defesa, do estado de sítio e da intervenção interfederativa, não excluímos a possibilidade de utilização de outros rótulos para nominar modalidades de excepcionalidades. A Lei federal de licitações e contratações fala, por exemplo, em "estado de calamidade" para indicar situações em que a ortodoxia da contratação pública pode ser atenuada ou mesmo afastada. Assim, não vemos empeço, *em princípio*, a que um texto normativo, como o da Emenda Constitucional nº 123, use a expressão *estado de emergência* (aliás, de larga utilização até mesmo em direito comparado). *Mas* DESDE QUE observadas as *causalidades* dos artigos 136 a 141 da Constituição, a saber, em reiteração:

- gravidade do evento excepcional (da natureza ou do homem);
- imprevisibilidade do evento;
- provocação ou ameaça de provocação, de perturbação à ordem pública ou à paz social.

Por outro lado, até mesmo pela redação dos citados artigos constitucionais, não temos dúvida em entrever as medidas preventivas ou corretivas, neles dispostas, como o máximo de rigor admissível, não sendo vedadas outras, desde que menos constritivas ou gravosas.

Estabelecidos os filtros de admissibilidade, lancemos a indagação: a Emenda Constitucional nº 123 harmoniza-se com nossa peremptória afirmação, do início deste item, quanto à inaceitabilidade da ação inovatória, no campo das excepcionalidades administrativas, por parte do poder constituinte derivado? Enfrentemos o desafio.

De há muito o Conselho do Estado francês, cuja atividade nossa doutrina administrativa tão bem conhece, reconhece nos grandes desarranjos de uma economia nacional uma situação geradora de estado de necessidade. É verdade que o registro, no continente europeu, de duas guerras mundiais de muito contribuiu para essa construção teórica. Mas não só isso. Remetendo-nos para o sítio eletrônico em que possível consultar as decisões do aludido órgão, afirmaremos que, ao lado da vivência pessoal e direta dos horrores das guerras, o Conselho de Estado também valorizou o princípio *fundamental* da dignidade humana, nos julgados pertinentes. E o fez proclamando que, no caos econômico, que gera até mesmo a incerteza da sobrevivência, a fome e a miséria, haverá de reconhecer-se um cenário de estado de necessidade, que justificará a tomada de decisões e providências próprias às excepcionalidades administrativas. E então, pouco importa que se fale em estado de defesa, caos ou estado de emergência.

Pelo ângulo das medidas tomadas na EC-123, nada divisamos de mais gravoso do que acenado, a propósito, nos artigos 136 a 141 constitucionais.

No entanto, apesar de tudo isso, há dois pecados mortais na normativa sob exame, e não porque ela advenha do poder constituinte derivado (eis que, como antes assentamos, ela não inova formalmente, em relação aos mencionados artigos 136 a 141). Mas ocorre que:

- a EC-123 é um caso típico de *desvio* (quando não mesmo de *abuso*) de poder. A pretexto de enfrentar uma emergência, viabilizou uma feira de favores eleitoreiros, promulgada que foi às vésperas de uma eleição geral, distribuindo benesses que conquistariam votos para um governo que se via fortemente ameaçado em seus propósitos continuístas. A *emergência*, só então "reconhecida" na EC-123, grassava e matava desde, pelo menos, o auge da pandemia da COVID-19, quando tínhamos 4.000 (quatro mil) óbitos diários e 100.000 (cem mil) novos infectados diariamente. Por que não se editou então o rol de benefícios e, até ao contrário, se tentava desmoralizar o esforço pela vacinação em massa? Só isso aí já bastaria para fulminar a EC-123;
- além disso, de *imprevisibilidade* não havia que se cogitar aqui. O encarecimento e até a escassez eventual do petróleo e seus derivados é uma realidade permanente no Brasil, desde que, em meados do século passado, abandonamos o modal ferroviário de transporte e optamos pelas rodovias e aerovias. E tampouco aproveitamos nossas incríveis bacias fluviais, ou nosso extensíssimo litoral, para adotar opções mais baratas. Se isso tudo não bastava, o encarecimento do petróleo se tornou rápido assim que declarada a pandemia

pela OMS; e, ao contrário do que alguns afoitos pretenderam, os preços em questão não dispararam astronomicamente com a invasão da Ucrânia pela Rússia. Para os esquecidos, autêntica ou maliciosamente: com toda a nossa dependência da matriz energética fóssil, já tivemos (Crise de Suez, Guerra dos Sete Dias, conflito entre Irã e Iraque, invasão iraniana no Kwait, invasão norte-americana no Iraque etc.) muitas ocasiões em que o barril de petróleo alcançou o preço de U$140! A volatilidade desse tarifamento NÃO É uma *imprevisibilidade*. Os preços aqui são negociados pelos grandes países produtores em conjunto com a OPEP. Como falar então em imprevisibilidade? Nem nos tempos dos U$140 por barril decretamos estado de emergência!

Enfim, a EC 123, não por advir de emenda, mas por seu falso pretexto e seu viciado oportunismo eleitoral, constituiu rombuda inconstitucionalidade. Mas produziu efeitos sérios, na economia nacional. É evidente que tais danos *teriam de ser cobrados*, dos seus perpetradores: é dizer, os agentes públicos e privados, do Executivo e do Legislativo, que colaboraram na edição do citado desenlace constitucional. Mas também é evidente que nada disso acontecerá, seja pelo ineditismo de que estaria revestido tal ato, seja pela ausência de cultura política-jurídico para promover tal cobrança.

No cotidiano da Administração, com frequência registra-se a ocorrência de situações de iminente e efetiva gravidade, que exigem, porém, salvo excepcionalmente, soluções NORMAIS por parte da Administração. Tanto faz que se trate de mau funcionamento de um sistema de sirenes que avisa a aproximação de uma tempestade ou de uma dramática destruição de uma barragem, como a de Brumadinho. Necessidade e desastre são realidades de todos os dias e regimes, devendo até ser vistos como fatores geradores de nosso instinto de sobrevivência, individual e coletivo.

Data provavelmente da última metade do século 19, bem como da obra filosófica de Hegel, a aceitação da *necessidade* como um verdadeiro princípio da atividade administrativa (lá cunhado *Staatsnotrecht*). E até mesmo sua recepção positivada lá se deu no artigo 48 da célebre Constituição de Weimar.

Pugnando, pois, pelo reconhecimento da *necessidade*, na mesma base da consideração do tema das excepcionalidades administrativas, lançamos, entretanto, cinco diretrizes que haverão de orientar uma meditação:

a) sua condição geratriz será sempre a imprevisibilidade ou a exorbitância do evento;
b) da geratriz decorrerá a incontestável convicção de que a Administração não terá como evitá-la ou enfrentá-la com os meios e normas ordinários;
c) o interesse a ser defendido ou preservado deve revestir-se de caráter geral e permanente;
d) observar-se-á o primado da intervenção mínima possível;
e) na utilização das medidas ter-se-á sempre em mente o princípio da razoabilidade/proporcionalidade;
f) o Estado responderá por todos os danos decorrentes de sua atuação.

À vista do quanto exposto, no corpo do presente subitem, o que dizer de uma "minuta de decreto de estado de defesa", descoberto no domicílio de um ex-ministro da Justiça (da subversiva chefia do Executivo brasileiro, derrotada nas eleições gerais de 2022), na sequência das apurações da tentativa frustrada de golpe de estado, ocorrida no dia 08.01.2023, em Brasília. Um "estado de defesa" totalmente divorciado dos cânones constitucionais (seu alvo era o combate a dolorosamente mentirosas alegações de fraudes no sistema e nos processos eleitorais brasileiros), a ocorrer circunscritamente numa ramificação do Poder Judiciário e conduzido por uma absurda comissão a ser composta sem qualquer atenção aos artigos 136 e os imediatamente seguintes, da Lex Magna.

O que dizer de tal decreto? Uma tenebrosa monstruosidade.

11.15

A monumental tese de doutorado do eminente Vasco Manuel Pascoal Dias Pereira da Silva – *Em Busca do Acto Administrativo Perdido*[117] –, com vistas à pertinente titulação na Faculdade de Direito da Universidade Católica Portuguesa, continua até hoje como uma das obras mais lidas e consultadas por nós. E ainda recordamos o impacto que nos causou sua primeira leitura.

---

[117] SILVA, Vasco Manuel Pascoal Dias Pereira da. *Em Busca do Acto Administrativo Perdido*. Coimbra: Almedina, 2016.

A metodologia adotada pelo ilustre jurista lusitano está fortemente presente na estruturação inicial tanto do presente segundo volume, quanto naquele que o antecedeu. Tal como Vasco Dias Pereira, enfatizamos a imprescindibilidade do abandono do conceito tradicional de ato administrativo, bem como do seu papel central na teoria do Direito Administrativo. A substituição do atocentrismo (ou actocentrismo, na elegante formulação de Portugal), pelo protagonismo na sequência atribuído ao conceito de relação jurídico-administrativa, não afastou, todavia, os avanços do autoritarismo estatal nem o de seu unilateralismo. É que muitos dos "novos" (no tempo, mas obsoletos no pensamento) adeptos se apoderaram da ideia de relação jurídico-administrativa e, a pretexto de dar-lhe uma tradução que não contrariasse a tradição, construíram uma teoria fundada na suposta existência de prerrogativas estatais múltiplas e amplas, bem como na também suposta prevalência do que a Administração considere e conceitue como interesse público, desprezando o interesse dos cidadãos, indivíduos e coletividades por eles criadas.

De tudo isso, verteram as premissas de nosso trabalho. Para nós: *processo* (e não simples *procedimento*) administrativo, como relação equipotente administração/administrado; *contenção* do poder estatal e generalização da *coparticipação* da cidadania no exercício da função administrativa; *consenso*, como motivação absolutamente indispensável para a legitimação da atuação administrativa. E em tudo isso sempre tivemos em mente a obra de Vasco Dias Pereira da Silva.

Tal informação reflete-se, inclusive, no título de todo este item 11: nossa meta, por todos os seus numerosos subitens, está declarada logo em seu pórtico: o *reencontro* do ato administrativo, cuja conceituação clássica, ainda muito presente, tem hoje esgarçada sua aceitação como ideia-matriz do Direito Administrativo, bem como corroídas suas já agora inaceitáveis supostas bases científicas classicamente adotadas. Por fim: reencontramos o ato administrativo, não o abandonando como objeto ou conceito perdido, mas o reconduzindo ao núcleo estrito que lhe deve caber, no Direito Administrativo da atualidade. E, cremos, isso é válido não só para o Direito Administrativo brasileiro.

Por todo o cabedal, que mal ou bem trabalhamos, nossa gratidão a Vasco Manuel Pascoal Dias da Silva.

11.16

No curso de nosso trabalho temos sempre insistido na imprescindibilidade da contenção do poder estatal e na ampliação dos espaços dos interesses privados. E também sempre identificamos tais interesses para que mereçam o protagonismo que lhe imputamos, nas legítimas e jurídicas expectativas, nos legítimos anseios e reclamos, de cada administrado. Tais expectativas, anseios e reclamos TÊM de ser ouvidos e atendidos pelo exercício da função administrativa, desde que majoritários no espaço jurídico de suas manifestações, sempre reverentes às balizas do sistema jurídico. Em nossa acepção, não olvidamos as expectativas, anseios e reclamos das minorias eventuais às quais, independentemente da coercitividade de se cumprir a manifestação majoritária, reconhecemos o direito de serem ouvidas e atendidas, quando menos, no mínimo existencial assegurado pela Constituição.

Doutra parte, quando falamos em "administrados", temos permanentemente em consideração tanto as pessoas naturais como as pessoas jurídicas por aquelas estruturadas, com ou sem o apoio da Administração Pública. Isso tudo se processa e se procedimentaliza numa ambiência de *consensualidade*: o administrado manifesta-se e pede iniciativas à Administração, dela cobra as realizações, corrige seus erros e insuficiências, redireciona suas ações. É evidente, nessa panorâmica, a busca de uma reaproximação aos modelos clássicos e remotos das democracias diretas. Mas esse é um ideal possível, real, atingível, em razão do notável desenvolvimento tecnológico e científico dos meios de comunicação. Hoje trazer de novo à vida a ágora ateniense não é um sonho, mas uma realidade a nosso alcance. É claro, e já o dissemos, que não ignoramos a possibilidade de manipulação das comunicações (as diabólicas *fake news*), de suas invasões e desvios. Mas também alertamos que não ignoramos que há meios técnicos de prevenção e neutralização a tais monstruosidades. Porém, acima de toda essa ofensiva reativa às deformações e manipulações, e estamos a falar da vida brasileira, é mais que ostensivo que a sociedade sabe contra-atacar os líderes autoritários, de corrosivos intentos de solapar nossa democracia e nosso ideal de consensualidade. Agora mesmo, às vésperas das eleições gerais de 2022, os autocratas que desafiaram nosso sistema eleitoral se viram acuados pelas *expressivas* manifestações de mensagens pela democracia, firmadas por centenas de milhares de administrados. E mais: tiveram tais autocratas de ouvir, presencialmente, de viva voz, o líder de nossa Justiça Eleitoral afirmar que o regime democrático é poderoso e veio para ficar. E logo veio a comprovação da validade de tais compromissos, com as eloquentes medidas repressivas e punitivas deflagradas contra os autores do intento de golpe de estado, em 08 de janeiro de 2023, no Distrito Federal.

Nossa pregação, por todo o decorrer do presente Tratado, é invariável e sem brechas. Não aceitamos que o Estado nos diga o que é *interesse público*. Não aceitamos que o Poder dite à Administração o que ela deva fazer, sem solicitação ou consentimento dos administrados. Conforme afirmamos nas primeiras linhas do primeiro volume, pugnamos pelo Direito Administrativo das pessoas, dos indivíduos. A verdade última é a pessoa. O Estado é criação da pessoa. A pessoa não é súdito cego do Estado. O Estado é instrumento de realização do que a pessoa quer. O país será tanto melhor quanto mais amplo o número de cidadãos atendidos em seus legítimos e jurídicos anseios. E não *supostos* anseios, mas sim, aqueles permanentemente dialogados e afinal revelados pelo filtro do *consenso*, hoje plenamente viabilizado pelas ferramentas e instrumentos da comunicação virtual. Sublinhe-se: estamos a falar de anseios materiais e morais, econômicos e intelectuais. Não há, pois, em nossa mensagem, qualquer pré-eliminação da transcendência, ou tampouco a deificação das necessidades materiais dos administrados. Com o que afastamos nossas teorias de qualquer interpretação leninista-marxista, teocrática ou ateia, conflitiva ou conformista, que a elas se pretendesse atribuir. E, claro, de luta de classes não haverá que se falar, na leitura de nosso escrito. Fixação de critério de bem-estar e adoção de pautas de valores são tarefas do *homem*, do *administrado*; não são frutos de opções estatais ou governamentais. Daí não caber ao Poder definir o que é *interesse público* e, na sequência, orientar o exercício da função administrativa no sentido que bem lhe apetecer. O máximo de liberdade com o máximo de justiça: tais ideais só podem ser aferidos com realidade e implementados com efetividade segundo avaliações que apenas os indivíduos podem realizar. Não se admite autonomia administrativa para determinar o interesse público.

Em obra de que não nos lembramos, mas cuja pesquisa localizadora não nos iremos entregar apesar das normas da ABNT, Eduardo Garcia de Enterría cunhou uma sentença que registramos em caderno pessoal de anotações, ao qual sempre regressamos: é justamente a confiança do povo a essência mesma do sistema democrático. Essa a justificação e comprovação maior, que pudéssemos desejar, para afirmar o protagonismo da pessoa, no moderno Direito Administrativo.

Em decorrência, torna-se imediatamente compreensível nossa razão de não aceitarmos a "teoria do regime jurídico-administrativo", tão em voga entre nossos autores, e que tem como ponto de partida a supremacia (?) estatal e a determinação autônoma da Administração, para definir o que é interesse público, bem como os meios e modos de exercitar a função administrativa. Aí incluídos, é claro, os atos administrativos.

Para nós, no cerne do Direito Administrativo o que existe é uma *relação jurídica*, administração/administrados, definida por ambos, consensualmente ajustada e *motivadamente* concretizada. Em suma: anseios dos administrados, diálogo entre eles e a Administração Pública, juridicidade total (da formulação do anseio até a ação que o viabiliza), consensualidade entre os PARCEIROS (imprescindível tanto para a função administrativa de iniciativa da Administração quanto para a desempenhada em resposta a provocações dos administrados), motivação expressa e clara (e, logicamente adequada aos fins buscados). Tal motivação idealmente há de ser concomitante à prática do ato (sobretudo, quando a ação tiver origem em determinações da própria Administração), mas, se omitida, pode ser a qualquer tempo exigida pelo administrado e por qualquer instância de controle (interna ou externa, tutelar ou autotelar, legislativa ou jurisdicional, social ou individual, preventiva ou corretiva, fiscalizadora ou sancionatória).

ESSA A NOVA TEORIA DO ATO ADMINISTRATIVO.

Daí também nossas reiteradas críticas aos conceitos doutrinários habituais e predominantes entre nós, nos quais, além das características da preferência pessoal de cada autor, surgem invariavelmente duas notas definitórias: ser o ato administrativo uma declaração de vontade do agente administrativo e ser ele emitido no exercício de *prerrogativas* públicas.

À exaustão já dissemos:

- distanciando aqui o ato administrativo da teoria geral do ato jurídico, no Direito Administrativo *não há campo* para a vontade do agente. Este terá, ou não terá, *competência* para a prática. Se tiver competência, sua vontade pessoal é irrelevante: no Direito Administrativo o que vale é a *vontade normativa*, a determinação de fazer ou abster-se o que a *juridicidade* – isto é, o ordenamento e o sistema jurídico – rezar. E tão só;
- a ação administrativa *não decorre* de uma relação de desigualdade, superioridade ou soberania da Administração. Mais uma vez, é a *vontade normativa* que atribuirá, ou não, ao ato apanágios, como a executoriedade. A REAÇÃO JURÍDICA DE ADMINISTRAÇÃO É UMA RELAÇÃO ENTRE IGUAIS.

Daí nosso *conceito de ato administrativo*, adequado à sustentada reteorização do ato administrativo. Destacamo-lo graficamente, para maior comodidade expositiva:

> Ato Administrativo é a conduta, comissiva ou omissiva, de agente juridicamente competente para o exercício da função administrativa, requerida ou ratificada pelo consenso majoritário dos administrados, clara e expressamente motivada, reverente aos princípios balizadores do Direito Administrativo, de efeitos constitutivos, modificativos ou extintivos de direitos dos beneficiários da ação, sujeita ademais a controles e fiscalização de instâncias (juridicamente a tanto qualificadas), seja quanto à forma ou quanto ao mérito.

As percepções axiológicas, antes manifestadas, subsistem até mesmo no viés, que mundialmente se expande, de uma administração robotizada.

Como se sabe, robôs são sistemas tecnológicos complexos, capazes de adquirir informações e a utilizá-las, graças aos instrumentos científicos de inteligência artificial. O horizonte limitativo de seu campo de atuação é impossível de ser fixado. Ele está presente em nossas casas, em nossos ambientes de trabalho, nos estabelecimentos comerciais e industriais, nos sistemas de defesa, nas atividades médicas etc. Em toda a parte e momento, eles estão tomando decisões e influindo no cotidiano de nossas sociedades.

Em verdade, caminhamos cada dia mais no sentido de se atingir, em algum momento do futuro, um verdadeiro estágio de autonomia robótica. Mas, enquanto isso não ocorre, já temos, contudo, carros automáticos, drones capazes de decidir sobre algumas ações, até mesmo aviões sem pilotos estão sendo pesquisados incessantemente. Da utilização de tais máquinas e implementos por vezes decorrem danos, o que suscita difíceis problemas de responsabilização. Chegaremos algum dia à personificação, seja jurídica, seja metajurídica, dos robôs.

Ainda em 1942 (estamos a reiterar bem anterior referência), profeticamente, Isaac Asimov definia o que se convencionou chamar as (três) leis da robótica, a saber:

- um robô não pode atacar um ser humano, nem permanecer inerte se o ser humano corre algum perigo;
- um robô deve obedecer às ordens de um ser humano, salvo quando tal obediência entre em choque com a lei anterior;
- um robô deve proteger sua existência, salvo quando essa proteção entre em choque com as duas leis anteriores.

Certamente inspirado por Asimov, o Legislativo da Coreia do Sul, em 2007, chegou a elaborar um projeto de lei, destinado aos fabricantes, usuários e proprietários de robôs, e a estes mesmos (!), contudo jamais promulgado. Suas principais diretrizes:

- os destinatários da norma devem cuidar para que a autonomia dos robôs seja limitada, de sorte a assegurar que um ser humano possa retomar seu controle;
- na fabricação serão utilizadas as melhores e mais modernas conquistas tecnológicas, de sorte a reduzir ou eliminar o risco de vida ou de danos físicos ou psicológicos para os usuários;
- na fabricação há que se adotar sistemas de criptografia que assegurem o sigilo dos dados pessoais informados aos robôs;
- ainda na fabricação, há que assegurar aos usuários a possibilidade de rastreamento de todas as ações e decisões do robô.

Tudo isso é bom, mas é pouco. Para que a robotização da Administração Pública não se transforme num pesadelo será necessário – mas cremos que é um ideal ainda não disponível – que, aproveitando a notável capacidade de tais sistemas, para adquirir informações, lhes transmitamos orientações éticas e valores, cuja inobservância acarrete a paralização do funcionamento de tais equipamentos. Utopia? O tempo dirá.

De toda sorte, cumpre nos vacinarmos contra os excessos de nosso imaginário, conducente por vezes a verdadeiros temores de revoltas dos robôs ou de escravidão da humanidade em razão de aperfeiçoamentos da inteligência artificial. Impõe-se cautela: nem um temor opressivo, nem a descrença absoluta de eventuais riscos. Até porque, no ano de 2022 um engenheiro do Google (Blake Lemoine, em entrevista ao Washington Post, depois da qual perdeu o emprego) anunciou que um dos sistemas de IA da empresa já seria dotado de "alma" e de "consciência" (o que a empresa negou). No bojo da disputa encontrava-se um sistema de IA da Google, denominado *LaMDA*, capaz de, com base em leituras sequer quantificáveis de livros e artigos, conversar com seres humanos, em linguagem humana. Mas, ao que informa o Google, o *LaMDA* seria incapaz de *gerar* discursos autônomos, comportando-se dentro das informações e da programação recebidas. Seria, enfim, uma sofisticação muito maximizada da *Alexa* da Amazon. Tudo isso, contudo, são explicações e especulações, mas seguramente inquietantes. Estaríamos, segundo os cientistas especializados, ainda na era da IA fraca. E a IA forte (de que é ominoso exemplo o *HAL 9000* do filme "2001") não passaria, por enquanto, de teorizações, somente concretizáveis no próximo século. Será verdade? Imagine-se uma Administração Pública dotada de IA forte, nas mãos de um autocrata obtuso (com exemplos de fácil detecção, por exemplo, na Rússia, nos Estados Unidos e no Brasil, de tempos recentes), se é que queiram os eventuais leitores perder um pouco de sua paz interior.

Não obstante as sugestões de encararmos sem pânico excessivo o advento das Tecnologias informacionais e comunicativas, particularmente as que envolvem IA, não nos é dado o conforto da indiferença ou mesmo da ingenuidade. Aliás, a invasão ao estilo de Átila, que o ChatGPT protagoniza, pode até empolgar positivamente, mas preocupa em dimensões máximas, fazendo-nos inclusive refletir inquietantemente sobre o futuro da educação, do aprendizado, da escola, da universidade e mesmo das próprias profissões jurídicas (afora outras). Daí que mais que nunca, no campo de que estamos a tratar nuclearmente – o ato administrativo –, ousadia amalgamada à prudência, receio temperado com a coragem, realismo balanceado com futurologia, tudo isso se impõe.

O mundo se viu surpreendido, em fins de março de 2023, com um documento assinado por destacados empresários da tecnologia (com ênfase para Elon Musk), mais de 1000 (mil), contendo um eloquente alerta para os riscos à Democracia e à Humanidade e, ao cabo, propondo uma pausa de seis meses no estudo e produção de novos equipamentos e instrumentos de AI (ou IA, como preferirem). O documento em questão fala textualmente em "corrida perigosa", conducente a um futuro que é uma incógnita, talvez ominosa (em que pesem as naturais preocupações que a assinatura de pessoas, como Elon Musk, possam suscitar, quanto à sinceridade do aviso). E isso coincide inteiramente com *todas* as preocupações que estamos revelando e proclamando no presente subitem. E é por essa afinação que não nos esquivamos a publicar alguns trechos do documento sob comento:

> Os sistemas de Inteligência Artificial contemporâneos estão se tornando competidores dos humanos em tarefas generalizadas, temos que nos perguntar: devemos deixar as máquinas inundarem nossos canais de informação com propaganda e inverdades? Devemos automatizar todas as profissões, mesmo as gratificantes? Devemos desenvolver cérebros não humanos que podem eventualmente nos exceder em número e inteligência, tornar-nos obsoletos e substituir-nos? Devemos perder o controle da nossa civilização?

> Essas decisões não devem ficar a cargo de líderes da área de tecnologia que não foram eleitos. Sistemas de IA poderosos devem ser desenvolvidos apenas quando estivermos confiantes de que seus efeitos serão positivos, e seus riscos, gerenciáveis.
>
> Um conjunto recente da OpenAI (empresa que desenvolveu o ChatGPT) sobre Inteligência Artificial em geral diz que "em algum ponto, será importante ter uma revisão independente antes de começarmos a treinar sistemas futuros, e ter os mais avançados esforços em concordância sobre limites ao crescimento dos computadores usados para criar esses novos modelos." Nós concordamos. Esse ponto é agora.
>
> Assim, pedimos a todos os laboratórios de IA que pausem imediatamente, por pelo menos seis meses, os treinamentos de sistemas de IA mais poderosos do que o GPT-4 (a versão mais atual do ChatGPT). (...) laboratórios de IA e especialistas independentes deveriam usar essa pausa para desenvolver e implementar conjuntamente protocolos de segurança para modelos avançados de IA que possam ser auditados e supervisionados rigorosamente por especialistas independentes.
>
> Esses protocolos devem assegurar que os sistemas a eles aderentes sejam decididamente seguros. Isso não significa uma pausa no desenvolvimento da IA em geral, apenas um passo atrás na perigosa corrida pelos maiores e imprevisíveis modelos caixa-preta de IA.
>
> Toda pesquisa e desenvolvimento deve ser focada em tornar os modernos e poderosos sistemas atuais mais acurados, seguros, interpretáveis, transparentes, robustos, alinhados, confiáveis e leais.
>
> Em paralelo, todos os desenvolvedores de IA devem trabalhar com os legisladores para acelerar dramaticamente o desenvolvimento de sistemas de governança robustos. Isso deve incluir ao menos: novas e capazes autoridades regulatórias dedicadas à IA; supervisão e rastreio de sistemas de IA altamente abrangentes (...); sistemas para verificar a origem que ajudem a distinguir o real do fabricado; financiamento público robusto para pesquisa sobre segurança de IA; além de instituições capitalizadas para lidar com as disrupções econômicas e políticas (que impactarão especialmente a democracia) causadas pela IA.

O enigma esfingético, que Alan Türing já propusera, continua sendo um desafio: quando qualquer de nós não tiver certeza, em face de uma proclamação qualquer, se ela vem do computador ou de um expositor humano, será muito problemático negar que o robô não é dotado de inteligência, consciência sim, autocriatividade até. Delírio? De sorte alguma: um grupo de 21 (vinte e um) cientistas, liderados pelo biólogo e engenheiro Thomas Hartung, da Universidade John Hopkins, planeja produzir um computador equipado não mais com *chips* de silício, mas com neurônios humanos, desenvolvidas a partir de células de pele humana. Tratar-se-ia, segundo informa Hartung, de pequenas esferas de neurônios criados e mantidos ativos em cultura de laboratório (um tanto sinistramente denominadas "organoides cerebrais"), capazes de operar com resultados avassaladoramente mais eficientes e rápidos do que os atuais computadores de silício. O experimento em questão, para os que tenham interesse em conhecê-lo com maiores detalhes, foi recentemente publicado na conceituada revista "Frontiers in Science".

Daí outra pergunta: já podemos falar (e trabalhar) em neuroética e neurodireito? Sistemas como o ChatGPT, o Dall-E (capaz de produzir imagens a partir de textos descritivos) estão já no nosso dia a dia, clamando pela imperiosa necessidade de se criar um marco legal para a IA, clamor a que talvez ainda não saibamos dar ouvidos, pelas extraordinárias dificuldades e horizontes da matéria. Sequer conseguimos definir a temática das responsabilidades legais por danos causados ou viabilizados pela internet, imagine então como se há de lidar com decisões tomadas por IA neuronal?

A Corte Suprema norte-americana está dificultosamente tentando dirimir as responsabilidades em dois casos nos quais pessoas foram duramente atingidas supostamente em razão de informações publicadas em sites eletrônicos. Nos dois casos foram assassinadas jovens pelo Estado Islâmico: num deles, Nohemi Gonzalez, universitária de 23 anos, vitimada em Paris em 2015, no atentado à boate Bataclan; no outro, diversas pessoas foram atingidas em 2017, num ataque terrorista do EI em Istambul. No primeiro caso, a família intenta responsabilizar o *YouTube* (*Google*), pelo incentivo ao ódio religioso, cultural e racial de vários de seus conteúdos, que teriam funcionado como verdadeiras molas de propaganda para atividades terroristas. No segundo caso, por alegações similares, os alvos das ações são o *Twitter* e o *Facebook*. Em ambas as circunstâncias, as *big techs* defendem-se de qualquer imputação, com base na Seção 230 da Lei (norte-americana) de Decência das Comunicações, aliás, adotada, em seu espírito e solução, em nosso Marco Civil da Internet. E o problema central aqui é: são as plataformas, em algum grau, responsáveis por acolher e difundir conteúdos extremistas ou de ódio? Enfim, a liberdade de expressão, de difusão, de noticiar, de informar – da imprensa, numa só palavra – é absoluta e constitui um biombo de *irresponsabilidade* para o veículo? A NOSSO VER, *NÃO*. *Responsabilização solidária* da fonte, do autor, da plataforma, do veículo, dos programadores dos algoritmos que recomendam a difusão – DE TODOS QUE COLABORARAM PARA O EVENTO DANOSO, na medida de sua contribuição própria (por mais difícil que seja esse "cálculo"). Enfim, LIBERDADE com RESPONSABILIDADE.

Não temos dúvida em afirmar que, em termos de responsabilização, as *big techs* devem ter o mesmo tratamento que nossas leis destinam aos meios de comunicação e/ou de publicidade, tornando-as corresponsáveis pelos danos conectados aos conteúdos divulgados. É claro que, para realizar inteiramente tal propósito, haverá que se derrogar o artigo 19 do Marco Civil da Internet. E ao fazê-lo, apesar de todas as previsíveis resistências, estaremos nos afinando às modificações regulatórias que nesse sentido, e saudavelmente, estão sendo adotadas por toda a Europa.

Mas será verdadeiramente *realista* esperar por uma solução que realize os *anseios dos indivíduos* – nossa realidade última que explica o exercício da função administrativa –, num Tribunal sabidamente conservador, como a atual Corte Suprema dos Estados Unidos? Comenta-se que os Juízes Alito Jr. e Clarence Thomas comandariam uma corrente em favor da corresponsabilização solidária das empresas de divulgação. Será?

Não é ufanismo ou "patriotada" de nossa parte: bem que nosso STF tem demonstrado aguda percepção das dificuldades que as inovações, conquanto boas e desejáveis, podem, contudo, provocar.

Em recente decisão unânime, relatada pelo eminente Ministro Gilmar Mendes (e que contou com aditamentos lúcidos dos insignes Ministros Cármen Lúcia e Alexandre de Moraes), o Tribunal deliberou que autoridades brasileiras podem *diretamente* requisitar, a empresas estrangeiras das atividades eletrônicas, que tenham representações em nosso país, dados sigilosos de usuários armazenados em provedores fora do país, se tais pessoas tenham cometido crime no Brasil. Tal requisição não terá de seguir os trâmites habituais dos acordos de cooperação internacional, instrumentos que tradicionalmente exigem manifestação de aquiescência dos governos dos locais em que guardadas as informações necessárias.

A isso se soma recente conferência na UNESCO (Paris) proferida pelo Ministro Luís Roberto Barroso, na qual Sua Excelência sustentou que as *big techs,* nos casos de crimes de ostensiva prática e assim fácil comprovação, deveriam, por iniciativa própria, sem notificação dos interessados, excluir de suas plataformas *fake news* ou divulgações de indiscutível potencial danoso. Na palavra do Ministro Barroso, a notificação de possível exclusão só deveria ocorrer quando a matéria envolvesse direitos de terceiros (por exemplo, da exclusão possa resultar infringência a direitos autorais).

Já nos acercando do final do item 11, alguém nos poderia interpelar: se sua convicção é de combate ao Direito Administrativo actocêntrico, por que se estendeu tanto pela temática do ato administrativo?

Resposta fácil: pelas mesmas razões que a monumental monografia análoga, de Vasco Pereira Dias da Silva, adotou, ao longo de suas quase 800 páginas. A saber, quando uma ideia está muito enraizada na tradição, o combate demanda mais esforço, tempo e ênfase. E com isso já nos explicamos, antecipadamente, para elucidar a menor extensão que ocuparemos para o bem mais relevante tema do *contrato administrativo*, verdadeiro pilar central do moderno Direito Administrativo, tão importante que dispensa demonstrações maiores de seu centralismo.

Ainda bem que, para cada ditador ou projeto de ditador, há o progresso do conhecimento e da ciência. O ser humano, capaz de criar o *HAL 9000* ou o *Skyenet* (do filme "O exterminador do futuro") tem sua contrapartida no pesquisador que concretizou a tecnologia do RNA mensageiro: vacinas e até medicamentos dotados de códigos de instrução, que estimulam as células corporais a produzirem específicas proteínas ou imunizantes, com alvo para doenças determinadas (desculpem-nos os que preferirem lançar mão de cloroquinas e quejandos). Até mesmo em nosso sofrido país a ciência tem notícias boas a nos oferecer, por vezes, e notícias que repercutem na atuação da função administrativa. Sirva de exemplo do que afirmado o "Programa Amazônia Integrada Sustentável" (PAIS), cujo primeiro fruto foi a implantação, no fundo do leito de rios da Bacia Amazônica, 770 quilômetros de fibra óptica, assim criando uma infovia subfluvial de telecomunicações, que hoje serve a mais de um milhão de habitantes de Macapá, Alenquer, Almeirim, Monte Alegre e Santarém. E a custo ambiental perto de *zero*.

Na expansão não só inevitável, mas desejável, da automação administrativa há também que se ter especial cautela com o resguardo irrenunciável do princípio da dignidade humana. Tal valor veda a reificação do ser humano (de que dolorosos exemplos os chamados *reality shows* televisivos, para cuja justificativa de existência se invoca, fraudulentamente, a "espontaneidade" da exposição e um suposto duelo entre liberdade de expressão e imagem individual). Ele há de ter o direito de viver num sistema de ecologia moral e cultural de respeito. Invocamos, nesse sentido, com olhos no direito comparado, duas normas exemplares:

- o artigo 16 do Código Civil francês: "A lei assegura a primazia da pessoa, proíbe toda ameaça a esta vedação e garante o respeito ao ser humano desde o começo da vida";
- os artigos 1º e 2º da Constituição alemã, que fundam a dignidade da pessoa humana como base de todo o sistema jurídico-político-cultural germânico, artigos esses, aliás, a que o artigo 79, III da mesma Lei Fundamental, apõe o atributo da eternidade de vigência.

Por certo que valores de grandeza análoga são essenciais para que a ambiência de respeito à dignidade se constitua em compromisso indelével da Administração Pública. Como exemplo marcante, há que se trazer a contexto o já analisado princípio da transparência. E este é magnificado excelsamente pela Lei nº 13.874, de 2019 (Lei da Liberdade Econômica), que expressamente adota a teoria do silêncio eloquente, segundo a qual a ausência de manifestação administrativa, quando ela é requerida para liberação de atividade econômica, é dotada de efeito deferitório da solicitação.

Destaque-se (dizemo-lo em reiteração) a decisão do Supremo Tribunal Federal na ADIN nº 6.529 (e também na nº 6.568), relatado exemplarmente pela Ministra Cármen Lúcia, na qual obstaculizado um imaginado direito amplos da ABIN (Agência Brasileira de Inteligência) a quaisquer dados pessoais, dos brasileiros.

As bases teóricas, antes apontadas, estão na raiz de toda a atividade administrativa, desde o mais simples ato administrativo, até a mais requintada e sofisticada política pública. E para que não surja a invocação de estarmos a utilizar apenas rótulos correntes, oferecemos conceitos:

- *política pública*: conjunto de compromissos, metas e medidas vocacionados à implantação de um certo objetivo, orgânico e estruturado, da ação governamental em prol do bem-estar dos administrados;
- *planos* ou *programa:* núcleo organizacional, arquitetado com vistas à concretização dos objetivos das políticas públicas;
- *instrumentos*: meios e medidas de que se vale a Administração, na consecução dos planos e programas, tendo em vista a efetivação da política pública;
- *diretrizes*: é o "manual do usuário". Isto é, são as linhas vetoriais que orientam a utilização dos instrumentos, mais acima conceituados.

Importante lembrar que, como verdadeiro DNA da função administrativa, existem os *princípios*, que atuam como o vínculo de coerência que está na base de toda a ação estatal.

E não só os princípios importam. O que está por trás deles, a inspirar suas formulações, é exatamente a força que plasmou, *800 (oitocentos) anos passados*, a redação da Magna Carta inglesa: a imprescindibilidade da contenção do poder estatal (no caso inglês, a má gestão do rei João, em 1215), o estabelecimento de regras para o exercício do poder, o conhecimento de tais regras pelos indivíduos e a atribuição, a estes, das tarefas de fiscalização e controle da ação administrativa. Aliás, *tais são também os pressupostos da presente obra.*

A fiscalização e controle, pelos administrados, será sempre tanto mais efetiva, quanto mais *transparente* o desenvolvimento da função administrativa. Por determinação constitucional, à Administração é vedado (salvo quando haja norma permissiva, de natureza preferencialmente constitucional) esconder-se atrás de cortinas de segredo. Em contrapartida, ao indivíduo, ao administrado enfim, a privacidade e a defesa da intimidade são garantidas. Nesse sentido, o exemplar e extenso voto, no Supremo Tribunal Federal, da Ministra Cármen Lúcia, ao restringir o acesso da ABIN (Agência Brasileira de Inteligência) a dados pessoais ou privados. Como antes citamos.

A mesma inspiração esteve presente no Superior Tribunal de Justiça, em acórdão do Ministro Luís Felipe Salomão, lançado no Recurso Especial nº 1.334.097-RJ (2012/0144910-7), cuja longa ementa merece transcrição:

> RECURSO ESPECIAL. DIREITO CIVIL-CONSTITUCIONAL. LIBERDADE DE IMPRENSA VS. DIREITOS DA PERSONALIDADE. LITÍGIO DE SOLUÇÃO TRANSVERSAL. COMPETÊNCIA DO SUPERIOR TRIBUNAL DE JUSTIÇA. DOCUMENTÁRIO EXIBIDO EM REDE NACIONAL. LINHA DIRETA-JUSTIÇA. SEQUÊNCIA DE HOMICÍDIOS CONHECIDA COMO CHACINA DA CANDELÁRIA. REPORTAGEM QUE REACENDE O TEMA TREZE ANOS DEPOIS DO FATO. VEICULAÇÃO INCONSENTIDA DE NOME E IMAGEM DE INDICIADO NOS CRIMES. ABSOLVIÇÃO POSTERIOR POR NEGATIVA DE AUTORIA. DIREITO AO ESQUECIMENTO DOS CONDENADOS QUE CUMPRIRAM PENA E DOS ABSOLVIDOS. ACOLHIMENTO. DECORRÊNCIA DA PROTEÇÃO LEGAL E CONSTITUCIONAL DA DIGNIDADE DA PESSOA HUMANA E DAS LIMITAÇÕES POSITIVADAS À ATIVIDADE INFORMATIVA. PRESUNÇÃO LEGAL E CONSTITUCIONAL DE RESSOCIALIZAÇÃO DA PESSOA. PONDERAÇÃO DE VALORES. PRECEDENTES DE DIREITO COMPARADO.

1. Avulta a responsabilidade do Superior Tribunal de Justiça em demandas cuja solução é transversal, interdisciplinar, e que abrange, necessariamente, uma controvérsia constitucional oblíqua, antecedente, ou inerente apenas à fundamentação do acolhimento ou rejeição de ponto situado no âmbito do contencioso infraconstitucional, questões essas que, em princípio, não são apreciadas pelo Supremo Tribunal Federal.

2. Nos presentes autos, o cerne da controvérsia passa pela ausência de contemporaneidade da notícia de fatos passados, que reabriu antigas feridas já superadas pelo autor e reacendeu a desconfiança da sociedade quanto à sua índole. O autor busca a proclamação do seu *direito ao esquecimento*, um direito de não ser lembrado contra sua vontade, especificamente no tocante a fatos desabonadores, de natureza criminal, nos quais se envolveu, mas que, posteriormente, fora inocentado.

3. No caso, o julgamento restringe-se a analisar a adequação do direito ao esquecimento ao ordenamento jurídico brasileiro, *especificamente para o caso de publicações na mídia televisiva*, porquanto o mesmo debate ganha contornos bem diferenciados quando transposto para internet, que desafia soluções de índole técnica, com atenção, por exemplo, para a possibilidade de compartilhamento de informações e circulação internacional do conteúdo, o que pode tangenciar temas sensíveis, como a soberania dos Estados-nações.

4. Um dos danos colaterais da "modernidade líquida" tem sido a progressiva eliminação da "divisão, antes sacrossanta, entre as esferas do 'privado' e do 'público' no que se refere à vida humana", de modo que, na atual sociedade da hiperinformação, parecem evidentes os "riscos terminais à privacidade e à autonomia individual, emanados da ampla abertura da arena pública aos interesses privados [e também o inverso], e sua gradual mas incessante transformação numa espécie de teatro de variedades dedicado à diversão ligeira" (BAUMAN, Zygmunt. Danos colaterais: desigualdades sociais numa era global. Tradução de Carlos Alberto Medeiros. Rio de Janeiro: Zahar, 2013, p. 111-113). Diante dessas preocupantes constatações, o momento é de novas e necessárias reflexões, das quais podem mesmo advir novos direitos ou novas perspectivas sobre velhos direitos revisitados.

5. Há um estreito e indissolúvel vínculo entre a liberdade de imprensa e todo e qualquer Estado de Direito que pretenda se autoafirmar como Democrático. Uma imprensa livre galvaniza contínua e diariamente os pilares da democracia, que, em boa verdade, é projeto para sempre inacabado e que nunca atingirá um ápice de otimização a partir do qual nada se terá a agregar. Esse processo interminável, do qual não se pode descurar – nem o povo, nem as instituições democráticas –, encontra na imprensa livre um vital combustível para sua sobrevivência, e bem por isso que a mínima cogitação em torno de alguma limitação da imprensa traz naturalmente consigo reminiscências de um passado sombrio de descontinuidade democrática.

6. Não obstante o cenário de perseguição e tolhimento pelo qual passou a imprensa brasileira em décadas pretéritas, e a par de sua inegável virtude histórica, a mídia do século XXI deve fincar a legitimação de sua liberdade em valores atuais, próprios e decorrentes diretamente da importância e nobreza da atividade. Os antigos fantasmas da liberdade de imprensa, embora deles não se possa esquecer jamais, atualmente, não autorizam a atuação informativa desprendida de regras e princípios a todos impostos.

7. Assim, a liberdade de imprensa há de ser analisada a partir de dois paradigmas jurídicos bem distantes um do outro. O primeiro, de completo menosprezo tanto da dignidade da pessoa humana quanto da liberdade de imprensa; e o segundo, o atual, de dupla tutela constitucional de ambos os valores.

8. Nesse passo, a explícita contenção constitucional à liberdade de informação, fundada na inviolabilidade da vida privada, intimidade, honra, imagem e, de resto, nos valores da pessoa e da família, prevista no art. 220, §1º, art. 221 e no §3º do art. 222 da Carta de 1988, parece sinalizar que, no conflito aparente entre esses bens jurídicos de especialíssima grandeza, há, de regra, uma inclinação ou predileção constitucional para soluções protetivas da pessoa humana, embora o melhor equacionamento deva sempre observar as particularidades do caso concreto. Essa constatação se mostra consentânea com o fato de que, a despeito de a informação livre de censura ter sido inserida no seleto grupo dos direitos fundamentais (art. 5º, inciso IX), a Constituição Federal mostrou sua vocação antropocêntrica no momento em que gravou, já na porta de entrada (art. 1º, inciso III), a dignidade da pessoa humana como – mais que um direito - um fundamento da República, uma lente pela qual devem ser interpretados os demais direitos posteriormente reconhecidos. Exegese dos arts. 11, 20 e 21 do Código Civil de 2002. Aplicação da filosofia kantiana, base da teoria da dignidade da pessoa humana, segundo a qual o ser humano tem um valor em si que supera o das "coisas humanas".

9. Não há dúvida de que a história da sociedade é patrimônio imaterial do povo e nela se inserem os mais variados acontecimentos e personagens capazes de revelar, para o futuro, os traços políticos, sociais ou culturais de determinada época. Todavia, a historicidade da notícia jornalística, em se tratando de jornalismo policial, há de ser vista com cautela. Há, de fato, crimes históricos e criminosos famosos; mas também há crimes e criminosos que se tornaram artificialmente históricos e famosos, obra da exploração midiática exacerbada e de um populismo penal satisfativo dos prazeres primários das multidões, que simplifica o fenômeno criminal às estigmatizadas figuras do "bandido" vs. "cidadão de bem".

10. É que a historicidade de determinados crimes por vezes é edificada à custa de vários desvios de legalidade, por isso não deve constituir óbice

em si intransponível ao reconhecimento de direitos como o vindicado nos presentes autos. Na verdade, a permissão ampla e irrestrita a que um crime e as pessoas nele envolvidas sejam retratados indefinidamente no tempo – a pretexto da historicidade do fato – pode significar permissão de um segundo abuso à dignidade humana, simplesmente porque o primeiro já fora cometido no passado. Por isso, nesses casos, o reconhecimento do "direito ao esquecimento" pode significar um corretivo – tardio, mas possível – das vicissitudes do passado, seja de inquéritos policiais ou processos judiciais pirotécnicos e injustos, seja da exploração populista da mídia.

11. É evidente o legítimo interesse público em que seja dada publicidade da resposta estatal ao fenômeno criminal. Não obstante, é imperioso também ressaltar que o interesse público – além de ser conceito de significação fluida – não coincide com o interesse do público, que é guiado, no mais das vezes, por sentimento de execração pública, praceamento da pessoa humana, condenação sumária e vingança continuada.

12. Assim como é acolhido no direito estrangeiro, é imperiosa a aplicabilidade do direito ao esquecimento no cenário interno, com base não só na principiologia decorrente dos direitos fundamentais e da dignidade da pessoa humana, mas também diretamente do direito positivo infraconstitucional. A assertiva de que uma notícia lícita não se transforma em ilícita com o simples passar do tempo não tem nenhuma base jurídica. O ordenamento é repleto de previsões em que a significação conferida pelo Direito à passagem do tempo é exatamente o esquecimento e a estabilização do passado, mostrando-se ilícito sim reagitar o que a lei pretende sepultar. Precedentes de direito comparado.

13. Nesse passo, o Direito estabiliza o passado e confere previsibilidade ao futuro por institutos bem conhecidos de todos: prescrição, decadência, perdão, anistia, irretroatividade da lei, respeito ao direito adquirido, ato jurídico perfeito, coisa julgada, prazo máximo para que o nome de inadimplentes figure em cadastros restritivos de crédito, reabilitação penal e o direito ao sigilo quanto à folha de antecedentes daqueles que já cumpriram pena (art. 93 do Código Penal, art. 748 do Código de Processo Penal e art. 202 da Lei de Execuções Penais). Doutrina e precedentes.

14. Se os condenados que já cumpriram a pena têm direito ao sigilo da folha de antecedentes, assim também a exclusão dos registros da condenação no Instituto de Identificação, por maiores e melhores razões aqueles que foram absolvidos não podem permanecer com esse estigma, conferindo-lhes a lei o mesmo direito de serem esquecidos.

15. Ao crime, por si só, subjaz um natural interesse público, caso contrário nem seria crime, e eventuais violações de direito resolver-se-iam nos domínios da responsabilidade civil. E esse interesse público, que é, em alguma medida, satisfeito pela publicidade do processo penal, finca raízes essencialmente na fiscalização social da resposta estatal que

será dada ao fato. Se é assim, o interesse público que orbita o fenômeno criminal tende a desaparecer na medida em que também se esgota a resposta penal conferida ao fato criminoso, a qual, certamente, encontra seu último suspiro, com a extinção da pena ou com a absolvição, ambas consumadas irreversivelmente. E é nesse interregno temporal que se perfaz também a vida útil da informação criminal, ou seja, enquanto durar a causa que a legitimava. Após essa vida útil da informação seu uso só pode ambicionar, ou um interesse histórico, ou uma pretensão subalterna, estigmatizante, tendente a perpetuar no tempo as misérias humanas.

16. Com efeito, o reconhecimento do direito ao esquecimento dos condenados que cumpriram integralmente a pena e, sobretudo, dos que foram absolvidos em processo criminal, além de sinalizar uma evolução cultural da sociedade, confere concretude a um ordenamento jurídico que, entre a memória – que é a conexão do presente com o passado – e a esperança – que é o vínculo do futuro com o presente –, fez clara opção pela segunda. E é por essa ótica que o direito ao esquecimento revela sua maior nobreza, pois afirma-se, na verdade, como *um direito à esperança,* em absoluta sintonia com a presunção legal e constitucional de regenerabilidade da pessoa humana.

17. Ressalvam-se do direito ao esquecimento os fatos genuinamente históricos – historicidade essa que deve ser analisada em concreto –, cujo interesse público e social deve sobreviver à passagem do tempo, desde que a narrativa desvinculada dos envolvidos se fizer impraticável.

18. No caso concreto, a despeito de a Chacina da Candelária ter se tornado – com muita razão – um fato histórico, que expôs as chagas do País ao mundo, tornando-se símbolo da precária proteção estatal conferida aos direitos humanos da criança e do adolescente em situação de risco, o certo é que a fatídica história seria bem contada e de forma fidedigna sem que para isso a imagem e o nome do autor precisassem ser expostos em rede nacional. Nem a liberdade de imprensa seria tolhida, nem a honra do autor seria maculada, caso se ocultassem o nome e a fisionomia do recorrido, ponderação de valores que, no caso, seria a melhor solução ao conflito.

19. Muito embora tenham as instâncias ordinárias reconhecido que a reportagem se mostrou fidedigna com a realidade, a receptividade do homem médio brasileiro a noticiários desse jaez é apta a reacender a desconfiança geral acerca da índole do autor, o qual, certamente, não teve reforçada sua imagem de inocentado, mas sim a de indiciado. No caso, permitir nova veiculação do fato, com a indicação precisa do nome e imagem do autor, significaria a permissão de uma segunda ofensa à sua dignidade, só porque a primeira já ocorrera no passado, uma vez que, como bem reconheceu o acórdão recorrido, além do crime em si, o inquérito policial consubstanciou uma reconhecida "vergonha" nacional à parte.

Recomendamos, na vertente ora exposta e sustentada, a leitura do Decreto federal nº 10.160, de 2019, que institui a Política Nacional de Governo Aberto.

Em 1767, Catarina II, a Grande, protótipo consumado da monarca absoluta, embora parcialmente uma "monarquia absolutista esclarecida", baixou o que denominou *Nakaz*: tratava-se de um código de Grandes Instruções, composto de 522 (quinhentos e vinte e dois) artigos, para servir de diretriz à Comissão, pela Imperatriz formada, para preparar um anteprojeto de Constituição para a Rússia. Da edição em inglês, de tal *Nakaz*, extraímos alguns artigos que, ao mesmo tempo em que consagravam a monarquia absoluta, reconheciam a centralidade da preocupação com os *indivíduos* – e isso num país incrivelmente dominado por autocracias, até mesmo nos tempos recentes (transcrevemo-los com os numerais do documento original):

> *3. And that every Individual Citizen in particular must wish to see himself protected by Laws, which should not distress him in his Circumstances, but, on the Contrary, should defend him from all Attempts of others that are repugnant to this fundamental Rule.*
>
> *10. The Extent of the Dominion requires an absolute Power to be vested in that Person who rules over it. It is expedient so to be that the quick Dispatch of Affairs, sent from distant Parts, might make ample Amends for the Delay occasioned by the great Distance of the Places.*
>
> *13. What is the true End of Monarchy? Not to deprive People of their natural Liberty; but to correct their Actions, in order to attain the supreme Good.*
>
> *14. The Form of Government, therefore, which best attains this End, and at the same Time sets less Bounds than others to natural Liberty, is that which coincides with the Views and Purposes of rational Creatures, and answers the End, upon which we ought to fix a steadfast Eye in the Regulations of civil Polity.*
>
> *15. The Intention and the End of Monarchy is the Glory of the Citizens, of the State, and of the Sovereign.*
>
> *31. Of the Situation of the People in general.*
>
> *34. The Equality of the Citizens consists in this; that they should all be subject to the same Laws.*
>
> *36. General or political Liberty does not consist in that licentious Notion, That a Man may do whatever he pleases.*
>
> *41. Nothing ought to be forbidden by the Laws, but what may be prejudicial, either to every Individual in particular, or to the whole Community in general.*

> *43. To preserve Laws from being violated, They ought to be so good, and so well furnished with all Expedients, tending to procure the greatest possible Good to the People; that Every Individual might be fully convinced, that it was his Interest, as well as Duty, to preserve those Laws inviolable.*
>
> *44. And this is the most exalted Pitch of Perfection which we ought to labor to attain to.*

Note-se: artigos normativos, advindos de tempos já recuados, nos quais claramente correntes laivos prepotentes de monarcas multipoderosos. Mas aqui havia, pelo menos, a tentativa de semear tempos futuros, em que as coisas poderiam mudar. Como é trágico chegar-se à segunda década de nosso século, em nosso país, dividido entre o eventual regresso da cleptocracia ou o retorno da grosseria e da falta de empatia.

Ilustrativamente, trazemos à colação os tempos gloriosos de Roma.

Cícero, em carta a seu irmão Quinto, em 60 a.C (Livro I, carta I, item III, 10), festejando embora a prorrogação do mandato do destinatário, por mais um ano, à testa de importante província, advertia-o:

> Mas nesses assuntos a própria experiência sem dúvida lhe ensinou que não basta de jeito algum ter pessoalmente tais virtudes, mas você deve vigiar o que se passa ao seu redor com atenção, para que, na administração de província, não apenas você, mas todos os próximos de seu governo zelem pelos interesses dos aliados, dos cidadãos, da república.

A lição não foi aprendida, quer pelos adeptos da cleptocracia, quer pelos prepotentes (e também cleptomaníacos ou apenas rombudamente ignaros?) ignorantes que anseiam voltar a nos governar e infelicitar, em pleno século 21. Que dizer de um Presidente da República que nomeia alguns Ministros de Estado, que de seu turno, nos Estados de onde vieram, ungiram suas esposas com o *emprego* de Conselheiras dos Tribunais de Contas locais? E de um Ex-Presidente que recolheu, para seu patrimônio pessoal, valiosíssimos presentes (jóias e afins) *de Estado* ofertados a ele, e sua esposa?

A função administrativa – melhor dizendo, a Administração Pública – autocrática, ditada unilateralmente, é um estágio superado de nossa civilização. O consenso administração/administrado é o filtro único, cabível, para a existência de um Estado legitimado, justificado e bem orientado. Enfim, não é só a lei, mas é, sobretudo, a satisfação dos interesses individuais e coletivos que edifica e mantém a coesão e a paz sociais. Daí, aliás, o conceito de Estado *prestador*, que se baliza, sobretudo, pelas atuações de mediação, regulação e fomento. Em contrapartida, o cidadão há de abandonar a passividade de mero beneficiário, assumindo então um papel ativo de postulante, de fiscal, de agente, de guia, de reclamante, de protagonista, do exercício da função administrativa. Tanto mais esses novos papéis se viabilizam, quanto mais mergulhamos na era da informação e da virtualidade comunicacional. Para o Estado, é o mundo da soberania compartilhada. Para o indivíduo, é a idade do amadurecimento, da participação e da parceria (com ênfase na colaboração intensa entre o público e o privado). A arquitetura de um sistema fortemente capilarizado, por onde transitem as formulações dos anseios e necessidades (individuais e coletivos) e as respostas devidas, é a garantia da concretização última de nosso ideal (e nosso conceito) de Administração Pública e de função administrativa. A Constituição é o pilar de onde emanam as garantias da autonomia da vontade individual e da coletiva, bem como a imprescindibilidade de seu atendimento. E nela, Constituição, também repousa o código das competências estatais, guiando, axiológica e instrumentalmente, a realização dos fins sociais, institucionais e pessoais.

CAPÍTULO 12

O CONTRATO ADMINISTRATIVO: UM REENCONTRO

A exemplo do que projetamos para os itens e subitens 10 e 11, em relação à figura do ato administrativo também optamos por um reencontro conceitual, para, ao fim, propor uma reteorização: como sempre, com as vistas postas no Direito Administrativo brasileiro e com os compromissos das premissas, inclusive as axiológicas e metodológicas, declaradas desde as primeiras páginas do primeiro volume deste Tratado.

12.1

Nosso atual Código Civil, por motivos que não interessam ao presente texto, optou por inovar na categorização dos diferentes itens geradores de obrigações.

No *Código de 1916*, o legislador, na Parte Geral do diploma, decidira pela abordagem da matéria em três grandes segmentos ("Livros"): das pessoas, dos bens e – aqui nosso foco – dos fatos jurídicos. Na Parte Especial, dividindo a matéria por vários núcleos (Sete "Livros"), reservou o Livro III para o Direito das Obrigações. Os pontos que nos importam, para a presente abordagem:

- na Parte Geral, o Livro III cuidava de dispor, em caráter amplo, não específico, das figuras capazes de propiciar a aquisição de direitos e de seu perecimento. E aqui, DUAS eram as geratrizes consideradas: o *fato jurídico* e o *ato jurídico* (artigo 74 em diante). Tais conceitos básicos, bem como suas apropriações peculiares pelo Direito Administrativo, já foram alvo, precedentemente, de extensas considerações de nossa parte, delas não se derivando qualquer entrechoque com a ora apontada estruturação do Código de 1916;

- na Parte Especial (Livro III, a partir do artigo 863), o Código revogado se dedicava ao Direito das Obrigações. E aqui, após detalhada disciplina GENÉRICA sobre as obrigações (contraimentos, modalidades, efeitos etc.), o legislador cuidou de minudentemente dispor sobre a principal fonte das obrigações: o *contrato* (a partir do artigo 1.079). Neste núcleo, após o tratamento GENÉRICO da figura contratual, seguia-se extensa codificação das diferentes *espécies* de contrato (antigo 1.122 em diante).

O Código de 2002 escolheu, na matéria de que estamos a cuidar, vertentes um pouco diferentes.

Na Parte Geral do *codex*, a estrutura de três "Livros" foi mantida, inclusive com a dedicação e denominação do Livro III, intitulado "Dos Fatos Jurídicos" (artigo 104 em diante). E aqui a diferença:

- o Código de 1916, conquanto não definisse peremptoriamente "fato jurídico", fornecia, pela definição de "ato jurídico" (artigo 81), os dados doutrinários conducentes ao entendimento, praticamente pacificado, de que no *fato* jurídico, ao reverso do *ato* jurídico, a VONTADE da pessoa não tinha relevo;
- o Código de 2002 embora outorgue ao seu Livro III da Parte Geral a mesma denominação – "Dos Fatos Jurídicos" –, ao baixar para o terreno da normatização, rotula, como geratrizes do nascimento e do perecimento de direitos, o NEGÓCIO JURÍDICO (rótulo inexistente no Código revogado) e o ATO JURÍDICO.

No mais, na Parte Especial, ao cuidar dos CONTRATOS, a equação expositiva de 2002 não aponta grandes diversidades, quando comparada com a de 1916.

Resulta importante então, para uma escorreita exposição inicial, que comecemos por um capítulo conceitual, com o enfrentamento da indagação: o que são *negócios* jurídicos, em suposto contraste com o fato jurídico e o ato jurídico. Só após bem fixados tais marcos é que se poderá chegar a uma conceituação unívoca do *contrato*, particularmente como ela se apresenta no Direito Administrativo.

A isso agregamos uma *convenção metodológica*: neste volume, ainda vinculado à parte geral do Direito Administrativo brasileiro, NÃO estudaremos as diferentes espécies de contratos administrativos. Nosso alvo aqui será traçar uma *teoria geral* do contrato administrativo. Em volume posterior, tratar-se-á dos mais relevantes tipos de tais contratos.

12.2

Doutrinariamente, *fato jurídico* pode ter uma acepção ampla e uma restritivamente.

Em sentido amplo, fato jurídico é qualquer acontecimento ou ação humana que crie, modifique ou extinga direitos. Em sentido estrito, fato jurídico é o acontecimento natural (i.e., não derivado diretamente da vontade) que acarreta consequências jurídicas. Em contraposição, se o acontecimento criador, modificativo ou extintivo, decorre da ação humana, defluente da *vontade,* o que se tem é o *ato jurídico.* Essa a clássica noção monista de ato jurídico.

Dá-se que o codificador de 2002 abraçou a corrente *dualista* do ato jurídico. Para essa vertente, temos, no convívio social, afora os fatos jurídicos em senso estrito, os atos jurídicos em senso estrito e os negócios jurídicos.

O ato jurídico em senso estrito se configuraria como manifestação de vontade que concretiza o suporte fático ao qual a lei atribui consequências determinadas. A vontade humana comparece tão somente na deflagração do comportamento, sendo incapaz de impedir ou modificar os efeitos que a lei atribua à atitude concretizada.

Já no negócio jurídico, unilateral ou bilateralmente volitivo, o que se tem é uma vontade qualificada, vocacionada a produzir efeitos desejados pelos agentes que a manifestam, evidentemente no suposto de que tais efeitos sejam lícitos.

Não iremos, *brevitatis causa,* polemizar a respeito de classificações. Em linhas gerais, poder-se-ia até admitir que a expressão *fato jurídico* fosse abrangente do fato da natureza, do ato jurídico em senso estrito e do negócio jurídico. Para nós, tanto faz, já que nosso tema é o *contrato,* que tanto cabe no conceito de negócio jurídico conforme plasmado no artigo 104 do atual Código Civil, como no de ato jurídico (em sentido *lato*) do artigo 81 do Código revogado. Se apesar dessa nossa indiferença nos dedicamos, ainda que restritamente, ao exame dos diferentes conceitos em jogo, foi apenas porque ao pesquisador não é lícito antepor, às realidades normativas, ignorando-as, suas preferências pessoais.

O que nos atrai, agora, é o *contrato*; em particular, o *contrato administrativo*. E é a sua fisionomia e funcionalidade que volvemos destarte nosso esforço.

12.3

De início, uma constatação: nem o atual Código Civil, nem o anterior, cuidaram de *definir* contrato. Tal incumbência foi deferida à doutrina, que obviamente a enfrenta com o instrumental do sistema e do ordenamento jurídicos. E, para nossos fins imediatos, podemos assumir que o contrato é um acordo de vontades, criador, modificador ou extintivo, de direitos e obrigações. É no caminho dessa acepção geral que se colocam os questionamentos que a matéria frequentemente suscita.

É evidente que nem todo encontro de vontades resulta num contrato. O que realmente tipifica o contrato é o acordo *livremente* celebrado entre duas ou mais pessoas, cada qual com seus próprios objetivos ou interesses, todos eles tidos como lícitos pela ordem jurídica. Na pluralidade e na harmonização dos interesses e objetivos repousa a força criativa, modificativa ou extintiva, da relação jurídica a que denominaremos *contrato*.

Não se obscurece que a paz social e a equalização possível e necessária, das potencialidades dos contratantes, com muita frequência provoquem intervenções *extra partes* no desenho do contrato. Daí as interferências estatais em várias modalidades de contrato em que o Estado não é parte (por exemplo, nas relações de consumo). E no caso típico dos chamados contratos administrativos, em que a Administração é parte, aliás, esse dever-poder de atuar no próprio desenho do contrato, dos objetivos e finalidades perseguidos, torna-se muito mais eloquente. Nem por isso, contudo, inviabiliza-se a figura do *contrato*, pois sempre remanesce a faculdade de celebrar, ou não, o pacto. Esse nível de interferência do poder público, ampliado significativamente no contrato administrativo, fez com que, muitas vezes (e, mais recentemente, até hoje mesmo) se discutisse a admissibilidade teórica do contrato administrativo.

Na doutrina brasileira, nenhum autor foi mais meticuloso, para a negativa da própria existência dos contratos administrativos, que o notável e saudoso Oswaldo Aranha Bandeira de Mello.[118] Após douta

---

118 MELLO, Oswaldo Aranha Bandeira de. *Princípios Gerais de Direito Administrativo*. 2. ed. Rio de Janeiro: Forense, 1979. p. 667-691.

exposição de direito comparado, conclui o adequadamente festejado autor que inexiste contrato administrativo (como relação jurídica entre o poder público e o administrado), por isso que a nota de *autoridade*, de que revestida a parte representativa da Administração Pública, reduz a nada a igualdade volitiva, que serve de essência de qualquer configuração contratual. Na sequência, afirma o ilustre autor que o que existe, nos chamados contratos administrativos, é um *ato união*, um ato unilateral do Estado, que, segundo as conveniências públicas, decide constituir uma relação jurídica com o particular, reservada, porém, para a Administração toda a definição do conteúdo do estatuto relacional de prestação do serviço ou da execução da atividade. Aceita, ainda, que se possa falar em modelo contratual no que pertinente à relação econômico-financeira do pacto. Mas só.

Em suma, inexistiria contrato administrativo; ou, quando muito, haveria um contrato *sui generis*, constatável apenas no tópico remuneratório.

Pedimos vênia para a dissidência.

Não só existe o contrato administrativo, como também, e a cada dia mais, são amplamente escassas as distinções entre ele e os contratos da teoria geral do Direito.

A superioridade do poder público é uma afirmação que combatemos ao longo da presente obra. E que aqui mais uma vez contestamos. Levada ao seu limite máximo, essa superioridade adquire a forma e os atributos da *soberania*. Pois bem: o Estado, que se constitui e estrutura por força de sua soberania, somente se legitima e se mantém enquanto realize a felicidade e os anseios dos indivíduos e das coletividades que eles formam. Por poder muito, mas não poder tudo, a Administração tem frequentemente que buscar a cooperação com o particular, para a verificação do que é interesse coletivo e para realizá-lo. E o faz na moldura do Direito criado segundo os cânones constitucionais, que obrigam *igualmente* pessoas, instituições privadas e Estado. Esse é, aliás, o descritivo da fórmula constitucional Estado Democrático de Direito. Essa cooperação e colaboração da cidadania aperfeiçoa-se pelas figuras de *contrato administrativo*, que o sistema e o ordenamento jurídico compõem.

O contrato, assim concertado, codifica direitos e obrigações para todos os pactuantes, direitos e obrigações exigíveis de um e de outro. Direitos e obrigações que até sofrem alguns impactos particularizadores, aliás, nem tanto pela presença da Administração como parte, mas sim pelos interesses e objetivos colimados pelo pacto. Mas afora tais peculiaridades – cada dia mais escassas, como veremos no devido tempo –, o que temos, permitam-nos o uso coloquial, é o velho e bom *contrato*.

Nem por isso damos nossas assertivas por findas e impassíveis de discussão. Tampouco nos serviremos do argumento de autoridade, consistente em proclamar que o inciso XXI do artigo 37, de nossa Constituição, consagra a existência do *contrato administrativo*.

O desafio agora é este: o que é *contrato administrativo*?

Uma primeira resposta, que cremos essencialmente útil para o desenvolvimento das matérias deste item 12, reside em dizer que contrato administrativo é o acordo de vontades celebrado entre uma pessoa (ou mais) privada e a Administração Pública, com vistas à execução de uma prestação ou atribuição da Administração, do interesse da coletividade, ou para o proveito econômico do Estado, mediante, quando cabível, processo seletivo de escolha, que assegure igualdade de condições a todos os eventuais e qualificados candidatos, com remuneração que mantenha integridade efetiva da equação técnica e econômico-financeira da proposta.

Desde já um aclaramento: frequentemente o Estado celebra contratos de direito privado. Isso se dá quando o objetivo primário e primeiro, buscado pela Administração, é seu próprio interesse ou sua própria conveniência. É o que se dá, exemplificativamente, quando se pensa numa compra e venda, ou uma locação, para melhor sediar uma Secretaria de Estado ou uma autarquia. Daí pode até derivar-se um atendimento mais adequado à coletividade. Mas esse não é o objetivo determinante da contratação. De toda sorte, de tais contratos não haveremos de cuidar, eis que de regra inteiramente sujeitos às prescrições do direito privado.

12.4

A partir deste momento, no presente item 12.4 e seus subitens, focalizaremos os principais pontos que a doutrina tradicional, ainda dominante, costuma destacar, quando do estudo do contrato administrativo. No subsequente item 12.5, formularemos opiniões e críticas a tais enfoques consagrados, por consequência apresentando nossa proposta de reteorização para essa excepcionalmente relevante matéria. Aliás, nosso conceito de contrato administrativo, logo anteriormente revelado, já indica os rumos de nossa futura reconstrução teórica do tema.

12.4.1

Tradicionalmente, a razão de ser, da admissão existencial do contrato administrativo, é a viabilização da concretização de misteres ou deveres da Administração Pública para com o administrado. É claro que o próprio Estado pode assumir a realização de uma obra ou o desempenho de um serviço público (em sentido *lato*). Mas a crescente complexidade da tecnologia, aliada à ampliação dos anseios dos administrados e ao custo sempre mais elevado dos desempenhos administrativos, tornaram inevitável a "terceirização" da efetivação da função administrativa, particularmente pela via do contrato administrativo. Segundo já pontuamos, a tipologia dos contratos administrativos constitui um campo imenso e certamente infinito de possibilidades de atuação administrativa. A visão do eminente Hely Lopes Meirelles[119] de que os contratos administrativos diziam respeito à execução dos serviços públicos e das obras públicas, à utilização dos bens públicos e à prestação de algumas utilidades e/ou fornecimentos, está amplamente superada pela realidade do cotidiano da Administração Pública. Da mesma sorte, a visão utilitária, acoplada naturalmente ao referido rol, não condiz com nosso presente: o contrato administrativo NÃO É MAIS uma via exclusivamente destinada à execução de incumbências do Poder Público. Ele, hodiernamente, é um *instrumento econômico*, dirigido também à captação ou ampliação dos recursos públicos. O lucro NÃO É MAIS um pecado administrativo: muitas vezes ele será a via excelsa para a concretização do princípio constitucional da *eficiência*. Em outras vezes, ele atuará como instrumental da capitalização da Administração, para que outros desideratos possam ser atingidos. Mas para preenchimentos dessas novas ou atuais exigências, a lógica do contrato administrativo, bem como sua teleologia, têm de ser repensadas.

Não nos adiantaremos além dos anúncios prefalados, a partir mesmo de nossa conceituação de contrato administrativo. Regressemos ao altiplano da doutrina tradicional, ainda, todavia, predominante.

Seus autores de regra iniciam suas doutas manifestações pelo estudo do que alguns denominam *características*, outros falam em *elementos* essenciais, do acordo. Como ponto pacífico, abordam os mestres, de imediato, os requisitos de *capacidade* (para o agente administrativo é melhor dizer *competência*), *consentimento* (para o agente

---

[119] MEIRELLES, Hely Lopes. *Licitação e Contrato Administrativo*. 15. ed. São Paulo: Malheiros, 2010. p. 362 em diante.

administrativo, é melhor referir a previsão legal de contratar), *objeto lícito e possível* (quanto ao *possível*: como enquadrar, então, os contratos de aquisição de inovação tecnológica, quando frequentemente o que se busca obter ou atingir é alguma coisa ou processo, que sequer existe ainda, e que poderá não ser concretizado?), *forma* e *finalidade de interesse público* (como enquadrar, então, contratos destinados à expansão lucrativa dos recursos administrativos, que mais à frente abraçaremos?). Tais requisitos são disciplinados com observância do que a respeito prescreve a teoria geral do Direito, com as necessárias adaptações pertinentes ao Direito Administrativo, aliás, majoritariamente por nós lembradas nos parênteses acima redigidos.

Além desses requisitos/elementos/características, a doutrina tradicional elenca mais dois, que seriam, a seu ver, as notas verdadeiramente caracterizadoras do contrato administrativo: as cláusulas regulamentares (ou de supremacia, ou exorbitantes, ou de serviço, ou de prerrogativas estatais etc.; escolham a denominação que preferirem); as cláusulas de equilíbrio econômico-financeiro em favor do particular que participa do contrato. Sigamos em frente, cogitando essas duas modalidades clausulares. Mas pela relevância da discussão, tratemos delas em subitens separados.

12.4.2

Afirma-se que, em razão da supremacia do Estado (?!) e dos interesses por ele velados, o contrato administrativo há de contemplar, em favor da Administração-Parte, certas prerrogativas (?!) que seriam, ademais, o traço distintivo entre o regime privado e o regime administrativo de contratação. Tais cláusulas exorbitantes, conquanto constituam materialmente objeto de lei formal, costumam ser analisadas, pela doutrina tradicional, como ínsitas à figura do contrato administrativo em si, podendo ser, pois, consideradas como dados inerentes a uma teoria geral dos contratos administrativos. Embora assim não consideremos – no momento próprio fundamentaremos a discordância –, há que examiná-las.

Seriam elas, praticamente *a una voce*:

- mutabilidade unilateral das condições da execução contratual;
- extinção unilateral;
- fiscalização unilateral da execução contratual;
- aplicação unilateral de sanções.

E vamos às críticas.

As *alterações unilaterais* têm de ver não com supostas *prerrogativas* da Administração, mas sim com o *interesse dos administrados*. É dizer, se o melhor atendimento aos interesses deles exigir alteração do objeto do contrato, ou de suas especificações, pode ser imposta a pertinente modificação, desde que não vedadas por lei, observados os limites quantitativos e/ou qualitativos definidos na lei e sem provocação de desequilíbrio econômico-financeiro no contrato.

É o equilíbrio econômico-financeiro, acima referido, causa determinante para que o contrato seja unilateralmente modificado também nos casos de álea econômica (eventos que afetam a onerosidade do contrato para o contratado, não conectados à atuação da Administração); álea administrativa (que se dá quando o fator de desequilíbrio se ata a iniciativas do Poder Público); fato do príncipe (acontecimento imputável ao Poder Público, fora da relação contratual, mas que nela repercute, danosamente, em geral, para o contratado, inclusive impedindo ou dificultando o cumprimento de suas obrigações); e fato da administração (evento imputável ao sujeito contratual *Administração*).

Em casos que tais, a Administração *deve* tomar a iniciativa da alteração contratual, revendo o ajuste ou o repactuando, atenta aos princípios da boa-fé e da função social dos contratos. De regra não o faz, obrigando o contratado ao tormentoso rito da postulação, administrativa e/ou judicial, de reequilíbrio econômico-financeiro do contrato, ou mesmo de redefinição de seu conteúdo.

É evidente que a modificabilidade unilateral não pode inviabilizar a execução contratual ou, tampouco, alterar a natureza e a finalidade do objeto contratual.

A antiga lei geral dos contratos administrativos (nº 8.666/1993) falava, aqui, em *rescisão* unilateral. E muito se discutia a respeito da denominação, sustentando muitos que acertado seria, no ponto, adotar o *nomen iuris resilição*; ou *resolução*, a depender do caso. Não aprofundaremos essa discussão, porque a atual lei geral de contratações (nº 14.133/2021) abandonou a palavra *rescisão*, falando unicamente em *extinção*.

Bom é que se diga que, na forma da citada Lei nº 14.133, a extinção unilateral pela Administração deixou de ser uma "prerrogativa" (vá lá!), passando a ser um *dever* do Poder Público, quando configuradas as situações minuciosamente descritas (artigo 77 e 92) no aludido diploma.

Mas, como afirmação de cunho teórico, pode-se dizer que tal extinção se dá ou por conveniência/interesse dos administrados, ou por alguns casos de inadimplemento do contratado, sempre com observância dos requisitos da motivação, da tipificação legal, da ampla defesa, da razoabilidade, da transparência, da eficiência e da proporcionalidade. E, é claro dentre as iniciativas de que poderá utilizar-se o contratado, figura, com destaque, a *exceptio non adimpleti contractus*.

Ao falarmos em extinção unilateral poderia alguém cobrar o exame do tópico relativo à duração dos contratos administrativos.

Embora tenhamos como plausível a afirmação de conexão entre o referido tema e o da extinção antecipada, em nosso plano de trabalho optamos por outra equação. E ela se reduz a dois vetores: aqui cuidaremos com ênfase, das cláusulas regulamentares. E mais à frente, ao estudarmos a "intimidade" dos contratos administrativos, enfrentaremos o relevante assunto dos prazos contratuais; assim como de alguns outros tópicos disciplinados na lei geral de contratação administrativa, que requerem atenção em razão das particularidades que oferecem, quando confrontadas com a sistematização corrente, na teoria geral do direito e na teoria das contratações como um todo.

Outra das apontadas cláusulas extravagantes é a da *fiscalização*. Significa ela, ao ver da doutrina tradicional, uma "prerrogativa" da Administração, consistente no acompanhamento da *execução* do contrato, para que seja ela adequadamente coerente com as obrigações ajustadas. Evidentemente, não é uma "prerrogativa" *contratual* da Administração, mas sim um DEVER-PODER diretamente conectado ao próprio conceito de Poder Público. É indiferente que se trate ou não de um *contrato administrativo*: qualquer atuação, unilateral ou plurilateral, que interessa à função administrativa, tem de ser permanente e detidamente *fiscalizada*. Note-se: fiscalização, é dizer, acompanhamento, formulação de indagações, apresentação de observações ou advertências (em sentido comum, isto é, sem o caráter de sanção), pedidos de providências etc.

Até como decorrência da fiscalização, surge a última das invocadas cláusulas regulamentares: a aplicação de penalidades administrativas diretamente, sem a necessidade de coatividade jurisdicional. Ou seja, o "poder" (na realidade, um *dever*) de punir se exerce *dentro* da relação contratual. E tal como acontece com a *fiscalização*, a ação punitiva é indeclinável, irrenunciável, tudo isso não por força da existência de uma *relação contratual*, mas pelo simples dado de se tratar de *peculiaridades inerentes* à própria acepção da Administração Pública. Mais adiante, em outro tomo, detalharemos, de forma sistemática, a matéria referente ao direito sancionatório. Dar-se-á então, de nossa parte, a tarefa de minudenciar tópicos a que já aludimos, mas que merecem aprofundamento, tais como: o equilíbrio econômico-financeiro do contrato, o enriquecimento sem causa, a teoria da imprevisão etc. Na contraface, por não vermos na espécie a ser enunciada um contrato administrativo segundo o conceito por nós formulado, não examinaremos, em nosso trabalho, os tratados internacionais. A propósito e a título de arremate do presente segmento: a atual lei geral de contratações, ao contrário da Lei nº 8.666/1993,[120] não conceitua contrato administrativo. Mas, no seu artigo 6º, a Lei nº 14.133/2021, conceitua ou define "contratante", "contratado" e "contratos típicos". Não há, contudo, em tais passagens, qualquer choque entre o que ali posto e nossa formulação pessoal.

12.5

Neste ponto 12.5 e seus subitens, aprofundaremos nossas divergências pessoais, relativamente ao que a doutrina preponderantemente sustenta. A razão de ser, de tal irresignação formalizada, é a construção racional de uma reteorização do contrato administrativo, marco derradeiro de todo este item 12.

12.5.1

Costuma-se dizer que o contrato administrativo é do tipo "de adesão". Como se sabe, tem-se um contrato de adesão quando o pacto, na totalidade de sua clausulação, é ditado unicamente por uma das partes: a consensualidade reside então, apenas, em aceitar, ou não, a contratação tal como previamente desenhada pelo contratante.

Nos dias presentes somente cabe dizer *adesivo* o contrato administrativo ordinário, clássico, tradicional, sujeito inteiramente às balizas da Lei nº 14.133 (ou de suas congêneres locais). Há uma infinidade de

---

[120] Artigo 2º, parágrafo único.

contratos novos, celebrados com a Administração, em que a *discussão do conteúdo contratual* é absolutamente imprescindível. A seu devido tempo, examinaremos essa realidade. Mas desde já antecipamos, por mera exemplificação, que tal é o que se dá com os contratos pertinentes aos marcos legais da inovação tecnológica, das *start ups* e do saneamento básico. Em alguns desses contratos, segundo se há de ver, a própria definição completa e particularizada do *objeto* só é atingida após o início da execução do pacto e na conformidade do que dela resultar. Definitivamente, pois, afirmar-se a característica de *adesividade*, para *todos* os contratos administrativos, não corresponde à realidade fenomênica dos contratos administrativos.

Em afinação e afirmação ao que fizemos quanto ao ato administrativo, também no atinente ao contrato administrativo é imprescindível nos aproximarmos do que, a respeito de *contrato*, ensina a teoria geral do Direito. Para tanto, a primeira e firme passada nos impele em direção ao Código Civil. Não se trata, ao contrário do que alguns apressados pudessem considerar, de uma "privatização" do Direito Administrativo, repita-se. O que há é a indispensabilidade de todos recordarmos que, por circunstâncias da História e da tradição, a teoria geral do Direito é veiculada nos Códigos Civis. Assim também é com o contrato. Por isso, antes de mergulharmos em mais outras *peculiaridades* do contrato administrativo, impõe-se extrair da teoria geral o que vigora também na análise dos ajustes administrativos.

Em coerência com a precedente asserção, traga-se a contexto o que rezam os artigos 421 e 422 do Código Civil, cuja transcrição se impõe:

> Art. 421. A liberdade de contratar será exercida em razão e nos limites da função social do contrato.
>
> Art. 422. Os contratantes são obrigados a guardar, assim na conclusão do contrato, como em sua execução, os princípios de probidade e boa-fé.

Os dois preceitos supra têm consequências extraordinárias para o estudo do contrato administrativo. Itemizemos tais corolários:

- a lógica do contrato administrativo NÃO É apenas a reafirmação da suposta supremacia da Administração (que inexiste), ou a visão utilitária de considerar, na figura, simples meio de realização (delegada) da função administrativa. Afora e acima disso, bem como da sua *lógica econômica* (antes destacada), o contrato administrativo é um dos implementos eminentes da concretização da *função social* dos pactos, dos atos e dos exercícios de direitos, segundo fórmulas textuais da Constituição;

- somando-se ao que exposto aquilo que comanda o artigo 422, tem-se que a FISCALIZAÇÃO da execução do contrato, longe de ser uma "cláusula exorbitante" em favor do Poder Público, é uma FACULDADE deferida a TODAS as partes do ajuste. No contrato administrativo, um DEVER da Administração.

Mas a desestruturação da visão tradicional, relativa à identificação do núcleo dos contratos administrativos, não cessa aqui.

Logo após os preceitos acima enunciados, chegam a nossos olhos os artigos 423 e 424, cuja transcrição aqui também se impõe:

> Art. 423. Quando houver no contrato de adesão cláusulas ambíguas ou contraditórias, dever-se-á adotar a interpretação mais favorável ao aderente.
>
> Art. 424. Nos contratos de adesão, são nulas as cláusulas que estipulem a renúncia antecipada do aderente a direito resultante da natureza do negócio.

Esses dois artigos acarretam duas importantes constatações: a primeira é a de se reconhecer que a versão *adesiva* do ajuste *não é* uma *peculiaridade* do contrato administrativo. O dinamismo da vida exige que, seja no campo privado seja no público, a *adesividade* é apenas uma *técnica* contratual que se adota em razão do objeto contratado, da finalidade do pacto, da urgência na formação do ajuste etc. Além disso, os artigos 423 e 424 atuam ainda como *balizas de interpretação* dos contratos, matéria integralmente pertinente à teoria geral do Direito e, por isso, aplicável aos contratos administrativos.

Nem se diga que faltariam espeques normativos, no Código Civil, utilizáveis para os contratos administrativos para os pactos de feição não adesiva. É para esse conjunto de acordos que se traz à colação o conjunto dos artigos 111 a 114 do mesmo Código Civil, abaixo transcritos:

> Art. 111. O silêncio importa anuência, quando as circunstâncias ou os usos o autorizarem, e não for necessária a declaração de vontade expressa.
>
> Art. 112. Nas declarações de vontade se atenderá mais à intenção nelas consubstanciada do que ao sentido literal da linguagem.
>
> Art. 113. Os negócios jurídicos devem ser interpretados conforme a boa-fé e os usos do lugar de sua celebração.

> Art. 114. Os negócios jurídicos benéficos e a renúncia interpretam-se estritamente.

Assim aparelhados, podemos caminhar para o arremate do presente subitem, o que indicaremos por letras.

a) A *função social* do contrato administrativo é expressão complexa que abarca uma relevante pluralidade de elementos conceituais. Significa, sim, que o contrato administrativo há de ser executado de sorte a assegurar o cumprimento de seu objeto e de suas finalidades. De outra parte, por ser ainda um meio de atingimento dos propósitos da função administrativa, também integram a função social do contrato administrativo sua submissão ao ordenamento e ao sistema jurídicos, e até mesmo a produção de efeitos direta ou indiretamente úteis às pessoas e às suas coletividades. É dizer: em nossa opinião, a função social do contrato administrativo constitui, no viés de sua área de atuação e abrangência, compromisso de respeito à juridicidade, aos fins dos contratantes conforme definidos nos pactos e ao benefício à coletividade dos administrados (que pode até, no caso concreto, resumir-se à observância dos princípios da atuação administrativa).

b) A *boa-fé* já constituiu um centro de nossa atenção, no primeiro volume deste Tratado. Por isso, no presente volume, parece-nos suficiente expressar que por boa-fé se entende um padrão ético de conduta reverente aos valores que a sociedade admite e deve praticar (com as necessárias adequações que o tempo e o espaço exijam).

c) Afora outras previsões legais do Código Civil, incidentes na vigência do contrato administrativo, cabe dar relevo especial aos artigos 476 a 480, cuja necessária transcrição apresenta-se:

> Art. 476. Nos contratos bilaterais, nenhum dos contratantes, antes de cumprida a sua obrigação, pode exigir o implemento da do outro.
>
> Art. 477. Se, depois de concluído o contrato, sobrevier a uma das partes contratantes diminuição em seu patrimônio capaz de comprometer ou tornar duvidosa a prestação pela qual se obrigou, pode a outra recusar-se à prestação que lhe incumbe, até que aquela satisfaça a que lhe compete ou dê garantia bastante de satisfazê-la.
>
> Art. 478. Nos contratos de execução continuada ou diferida, se a prestação de uma das partes se tornar excessivamente onerosa, com extrema vantagem para a outra, em virtude de acontecimentos extraordinários e imprevisíveis, poderá o devedor pedir a resolução do contrato. Os efeitos da sentença que a decretar retroagirão à data da citação.

> Art. 479. A resolução poderá ser evitada, oferecendo-se o réu a modificar equitativamente as condições do contrato.
>
> Art. 480. Se no contrato as obrigações couberem a apenas uma das partes, poderá ela pleitear que a sua prestação seja reduzida, ou alterado o modo de executá-la, a fim de evitar a onerosidade excessiva.

Como se vê da simples leitura, além da adoção da exceção do contrato não cumprido, temos nos preceitos a possibilidade *unilateral, em favor do contratado*, de promover a modificação ou mesmo a extinção do contrato! Se assim é – e assim é! – das clássicas cláusulas exorbitantes, como prerrogativas estatal, quase NADA RESTA. Quando muito, na busca de peculiaridades clausuladas, do contrato administrativo, sobram apenas dois tipos de estipulação: a que assegura à Administração a aplicação direta, na internalidade do contrato, de sanções administrativas; a que garante ao administrado contratado a intangibilidade da equação econômico-financeira do contrato, nas condições da proposta. Cláusulas exorbitantes? Claro que não! Estamos em face de *dois simples particularismos* do contrato administrativo, cada um em favor de uma parte diferente, cláusulas essas que operam no funcionamento interno do contrato, preenchidas motivadamente as condições de suas inovações. Que há de exorbitante, então?

d) Outra vez colocamos em pauta a temática do enriquecimento injusto, cuja vedação deve ser entrevista até mesmo como um princípio geral do Direito Administrativo. Sua formulação mais remota no tempo, reconduzível a um Digesto tradicionalmente atribuído a *Pomponius* (Livro L, Título XVII, fragmento 206), continua válida: não é justo ou admissível que alguém se enriqueça com prejuízo ou dano de outrem. A imperatividade da observância de tal regra, além de sua pertinência que antes evidenciamos com a temática da gestão de negócios, estampa-se até mesmo no regime legal geral do contrato administrativo, quando ele assegura o direito do contratado a sua remuneração, ainda quando nulificado o pacto, desde que satisfatoriamente cumprida a obrigação. Com Edmir Netto de Araújo,[121] desde que haja nexo de conexão entre a ação administrativa e um prejuízo ao contratado, sua reparação é exigível, como antídoto ao enriquecimento sem causa da Administração. Mas com observância de arguta anotação do destacado Allan Brewer-Carías:[122] para assentar-se a repulsa ao enriquecimento/empobrecimento

---

[121] ARAÚJO, Edmir Netto de. *Do Negócio Jurídico Administrativo.* São Paulo: Rev. dos Tribunais, 1992. p. 150 e seguintes.

[122] CARIAS, Allan-Rudolph Brewer. *Contratos Administrativos*. Caracas: Ed. Jurídica Venezolana, 1992. p. 251.

sem causa no conceito de *equidade*, na sua valoração inclui-se apenas o que o contratado devia receber pelo que executou (dano emergente), mas não o que esperava receber pelo integral cumprimento do contrato e os específicos lucros/ganhos decorrentes da tal plena execução pactuada (lucros cessantes), que se alocaram no plano da álea contratual.

12.6

A Constituição de um Estado de Direito tem a potencialidade e a vocação de reger até os mais singelos e espontâneos fatos da vida de cada pessoa e de suas coletividades. Por maior que seja a imaginação de um indivíduo, não vemos como poderá ele conceber alguma ação que não possa ser reconduzida ao confronto com a Constituição, nela encontrando o permissivo amplo do abrigo jurídico e social ou ao contrário nela descobrindo o fulcro da inaceitabilidade.

Inevitável, assim, focalizar, neste tópico, as raízes, expressas ou implícitas, regedoras do contrato administrativo.

Caminhemos, iniciando, como é de bom siso, pelo começo. No presente caso, pelo Preâmbulo da Constituição, cujo valor normativo não é mais ponto de discussões teóricas.

O Preâmbulo constitucional consagra a feição do país como um "Estado Democrático", ancorado numa série de VALORES que têm por finalidade realizar, numa ambiência de fraternidade, pluralismo e ausência de preconceitos, a HARMONIA SOCIAL.

Na sequência, nos artigos 1º a 4º, institui o que denomina PRINCÍPIOS FUNDAMENTAIS. Dentre eles destacamos, para os propósitos deste item 12.6, a dignidade da pessoa humana, a solidariedade (o que implica a *cooperação leal* entre Administração e Administrados), o compromisso com o desenvolvimento e a erradicação da pobreza (o que implica a *sustentabilidade* das políticas públicas), a justiça e a solidariedade sociais (o que implica *boa-fé* e compreensão da *função social* inerente a todas as ações, pessoais ou sociais, individuais ou coletivas). Muito significativamente, os dois primeiros parágrafos do artigo 5º (artigo este que é, só por si, um verdadeiro *Bill of Rights* da sociedade brasileira) a Constituição não só afirma a imediata e integral vigência dos direitos e garantias que codificou nos precedentes articulados, como acentua e esclarece que aos direitos, garantias e princípios textualmente indicados acrescentam-se todos os outros, que a mente e o discernimento alcancem, decorrentes dos ou inerentes aos expressamente consagrados.

No prosseguimento da saga constitucional, a Lei Maior adiciona diversos outros alicerces, como se constata, para simples exemplo, da leitura dos artigos 31, §3º e 37 *caput*. Diretamente conectado com a temática dos contratos administrativos, imprescindível enfatizar o *caput* e o parágrafo único do artigo 170 (balizas fundamentais da liberdade de iniciativa econômica privada, o que o artigo 173 reforça). Nessa enunciação paramos, apenas por brevidade, pois é farto o elenco sobejante da panorâmica da atividade contratual da Administração Pública, que ainda poderia ser mencionada e minudenciada.

O que é essencial aqui frisar pode ser deduzido nas seguintes sumarizações:

- direitos, garantias e princípios NÃO SÃO apenas proclamações *retóricas* ou meramente altissonantes. Constituem COMPROMISSOS de nosso Estado Democrático de Direito;
- por isso mesmo, tais *compromissos* atuam também como *critérios de interpretação* dos contratos administrativos.

Essa funcionalidade, acima posta em destaque, é coerentemente detalhada no plano da infraconstitucionalidade. Ainda uma vez por imperativos da brevidade, iremos destacar apenas alguns poucos desses complementos normativos, suficientemente fortes e expressivos, contudo, para o estabelecimento de um guia hermenêutico, aplicável à contratação administrativa. Sempre lembrando, é claro, que o presente texto é uma confirmação das premissas e pressupostos das matrizes declaradas ao início do primeiro volume, guardando ademais congruência com a abordagem análoga da matéria, na oportunidade em que fizemos conclusões sobre o ato administrativo.

Lembremo-nos então dos artigos 110 a 114, 521 e 422, todos do Código Civil, mas pertinentes à teoria geral do Direito, indispensáveis por isso para a interpretação dos contratos administrativos. Da mesma estatura e funcionalidade, tornando por isso indispensável sua transcrição, é o artigo 2º da Lei nº 13.874/2019:

> Art. 2º – São princípios que norteiam o disposto nesta Lei:
>
> I – a liberdade como uma garantia no exercício de atividades econômicas;
>
> II – a boa-fé do particular perante o poder público;
>
> III – a intervenção subsidiária e excepcional do Estado sobre o exercício de atividades econômicas; e
>
> IV – o reconhecimento da vulnerabilidade do particular perante o Estado.

Parágrafo único. Regulamento disporá sobre os critérios de aferição para afastamento do inciso IV do caput deste artigo, limitados a questões de má-fé, hipersuficiência ou reincidência.

Ao complexo normativo aqui lembrado cumpre aditar, a título de moldura, o Preâmbulo e os quatro primeiros artigos da Constituição, segmentos que repelem a conflituosidade e privilegiam a harmonia e a paz social. Nesse amplo panorama, tem-se que à interpretação dos contratos administrativos aplicam-se os condicionamentos e metas da conciliação, da interpretação em favor do contratado e dos administrados (daí, aliás, o princípio da continuidade da prestação dos serviços públicos, assunto a ser estudado em segmento próprio), buscando-se sempre a eficiência, a moralidade, a juridicidade, a igualdade, a dignidade da pessoa, a cooperação, a solidariedade e a economicidade (conceitos anteriormente analisados). Nesse sentido é que dissemos, páginas antes, que o reequilíbrio da equação econômico-financeira do contrato deveria ser uma iniciativa da Administração, em vez de só deixar aos contratados e demais interessados a via onerosa dos litígios ou os caros recursos a arbitragens, *dispute boards* e impasses sempre prejudiciais ao administrado. É DEVER da Administração Pública tomar a iniciativa das soluções não conflitivas. Nosso sistema jurídico, ao contrário do que ocorre nos países da *common law*, e particularmente a partir do Código Civil de 2002, estrutura-se adequadamente no binômio contrato/responsabilidade civil para disciplinar o mecanismo das fontes de obrigações e do inadimplemento destas. E, mais adequadamente ainda, cuidou da gestão de negócios, do enriquecimento sem causa e do pagamento indevido, colocando-os entre os atos unilaterais (extracontratos, pois), ao contrário do Código de 1916, que não sistematizava tais figuras. Aliás, em razão desse silêncio, expressiva corrente doutrinária insistia no renascimento da figura dos quase-contratos, anacrônico intuito, eis que esse conceito corresponde à realidade histórica do Direito Romano, bem diversa da ambiência jurídica de nossos dias. Como dos atos unilaterais pode nascer a obrigação de reparação de danos, se o Poder Público constata o desequilíbrio econômico-financeiro tem o *dever* de reestruturar tal equação, de sorte a impedir as sempre indesejáveis crises da execução contratual.

A busca de uma teorização do contrato administrativo, no Direito Constitucional, decorre de nossa convicção de que a Constituição não é um simples discurso formal ou mero documento integrante do acervo histórico dos museus e dos tratados jurídicos. Cabe a nós, estudiosos/estudantes, dar-lhe realidade perene, lutando não só por sua manutenção (sem arroubos reformistas que nada têm de ver com a doutrina do poder constituinte) mas, sobretudo, para fazê-la o guia condutor de nossas vidas pessoal e social.

Da concepção, acima declarada, poder-se-ia elaborar um comparativo com a bicentenária Constituição norte-americana. Nossa ambição vai, contudo, mais longe. Sobretudo no embalo da recente finalização do longo e profícuo reinado de Elizabeth II, o que nos vem à mente é a Magna Carta inglesa, de *1215*. Como ela se mantém viva, já com mais de oito séculos de nascimento? Note-se, algumas semanas após sua assinatura, o rei João não conseguiu impedir sua imediata entrada em vigência.

Sem a ancianidade consagradora do documento britânico, nossa Constituição de 1988 não nasceu de um projeto confiado a um jurista ou a uma comissão de doutos; ela surgiu da realidade vivida e sofrida do povo, após negra e prolongada ditadura militar. Tal como se deu com a Magna Carta, nossa Constituição é uma conquista popular, erigida como uma barreira de proteção contra os abusos do poder e dos governantes. Ela abraça inclusive, em sua arquitetura à brasileira, de mais de 200 (duzentos) artigos, todo o ideário da Magna Carta, particularmente a cláusula desta que, a nosso ver, é a melhor expressão da essência da democracia e do Estado de Direito:

> Nenhum homem livre será detido, aprisionado ou privado de seus direitos ou patrimônios, ou declarado fora da lei, ou exilado, ou de outro modo privado de sua condição, bem como não procederemos nem mandaremos proceder contra ele, senão mediante um julgamento legal pelos seus pares, ou pelas leis locais.

Não obstante a relevância que outorgamos ao contrato administrativo, como instrumento de cooperação e colaboração, não olvidamos a necessidade de ser ele objeto de controles, tanto de legalidade quanto de conveniência e oportunidade. É dizer: as considerações sobre controle, que desenvolvemos relativamente aos atos administrativos, aqui também incidem. E com as mesmas cautelas então assumidas: o respeito do controlador respeitante a direitos adquiridos, atos e negócios jurídicos perfeitos, coisa julgada (inclusive a administrativa). Tudo a par das exigências da motivação expressa do controle e da ampla defesa do contratado (com a interpretação, na dúvida, favorável primeiramente ao administrado beneficiário do objeto do pacto e, subsequentemente, ao contratado).

Relembre-se: além dos controles administrativo (recursal ou autotutelar) e do jurisdicional existe também o controle pelo Legislativo. Dele destaquemos, como exemplos somente, diretamente decantáveis da própria Constituição:

- a sustação dos atos normativos do Executivo, pelo Congresso Nacional, quando exorbitantes do texto legal regulamentado ou quando extravasam os limites da delegação legislativa (artigo 49, V);
- a sustação, pelo Congresso Nacional, de contratos em que detectadas ilegalidades pelo Tribunal de Contas da União (artigo 71, X e parágrafos 1º e 2º).

A *sustação* de contrato significa a suspensão temporária da eficácia (e, pois, da execução) do ajuste. Mas se transforma em *desconstituição*, acaso não sanadas as máculas apontadas no ato de sustação.

Não nos esqueçamos entretanto de que:

a) se os motivos determinantes da sustação, pelo Poder Público, se revelarem insubsistentes, haverá, além da retomada da execução contratual, a reparação pelos danos causados pela cessação transitória;

b) se a sustação decorrer de provimento cautelar/liminar, em medida jurisdicional provocada por particular, este será obrigado pelos danos decorrentes da paralização, na forma do artigo 302 do Código de Processo Civil.

De propósito, deixamos de lado, por enquanto, os temas fundamentais da *caducidade* e da transferência/cessão/transmissão do contrato administrativo. A eles nos dedicaremos não só no subitem subsequente, mas também no próximo volume deste Tratado, quando focalizaremos o importante tópico dos contratos de concessão.

12.7

Este segundo volume do Tratado ainda se vincula à Parte Geral do Direito Administrativo brasileiro. Por isso mesmo, imprescindível aqui cuidar do que a Lei Geral (federal) de contratação administrativa tem a nos dizer sobre a matéria. Impõe-se, contudo, indicar, logo na abertura do texto, quais as pautas metodológicas que nos impusemos no ponto.

12.7.1

Em *primeiro* lugar: a Constituição (artigo 37, XII) elegeu, como condicionamento básico do caminho à contratação administrativa, a realização de *licitação* (segundo veremos mais adiante, essa regra não é, entretanto, tão *geral* quanto parece). Dá-se que a licitação é modalidade *especial* de processo administrativo. É verdade que o *segmento 13*, deste segundo volume, cuidará apenas da *parte geral* do *processo administrativo*. Com o que a *licitação* haverá de ser tratada somente em volume posterior.

Em *segundo* lugar, as contratações administrativas *não gerais*, isto é, as excepcionadas pela própria Lei nº 14.133, igualmente só comparecerão no próximo volume de nossa obra.

Em *terceiro* lugar (e último), deixaremos ainda para o próximo volume as *contratações diretas*, eis que, embora disciplinadas na própria Lei nº 14.133, refogem à regra constitucional da exigibilidade da licitação.

Por outra parte, da referida Lei iremos limitar nosso exame aos dispositivos vinculados diretamente ao contrato administrativo em geral, o que significa que trataremos no citado diploma, dos artigos 1º a 6º, 76, 77 e 89 em diante.

12.7.2

Do vetusto Código de Contabilidade da União (Decreto nº 4.536, 28.01.22) até o Decreto-Lei nº 200 (25.02.67), 45 (quarenta e cinco) anos se passaram. Nesse interregno, a vida contratual da Administração Pública transcorreu sem grandes acidentes de percurso, para o que, por certo, contribuíram os muitos anos de ditadura amordaçante, registrados no período.

A partir de 1967, contudo, intensas e frequentes foram as modificações normativas incidentes sobre a disciplina das licitações e dos contratos administrativos. Para ficarmos apenas nos diplomas básicos, anotemos que o referido Decreto-Lei nº 200 durou menos da metade de seu antecessor, eis que substituído, a 21 de novembro de 1986, pelo nº 2300. E este só viveu parcos 7 (sete) anos, pois que revogado pela Lei nº 8.666, de 21 de junho de 1993. É dizer, a roda do tempo de vida, de diplomas desse jaez, acusa fortes acelerações. Prova disso é o advento, em 2021, da Lei federal nº 14.133.

Se abandonarmos o questionamento apenas temporal e abraçarmos uma visão histórica, procurando detectar os fatores que poderiam ter determinado a aparição de cada um desses verdadeiros códigos da contratação administrativa, não encontraremos, seguramente, dados conducentes a uma tranquilidade, quanto à estabilidade do ordenamento recentemente editado.

Em 1967, o Decreto-Lei nº 200 surgiu como a resposta da tecnoburocracia prepotente, então entronizada, ao que seriam os reclamos do aperfeiçoamento administrativo e do combate ao binômio (então quase sempre hipocritamente brandido) corrupção/subversão. Deu-se, contudo, que o complexo burocrático-tecnicista-militarista da época se revelou extremamente criativo na destruição da ética administrativa, levando as práticas administrativas à estratosfera das megaperversões e das macrocomissões e subornos. Tão impressionante se mostrou tal panorama, que cedo se criou a convicção de que as malhas do Decreto-Lei nº 200 careciam de apertos, de sorte a filtrarem, pelo menos, as tentativas de grandes escândalos nas licitações e contratações da Administração Pública. O movimento de reação, ali encetado, conclui seus esforços com a edição do Decreto-Lei nº 2300. E que esse também fracassou, no seu intuito precípuo, é fato histórico de ontem mesmo. O clamor popular inspirou e praticamente exigiu o partejamento da Lei nº 8.666. Mas os mensalões, os petrolões, a corrupção desenfreada dos governos petistas e a reação às prepotências bolsonaristas, todas essas misérias nos conduziram até a Lei nº 14.133.

Caberia então a pergunta: e estaremos agora no melhor dos mundos, em vias de conhecer um Brasil de hábitos e atos administrativos moralmente sadios, tudo por influxo da nova lei de licitações e contratos administrativos? Nessa pergunta mesmo é que está embutido o maior risco de decepção. Há que evitar a falsa impressão de que a moralidade pública, no campo contratual, está salvaguardada pela simples existência de Leis. O Direito, como fenômeno superestrutural social que é, não muda padrões éticos ou condutas objetivas. Ele, quando muito, *reflete* um anseio popular, em certo instante. Mas o mesmo clamor público que pode conduzir à consagração legal de princípios estimáveis pode também, por sua impaciência, exigir supressão do devido processo legal ou realização de decisões (administrativas ou judiciais) sumárias. Entretanto, diga-se da mídia: não só ajuda a desvendar terríveis segredos, como também, quando age irresponsavelmente (e frequentemente o faz), destrói (sem direito de defesa) instituições e pessoas. Em definitivo, portanto: a Lei nº 14.133 não vai engendrar um mundo de arcanjos e serafins; até porque, nas licitações, quase sempre a fraude é perpetrada e se consuma *antes do pertinente processo administrativo*, no conluio entre

Administração e candidatos à contratação. Por vezes, e não são poucas, a norma legal vem até dar foros de licitude à fraude! Tão entranhada em nossa cultura – e aí está o problema – é a patologia nas licitações e contratações administrativas, que escassa se revela a litigiosidade judicial na matéria: o descartado ou derrotado de hoje já se "acerta", com os competidores e com o administrador, para ser o vencedor de amanhã. E assim, *la nave va...*

Nem a Lei nº 8.666, e tampouco a atual nº 14.333, poderão eliminar a ilegitimidade e a ilegalidade. São falíveis, como qualquer obra humana.

E na ambição de tudo, ou quase tudo, regrar a Lei nº 14.133 misturou o que devia ser da Lei com o que deve estar em regulamento. Baixando a minúcias e detalhamentos que demandam ser constantemente atualizados e inovados, a Lei nº 14.133 encapsula e engessa a dinâmica das contratações. E, como nem sempre é fácil modificar (sobretudo para melhorar) uma Lei, com verdadeiras pretensões de Código, a "criatividade" malsã, dos eternos corruptores e corruptos, prefere a via de pesquisar as malhas da normatividade para, com "jeitinho", alcançar seus propósitos. Isso se deu com a Lei nº 8.666/1993 e provavelmente também poderá acontecer com a Lei nº 14.133. O que talvez atenue esse potencial de atentados à normatividade é o dado de que a Lei nº 14.133 exclui, quase sempre parcialmente, de sua incidência, uma gama considerável de contratações, sobretudo, aquelas que envolvem o desenvolvimento tecnológico e científico.

Não obstante nosso intuito, nessa altura do Tratado, seja examinar apenas a moldura do regime jurídico da Lei nº 14.133 (ou seja, o regime legal geral), temos por imprescindível examinar as regras gerais do diploma em causa, por isso que aplicáveis tanto aos contratos administrativos (comuns e/ou especiais) e às licitações (ou seu afastamento).

Cabe colocar em relevo que o *caput* do artigo 37, no qual inserido o mandamento constitucional alusivo a licitações e contratações, dirige-se a *todos* os Poderes de Estado, de *todas* as pessoas jurídicas de capacidade política, abrangendo, ainda, *todas* as modalidades de Administração Pública cogitáveis (isto é, segundo o artigo 37: "direta, indireta ou fundacional"). Mas a *lei* regulamentadora, prevista no inciso XXI do artigo 37, não se pode pretender abrangente da *integralidade* dos aspectos da disciplina das licitações e contratos, pertinentes aos destinatários contemplados no *caput* do artigo 37 constitucional. E isso porque, além dessa baliza, a lei regulamentadora terá, ainda, de observar os critérios constitucionais (igualmente) de partilha das competências normativas. E, nesse ponto, incide soberano o artigo 22, XXVII, da Lei Maior, que só admite a vinculatividade da legislação federal, no tema, sobre as "*diversas esferas do governo e empresas sob seu controle*" (sic), no que circunscrito à edição de *normas gerais*, essas sim obrigatórias para Estados, Municípios e Distrito Federal.

Conquanto possa parecer, de regra, fugidio o sentido de *normas gerais*, cremos poder fixá-lo, em linhas, aliás, convergentes à da mais autorizada doutrina, no suposto de se tratar de preceitos que fixam, *nacionalmente*, DIRETRIZES PARA LEGISLAR, desenvolvendo os princípios constitucionais firmados em *caráter nacional*, o que exige *tratamento nacional igual*, no que relacionado a tais princípios. E tão apenas. Fora desse estrito campo, a competência normativa de Estados, Distrito Federal e Municípios afirma-se inconteste. Como, aliás, também inconteste, mesmo no campo das normas gerais, a competência suplementar dos Estados,[123] dos Municípios[124] e do Distrito Federal.[125]

No ponto, cumpre relembrar trabalho do saudoso Victor Nunes Leal.[126]

De tudo resulta que se há de ter em mente três realidades:

a) o diploma contém *normas gerais*, de "direito sobre direito" – aplicáveis nacionalmente;
b) também contém *normas gerais* atinentes à estruturação da Administração Pública Federal – aplicáveis apenas à União Federal e às entidades por ela controladas direta ou indiretamente;
c) contém, ainda, *normas específicas*, particulares – aplicáveis somente à União Federal e seus entes de natureza autárquica.

A tornar ainda mais complexa a panorâmica há uma perturbadora realidade: não obstante a considerável área de competência normativa, conferida a Estados, Distrito Federal e Municípios, o que ocorre é o vezo de tais entes se limitarem a quase copiar inteiramente a lei federal (com honrosas exceções). No momento em que estas considerações estão sendo escritas, o Estado do Amazonas aplica *diretamente* a lei federal de licitações e contratos. Mesmo expressiva

---

[123] C.F. art. 24, §2º.

[124] C.F. art. 30, incisos I e II.

[125] C.F. art. 32, §1º.

[126] LEAL, Victor Nunes. Classificação das Normas Jurídicas. *Revista de Direito Administrativo*, n. 2, fascículo 2, p. 931-948, 1945.

parte dos municípios das capitais não se entregou à tarefa de fazer suas próprias leis de licitações e contratações.

12.7.3

Após as anotações introdutórias anteriores, cabe agora adentrar o exame de alguns preceitos da Lei geral de licitações e contratações. Vamos ater-nos, no momento, ao exame dos artigos 1º a 6º, cuja transcrição se recomenda:

> Art. 1º – Esta Lei estabelece normas gerais de licitação e contratação para as Administrações Públicas diretas, autárquicas e fundacionais da União, dos Estados, do Distrito Federal e dos Municípios, e abrange:
>
> I – os órgãos dos Poderes Legislativo e Judiciário da União, dos Estados e do Distrito Federal e os órgãos do Poder Legislativo dos Municípios, quando no desempenho de função administrativa;
>
> II – os fundos especiais e as demais entidades controladas direta ou indiretamente pela Administração Pública.
>
> §1º – Não são abrangidas por esta Lei as empresas públicas, as sociedades de economia mista e as suas subsidiárias, regidas pela Lei nº 13.303, de 30 de junho de 2016, ressalvado o disposto no art. 178 desta Lei.
>
> §2º – As contratações realizadas no âmbito das repartições públicas sediadas no exterior obedecerão às peculiaridades locais e aos princípios básicos estabelecidos nesta Lei, na forma de regulamentação específica a ser editada por ministro de Estado.
>
> §3º – Nas licitações e contratações que envolvam recursos provenientes de empréstimo ou doação oriundos de agência oficial de cooperação estrangeira ou de organismo financeiro de que o Brasil seja parte, podem ser admitidas:
>
> I – condições decorrentes de acordos internacionais aprovados pelo Congresso Nacional e ratificados pelo Presidente da República;
>
> II – condições peculiares à seleção e à contratação constantes de normas e procedimentos das agências ou dos organismos, desde que:
>
> a) sejam exigidas para a obtenção do empréstimo ou doação;
>
> b) não conflitem com os princípios constitucionais em vigor;
>
> c) sejam indicadas no respectivo contrato de empréstimo ou doação e tenham sido objeto de parecer favorável do órgão jurídico do contratante do financiamento previamente à celebração do referido contrato;
>
> d) (VETADO).

§4º – A documentação encaminhada ao Senado Federal para autorização do empréstimo de que trata o §3º deste artigo deverá fazer referência às condições contratuais que incidam na hipótese do referido parágrafo.

§5º – As contratações relativas à gestão, direta e indireta, das reservas internacionais do País, inclusive as de serviços conexos ou acessórios a essa atividade, serão disciplinadas em ato normativo próprio do Banco Central do Brasil, assegurada a observância dos princípios estabelecidos no caput do art. 37 da Constituição Federal.

Art. 2º – Esta Lei aplica-se a:

I – alienação e concessão de direito real de uso de bens;

II – compra, inclusive por encomenda;

III – locação;

IV – concessão e permissão de uso de bens públicos;

V – prestação de serviços, inclusive os técnico-profissionais especializados;

VI – obras e serviços de arquitetura e engenharia;

VII – contratações de tecnologia da informação e de comunicação.

Art. 3º – Não se subordinam ao regime desta Lei:

I – contratos que tenham por objeto operação de crédito, interno ou externo, e gestão de dívida pública, incluídas as contratações de agente financeiro e a concessão de garantia relacionadas a esses contratos;

II – contratações sujeitas a normas previstas em legislação própria.

Art. 4º – Aplicam-se às licitações e contratos disciplinados por esta Lei as disposições constantes dos artigos 42 a 49 da Lei Complementar nº 123, de 14 de dezembro de 2006.

§1º As disposições a que se refere o caput deste artigo não são aplicadas:

I – no caso de licitação para aquisição de bens ou contratação de serviços em geral, ao item cujo valor estimado for superior à receita bruta máxima admitida para fins de enquadramento como empresa de pequeno porte;

II – no caso de contratação de obras e serviços de engenharia, às licitações cujo valor estimado for superior à receita bruta máxima admitida para fins de enquadramento como empresa de pequeno porte.

§2º – A obtenção de benefícios a que se refere o caput deste artigo fica limitada às microempresas e às empresas de pequeno porte que, no ano-calendário de realização da licitação, ainda não tenham celebrado contratos com a Administração Pública cujos valores somados extrapolem a receita bruta máxima admitida para fins de enquadramento como empresa de pequeno porte, devendo o órgão ou entidade exigir do licitante declaração de observância desse limite na licitação.

§3º – Nas contratações com prazo de vigência superior a 1 (um) ano, será considerado o valor anual do contrato na aplicação dos limites previstos nos §§1º e 2º deste artigo.

Art. 5º – Na aplicação desta Lei, serão observados os princípios da legalidade, da impessoalidade, da moralidade, da publicidade, da eficiência, do interesse público, da probidade administrativa, da igualdade, do planejamento, da transparência, da eficácia, da segregação de funções, da motivação, da vinculação ao edital, do julgamento objetivo, da segurança jurídica, da razoabilidade, da competitividade, da proporcionalidade, da celeridade, da economicidade e do desenvolvimento nacional sustentável, assim como as disposições do Decreto-Lei nº 4.657, de 4 de setembro de 1942 (Lei de Introdução às Normas do Direito Brasileiro).

Art. 6º – Para os fins desta Lei, consideram-se:

I – órgão: unidade de atuação integrante da estrutura da Administração Pública;

II – entidade: unidade de atuação dotada de personalidade jurídica;

III – Administração Pública: administração direta e indireta da União, dos Estados, do Distrito Federal e dos Municípios, inclusive as entidades com personalidade jurídica de direito privado sob controle do poder público e as fundações por ele instituídas ou mantidas;

IV – Administração: órgão ou entidade por meio do qual a Administração Pública atua;

V – agente público: indivíduo que, em virtude de eleição, nomeação, designação, contratação ou qualquer outra forma de investidura ou vínculo, exerce mandato, cargo, emprego ou função em pessoa jurídica integrante da Administração Pública;

VI – autoridade: agente público dotado de poder de decisão;

VII – contratante: pessoa jurídica integrante da Administração Pública responsável pela contratação;

VIII – contratado: pessoa física ou jurídica, ou consórcio de pessoas jurídicas, signatária de contrato com a Administração;

IX – licitante: pessoa física ou jurídica, ou consórcio de pessoas jurídicas, que participa ou manifesta a intenção de participar de processo licitatório, sendo-lhe equiparável, para os fins desta Lei, o fornecedor ou o prestador de serviço que, em atendimento à solicitação da Administração, oferece proposta;

X – compra: aquisição remunerada de bens para fornecimento de uma só vez ou parceladamente, considerada imediata aquela com prazo de entrega de até 30 (trinta) dias da ordem de fornecimento;

XI – serviço: atividade ou conjunto de atividades destinadas a obter determinada utilidade, intelectual ou material, de interesse da Administração;

XII – obra: toda atividade estabelecida, por força de lei, como privativa das profissões de arquiteto e engenheiro que implica intervenção no meio ambiente por meio de um conjunto harmônico de ações que, agregadas, formam um todo que inova o espaço físico da natureza ou acarreta alteração substancial das características originais de bem imóvel;

XIII – bens e serviços comuns: aqueles cujos padrões de desempenho e qualidade podem ser objetivamente definidos pelo edital, por meio de especificações usuais de mercado;

XIV – bens e serviços especiais: aqueles que, por sua alta heterogeneidade ou complexidade, não podem ser descritos na forma do inciso XIII do caput deste artigo, exigida justificativa prévia do contratante;

XV – serviços e fornecimentos contínuos: serviços contratados e compras realizadas pela Administração Pública para a manutenção da atividade administrativa, decorrentes de necessidades permanentes ou prolongadas;

XVI – serviços contínuos com regime de dedicação exclusiva de mão de obra: aqueles cujo modelo de execução contratual exige, entre outros requisitos, que:

a) os empregados do contratado fiquem à disposição nas dependências do contratante para a prestação dos serviços;

b) o contratado não compartilhe os recursos humanos e materiais disponíveis de uma contratação para execução simultânea de outros contratos;

c) o contratado possibilite a fiscalização pelo contratante quanto à distribuição, controle e supervisão dos recursos humanos alocados aos seus contratos;

XVII – serviços não contínuos ou contratados por escopo: aqueles que impõem ao contratado o dever de realizar a prestação de um serviço específico em período predeterminado, podendo ser prorrogado, desde que justificadamente, pelo prazo necessário à conclusão do objeto;

XVIII – serviços técnicos especializados de natureza predominantemente intelectual: aqueles realizados em trabalhos relativos a:

a) estudos técnicos, planejamentos, projetos básicos e projetos executivos;

b) pareceres, perícias e avaliações em geral;

c) assessorias e consultorias técnicas e auditorias financeiras e tributárias;

d) fiscalização, supervisão e gerenciamento de obras e serviços;

e) patrocínio ou defesa de causas judiciais e administrativas;

f) treinamento e aperfeiçoamento de pessoal;

g) restauração de obras de arte e de bens de valor histórico;

h) controles de qualidade e tecnológico, análises, testes e ensaios de campo e laboratoriais, instrumentação e monitoramento de parâmetros específicos de obras e do meio ambiente e demais serviços de engenharia que se enquadrem na definição deste inciso;

XIX – notória especialização: qualidade de profissional ou de empresa cujo conceito, no campo de sua especialidade, decorrente de desempenho anterior, estudos, experiência, publicações, organização, aparelhamento, equipe técnica ou outros requisitos relacionados com suas atividades, permite inferir que o seu trabalho é essencial e reconhecidamente adequado à plena satisfação do objeto do contrato;

XX – estudo técnico preliminar: documento constitutivo da primeira etapa do planejamento de uma contratação que caracteriza o interesse público envolvido e a sua melhor solução e dá base ao anteprojeto, ao termo de referência ou ao projeto básico a serem elaborados caso se conclua pela viabilidade da contratação;

XXI – serviço de engenharia: toda atividade ou conjunto de atividades destinadas a obter determinada utilidade, intelectual ou material, de interesse para a Administração e que, não enquadradas no conceito de obra a que se refere o inciso XII do caput deste artigo, são estabelecidas, por força de lei, como privativas das profissões de arquiteto e engenheiro ou de técnicos especializados, que compreendem:

a) serviço comum de engenharia: todo serviço de engenharia que tem por objeto ações, objetivamente padronizáveis em termos de desempenho e qualidade, de manutenção, de adequação e de adaptação de bens móveis e imóveis, com preservação das características originais dos bens;

b) serviço especial de engenharia: aquele que, por sua alta heterogeneidade ou complexidade, não pode se enquadrar na definição constante da alínea "a" deste inciso;

XXII - obras, serviços e fornecimentos de grande vulto: aqueles cujo valor estimado supera R$ 200.000.000,00 (duzentos milhões de reais); (Vide Decreto nº 10.922, de 2021) (Vigência)

XXIII – termo de referência: documento necessário para a contratação de bens e serviços, que deve conter os seguintes parâmetros e elementos descritivos:

a) definição do objeto, incluídos sua natureza, os quantitativos, o prazo do contrato e, se for o caso, a possibilidade de sua prorrogação;

b) fundamentação da contratação, que consiste na referência aos estudos técnicos preliminares correspondentes ou, quando não for possível divulgar esses estudos, no extrato das partes que não contiverem informações sigilosas;

c) descrição da solução como um todo, considerado todo o ciclo de vida do objeto;

d) requisitos da contratação;

e) modelo de execução do objeto, que consiste na definição de como o contrato deverá produzir os resultados pretendidos desde o seu início até o seu encerramento;

f) modelo de gestão do contrato, que descreve como a execução do objeto será acompanhada e fiscalizada pelo órgão ou entidade;

g) critérios de medição e de pagamento;

h) forma e critérios de seleção do fornecedor;

i) estimativas do valor da contratação, acompanhadas dos preços unitários referenciais, das memórias de cálculo e dos documentos que lhe dão suporte, com os parâmetros utilizados para a obtenção dos preços e para os respectivos cálculos, que devem constar de documento separado e classificado;

j) adequação orçamentária;

XXIV – anteprojeto: peça técnica com todos os subsídios necessários à elaboração do projeto básico, que deve conter, no mínimo, os seguintes elementos:

a) demonstração e justificativa do programa de necessidades, avaliação de demanda do público-alvo, motivação técnico-econômico-social do empreendimento, visão global dos investimentos e definições relacionadas ao nível de serviço desejado;

b) condições de solidez, de segurança e de durabilidade;

c) prazo de entrega;

d) estética do projeto arquitetônico, traçado geométrico e/ou projeto da área de influência, quando cabível;

e) parâmetros de adequação ao interesse público, de economia na utilização, de facilidade na execução, de impacto ambiental e de acessibilidade;

f) proposta de concepção da obra ou do serviço de engenharia;

g) projetos anteriores ou estudos preliminares que embasaram a concepção proposta;

h) levantamento topográfico e cadastral;

i) pareceres de sondagem;

j) memorial descritivo dos elementos da edificação, dos componentes construtivos e dos materiais de construção, de forma a estabelecer padrões mínimos para a contratação;

XXV – projeto básico: conjunto de elementos necessários e suficientes, com nível de precisão adequado para definir e dimensionar a obra ou o serviço, ou o complexo de obras ou de serviços objeto da licitação, elaborado com base nas indicações dos estudos técnicos preliminares, que assegure a viabilidade técnica e o adequado tratamento do impacto ambiental do empreendimento e que possibilite a avaliação do custo da obra e a definição dos métodos e do prazo de execução, devendo conter os seguintes elementos:

a) levantamentos topográficos e cadastrais, sondagens e ensaios geotécnicos, ensaios e análises laboratoriais, estudos socioambientais e demais dados e levantamentos necessários para execução da solução escolhida;

b) soluções técnicas globais e localizadas, suficientemente detalhadas, de forma a evitar, por ocasião da elaboração do projeto executivo e da realização das obras e montagem, a necessidade de reformulações ou variantes quanto à qualidade, ao preço e ao prazo inicialmente definidos;

c) identificação dos tipos de serviços a executar e dos materiais e equipamentos a incorporar à obra, bem como das suas especificações, de modo a assegurar os melhores resultados para o empreendimento e a segurança executiva na utilização do objeto, para os fins a que se destina, considerados os riscos e os perigos identificáveis, sem frustrar o caráter competitivo para a sua execução;

d) informações que possibilitem o estudo e a definição de métodos construtivos, de instalações provisórias e de condições organizacionais para a obra, sem frustrar o caráter competitivo para a sua execução;

e) subsídios para montagem do plano de licitação e gestão da obra, compreendidos a sua programação, a estratégia de suprimentos, as normas de fiscalização e outros dados necessários em cada caso;

f) orçamento detalhado do custo global da obra, fundamentado em quantitativos de serviços e fornecimentos propriamente avaliados, obrigatório exclusivamente para os regimes de execução previstos nos incisos I, II, III, IV e VII do caput do art. 46 desta Lei;

XXVI – projeto executivo: conjunto de elementos necessários e suficientes à execução completa da obra, com o detalhamento das soluções previstas no projeto básico, a identificação de serviços, de materiais e de equipamentos a serem incorporados à obra, bem como suas especificações técnicas, de acordo com as normas técnicas pertinentes;

XXVII – matriz de riscos: cláusula contratual definidora de riscos e de responsabilidades entre as partes e caracterizadora do equilíbrio econômico-financeiro inicial do contrato, em termos de ônus financeiro decorrente de eventos supervenientes à contratação, contendo, no mínimo, as seguintes informações:

a) listagem de possíveis eventos supervenientes à assinatura do contrato que possam causar impacto em seu equilíbrio econômico-financeiro e previsão de eventual necessidade de prolação de termo aditivo por ocasião de sua ocorrência;

b) no caso de obrigações de resultado, estabelecimento das frações do objeto com relação às quais haverá liberdade para os contratados inovarem em soluções metodológicas ou tecnológicas, em termos de modificação das soluções previamente delineadas no anteprojeto ou no projeto básico;

c) no caso de obrigações de meio, estabelecimento preciso das frações do objeto com relação às quais não haverá liberdade para os contratados inovarem em soluções metodológicas ou tecnológicas, devendo haver obrigação de aderência entre a execução e a solução predefinida no anteprojeto ou no projeto básico, consideradas as características do regime de execução no caso de obras e serviços de engenharia;

XXVIII – empreitada por preço unitário: contratação da execução da obra ou do serviço por preço certo de unidades determinadas;

XXIX – empreitada por preço global: contratação da execução da obra ou do serviço por preço certo e total;

XXX – empreitada integral: contratação de empreendimento em sua integralidade, compreendida a totalidade das etapas de obras, serviços e instalações necessárias, sob inteira responsabilidade do contratado até sua entrega ao contratante em condições de entrada em operação, com características adequadas às finalidades para as quais foi contratado e atendidos os requisitos técnicos e legais para sua utilização com segurança estrutural e operacional;

XXXI – contratação por tarefa: regime de contratação de mão de obra para pequenos trabalhos por preço certo, com ou sem fornecimento de materiais;

XXXII – contratação integrada: regime de contratação de obras e serviços de engenharia em que o contratado é responsável por elaborar e desenvolver os projetos básico e executivo, executar obras e serviços de engenharia, fornecer bens ou prestar serviços especiais e realizar montagem, teste, pré-operação e as demais operações necessárias e suficientes para a entrega final do objeto;

XXXIII – contratação semi-integrada: regime de contratação de obras e serviços de engenharia em que o contratado é responsável por elaborar e desenvolver o projeto executivo, executar obras e serviços de engenharia, fornecer bens ou prestar serviços especiais e realizar montagem, teste, pré-operação e as demais operações necessárias e suficientes para a entrega final do objeto;

XXXIV – fornecimento e prestação de serviço associado: regime de contratação em que, além do fornecimento do objeto, o contratado responsabiliza-se por sua operação, manutenção ou ambas, por tempo determinado;

XXXV – licitação internacional: licitação processada em território nacional na qual é admitida a participação de licitantes estrangeiros, com a possibilidade de cotação de preços em moeda estrangeira, ou licitação na qual o objeto contratual pode ou deve ser executado no todo ou em parte em território estrangeiro;

XXXVI – serviço nacional: serviço prestado em território nacional, nas condições estabelecidas pelo Poder Executivo federal;

XXXVII - produto manufaturado nacional: produto manufaturado produzido no território nacional de acordo com o processo produtivo básico ou com as regras de origem estabelecidas pelo Poder Executivo federal;

XXXVIII – concorrência: modalidade de licitação para contratação de bens e serviços especiais e de obras e serviços comuns e especiais de engenharia, cujo critério de julgamento poderá ser:

a) menor preço;

b) melhor técnica ou conteúdo artístico;

c) técnica e preço;

d) maior retorno econômico;

e) maior desconto;

XXXIX – concurso: modalidade de licitação para escolha de trabalho técnico, científico ou artístico, cujo critério de julgamento será o de melhor técnica ou conteúdo artístico, e para concessão de prêmio ou remuneração ao vencedor;

XL – leilão: modalidade de licitação para alienação de bens imóveis ou de bens móveis inservíveis ou legalmente apreendidos a quem oferecer o maior lance;

XLI – pregão: modalidade de licitação obrigatória para aquisição de bens e serviços comuns, cujo critério de julgamento poderá ser o de menor preço ou o de maior desconto;

XLII – diálogo competitivo: modalidade de licitação para contratação de obras, serviços e compras em que a Administração Pública realiza diálogos com licitantes previamente selecionados mediante critérios objetivos, com o intuito de desenvolver uma ou mais alternativas capazes de atender às suas necessidades, devendo os licitantes apresentar proposta final após o encerramento dos diálogos;

XLIII – credenciamento: processo administrativo de chamamento público em que a Administração Pública convoca interessados em prestar serviços ou fornecer bens para que, preenchidos os requisitos necessários, se credenciem no órgão ou na entidade para executar o objeto quando convocados;

XLIV – pré-qualificação: procedimento seletivo prévio à licitação, convocado por meio de edital, destinado à análise das condições de habilitação, total ou parcial, dos interessados ou do objeto;

XLV – sistema de registro de preços: conjunto de procedimentos para realização, mediante contratação direta ou licitação nas modalidades pregão ou concorrência, de registro formal de preços relativos a prestação de serviços, a obras e a aquisição e locação de bens para contratações futuras;

XLVI – ata de registro de preços: documento vinculativo e obrigacional, com característica de compromisso para futura contratação, no qual são registrados o objeto, os preços, os fornecedores, os órgãos participantes e as condições a serem praticadas, conforme as disposições contidas no edital da licitação, no aviso ou instrumento de contratação direta e nas propostas apresentadas;

XLVII – órgão ou entidade gerenciadora: órgão ou entidade da Administração Pública responsável pela condução do conjunto de procedimentos para registro de preços e pelo gerenciamento da ata de registro de preços dele decorrente;

XLVIII – órgão ou entidade participante: órgão ou entidade da Administração Pública que participa dos procedimentos iniciais da contratação para registro de preços e integra a ata de registro de preços;

XLIX – órgão ou entidade não participante: órgão ou entidade da Administração Pública que não participa dos procedimentos iniciais da licitação para registro de preços e não integra a ata de registro de preços;

L – comissão de contratação: conjunto de agentes públicos indicados pela Administração, em caráter permanente ou especial, com a função de receber, examinar e julgar documentos relativos às licitações e aos procedimentos auxiliares;

LI – catálogo eletrônico de padronização de compras, serviços e obras: sistema informatizado, de gerenciamento centralizado e com indicação de preços, destinado a permitir a padronização de itens a serem adquiridos pela Administração Pública e que estarão disponíveis para a licitação;

LII – sítio eletrônico oficial: sítio da internet, certificado digitalmente por autoridade certificadora, no qual o ente federativo divulga de forma centralizada as informações e os serviços de governo digital dos seus órgãos e entidades;

LIII – contrato de eficiência: contrato cujo objeto é a prestação de serviços, que pode incluir a realização de obras e o fornecimento de bens, com o objetivo de proporcionar economia ao contratante, na forma de redução de despesas correntes, remunerado o contratado com base em percentual da economia gerada;

LIV – seguro-garantia: seguro que garante o fiel cumprimento das obrigações assumidas pelo contratado;

LV – produtos para pesquisa e desenvolvimento: bens, insumos, serviços e obras necessários para atividade de pesquisa científica e tecnológica, desenvolvimento de tecnologia ou inovação tecnológica, discriminados em projeto de pesquisa;

LVI – sobrepreço: preço orçado para licitação ou contratado em valor expressivamente superior aos preços referenciais de mercado, seja de apenas 1 (um) item, se a licitação ou a contratação for por preços unitários de serviço, seja do valor global do objeto, se a licitação ou a contratação for por tarefa, empreitada por preço global ou empreitada integral, semi-integrada ou integrada;

LVII – superfaturamento: dano provocado ao patrimônio da Administração, caracterizado, entre outras situações, por:

a) medição de quantidades superiores às efetivamente executadas ou fornecidas;

b) deficiência na execução de obras e de serviços de engenharia que resulte em diminuição da sua qualidade, vida útil ou segurança;

> c) alterações no orçamento de obras e de serviços de engenharia que causem desequilíbrio econômico-financeiro do contrato em favor do contratado;
>
> d) outras alterações de cláusulas financeiras que gerem recebimentos contratuais antecipados, distorção do cronograma físico-financeiro, prorrogação injustificada do prazo contratual com custos adicionais para a Administração ou reajuste irregular de preços;
>
> LVIII – reajustamento em sentido estrito: forma de manutenção do equilíbrio econômico-financeiro de contrato consistente na aplicação do índice de correção monetária previsto no contrato, que deve retratar a variação efetiva do custo de produção, admitida a adoção de índices específicos ou setoriais;
>
> LIX – repactuação: forma de manutenção do equilíbrio econômico-financeiro de contrato utilizada para serviços contínuos com regime de dedicação exclusiva de mão de obra ou predominância de mão de obra, por meio da análise da variação dos custos contratuais, devendo estar prevista no edital com data vinculada à apresentação das propostas, para os custos decorrentes do mercado, e com data vinculada ao acordo, à convenção coletiva ou ao dissídio coletivo ao qual o orçamento esteja vinculado, para os custos decorrentes da mão de obra;
>
> LX – agente de contratação: pessoa designada pela autoridade competente, entre servidores efetivos ou empregados públicos dos quadros permanentes da Administração Pública, para tomar decisões, acompanhar o trâmite da licitação, dar impulso ao procedimento licitatório e executar quaisquer outras atividades necessárias ao bom andamento do certame até a homologação.

No que diz respeito ao *caput* do artigo 1º, não há mudança de *conteúdo*, relativamente à Lei nº 8.666/1993. Dá-se apenas uma arrumação mais clara e abrangente, de sorte a afugentar dúvidas interpretativas que foram, aqui e acolá, registradas na doutrina e na jurisprudência.

É nos parágrafos do artigo 1º, bem como nos artigos 3º e 4º, que são estabelecidas as áreas de abrangência e de exclusão de incidência da Lei Geral. E a nova redação contém significativa modificação na regulação da contratação administrativa. Esse novo paradigma implica a validade das seguintes afirmações:

- as empresas públicas e as sociedades de economia mista e suas subsidiárias não estão sujeitas aos regimes da Lei nº 14.133, balizando-se pela Lei nº 13.303/2016, redigida esta sim, com observância aos ditames do artigo 173 da Constituição;
- no teor de seu artigo 186, bem como do conjunto do ordenamento positivo vigente, a Lei nº 14.133 só se aplica *subsidiariamente* às concessões de serviços públicos (Lei nº 8.987/1995), às parcerias público-privadas (Leis nº 11.079/2004 e

nº 13.334/2016), à contratação de serviços de publicidade (Lei nº 12.232/2010) e de temas normativamente conectados à área estratégica de defesa (Lei nº 12.598/2012);

– é amplamente admitida a não aplicabilidade da Lei Geral a contratações disciplinadas em diplomas supervenientes. E é o que se dá em quase todos os marcos legais pertinentes à implantação das tão necessárias e inovadoras infraestruturas (quando muito tais marcos adotam a Lei Geral como fonte subsidiária) e às *startups* (Lei Complementar nº 182/2021).

Referentemente à contratação de aquisições ou locações de imóvel, tidas no artigo 2º, III e IV, como submissas aos ditames da Lei Geral, cumpre notar que, se o Estado é locatário ou adquirente, pode ser dispensada a licitação,[127] se as características de instalações ou localizações forem *determinantes* da formação do pacto.

Anote-se ainda que, não obstante a unilateralidade e certa precariedade da figura, as *autorizações*[128] também se sujeitam à Lei Geral.

O artigo 5º da Lei nº 14.133 estabelece os PRINCÍPIOS que regem sua aplicação, a exemplo do que acontecia na vigência da Lei nº 8.666/1993.[129] Mas da comparação entre esses dois diplomas verifica-se que a Lei nº 14.133 aditou, aos da nº 8.666/1993, *14 novos princípios*, a maior parte dos quais herdados dos artigos 20 a 30 da LINDB (acréscimos da Lei nº 13.655/2018) ou do artigo 2º da Lei nº 9.784/1999 (Lei do Processo Administrativo). A maior parte dos "novos" princípios já foi por nós examinada no primeiro volume deste Tratado, no ensejo do exame dos princípios do Direito Administrativo brasileiro. Mas há dois *princípios* na Lei nº 14.133, antes por nós não exauridos. Faremos então, em relação a eles, referência, tão sucinta quanto possível, até porque, como entendemos (e já o expressamos), a locução *princípio jurídico*, os dois a serem agora cogitados, *não são* pertencentes a tal categoria, podendo e devendo ser vistos como *diretrizes administrativas* ou mesmo *políticas públicas*. Estaremos então a falar dos princípios da *segregação de funções* e do *desenvolvimento sustentável*.

---

[127] Artigo 74, V.

[128] Constituição Federal, artigo 21, XII.

[129] Artigo 3º.

No que toca ao primeiro dos "princípios" supracitados, nele vemos a exigência de *especialização* e *separação subjetiva (é dizer, distribuição de tarefas segundo a especialização dos agentes e de suas atividades)*: trata-se, conforme anotado no "Manual do Operador de Despesas", editado pelo Conselho Nacional do Ministério Público, de não se atribuir, ao mesmo agente, funções de autorização, apuração, execução, contabilização e controle, das etapas das licitações e contratações administrativas. *Princípio*? Continuamos na divergência.

O desenvolvimento sustentável, como CLÁUSULA OBRIGATÓRIA das contratações públicas, foi introduzido pela Lei nº 12.349/2010, surgindo então como acréscimo à então vigente Lei nº 8.666/1993. A vagueza da "sustentabilidade" tem ensejado até mesmo delírios hermenêuticos e doutrinários. Para nos atermos, no máximo possível, aos vínculos constitucionáveis aqui invocáveis, divisamos no desenvolvimento sustentável uma POLÍTICA PÚBLICA (por isso mesmo de cogência indiscutível) segundo a qual, nas licitações e contratações, cuidar-se-á da não provocação de ameaças ambientais, bem como da não promoção de desequilíbrios econômicos e sociais para Estados, Municípios e Distrito Federal. Nessa cláusula, entreveremos um alerta para que o administrador, interessado em estabelecer preferências para alguns entes federativos, não o faça de forma estabanada, de sorte a tirar o agasalho de um, para aquecer outro. *Princípio*? Continuamos na divergência.

O artigo 6º, em espantoso rol de 60 (sessenta) definições terminológicas, se esqueceu de que, classicamente, não é papel da lei estipular definições jurídicas. Tampouco essa é uma tradição de nosso direito positivo. Mas o mau vezo da definição na lei, instaurado entre nós a partir da chamada "revolução" de 1964, por força da invasão de tecnocratas, burocratas e economistas, na seara do Direito, não é praga que pareça de fácil remoção. A definição legal estiola o conceito jurídico, muitas vezes impedindo a adaptação da lei a novos desafios e necessidades sociais: daí as rupturas ou inanidades do direito positivo, nem sempre passíveis de construção para a superação, por parte da doutrina e/ou da jurisprudência. O que se pensa ganhar em precisão, com os chamados glossários legislados, perde-se em ductibilidade e duração da norma. E isso sem contar que, com habitual frequência, as definições legais se apresentam insuficientes, quando não erradas mesmo, o que mais acossa o intérprete de angústias, no desempenho de sua tarefa. Registre-se (em reiteração), por curiosidade que, ao contrário do que ocorria com preceito análogo da Lei nº 8.666/1993, na atual Lei Geral não se define ou conceitua *contrato administrativo*.

Para além de tudo isso, cumpre ponderar que as definições legisladas só se destinam ao manuseio das leis que as consagram ou a que se refiram. Daí que, induvidosamente, e apesar de respeitáveis opiniões em contrário, não têm elas o caráter de *norma geral*. Ressalte-se, porém, que importantes autores pensam diferentemente, sob o argumento básico de que a fidelidade na observância dos princípios da licitação não prescinde da utilização de um patamar definitório unívoco. Conquanto valioso, o argumento não nos convence, à luz, sobretudo, dos artigos 25 (*caput*) e 30, I, da Constituição Federal. Claro que certas definições, do artigo 6º sob exame, são aplicáveis também a Estados, Municípios e Distrito Federal; mas assim é pelo *conteúdo semântico* da palavra ou expressão definida, e não a vontade do legislador dicionarista.

Afaste-se, por fim, uma objeção frequente, à concepção por nós sustentada: nossa tese implicaria uma carta em branco, para que o legislador local atribua aos vocábulos o entendimento que lhe dê na cabeça. Erro total! Quando as palavras da lei têm uso fluente no linguajar comum, um mínimo de compromisso terá de existir entre o conceito jurídico e o não técnico; doutra parte, mesmo que não tenha o vocábulo livre trânsito no mundo da experiência, restringindo-se sua circulação ao âmbito jurídico, novamente um mínimo compromisso conceitual será registrável, não se admitindo que possa ser a ele atribuído entendimento radicalmente diverso ou oposto ao que a doutrina jurídica até então vinha consagrando. Assim, o grau de *invenção* semântica jurídica, que nossa concepção abre ao legislador, apresenta-se fortemente confinado, apenas se revelando na utilização que por primeira vez se faça de um certo termo. Dessa forma, visto o problema, ínfima será a margem de vacuidades semânticas no campo do Direito. Acrescente-se que esta *não é* uma obra de comentários à lei (obras, aliás, importantes e úteis). Por isso apenas esporadicamente aludiremos a alguma das definições do artigo 6º.

Os artigos 76 e 77 da Lei Geral cuidam de um específico contrato (alienação) e das hipóteses em que, para tais fins, é dispensada a licitação. Trata-se, pois, de tema a ser enfrentado no próximo volume, quando dentre outras matérias, cuidaremos do processo administrativo *especial* de *licitação*.

Do artigo 89 a 150 temos o regime legal dos contratos administrativos. Pela própria extensão dos articulados, não serão eles transcritos. Mas abordaremos separadamente cada uma das etapas da vida contratual, ocasiões em que faremos eventualmente referência a específicos artigos legais. E em apartado segmento, trataremos do ponto que é a culminância de todo o item 12: *a necessidade de RETEORIZAÇÃO do contrato administrativo.*

12.8

Ao propormos uma *reteorização* do contrato administrativo, *não* estamos pensando em sugerir uma *conceituação* diversa das já existentes. Até porque, relembre-se, em outro subitem anterior já expressamos nosso conceito.

A intenção da *reteorização* diz respeito à reformulação da *lógica* do contrato administrativo, de sua *essência existencial*. Ao externar nossa intenção, estamos atentos à douta advertência de Fernando Dias Menezes de Almeida:[130] nossa proposta não é de cunho *ideológico*, mas sim, *lógico* e de *ciência do Direito*.

Na sequência das ênfases acima apresentadas, tem-se a partir da independência em 1822 a nítida configuração jurídica dos seguintes ciclos (com suas lógicas próprias):

- no *período imperial*, nem mesmo nossos administrativistas clássicos, segundo veremos mais à frente, se dedicaram realmente à figura do contrato. A centralização da maior fatia do poder, nas mãos do Imperador, não era propícia a ajustes de celebração no exercício da função administrativa. Mesmo quando surgem as primeiras concessões de serviço público, o Estado adota os esquemas do Direito privado, manipulando-os livremente para afeiçoarem a execução dos contratos aos imperativos do Executivo; é a *lógica da autoridade;*
- na continuidade, divisamos um *primeiro período republicano*, que temos como iniciado na proclamação de 1889, estendendo-se até o fim da década de 70. No decorrer desse período, os administrativistas brasileiros, após um primeiro momento até

---

130 ALMEIDA, Fernando Dias Menezes de. *Teoria do Contrato Administrativo*: uma abordagem histórico-evolutiva com foco no direito brasileiro. Tese – (Livre Docência em Direito) – Universidade de São Paulo, São Paulo, 2010. p. 315-316.

de negação de existência da figura do contrato administrativo (como vimos, por exemplo, nas lições de Oswaldo Aranha Bandeira de Mello), caminharam para a afirmação do conceito e mesmo sua completa autonomização. No campo estrito da ciência jurídica, esse percurso foi marcado pela crescente adoção da ideia de supremacia do poder público sobre a feição colaborativa da teoria geral dos contratos. É o tempo de glorificação das cláusulas exorbitantes, da preponderância das competências contratuais da Administração Pública, sobre o complexo de direitos e faculdades reconhecidos ao contratado. É o tempo da *lógica da supremacia do interesse público,* mas "interesse público" como identificado como tal pela Administração;

- a partir de fins da década de 70 infiltra-se, no tema contratual, a ideia de cooperação e colaboração com o particular; aí temos um *segundo período republicano*. É o tempo da reforma do Estado, das privatizações, da reconstitucionalização do país. Caminha-se, embora ainda inconclusivamente, para uma equação de equilíbrio de faculdades e atribuições entre contratante e contratado. É a *lógica da coparticipação,* impactando fortemente a técnica e a realidade contratual;
- de lá para cá o Estado se vê compelido a reconhecer suas limitações, incluída a ausência de suficientes recursos públicos para atendimento às necessidades e conveniências do cidadão e de suas coletividades. A doutrina administrativa discerne a necessidade, *neste terceiro período republicano,* de ampliar a colaboração do cidadão, de implicar o empreendedor e o capital privados na edificação de uma infraestrutura idônea à modernização do país, de tornar o contrato administrativo numa fonte de captação de recursos para a Administração Pública, de dirigir para a cidadania o direito de ser protagonista na definição das vocações da função administrativa. É a *lógica do consenso,* amalgamada à compreensão da *funcionalidade econômica* do contrato administrativo. Não há mais reconhecimento da superioridade da Administração Pública, é cada vez mais rejeitada a técnica das cláusulas exorbitantes, e, depois da edição do novo Código Civil, reaproximam-se o contrato administrativo e a teoria geral dos contratos (sobretudo, em razão do que preceituam os artigos 421 e 422 do aludido Código).

O *quarto movimento* acima destacado importa, do ângulo da ciência jurídica, na necessidade de uma nova visão, no Brasil (sim, aqui, pois em outros países tal esforço já foi iniciado e mesmo, em alguns, atingiu seu pleno objetivo), da teoria do contrato administrativo. Os alicerces dessa reconstrução devem ter, aqui e agora, sua consolidação formal exaltada, pois constituem eles verdadeiros axiomas e repisam conceitos antecedentemente lançados à exaustão. São eles, em nosso entendimento:

- o *consenso* administração/administrado é a pedra de toque, na contemporaneidade do Direito Administrativo;
- tal consenso não se esgota na decisão da mera *instrumentalização* da função administrativa. Ele caminha até as definições, com a participação e mesmo manifestação originária do Administrado, até a concretização última do anseio ou da necessidade individual e/ou coletiva, inclusive com tal concretização correspondendo (como medida mesmo de validade) à aspiração e desejo dos beneficiários integrantes da cidadania;
- se assim é – e é – com o ato administrativo unilateral, tanto mais há de ocorrer com os ajustes, acordos, contratos etc. Sinalagma e comutatividade são características ideais da *teoria geral dos contratos* – e, portanto, também dos contratos administrativos.

É verdade que, na realidade fática da vida administrativa, a maior parte dos nossos contratos administrativos tem como protagonista estatal as empresas públicas e as sociedades de economia mista. E, para a contratação de tais entidades o que vale – e mais tarde analisaremos o tópico – é a teoria geral dos contratos, com a necessária *acepção jurídica* de IGUALDADE dos pactuantes.

Dir-se-ia, em oposição a nossas assertivas, que a Lei nº 14.133 ratificou o figurino da nº 8.666/1993, com a consagração da velharia das clássicas cláusulas exorbitantes. Tais opositores, contudo, estariam redondamente equivocados, por isso que:

- a maioria das contratações públicas, sobretudo as de vulto econômico e de maior interesse para a coletividade (v.g., contratações ligadas ao saneamento básico), não segue servilmente os moldes da Lei nº 14.133;
- mesmo no figurino da nº 14.133, ou da nº 8.666, as cláusulas exorbitantes em favor da Administração se cingiam, no conteúdo, somente a *uma*: a que permite, na própria vida interna do

contrato, sem interferência de outro Poder, o sancionamento da inexecução ou da execução imperfeita. Mas a essa "cláusula exorbitante" corresponde outra, esta em favor do contratado: a exigibilidade da manutenção do equilíbrio econômico-financeiro do contrato, até como prevenção do enriquecimento sem causa.

Vedação ao enriquecimento sem causa, exigência da boa-fé na contratação e na respectiva execução, observância de uma determinação de função social do ajuste – eis aí o tripé axiológico que nosso Código Civil requer e a que a contratação administrativa há de estar necessariamente vergada. Essas três matrizes conceituais já foram por nós iterativamente examinadas. Mas não iremos esquivar-nos a algumas poucas considerações complementares.

Iniciamos por dizer que se é bem verdade que a maior parte dos mais relevantes contratos administrativos NÃO ESTÁ pautada pela Lei nº 14.133, como sustentar, como fizemos, a obsolescência das doutrinas glorificadoras das cláusulas exorbitantes?

À indagação supra, duas respostas:

- além do regime especial e particular dos contratos das empresas estatais, cumpre por em evidência que quase todas as contratações, envolvendo novas exigências dos Administrados (portos, ferrovias, aeroportos, saneamento etc.), são reguladas em leis específicas, não se sujeitando majoritariamente aos ditames da nº 14.133 (e de suas congêneres estaduais e municipais, ou distrital); tais contratos serão detidamente estudados nos volumes deste tratado, dedicados à Parte Especial do Direito Administrativo;
- mesmo para as demais contratações, a Lei de Liberdade Econômica (nº 13.874, de 2019), vinculada textualmente aos artigos 170 e 174 da Constituição – e por isso incidente em qualquer ato, unilateral ou bilateral, próprio da Administração Pública – elege em seu *artigo 2º*, como critérios de interpretação dos contratos, *quatro princípios* aos quais inteiramente incompatíveis cogitações atinentes às cláusulas exorbitantes.

Daí nossa *conclusão*, concernente à *reteorização* do contrato administrativo: o *contrato administrativo* é um ajuste de matrizes econômicas e sociais, pactuado entre *parceiros* (sem *superioridade jurídica* de qualquer um dos personagens), a ser aplicado, executado e interpretado com faculdades sancionatórias em favor da Administração, e garantias de equilíbrio econômico-financeiro em benefício dos contratados, quanto ao mais aplicável a teoria geral dos contratos.

Daí dizermos que, a rigor, não obstante sua extensão e suas desnecessárias minúcias (a rigor cabíveis preferencialmente na alçada regulamentar), a Lei Geral, a nº 14.133, dirige-se aos contratos regulares, programados e previsíveis, de desempenho habitual da função administrativa. O que de mais importante existe na contratação administrativa rege-se por normas particulares, consagradoras de uma particular inteligência jurídica: e é por essa razão que a reteorização do contrato administrativo, no Brasil, se impõe. Voltaremos ao ponto no subitem final do presente segmento 12.

12.9

Assentados que foram os conceitos mais abrangentes aplicáveis ao contrato administrativo, bem como subtraídos ao enfoque, neste volume, os contratos administrativos repletos de particularidades e especificidades (a serem estudados em futuros tomos), passa-se agora à consideração dos *aspectos gerais* do contratualismo administrativo brasileiro, que constituem o dia a dia do exercício da função administrativa. As fronteiras, que delimitam a ambiência dos pactos administrativos em geral, em face de ajustes específicos, já tiveram suas feições diacríticas antes expostas, mas agora a serem repetidas para maior facilidade expositiva. Na moderna contratualização administrativa adensa-se o campo da autonomia da vontade de *todos* os contratantes, tidos como iguais perante o Direito desde a Constituição.[131] Já na clássica visão, proclamava-se o primado da potestade administrativa e o império das cláusulas exorbitantes. Em suma, tínhamos aqui um amplo plano de unilateralidade; agora, em contraposição, o da plena e multilateral consensualidade, o reinado, enfim, do *negócio jurídico*. É dessa panorâmica que emergem figuras que no tempo devido serão estudadas: contratos de gestão, parcerias público-privadas etc., além dos tradicionais contratos de concessão e permissão. Enfim, o que há de novo, na contratualização administrativa brasileira, não é, de forma alguma, uma *visão privatista* do assunto, mas seu *enriquecimento material*, com sua *reaproximação* à teoria geral do Direito. Em vez da derrogação do

---

131 Artigos 170 a seguintes.

direito público, o reconhecimento, não preconceituoso, da necessidade da incidência, na matéria, do notável acervo conceitual que o direito comum por séculos construíra.

12.9.1

Como espécie, que é, de *ato jurídico*, o contrato administrativo, para *existir*, requer capacidade das partes (uma delas sendo a Administração, no exercício de função administrativa) para celebrá-lo, livre consentimento em sua concretização, licitude do objeto visado e da causa determinante do ajuste, forma legalmente prescrita (mais adiante voltaremos à questão da *forma* nos contratos administrativos). Nos contratos administrativos usuais ou gerais, que são os agora contemplados, a Lei nº 14.133, além de preceituar detalhadamente os requisitos de validade de cada um dos apontados elementos (artigo 89 e seguintes), incluindo a excepcionalidade de o licitante vencedor não chegar a firmar o instrumento contratual), estabelece ainda:

- a necessidade de ser o objeto nitidamente caracterizado, e portanto, *possível* (além de lícito);
- a adoção das cláusulas de prerrogativas, ou exorbitantes, conforme elenco do artigo 104.

No que toca a ditas cláusulas, reportamo-nos a itens em que as estudamos, combatemos e limitamos. No que pertinente à definição do objeto, restringimo-nos agora a lembrar os contratos administrativos de aquisição de inovações tecnológicas ou científicas (a serem bem mais à frente estudados), em que frequentemente se contrata produto ou processo produtivo ainda inexistentes e que podem até não ser concretizados. Voltemos, entretanto, ao geral, acentuando que os objetos passíveis juridicamente de tais contratações encontram-se elencados no artigo 2º da Lei nº 14.133, recomendando-se a leitura de tal regra com o instrumental conceitual do artigo 6º da mesma Lei.

Do conjunto de todas as considerações expendidas neste item 12 e seus subitens, tem-se que o contrato administrativo geral é do tipo adesivo, bilateral, oneroso, tanto quanto possível comutativo (mas marcado de cláusulas de prerrogativa em favor da Administração), celebrado *intuitu personae* e formal.

O regime das cláusulas exorbitantes não é, frise-se, uma carta em branco. Sua disciplina, conquanto marcada de obsoleto autoritarismo, cuida de tipificar as condições em que seus funcionamentos poderão ocorrer, conforme mais adiante será visto.

12.9.2

Dentre as inovações normativas que instituiu, a Lei nº 14.133 formulou, nos artigos 96 a 102, uma detalhada exposição sobre as garantias de execução do contrato.

Ressalte-se que a anterior Lei Geral (nº 8.666/1993) não era silente sobre a matéria, dedicando-lhe sobretudo seu artigo 56.

Na nova Lei, as modalidades antigas de garantias foram mantidas (caução em títulos da dívida pública, seguro-garantia e fiança bancária), bem como a facultatividade de sua imposição (a juízo da Administração) e a imperatividade de o edital prever sua execução (o que é mais que razoável, eis que o oferecimento de garantias impacta a proposta do licitante/contratado, encarecendo naturalmente o valor do contrato).

Igualmente paralelos são os tratamentos, das citadas Leis, sobre os valores das garantias e a devolução destas na hipótese de execução integral do contrato.

Mas a nova Lei introduziu o *step in* quando adotado o seguro-garantia: essa expressão indica o fenômeno de, no caso de inadimplemento do contratado que tenha prestado seguro-garantia, poder a Administração suspender a execução pelo contratado e *exigir* do segurador a assunção das obrigações do contrato de obras e serviços de grande vulto (aí incluídas multas contratuais e reparações conectadas à inadimplência), e de seus aditivos, até 30% (trinta por cento) do valor inicial do contrato. A empresa seguradora ficará obrigada na condição de interveniente – arremate do contrato administrativo e responsabilização até o final, pelo cumprimento da obrigação, mesmo que o contratado inicial deixe de pagar as prestações do seguro. Aliás, o seguro deverá ter extensão temporal que cubra não só a duração ajustada no pacto inicial, como também pelo tempo adicional que se torne necessário para plena implementação das consequências do uso do *step in*. Acrescente-se a propósito:

- a seguradora poderá subcontratar, total ou parcialmente, a execução do contrato;
- se assumir a conclusão do contrato, ficará ela desobrigada de pagar a importância indicada na apólice; mas em caso de recusa, deverá pagar à Administração o total da importância da cobertura fixada na apólice;
- a utilização do *step in* há de estar prevista no edital.

12.9.3

No artigo 103 a Lei nº 14.133 cuida do que denomina "alocação de riscos". Note-se que a Lei nº 8.666/1993 não disciplinara a matéria. Mas as supervenientes Leis nº 11.079/2004 e nº 12.846/2011 se dedicaram ao assunto, segundo haveremos de ver na sequência.

Na linguagem comum, *risco* é a probabilidade de certa coisa ocorrer.

No léxico do artigo 6º, da Lei nº 14.133, inciso XXVII, adotou-se o método de, ao expor o que é *matriz de risco*, conceituar *risco* e sua *alocação*. Confira-se:

> XXVII – matriz de riscos: cláusula contratual definidora de riscos e de responsabilidades entre as partes e caracterizadora do equilíbrio econômico-financeiro inicial do contrato, em termos de ônus financeiro decorrente de eventos supervenientes à contratação, contendo, no mínimo, as seguintes informações:
>
> a) listagem de possíveis eventos supervenientes à assinatura do contrato que possam causar impacto em seu equilíbrio econômico-financeiro e previsão de eventual necessidade de prolação de termo aditivo por ocasião de sua ocorrência;
>
> b) no caso de obrigações de resultado, estabelecimento das frações do objeto com relação às quais haverá liberdade para os contratados inovarem em soluções metodológicas ou tecnológicas, em termos de modificação das soluções previamente delineadas no anteprojeto ou no projeto básico;
>
> c) no caso de obrigações de meio, estabelecimento preciso das frações do objeto com relação às quais não haverá liberdade para os contratados inovarem em soluções metodológicas ou tecnológicas, devendo haver obrigação de aderência entre a execução e a solução predefinida no anteprojeto ou no projeto básico, consideradas as características do regime de execução no caso de obras e serviços de engenharia.

Torna-se claro, da leitura supra, que a Lei se afastou da leonina visão tradicional, segundo a qual o contratado assumiria todos os riscos da execução pactuada. Na atual concepção, que se afasta do autoritarismo inicial do contrato administrativo e se aproxima fortemente da teoria geral dos contratos, os riscos são atribuídos à parte que tenha mais adequadas aptidões para evitar as consequências de seu acontecimento ou para reparar as decorrências deles. Além disso, e como relevantíssima definição, a matriz de risco ajustada estabelece a primeira e originária concepção, em concreto, de equilíbrio econômico-financeiro do contrato.

Segundo dissemos antes, não obstante a omissão do tema na Lei nº 8.666, dois diplomas legais supervenientes comtemplaram a matéria: a Lei nº 11.079, que disciplinou as parcerias público-privadas; e a Lei nº 12.846, é dizer, a chamada Lei Anticorrupção. A partir dos marcos normativos acima postos, uma boa parte dos editais, ainda antes da Lei nº 14.133, passou a adotar matrizes de riscos, sem contudo o nível de clareza agora introduzido. Indubitavelmente, um progresso no regime legal ordinário dos contratos administrativos.

No que atinente à *duração* dos contratos administrativos, os artigos 105 a 114 deram, por fim, atenção às realidades e necessidades dos administrados. A postura da lei nº 8.666/1993, com a camisa de força do limite de 5 (cinco) anos (com algumas exceções, por exemplo, as concessões de serviços públicos), cede agora passo a outras marcações (5, 10, 15, 30 anos e, até mesmo, prazo indeterminado), segundo o objeto e as peculiaridades de cada contratação. E, por óbvio, mesmo essas demarcações poderão ser ultrapassadas, se lei específica regedora de contratos especiais, anterior ou posterior à atual Lei geral, assim impuser.

A *execução* dos contratos administrativos é alvo dos artigos 115 a 123 da Lei Geral. Em linhas gerais, tais articulados são inteiramente reconduzíveis à fórmula do Código Civil: executa-se o contrato com observância do pacto e do direito positivo pertinente, atuando as partes, *sempre*, com boa-fé e observância da função social dos contratos.

Há, nos citados artigos 115 a 123, regras que são explicitações dos requisitos inarredáveis da boa-fé e da função social nos contratos administrativos. Por isso mesmo, sua observância se estende inclusive aos contratos especiais e às leis que os regem, embora eventualmente nesses articulados não referidos textualmente. É o caso dos artigos 115, 116 e 118 a 123. Não é o que se dá com o mecanismo da fiscalização, pela Administração, da execução do contrato, estatuído no artigo 117: aqui o que se tem é uma regra particular, endereçada aos contratos comuns rotineiros e usuais da Administração federal direta, por isso mesmo podendo circunstancialmente não amoldar-se aos contratos especiais (assim qualificáveis pelo objeto ou mesmo pela natureza do segmento administrativo contratante) e às pactuações das empresas estatais.

Já as exigências de permanentes boa-fé e observância da função social têm de ver até mesmo com os conceitos de Administração Pública e de função administrativa. Daí sua aplicabilidade a todo e qualquer contrato administrativo.

Como nota de alerta, cumpre referir que, na Lei nº 14.133, não obstante as epígrafes textuais "execução", "alteração" e "extinção" do contrato, tais temas particulares transitam concomitantemente, sem boa técnica legislativa, nos diferentes capítulos assim nominados.

É o caso do artigo 122 (e também, por extensão compreensiva e abrangente, do artigo 123), que cuida da *subcontratação*. Confira-se o texto pertinente:

> Art. 122. Na execução do contrato e sem prejuízo das responsabilidades contratuais e legais, o contratado poderá subcontratar partes da obra, do serviço ou do fornecimento até o limite autorizado, em cada caso, pela Administração.
>
> §1º – O contratado apresentará à Administração documentação que comprove a capacidade técnica do subcontratado, que será avaliada e juntada aos autos do processo correspondente.
>
> §2º – Regulamento ou edital de licitação poderão vedar, restringir ou estabelecer condições para a subcontratação.
>
> §3º – Será vedada a subcontratação de pessoa física ou jurídica, se aquela ou os dirigentes desta mantiverem vínculo de natureza técnica, comercial, econômica, financeira, trabalhista ou civil com dirigente do órgão ou entidade contratante ou com agente público que desempenhe função na licitação ou atue na fiscalização ou na gestão do contrato, ou se deles forem cônjuge, companheiro ou parente em linha reta, colateral, ou por afinidade, até o terceiro grau, devendo essa proibição constar expressamente do edital de licitação.
>
> Art. 123. A Administração terá o dever de explicitamente emitir decisão sobre todas as solicitações e reclamações relacionadas à execução dos contratos regidos por esta Lei, ressalvados os requerimentos manifestamente impertinentes, meramente protelatórios ou de nenhum interesse para a boa execução do contrato.
>
> Parágrafo único. Salvo disposição legal ou cláusula contratual que estabeleça prazo específico, concluída a instrução do requerimento, a Administração terá o prazo de 1 (um) mês para decidir, admitida a prorrogação motivada por igual período.

Em realidade, os textos supra transcritos disciplinam a hipótese de *cessão parcial* do contrato, afetando sua execução e implicando uma *alteração subjetiva* (conquanto limitada e não excludente das responsabilidades contratuais originais do cedente). Temos, todavia, de reconhecer que, na pureza da teoria geral dos contratos, seja em Portugal, seja no Brasil, diga-se frequentemente que na *cessão*, dentre outras características, haveria, após sua celebração, a retirada do cedente, do estatuto contratual; em contrapartida, na *subcontratação*, os vínculos (o originário e o derivado) correriam em paralelo (é o pensamento, dentre outros, do insigne João de Matos Antunes Varela.[132] Com sinceridade, não divisamos, nos condicionamentos ora analisados, relevância prática na distinção. Continuamos a crer que no caso do artigo 122 da Lei nº 14.133 há uma cessão parcial do contrato, com uma peculiar distribuição de encargos e responsabilidades.

A necessariamente incessante observância da boa-fé e da função social, para todos os contratantes, na integralidade do desenvolver do vínculo, traz à tona a questão da *exceção do contrato não cumprido*, em nossa teoria geral estipulada no artigo 476 do Código Civil, *verbis*:

> Art. 476. Nos contratos bilaterais, nenhum dos contratantes, antes de cumprida a sua obrigação, pode exigir o implemento da do contrato outro.

Como se vê, segundo a figura aqui tratada, enraizada profundamente na teoria geral do Direito, aplicável, pois, ao Direito Administrativo, um dos sujeitos contratuais pode deixar de adimplir suas obrigações, caso o outro sujeito polar não cumpra as suas. Essa situação é típica das relações bilaterais onerosas e comutativas. Em nossa Lei Geral das Licitações e Contratos Administrativos, a *exceptio non adimpleti contractus* está expressamente prevista no artigo 137, §2º, inciso IV (com as restrições do parágrafo 3º do mesmo artigo). E, para mais, portanto, sublinhar a má técnica legislativa e mesmo certas deficiências teóricas do legislador, no citado diploma surge a *exceptio* como pauta da extinção unilateral do contrato por iniciativa do contratado, e concomitantemente (!), possibilidade de suspensão da execução do contrato, diretamente, i e., sem necessidade de interferência judicial. Com alusão ao saudoso cronista da vida boêmia carioca, Sergio Porto, temos nessa concepção um autêntico "samba do crioulo doido" (expressão que hoje teria de reformular, por certo, em razão não do combate aos preconceitos, mas de pruridos hipócritas da chamada correção política).

---

[132] VARELA, João de Matos Antunes. *Das Obrigações em Geral*. Coimbra: Almedina, 1997. V. II. p. 389-390.

Da *alteração* dos contratos cuidam os artigos 124 a 136.

É bom que se diga, em reiteração, que o direito positivo comum brasileiro ratifica, amiudadamente até, que os chamados "poderes exorbitantes", que seriam atribuídos à Administração nos contratos administrativos, não passam de FACULDADES, que todos os sujeitos podem utilizar até unilateralmente (com ressalva única da aplicação de sanções, na dinâmica mesmo da execução contratual) nas previsões do Código Civil.

No que toca às *alterações* do contrato, tais observações alcançam, entre nós, integral abono normativo, conforme se passará a explicitar.

Em primeiríssimo lugar, importa relembrar a previsão legal que faculta ao contratado, *unilateralmente*, suspender a execução do contrato, dado que significa importante modificação unilateral. A isso se somam as referências que fizemos ao Código Civil (fonte estrutural primeira das obrigações), que reconhecem ao contratado "poderes" modificativos unilaterais do contrato.

É dizer: não temos como subsistente, na íntegra, para os contratos administrativos, a clássica teoria francesa da ampla mutabilidade unilateral (pela Administração), como cunhada pelo Conselho de Estado. Assim se dá porque o *objeto da contratação* não é passível de alteração unilateral substancial:

> Art. 126. Se alguém dispuser de uma coisa sob condição suspensiva, e, pendente esta, fizer quanto àquela novas disposições, estas não terão valor, realizada a condição, se com ela forem incompatíveis.[133]

E assim também se dá porque, se a alteração unilateral desequilibrar a estrutura de encargos do contratado, a Administração, *motu proprio*, DEVERÁ promover o reequilíbrio:

> Art. 130. Ao titular do direito eventual, nos casos de condição suspensiva ou resolutiva, é permitido praticar os atos destinados a conservá-lo.
>
> Art. 131. O termo inicial suspende o exercício, mas não a aquisição do direito.
>
> Art. 132. Salvo disposição legal ou convencional em contrário, computam-se os prazos, excluído o dia do começo, e incluído o do vencimento.

---

[133] Código Civil Brasileiro.

§1º Se o dia do vencimento cair em feriado, considerar-se-á prorrogado o prazo até o seguinte dia útil.

§2º Meado considera-se, em qualquer mês, o seu décimo quinto dia.

§3º Os prazos de meses e anos expiram no dia de igual número do de início, ou no imediato, se faltar exata correspondência.

§4º Os prazos fixados por hora contar-se-ão de minuto a minuto.[134]

As transcrições, acima efetuadas, reclamam dois comentários adicionais. Assim:

- o "objeto" do contrato, do artigo 126, é vocábulo atecnicamente utilizado, pois o que se veda, terminantemente, é a mudança da *natureza,* bem como dos *propósitos,* da contratação;
- na concretização do reequilíbrio econômico-financeiro ter-se-á em mente, como limite, a matriz de riscos pactuada. Aliás, a elaboração de tal matriz constitui trabalho delicado, até porque deverá cuidar-se que no compartilhamento, nela ajustado, não se inclua a álea normal, é dizer, os riscos do negócio, que sempre são, em tese, previsíveis. Mas a álea administrativa (alterações unilaterais, fato do príncipe, fato da administração) e a álea econômica (teoria da imprevisão) deflagram, de ofício mesmo, como DEVER da Administração, o reequilíbrio. Daí, quando combatemos o próprio conceito de "cláusulas exorbitantes", tê-las reduzido a duas: a que, em favor da Administração, proclama a faculdade desta, de sancionar condutas faltosas do contratado; a que, em favor do administrado contratado, garante a restauração da equação econômico-financeira original do contrato, inclusive e sobretudo, por iniciativa da própria Administração.

O reequilíbrio em tela, mais uma vez repetimos, é um DEVER da Administração. O que, é evidente, não impede que ele possa ser requerido pelo contratado. E, por ser um DEVER, decorrente dos princípios administrativos da legalidade e da moralidade, bem assim dos princípios contratuais da boa-fé e da função social do contrato, o não exercício, pelo contratado, do pedido de reequilíbrio não tem a natureza de *renúncia* ou *desistência.* Até porque, como prescreve o artigo 131 da LLC, a ruptura do contrato não extingue o reconhecimento do desequilíbrio e a respectiva concessão de reparação. E não é só: se a

134 Código Civil Brasileiro.

Administração deixa de cumprir seu DEVER e o contratado se omite no pedido correlato, o desequilíbrio terminará por inviabilizar a execução do contrato, em flagrante ofensa ao princípio da continuidade da função administrativa (não é só pela continuidade do serviço público que se há de porfiar). Repetindo lição do inolvidável Geraldo Ataliba, em suas imperdíveis aulas e conferências: não se interpreta o texto legal (de qualquer hierarquia) em fatias ou franjas. Como decorrência, a *interpretação sistemática* nos obriga a ler, em conjunto, os artigos 124, 130 e 131, antes focalizados.

Entende-se como *fato do príncipe* o ato estatal (*lato sensu*), não relacionado ao contrato, mas que *agrava* (técnica ou economicamente) a atuação do contratado. Quando a ação de agravamento está diretamente relacionada ao contrato, fala-se em *fato da administração*. E, ao falarmos em *teoria da imprevisão*, o que expressamos é a constatação de fatos imprevisíveis ou previsíveis, mas provocativos de decorrências imprevisíveis, fatos esses não imputáveis aos sujeitos contratuais, que repercutem relevantemente na estrutura econômico-financeira do contrato, desequilibrando-a. O conceito, agora proposto, estampa com clareza o que dispõem os artigos 317 e 478 do Código Civil:

> Art. 317. Quando, por motivos imprevisíveis, sobrevier desproporção manifesta entre o valor da prestação devida e o do momento de sua execução, poderá o juiz corrigi-lo, a pedido da parte, de modo que assegure, quanto possível, o valor real da prestação.
>
> Art. 478. Nos contratos de execução continuada ou diferida, se a prestação de uma das partes se tornar excessivamente onerosa, com extrema vantagem para a outra, em virtude de acontecimentos extraordinários e imprevisíveis, poderá o devedor pedir a resolução do contrato. Os efeitos da sentença que a decretar retroagirão à data da citação.

De toda sorte, ocorrido o desequilíbrio, a equação inicial do contrato há de ser restaurada. Para tanto, promove-se o *reajustamento* ou a *repactuação*, instrumentos definidos, respectivamente, nos incisos LVIII e LIX do artigo 6º, da LLC. Confira-se:

> LVIII – reajustamento em sentido estrito: forma de manutenção do equilíbrio econômico-financeiro de contrato consistente na aplicação do índice de correção monetária previsto no contrato, que deve retratar a variação efetiva do custo de produção, admitida a adoção de índices específicos ou setoriais;

LIX – repactuação: forma de manutenção do equilíbrio econômico-financeiro de contrato utilizada para serviços contínuos com regime de dedicação exclusiva de mão de obra ou predominância de mão de obra, por meio da análise da variação dos custos contratuais, devendo estar prevista no edital com data vinculada à apresentação das propostas, para os custos decorrentes do mercado, e com data vinculada ao acordo, à convenção coletiva ou ao dissídio coletivo ao qual o orçamento esteja vinculado, para os custos decorrentes da mão de obra.

A esses instrumentos cumpre acrescentar dados concretos normativos da LLC, em que os citados instrumentos de reequilíbrio são imponíveis:

– parágrafo 7º do artigo 25:

§7º. Independentemente do prazo de duração do contrato, será obrigatória a previsão no edital de índice de reajustamento de preço, com data-base vinculada à data do orçamento estimado e com a possibilidade de ser estabelecido mais de um índice específico ou setorial, em conformidade com a realidade de mercado dos respectivos insumos.

– parágrafo 8º do artigo 25:

§8º. Nas licitações de serviços contínuos, observado o interregno mínimo de 1 (um) ano, o critério de reajustamento será por:

I – reajustamento em sentido estrito, quando não houver regime de dedicação exclusiva de mão de obra ou predominância de mão de obra, mediante previsão de índices específicos ou setoriais;

II – repactuação, quando houver regime de dedicação exclusiva de mão de obra ou predominância de mão de obra, mediante demonstração analítica da variação dos custos.

– artigo 92 *caput* e inciso V:

Art. 92. São necessárias em todo contrato cláusulas que estabeleçam:

V – o preço e as condições de pagamento, os critérios, a data-base e a periodicidade do reajustamento de preços e os critérios de atualização monetária entre a data do adimplemento das obrigações e a do efetivo pagamento.

– parágrafos 3º e 4º do artigo 92:

§3º. Independentemente do prazo de duração, o contrato deverá conter cláusula que estabeleça o índice de reajustamento de preço, com

> data-base vinculada à data do orçamento estimado, e poderá ser estabelecido mais de um índice específico ou setorial, em conformidade com a realidade de mercado dos respectivos insumos.
>
> §4º. Nos contratos de serviços contínuos, observado o interregno mínimo de 1 (um) ano, o critério de reajustamento de preços será por:
>
> I – reajustamento em sentido estrito, quando não houver regime de dedicação exclusiva de mão de obra ou predominância de mão de obra, mediante previsão de índices específicos ou setoriais;
>
> II – repactuação, quando houver regime de dedicação exclusiva de mão de obra ou predominância de mão de obra, mediante demonstração analítica da variação dos custos.

Por fim, neste subitem, pensemos agora na *extinção unilateral* dos contratos administrativos.

A baliza fundamental da extinção, por iniciativa da Administração, está lançada no artigo 137 e seus nove incisos, mediante prescrições *autoexplicativas*, o que nos dispensa de maiores comentários. Veja-se o texto:

> Art. 137. Constituirão motivos para extinção do contrato, a qual deverá ser formalmente motivada nos autos do processo, assegurados o contraditório e a ampla defesa, as seguintes situações:
>
> I – não cumprimento ou cumprimento irregular de normas editalícias ou de cláusulas contratuais, de especificações, de projetos ou de prazos;
>
> II – desatendimento das determinações regulares emitidas pela autoridade designada para acompanhar e fiscalizar sua execução ou por autoridade superior;
>
> III – alteração social ou modificação da finalidade ou da estrutura da empresa que restrinja sua capacidade de concluir o contrato;
>
> IV – decretação de falência ou de insolvência civil, dissolução da sociedade ou falecimento do contratado;
>
> V – caso fortuito ou força maior, regularmente comprovados, impeditivos da execução do contrato;
>
> VI – atraso na obtenção da licença ambiental, ou impossibilidade de obtê-la, ou alteração substancial do anteprojeto que dela resultar, ainda que obtida no prazo previsto;
>
> VII – atraso na liberação das áreas sujeitas a desapropriação, a desocupação ou a servidão administrativa, ou impossibilidade de liberação dessas áreas;
>
> VIII – razões de interesse público, justificadas pela autoridade máxima do órgão ou da entidade contratante;

> IX – não cumprimento das obrigações relativas à reserva de cargos prevista em lei, bem como em outras normas específicas, para pessoa com deficiência, para reabilitado da Previdência Social ou para aprendiz.

Na outra banda, o contratado tem *direito* à extinção na forma dos parágrafos 2º a 4º do mesmo artigo, igualmente autoexplicativos.

> §2º – O contratado terá direito à extinção do contrato nas seguintes hipóteses:
>
> I – supressão, por parte da Administração, de obras, serviços ou compras que acarrete modificação do valor inicial do contrato além do limite permitido no art. 125 desta Lei;
>
> II – suspensão de execução do contrato, por ordem escrita da Administração, por prazo superior a 3 (três) meses;
>
> III – repetidas suspensões que totalizem 90 (noventa) dias úteis, independentemente do pagamento obrigatório de indenização pelas sucessivas e contratualmente imprevistas desmobilizações e mobilizações e outras previstas;
>
> IV – atraso superior a 2 (dois) meses, contado da emissão da nota fiscal, dos pagamentos ou de parcelas de pagamentos devidos pela Administração por despesas de obras, serviços ou fornecimentos;
>
> V – não liberação pela Administração, nos prazos contratuais, de área, local ou objeto, para execução de obra, serviço ou fornecimento, e de fontes de materiais naturais especificadas no projeto, inclusive devido a atraso ou descumprimento das obrigações atribuídas pelo contrato à Administração relacionadas a desapropriação, a desocupação de áreas públicas ou a licenciamento ambiental.
>
> §3º – As hipóteses de extinção a que se referem os incisos II, III e IV do §2º deste artigo observarão as seguintes disposições:
>
> I – não serão admitidas em caso de calamidade pública, de grave perturbação da ordem interna ou de guerra, bem como quando decorrerem de ato ou fato que o contratado tenha praticado, do qual tenha participado ou para o qual tenha contribuído;
>
> II – assegurarão ao contratado o direito de optar pela suspensão do cumprimento das obrigações assumidas até a normalização da situação, admitido o restabelecimento do equilíbrio econômico-financeiro do contrato, na forma da alínea "d" do inciso II do caput do art. 124 desta Lei.
>
> §4º – Os emitentes das garantias previstas no art. 96 desta Lei deverão ser notificados pelo contratante quanto ao início de processo administrativo para apuração de descumprimento de cláusulas contratuais.

Não há, segundo se vê, uma cláusula realmente exorbitante que possibilite *apenas ao contratante administrativo* o rompimento do pacto.

Tópicos como os das contratações diretas dos ajustes não contratuais (por exemplo, os convênios) e a licitação serão objeto de análises, nos volumes dedicados ao que denominamos (justificaremos no momento próprio) "Parte Especial" do Direito Administrativo.

A exemplo do que fizemos em capítulos anteriores, aqui também consideramos importante verificar como os precursores, em nossa doutrina administrativista, se colocaram na temática do contrato administrativo.

No particular, contudo, muito pouco tiveram eles a dizer, eis que, à sua época, a matéria do contrato estava totalmente alocada no Direito Civil, ainda quando o Estado fizesse parte da relação.

Assim é que nosso primeiro autor do Direito Administrativo, Vicente Pereira do Rêgo, elabora apenas três alusões no ponto. Após afirmar, como natural sempre foi, que o contrato é fonte de obrigações,[135] Vicente acrescenta duas notas, que já indicam o pendor, ainda no século 19, para admitir cláusulas de protagonismo da Administração, pois:

– a esta seria sempre reconhecido direito unilateral à "rescisão", com indenização apenas dos danos incorridos, sem consideração dos lucros cessantes;[136]
– a contratação resultaria sempre de concorrência, com "caução imóvel ou móvel, sequestro, detenção pessoal e penas mais severas em caso de fraude ou negligência".[137]

Antonio Joaquim Ribas, em seu valioso "Direito Administrativo Brasileiro",[138] sequer adentra o tema.

E o Visconde do Uruguay, em seu justamente afamado "Ensaio sobre o Direito Administrativo", limita-se a dizer que o contrato deve resultar de um processo administrativo,[139] ponto sobre o qual prometia

---

135 REGO, Vicente Pereira do. *Elementos do Direito Administrativo para Uso das Faculdades de Direito do Império*. 2. ed. Recife: Typographia Commercial de Mira, 1860. p. 30.

136 REGO, Vicente Pereira do. *Elementos do Direito Administrativo para Uso das Faculdades de Direito do Império*. 2. ed. Recife: Typographia Commercial de Mira, 1860. p. 31.

137 REGO, Vicente Pereira do. *Elementos do Direito Administrativo para Uso das Faculdades de Direito do Império*. 2. ed. Recife: Typographia Commercial de Mira, 1860. p. 30-31.

138 RIBAS, Antonio Joaquim. *Direito Administrativo Brasileiro*. Brasília: Ministério da Justiça, 1968.

139 VISCONDE DO URUGUAY. *Ensaio sobre o Direito Administrativo*. Tomo I. Rio de Janeiro: Typographia Nacional, 1862. p. 173.

discorrer em obra futura, não sendo contudo de nosso conhecimento que tenha ele chegado a editá-la.

12.10

Neste novo subitem cuidaremos, uma vez até aqui já esboçada a moldura e os conceitos fundamentais referentes ao contrato administrativo, de aprofundar (e, eventualmente, aditar) as matérias delimitadas nos segmentos anteriores.

12.10.1

Nos subitens anteriores lidamos, extensa e intensamente, como instrumento de referência e/ou de análise, com nossa nova LLC (Lei nº 14.133, de 2021). A matéria é tão relevante, para o Direito Administrativo brasileiro, que não nos é dado o conforto da omissão de um julgamento pessoal.

Um ponto de partida: a LLC integra um conjunto normativo cujas origens extravasam os limites clássicos da soberania nacional. Ao fenômeno político e econômico da globalização (para o bem e para o mal) sucedeu o progresso inimaginável, científico e tecnológico, dos meios de *comunicação* (cujo ritmo, para surpresa de muitos, acaba superando o dinamismo do progresso dos meios de transporte). Em termos de conhecimento (sobretudo das noções econômicas), do que se passa em qualquer ponto do planeta (e até além dele), pode-se retomar a velha máxima de que o mundo é uma aldeia. E à repercussão desse apagamento, ou atenuação, do significado das fronteiras nacionais não foi imune a economia. Nesse campo, transações são realizadas *online*, instantaneamente, afetando a vida de milhões de pessoas e dezenas de países.

Num mundo assim, não apenas *imaginado*, mas EXISTENTE, o Direito, sobretudo aqueles seus segmentos em que forte a interferência ou o protagonismo estatais, tende a fazer aproximar fortemente os conceitos fundamentais, instrumentos e institutos. Operações jurídicas internacionais, instantâneas e relevantes (política e economicamente), reclamam – quando não exigem – ordenamentos jurídicos similares e afinados, até mesmo iguais em certos casos. É isso que explica a realidade de leis anticorrupção, de proteção de dados, de responsabilização de agentes, de categorização de ilicitudes etc., que praticamente são uniformes. E, até mesmo, ditadas, em alguns casos, por um país aos demais, como pré-condição para o estabelecimento ou a manutenção de um ambiente supranacional de negócios, trocas, financiamentos, auxílios etc.

Daí já termos afirmado, em passagens anteriores, que o Brasil (e também o mundo, o ocidental pelo menos) convive atualmente não com a tão falada "privatização" do Direito Administrativo, mas sim com sua supra-estatalidade criadora e mesmo a supranacionalidade normativa.

Não obstante várias manifestações da OCDE, assim como da doutrina brasileira, no sentido da "descomplicação" do exercício da função administrativa (e de seu regramento), entre nós os marcos legais mais importantes têm uma imensa vocação de transformação em verdadeiros *códigos*. São leis extensíssimas e minuciosíssimas, com incursões de cunho verdadeiramente regulamentar, engessando a sempre tão necessária adequação temporal da legislação. Infelizmente é assim que se dá com nossa LLC e seus mais de 200 (duzentos) artigos. Dir-se-á que, por exemplo, a legislação francesa, no particular, também não timbra pela simplificação (bem ao contrário!). Mas os maus exemplos não devem ser seguidos.

Pois bem: a LLC brasileira não contribui para a tão ansiada simplificação do regramento administrativo. Bem ao revés, a antiga Lei nº 8.666/1993 foi esticada a mais não ver, sem qualquer imperativo lógico ou jurídico. O que prevaleceu afinal, na elaboração de nossa atual LLC, foi, a pretexto de ir ao encontro da exigência global da transparência e probidade, multiplicar as minúcias, ampliar a malha normativa descritiva e instituidora de ilícitos, bem assim do repertório sancionatório, em nada colaborando por tais artes em benefício da segurança jurídica.

Nem se diga, doutra parte, que postura diversa seria tecnicamente inviável. A convite do Instituto dos Advogados de São Paulo elaboramos um anteprojeto de lei de licitações e contratações com apenas 20 (vinte) artigos. Não nos cumpre dizer se era, ou não, um bom trabalho. O que então demonstramos é que, para uma LLC, pode-se adotar o molde da *loi-cadre*, delegando aos regulamentos todo um complexo factualmente operativo.

Não nos parece adequado imputar a uma das virtudes da Lei nº 14.144 – a expressa referência e adoção de instrumentos tecnológicos em prol da transparência e probidade das contratações administrativas

– a causa do gigantismo da Lei. Tão boas inovações poderiam até ser veiculadas na alçada regulamentar, limitando-se a via legislativa (em senso estrito) a estatuir a validade, e até mesmo a prioridade, do uso da eletrônica nas licitações e nas contratações. Mas fazê-lo na LLC não foi um pecado mortal.

Em conclusão: postos de parte alguns méritos e inovações da Lei nº 14.133, a verdade é que ela não melhora o regramento normativo do tema, complicando os afazeres de intérpretes e aplicadores, lançando dúvidas e obscuridades – até mesmo novas! – em tão relevante matéria. Ainda falta muito para que tenhamos um ordenamento legal que realmente contribua aqui para uma observância segura e pacífica e que realmente invista o administrado na plena aptidão de saber o que e como fazer para contratar com a Administração.

12.10.2

A Constituição brasileira, já em seu artigo 2º (e, depois disso, em vários outros), declara constituir um dos "objetivos fundamentais da República" o desenvolvimento nacional e a redução das desigualdades regionais (no mesmo preceptivo numerosos outros objetivos são referidos).

Com alicerce, sobretudo (mas não só), nessa previsão sempre constituiu *política pública* o tratamento privilegiado, para celebrar e regrar contratações administrativas, a produtos e serviços *nacionais*, observadas algumas expressas exceções. Com maior destaque (e, de novo, assinalando não ser o único) a LLC estipula, em seu artigo 26:

> Art. 26. No processo de licitação, poderá ser estabelecida margem de preferência para:
>
> I – bens manufaturados e serviços nacionais que atendam a normas técnicas brasileiras;
>
> II – bens reciclados, recicláveis ou biodegradáveis, conforme regulamento.
>
> §1º – A margem de preferência de que trata o caput deste artigo:
>
> I – será definida em decisão fundamentada do Poder Executivo federal, no caso do inciso I do caput deste artigo;
>
> II – poderá ser de até 10% (dez por cento) sobre o preço dos bens e serviços que não se enquadrem no disposto nos incisos I ou II do caput deste artigo;

III – poderá ser estendida a bens manufaturados e serviços originários de Estados Partes do Mercado Comum do Sul (Mercosul), desde que haja reciprocidade com o País prevista em acordo internacional aprovado pelo Congresso Nacional e ratificado pelo Presidente da República.

§2º – Para os bens manufaturados nacionais e serviços nacionais resultantes de desenvolvimento e inovação tecnológica no País, definidos conforme regulamento do Poder Executivo federal, a margem de preferência a que se refere o caput deste artigo poderá ser de até 20% (vinte por cento).

§3º – (VETADO).

§4º – (VETADO).

§5º – A margem de preferência não se aplica aos bens manufaturados nacionais e aos serviços nacionais se a capacidade de produção desses bens ou de prestação desses serviços no País for inferior:

I – à quantidade a ser adquirida ou contratada; ou

II – aos quantitativos fixados em razão do parcelamento do objeto, quando for o caso.

§6º – Os editais de licitação para a contratação de bens, serviços e obras poderão, mediante prévia justificativa da autoridade competente, exigir que o contratado promova, em favor de órgão ou entidade integrante da Administração Pública ou daqueles por ela indicados a partir de processo isonômico, medidas de compensação comercial, industrial ou tecnológica ou acesso a condições vantajosas de financiamento, cumulativamente ou não, na forma estabelecida pelo Poder Executivo federal.

§7º – Nas contratações destinadas à implantação, à manutenção e ao aperfeiçoamento dos sistemas de tecnologia de informação e comunicação considerados estratégicos em ato do Poder Executivo federal, a licitação poderá ser restrita a bens e serviços com tecnologia desenvolvida no País produzidos de acordo com o processo produtivo básico de que trata a Lei nº 10.176, de 11 de janeiro de 2001.

Da leitura da transcrição supra constata-se que, segundo a hipótese concreta, a *preferência* aloca-se ou no momento da contratação (art. 26 *caput* e parágrafo 1º), ou na redução do universo de candidatos à contratação (art. 26, §7º) ou, ainda, na exigência de contrapartidas (art. 26, §6º). O grande horizonte do compromisso do *desenvolvimento nacional sustentável*, constitucionalmente fixado, encontra assim expresso fomento no poder de compra estatal, sem dúvida um dos mais relevantes indicativos do estabelecimento de políticas públicas. Com inspiração apenas na sabedoria popular, diremos que se bem é verdade que santo de casa não faz milagres, por outra banda não se deve olvidar: Mateus, primeiro os teus.

Não divisamos, na previsão de preferência, qualquer inconstitucionalidade. Como nossa Lei Maior proclama o objetivo (e, pois, *dever*) de reduzir ou eliminar diferenças regionais e setoriais, a utilização pela LLC do poder de compra, para tal fim, soa-nos coerente, eis que reduzir ou eliminar desigualdades é uma das vias de concretização do princípio de isonomia.

Provavelmente em Portugal, ou qualquer outro país integrante da União Europeia, esse sistema de preferências entraria em conflito com os princípios do Tratado de Funcionamento da União Europeia (TFUE), com particular ênfase na Diretiva 2014/24/EU do Parlamento Europeu. Não nos parece, contudo, existir igual obstáculo no Brasil, mesmo em face dos documentos normativos do MERCOSUL. Em realidade, entre nós, o poder de compra do Estado tem, ademais, o papel de fomentar o mercado interno, em consonância com o artigo 219 da Constituição brasileira.

12.10.3

A temática do contrato administrativo é praticamente de impossível esgotamento. No presente subitem, cuidaremos brevemente de alguns aspectos que, conquanto por sua *simplicidade* (?) não requeiram detenção maior, nem por isso podem ser deixados sem registro.

12.10.3.1

Imagine-se a situação de Município em que decretado, sem vícios, o Estado emergencial e de calamidade pública. Em razão de tais circunstâncias, procedeu-se a uma contratação direta (tema, repetimos, a ser extensamente desenvolvido em outro volume da presente obra). Ao tempo da Lei nº 8.666/1993 (art. 24, IV), para conclusão das obras e serviços, necessários ao atendimento do problema, havia um prazo máximo, improrrogável, de 180 (cento e oitenta) dias. Na nova LLC (art. 75, VIII), tal prazo foi elastecido para 360 (trezentos e sessenta) dias. Mas prevendo eventual insuficiência mesmo desse lapso temporal, estipulou-se que, no caso, dever-se-á promover uma *nova* contratação que, todavia, não poderá contemplar a empresa antes contratada diretamente.

Há, contudo, eventualidades, no exercício de função administrativa, que não podem ser ignoradas pelo intérprete e pelo aplicador, bem como pelo acadêmico e pelo jurista. Pode dar-se que, mesmo após os 360 (trezentos e sessenta) dias, os efeitos da calamidade não tenham sido devidamente atenuados ou corrigidos. É a situação, por exemplo, de chuvas torrenciais que provocam deslizamento catastrófico de encostas, de tufões e até movimentos sísmicos, de rompimento de barragens etc. Estamos, em tais hipóteses, longe dos casos de desídia ou falta de planejamento da Administração, mas sim, de situações de imprevisibilidade ou, até melhor, de invocação da cláusula *rebus sic stantibus*.

Coerentes com os *pressupostos* epistemológicos e axiológicos declarados no primeiro capítulo do primeiro volume, declaramos que a vedação legal à prorrogação após 360 (trezentos e sessenta) dias, e até mesmo a interdição à escolha do mesmo contratante anterior, haverão de ser interpretadas, com reservas, pela excepcionalidade do evento e pela INDECLINÁVEL obrigação administrativa de dar atendimento às necessidades dos administrados. Para reforçar o sentido da conclusão ora esposada, tenha-se em mente que, na era em que ingressamos, da deterioração ecológica progressiva, nada impede que uma torrencial queda pluviométrica ocorra no curso da execução da contratação direta. Como não cogitar de prorrogação além dos 360 (trezentos e sessenta) dias, com o mesmo contratante? As regras existem *em benefício do administrado,* e não este, com suas misérias e drama, há de ser submetido à fria letra da lei.

É verdade que neste subitem fizemos uma incursão antecipada em hipótese legal *especial* (contratação direta), e mesmo no terreno de outro item *especial* (o processo administrativo da licitação). Mas não foi por descuido, e sim por intenção: não quisemos perder a oportunidade de reafirmar a primazia, também na teoria jurídica, dos interesses e conveniências do indivíduo e de suas coletividades.

12.10.3.2

A Lei nº 13.964, de dezembro de 2019, teve por fito aperfeiçoar a lei penal e a lei processual penal. Dentre suas inovações, queremos aqui destacar figura de há muito conhecida nos Estados Unidos: o *whistleblower,* na referida Lei intitulado "informante do bem". Trata-se de um terceiro, alheio ao contrato e à ilicitude nele eventualmente perpetrada (ou cometida em seu processo de formação, a partir até mesmo da modelagem da licitação ou do processo de seu afastamento), que leva a anomalia ao conhecimento do Poder Público. Essa contribuição se faz mediante negócio jurídico público-privado (estamos em categoria adicional ao ato administrativo unilateral e ao contrato administrativo), que deflagra todo um mecanismo (até mesmo, em certos casos, jurisdicional) do controle da legalidade administrativa. É óbvia aqui a presença da CONSENSUALIDADE, dado que, ao longo de toda a nossa obra, conota o moderno conceito de *função administrativa*. E o que se tem, enfim, é uma atuação de um particular, que *concorda* em aparelhar a Administração com o conhecimento de um certo ponto, assim permitindo o aperfeiçoamento e a maior aptidão da atividade administrativa controladora e/ou sancionatória. É claro que tais ajustes, como quaisquer atividades administrativas, supõem capacidade jurídica, competência, legalidade, liberdade volitiva e observância do devido processo legal.

Dúvida não há, doutra parte, quanto à origem da figura, e seu empoderamento, nas leis anticorrupção. Hoje, o *whistleblowing* é alvo de expresso regramento em leis e tratados, podendo-se mesmo dizer tratar-se de mais um exemplo, dos vários que já mencionamos, de produção normativa supranacional, inserida nas negociações internacionais e, com ou sem *vontade*, coativamente recepcionada em nosso ordenamento jurídico, figurando mesmo em muitas de nossas leis (ver, por simples exemplo, os artigos 4-A, 4-B e 4-C da Lei nº 13.608/2018). Tais Leis (aí incluída a antes mencionada Lei nº 13.964) indicam, com minúcias, os requisitos, condições, direitos e obrigações relativos ao ajuste sob exame.

Nossa preocupação aqui, em tratar dessa matéria, tem a ver com duas inspirações sempre presentes em nossas cogitações: a de trazer o administrado para o compartilhamento na execução da função administrativa; a de ampliar os meios de controle da atividade administrativa.

É evidente que, na preparação e eventual formalização do negócio jurídico público-privado sob exame, muitos cuidados haverão de ser tomados: a verificação da credibilidade da informação e a garantia da segurança pessoal do informante são dois desses fundamentais cuidados. Mas uma vez formado o acordo, a Administração *não pode ignorar* a informação, havendo de considerá-la no sopesamento da licitude ou ilicitude da atividade administrativa relacionada com o conhecimento obtido do terceiro. E não só este, como qualquer outro que tenha eventualmente acesso aos termos do acordo, é parte legitimada para exigir seu efetivo cumprimento e até mesmo para, com base em tal ciência discutir, administrativa e judicialmente, a validade da pertinente função administrativa em concreto. Há, no caso, verdadeiro direito público subjetivo.

Nosso escopo fundamental, ao abordarmos a matéria, foi trazer o *whistltblower* para o universo dos seres que podem atuar fortemente no controle da validade dos contratos administrativos.

12.10.3.3

Dirão alguns: ideia fixa!

Pode ser. Mas enquanto não estiver fechado o capítulo referente ao contrato administrativo, o tema da unilateralidade exorbitante estatal estará sempre a nos acossar. Eis a razão de virmos agora agregar dois outros ângulos de visão, pertinentes à matéria.

Ainda uma vez: não há que se falar em "privatização" do Direito Administrativo, ou em absorção deste pelo Direito Civil. O que sustentamos, agora reiteramos, é que não há motivo suficiente, científico ou metodológico, para "autonomizarmos" *à outrance* o estudo do ato administrativo ou do contrato administrativo. Parodiando Lenin, a doença infantil do Direito Administrativo é a busca de rompimento total dos laços conceituais dos seus institutos e fundamentos, do que nos tem a ensinar a teoria geral do Direito. Voltando aos sábios da Grécia clássica, a virtude não está nos extremos.

Assim meditando, invocaremos o que dispõe o Código Civil, sob a expressão "onerosidade excessiva do contrato". De fato, o Código, em face de situações em que a comutatividade, circunstancial e imprevisivelmente, se vê consideravelmente alargada contra uma das partes – *para qualquer delas* –, afirma que poderá ela pleitear a *resolução* ou a *modificação restauradora* do equilíbrio do pacto. Rezam, para tanto, os artigos 478 a 480 do Código Civil, inequivocadamente aplicáveis ao Direito Administrativo:

> Art. 478. Nos contratos de execução continuada ou diferida, se a prestação de uma das partes se tornar excessivamente onerosa, com extrema vantagem para a outra, em virtude de acontecimentos extraordinários e imprevisíveis, poderá o devedor pedir a resolução do contrato. Os efeitos da sentença que a decretar retroagirão à data da citação.
>
> Art. 479. A resolução poderá ser evitada, oferecendo-se o réu a modificar equitativamente as condições do contrato.
>
> Art. 480. Se no contrato as obrigações couberem a apenas uma das partes, poderá ela pleitear que a sua prestação seja reduzida, ou alterado o modo de executá-la, a fim de evitar a onerosidade excessiva.

Fazendo-se o casamento de tais preceitos, com os princípios da boa-fé e da segurança jurídica, não temos dúvida em afirmar um direito público subjetivo e o correspondente *dever jurídico* de renegociação do contrato administrativo (como decorrência, até, do *dever geral* de renegociação). Para nós, tal obrigação, abrangente de ambas as partes, torna filosoficamente impossível falar-se em cláusula exorbitante de alteração do contrato, em benefício da Administração. E mais reforça nossa assertiva anterior de ser o reequilíbrio da equação econômico-financeira do contrato um *dever* da Administração, que *independe* de solicitação do contratado.

Em definitivo: no presente regime constitucional, tal como no atual estágio de evolução do Direito Administrativo, o contrato administrativo NÃO É manifestação de poder estatal, mas sim instrumento da plena viabilização da administração consensual.

12.11

Os artigos 11 (particularmente seu parágrafo único) e 169 da LLC fundam respectivamente, os sistemas de governança e controle geral dos contratos administrativos. Por sua relevância, tais disposições merecem textual transcrição:

> Art. 11. O processo licitatório tem por objetivos:
>
> I – assegurar a seleção da proposta apta a gerar o resultado de contratação mais vantajoso para a Administração Pública, inclusive no que se refere ao ciclo de vida do objeto;
>
> II – assegurar tratamento isonômico entre os licitantes, bem como a justa competição;
>
> III – evitar contratações com sobrepreço ou com preços manifestamente inexequíveis e superfaturamento na execução dos contratos;
>
> IV – incentivar a inovação e o desenvolvimento nacional sustentável.
>
> Parágrafo único. A alta administração do órgão ou entidade é responsável pela governança das contratações e deve implementar processos e estruturas, inclusive de gestão de riscos e controles internos, para avaliar, direcionar e monitorar os processos licitatórios e os respectivos contratos, com o intuito de alcançar os objetivos estabelecidos no caput deste artigo, promover um ambiente íntegro e confiável, assegurar o alinhamento das contratações ao planejamento estratégico e às leis orçamentárias e promover eficiência, efetividade e eficácia em suas contratações.

> Art. 169. As contratações públicas deverão submeter-se a práticas contínuas e permanentes de gestão de riscos e de controle preventivo, inclusive mediante adoção de recursos de tecnologia da informação, e, além de estar subordinadas ao controle social, sujeitar-se-ão às seguintes linhas de defesa:
>
> I – primeira linha de defesa, integrada por servidores e empregados públicos, agentes de licitação e autoridades que atuam na estrutura de governança do órgão ou entidade;
>
> II – segunda linha de defesa, integrada pelas unidades de assessoramento jurídico e de controle interno do próprio órgão ou entidade;
>
> III – terceira linha de defesa, integrada pelo órgão central de controle interno da Administração e pelo tribunal de contas.
>
> §1º – Na forma de regulamento, a implementação das práticas a que se refere o caput deste artigo será de responsabilidade da alta administração do órgão ou entidade e levará em consideração os custos e os benefícios decorrentes de sua implementação, optando-se pelas medidas que promovam relações íntegras e confiáveis, com segurança jurídica para todos os envolvidos, e que produzam o resultado mais vantajoso para a Administração, com eficiência, eficácia e efetividade nas contratações públicas.
>
> §2º - Para a realização de suas atividades, os órgãos de controle deverão ter acesso irrestrito aos documentos e às informações necessárias à realização dos trabalhos, inclusive aos documentos classificados pelo órgão ou entidade nos termos da Lei nº 12.527, de 18 de novembro de 2011, e o órgão de controle com o qual foi compartilhada eventual informação sigilosa tornar-se-á corresponsável pela manutenção do seu sigilo.
>
> §3º – Os integrantes das linhas de defesa a que se referem os incisos I, II e III do caput deste artigo observarão o seguinte:
>
> I – quando constatarem simples impropriedade formal, adotarão medidas para o seu saneamento e para a mitigação de riscos de sua nova ocorrência, preferencialmente com o aperfeiçoamento dos controles preventivos e com a capacitação dos agentes públicos responsáveis;
>
> II – quando constatarem irregularidade que configure dano à Administração, sem prejuízo das medidas previstas no inciso I deste §3º, adotarão as providências necessárias para a apuração das infrações administrativas, observadas a segregação de funções e a necessidade de individualização das condutas, bem como remeterão ao Ministério Público competente cópias dos documentos cabíveis para a apuração dos ilícitos de sua competência.

Note-se, em acréscimo, que o transcrito *caput* do artigo 169 alude às "linhas de defesa" a serem observadas na gestão e controle dos atos administrativos.

O artigo 169 não tem correspondência na anterior nº Lei 8.666/1993. Por isso, alguma atenção será aqui destinada à temática das "linhas de defesa".

A expressão em tela traduz um conjunto sequenciado e disposto cronologicamente, dos instrumentos, diretrizes e agentes que devem velar pela licitude das contratações, de seus passos preliminares até sua completa execução.

Por fim, os artigos 170 a 173 tratam da atuação dos núcleos de controle, em preceitos autoexplicativos, a nos dispensarem, assim, de outras considerações. Mas cumpre observar, a respeito, a decisão plenária do Tribunal de Contas da União, no Acórdão nº 2463/2021,[140] com a seguinte conclusão:

> 9.1.2.1 – Declarar a inconstitucionalidade da expressão "no prazo de 25 (vinte e cinco) dias úteis, contado da data do recebimento das informações a que se refere o §2º deste artigo, prorrogável por igual período uma única vez" constante do art. 171, §1º, da Lei 14.133/2021, por violar os arts. 18, 25, *caput* e §1º, c/c os arts. 73, 75 e 96 da Constituição Federal (inconstitucionalidade formal), bem como o art. 71 da Constituição Federal (inconstitucionalidade material) ou, subsidiariamente, dar interpretação conforme a Constituição à referida expressão, de modo a compatibilizá-la com os arts. 71 e 73, §§3º e 4º, da Constituição Federal, considerando, para tanto, o referido prazo como impróprio, de modo que eventual descumprimento não implique a cessação dos efeitos da suspensão cautelar do processo licitatório, nem outra consequência jurídica;
>
> 9.1.2.2 – Declarar a inconstitucionalidade do inciso II do §1º e do §3º do art. 171 da Lei 14.133/2021, por violar os arts. 18, 25, *caput* e §1º, c/c arts. 73, 75 e 96 da Constituição Federal (inconstitucionalidade formal), bem como os arts. 2º e 71 da Constituição Federal (inconstitucionalidade material);
>
> 9.2. Encaminhar cópia da representação à Associação dos Membros dos Tribunais de Contas do Brasil (Atricon), entidade associativa reconhecida como legitimada para a propositura de ação direta de inconstitucionalidade, que tem dentre seus objetivos estatutários "auxiliar os Tribunais de Contas na defesa de suas competências, de seus poderes e de seus interesses institucionais, em juízo ou fora dele", bem como "promover ação direta de inconstitucionalidade (ADI) e ação declaratória de constitucionalidade (ADC)".

---

140 Sendo relator o Ministro Bruno Dantas.

Ao que sabemos, o Supremo Tribunal Federal ainda não se pronunciou sobre a matéria.

No mais remoto tempo do Direito Privado ocidental – é dizer, nos dias de Roma – a *forma* constituía dado *essencial*, para a validade dos atos e negócios jurídicos. E o mesmo ocorria no Direito Processual. Os formulários e os modelos rituais, por si sós, e até mesmo mais que a clareza na emissão da vontade, eram fonte de obrigações. Foi apenas uma longa estrada pelos séculos afora que construiu a concepção hoje vigente. E, no Brasil, vigente desde o Código Civil de 1916, no mesmo diapasão no atual Código: a *forma* só é obrigatória quando inevitável à própria existência do ato ou quando expressamente exigida por lei (em sentido estrito). Pode-se por isso mesmo dizer que, entre nós, no campo das relações privadas, vigora, salvo exceções expressas, a liberdade das formas.

No Direito Público, entretanto, o corte histórico revela um panorama um tanto diverso.

Tanto na Antiguidade como no medievalismo, a *forma* integrava a acepção de validade do ato, ordem, negócio etc. Na Idade Média, relembremos, jograis e arautos caminhavam pelas ruas das cidades e povoados, dando *forma* e *publicidade* a todas as manifestações da atuação pública, seguindo maneiras de comunicar por vezes seculares. Com a gradual expansão da imprensa, o *escrito*, ora anunciado em voz viva, ora simplesmente afixado, viria a tornar-se a via excelsa de divulgação das diferentes espécies de exercício da função administrativa. Ainda assim, nem sempre a evolução caminhou a passos largos. A *imprensa oficial*, como veículo protagônico, é demonstração clara da resistência do formalismo.

Reações expressivas, institucionais e por vezes apenas gestuais, foram abrindo os olhos da Administração. Os progressos da tecnologia e da ciência, no campo das comunicações, revolucionou a questão da *forma*. Comunicações diretas, *online* e em tempo real, mostram-se muito mais eficientes, no que diz respeito à publicidade, que os meios tradicionalmente existentes. Vivemos num tempo em que decisões administrativas várias são tomadas com o uso de inteligência artificial, ao máximo automatizada até, dispensando fortemente a presença humana, inclusive mesmo a de um programador.

Anote-se que nossa doutrina administrativista ainda se apega majoritariamente à qualificação da *forma* como elemento determinante da validade, quando não mesmo da existência, de uma concreta ação administrativa. Nessa perspectiva, tríplice a função da *forma*: certificar a *existência* do ato (em acepção ampla), dar aos destinatários e interessados *conhecimento do conteúdo* do ato (também em sentido amplo) e facilitar a tais destinatários e interessados a constatação da *validade* do ato (ainda em sentido amplo).

A exigência crescente de dinamismo por parte da Administração Pública, aliada à diretriz indeclinável da eficiência e da melhor administração (Constituição, artigo 37), aparelham prontamente a Administração Pública – e no particular parece não haver controvérsia na doutrina e na jurisprudência – com ampla esfera de liberdade para executar direta ou indiretamente a função administrativa, ou para contratar o desempenho; em decorrência, também ampla sua liberdade para as necessárias tratativas e definições do conteúdo contratual, do universo de eventuais candidatos à pactuação, do formato e da amplitude do contrato etc. Tais liberdades, funcionais e instrumentais, culminam numa faculdade delegada ao administrador, para escolher a melhor *forma* contratual, para a plena realização dos fins a que vocacionado o ato administrativo ou o contrato administrativo. Na interpretação de tais atos e contratos, bem como na dirimência de eventuais impugnações ou no desfazimento de dúvidas (inclusive quanto à validade e à existência de tais atos e contratos), usando o instrumental da LINDB e da Lei de Liberdade Econômica, haverá sempre de se intentar a sua manutenção ou a sua consolidação, bem como partir do pressuposto não só da legalidade da atuação administrativa, mas também da boa-fé do agente administrativo e do particular contratado, interveniente ou coautor. Somente se partirá para a desconstituição se provado o vício eventualmente invocado (bem como as pertinentes responsabilidades), descabendo atribuir aprioristicamente, seja ao administrador, seja ao administrado, má-fé e/ou improbidade. Só assim terminaremos com o Direito Administrativo do medo, com o correspondente "apagão das canetas". Somente assim se fomentará a coparticipação do administrado em todas as etapas do planejamento e da execução da função administrativa. Somente assim será reconduzido o âmbito de atuação, de todas as instâncias do controle, interno e externo, ao plano efetivo da legalidade, da isonomia, da impessoalidade, da eficiência e da confiança.

12.12

A Lei nº 14.133 (LLC), logo em seus primeiros artigos, e mais em alguns outros, explicita a quais espécies de pactos ela não se aplica, embora seja Lei Geral.

Assim é que a LLC não regula a contratação das empresas públicas e das sociedades de economia mista (bem como de suas subsidiárias), salvo no que respeitante a crimes nas licitações e nos contratos administrativos. Tais contratações serão objeto de nossa particularizada atuação em outro ponto da presente obra.

Inaplicável também a LLC (salvo em caráter de subsidiariedade) aos contratos regidos por lei própria, matéria à qual igualmente regressaremos em tomo posterior.

As contratações das repartições públicas sediadas no exterior balizam-se pelas regras locais, limitando-se a aplicação da LLC unicamente à observância dos princípios básicos estabelecidos no artigo 5º da Lei nº 14.133.

Por fim, constitui ainda caso de não aplicação da LLC a contratação (e a antecedente licitação) que envolve recursos de agências ou organismos estrangeiros, compreendendo-se também como tais os pactos resultantes de acordos internacionais devidamente acolhidos em nossa legislação.

Cabe pontuar que o Estado celebra outros acordos de vontade que refogem à disciplina da LLC. Algumas dessas modalidades já foram anteriormente referidas. Trata-se de hipóteses em que o Estado comparece sem invocar suas particularidades jurídicas diferenciadoras, atuando como qualquer particular. Lembremo-nos, por exemplo, da contratação trabalhista de agentes, dos contratos regidos pelo Código Civil (locação de bens, doações etc.) e, de forma geral, todas as relações contratuais em que apenas restrita, ou excepcionalmente, norma específica é imposta, para melhor execução da função administrativa.

A par do que exposto, temos algumas outras relevantes figuras de acordo de vontades que, entretanto, não configuram *contrato administrativo*.

Refiramos, em primeiro lugar, os *convênios administrativos*.

Trata-se de figura em que, diferentemente do contrato – que parte de vontades *contrapostas* que se concertam num instrumento de ajuste, que as viabiliza –, os convenentes perseguem a realização de *objetivos comuns, convergentes*. Tais acordos podem ser celebrados tanto entre entidades estatais como entre essas e um particular. São, enfim, acordos de colaboração e/ou cooperação. A LLC trata minimamente dos convênios, como se vê de seu artigo 184:

> Art. 184 – Aplicam-se as disposições desta Lei, no que couber e na ausência de norma específica, aos convênios, acordos, ajustes e outros instrumentos congêneres celebrados por órgãos e entidades da Administração Pública, na forma estabelecida em regulamento do Poder Executivo federal.

O preceito, acima transcrito, relata implicitamente a existência de outro tipo de ajuste: o *consórcio*, que comparece no texto constitucional, segundo a preceituação de seu artigo 241:

> Art. 241. A União, os Estados, o Distrito Federal e os Municípios disciplinarão por meio de lei os consórcios públicos e os convênios de cooperação entre os entes federados, autorizando a gestão associada de serviços públicos, bem como a transferência total ou parcial de encargos, serviços, pessoal e bens essenciais à continuidade dos serviços transferidos.[141]

E, vice-versa, na Lei federal nº 11.107/2005, lei *nacional* (i.e., aplicável a todos os entes federados) disciplinadora dos *consórcios*, encontra-se, no parágrafo 4º do seu artigo 1º (acrescentado pela Lei nº 14.026/2020), um comando referente aos convênios:

> §4º – Aplicam-se aos convênios de cooperação, no que couber, as disposições desta Lei relativas aos consórcios públicos.[142]

Para os propósitos do presente segmento, o que se impõe é declarar que os *consórcios* são ajustes entre entes federados para a concretização de uma finalidade de interesse geral ou de uma política pública. Como tal, são pactos de interesses não contrapostos, ao contrário dos contratos.

---

141 Redação dada pela Emenda Constitucional nº 19, de 1998.

142 Incluído pela Lei nº 14.026, de 2020.

Por fim, e nem poderia ser de outra forma, a LLC não tem que ver com os tratados e acordos internacionais. Estes ajustes são celebrados no exercício da *soberania nacional*, entre sujeitos atuantes na órbita e no espaço do Direito Internacional, estabelecendo deveres e direitos a serem exercidos nessa elevada ordem externa. Sua celebração pelo Brasil, bem como sua internação em nosso ordenamento jurídico, observam os patamares normativos exclusivos da Constituição, não cabendo, pois, seu exame na presente obra.

12.13

A doutrina do Direito Administrativo, e não só no Brasil, muito se debruçou, na sua construção, na jurisprudência, particularmente nas decisões do Conselho de Estado francês.

Tendo em vista tal realidade, no presente segmento destacaremos alguns acórdãos sugestivos.

O Tribunal de Conflitos francês, em 09.12.1899, no caso *Association Syndicale du Canal de Gignac* (Recurso 731), antecipando-se mesmo à corrente que o Conselho de Estado viria a consolidar (em 1912, no célebre caso da Sociedade de Granitos Porfiroides dos Vosges), proclamando a existência de *cláusulas exorbitantes* na caracterização dos contratos administrativos.

Em 10.01.1902 o Conselho de Estado, no caso *Compagnie Nouvelle du Gaz de Deville-Lès-Rouen*, firmou outra importante orientação. Tratava-se de um litígio entre a citada Companhia e a referida Comunidade. A Companhia era concessionária do serviço de iluminação a "gaz". O contrato datava de 1874. Em 1887, quando já existia iluminação elétrica, o contrato foi prorrogado simplesmente, sem menção à nova tecnologia. A Comunidade exigiu que a Companhia oferecesse o novo serviço, com o que a Concessionária não concordou. O Conselho de Estado decidiu que, não obstante o advento da luz elétrica, a Companhia tinha o direito de continuar explorando o serviço de iluminação a "gaz". Mas a Comunidade estava livre para determinar à empresa a *adaptação modificativa* do contrato, assegurando-se a esta a prioridade na consecução da melhoria do serviço. Mas, em caso de recusa, um novo contrato poderia ser celebrado com terceiros.

O Estado francês havia concedido à *Compagnie des Messageries Maritimes* (e outras duas empresas análogas) a execução dos serviços postais marítimos. Num certo momento servidores públicos, essenciais ao desempenho de serviços de navegação, entraram em greve, o que foi alegado pelas empresas (então assim impossibilitadas de executar o serviço) como uma ocorrência de *força maior*, o que as excusava de qualquer responsabilização. O Conselho de Estado, em 29.01.1909, decidiu que uma greve, como a que ocorrida *in casu*, configura *força maior*, desde que:

- se ela não decorreu da vontade do concessionário;
- se ela impossibilitar, *completamente*, a prestação do serviço;
- se o concessionário não tem condições efetivas de evitar a greve, ou de fazê-la cessar.

E, a rigor, até hoje essas linhas têm sido observadas pelo Contencioso Administrativo francês.

Outro litígio relevante foi o que se desenrolou no caso *Compagnie Générale Française des Tramways*, decidido pelo Conselho de Estado em 11.03.1910. A Prefeitura de Bouches-du-Rhône havia ditado à empresa, com base num decreto de 1881, que ampliasse imediatamente os ramais de sua rede de serviços. E, ao fazê-lo, invocou sua competência para exigir adaptações contratuais para a melhoria dos serviços. O Conselho, reconhecendo embora a validade das iniciativas governamentais, de alteração unilateral do contrato, condicionou-a ao *reequilíbrio da equação econômico-financeira do contrato*. A tese foi ratificada em 30.03.1916 (caso *Compagnie Générale D'Éclairage de Bordeaux*), sendo que, nesta segunda oportunidade, foi também proclamado que o desequilíbrio na equação econômico-financeira poderia atrair a invocação da *teoria da imprevisão*.

Saindo da matriz gaulesa, citaremos, por fim, interessante decisão da Corte Suprema dos Estados Unidos, no caso *O'Hare Truck Service Inc. v. Northlake, Ill.*, nº 95-191, sendo relator o Juiz J. Kennedy. Na hipótese ora focalizada, a Corte negou a validade da utilização da cláusula exorbitante de resilição unilateral, quando claramente desvinculada do *objeto* do contrato (decisão de 28.06.1996). Deu-se que a empresa comprovou que a resilição decorria da negativa da empresa, em apoiar candidatos governamentais ou filiar-se ao partido político em que inscrito o Prefeito do município contratante. A Corte, afora a recusa à invocação da cláusula resilitiva, afirmou que cabia ver na exigência uma violação à Primeira Emenda, que assegura a liberdade de pensamento e de expressão. Houve duas divergências, capitaneada a dissidência por um extenso e instigante voto do Juiz Thomas, a que aderiu o Juiz Scalia. Os dois dissidentes negaram o enquadramento constitucional esposado pela maioria, em consequência negando acolhida ao pleito do contratado. Frise-se que o Juiz Thomas veiculou seu voto em linguagem candente e por vezes até agressiva, o que não é usual na *Supreme Court*.

Passemos então a um novo subitem, aliás, o penúltimo do capítulo (o 12), referente ao contrato administrativo.

12.14

No começo do item 12 iniciamos um trajeto, cujo fito era um reencontro com a visão tradicional, de nossa doutrina jurídica geral, sobre o contrato administrativo.

Ao cabo de todos os subitens, a jornada foi completada. Mas do corpo das várias críticas, que desenvolvemos sobre as lições dos ilustres antecessores, defluiu a necessidade de, por fim, apresentarmos qual a nossa ideia pessoal sobre tão importante instituto. Tal ideia, a rigor, decorre mesmo até das mencionadas críticas. Mas propondo-se o autor a uma reformulação, cumpre agora expressar, organizadamente, uma *reteorização*. Para tanto, faremos enfoques setoriais e, ao cabo, decantaremos um conceito uniformizador e sistematizador.

Com a difusão da consensualidade, cada vez se expande mais a negociação como modelo da Administração Pública, com preferência ampla em relação à imposição (segundo Michelle Cumyn, isso se dá mais acentuadamente no campo da ação ambiental, na qual, com frequência, a edição de normas se produz, em tempos recentes, por entendimentos entre os poluidores e a Administração).[143]

Exemplos nítidos desse processo são a participação do administrado nas decisões governamentais, as negociações setoriais ou mesmo individuais na regulamentação de autorizações administrativas, o acordo na aplicação de sanções administrativas e a atribuição de competência a particulares para determinadas atuações de normatização e de certificação.

No bojo de tudo isso, na doutrina contemporânea de língua francesa se vem construindo uma noção política do clássico conceito de contrato de sociedade. De resto, nesse sentido já eram inspiradoras as lições de J. Rawls (*A Theory of Justice*, Harvard Un. Press, Cambridge, 1971) e J. Habermas (*Between Facts and Norms*, MIT Press, Cambridge, 1998).

---

[143] CUMYN, Michelle. *La Contractualizatión de la Action Publique:* Contrat Juridique ou Contrat Social? Faculté de Droit de l'Université de Lavel, Canada, 2006 (Les Cahiers de Droit, 47-4).

Em verdade, a própria concepção tradicional de contrato social, esboçada por Rousseau, já prenunciava uma visão política de contrato. Aliás, por todo o século 18 a doutrina civilista francesa via no *costume* uma manifestação contratual, emanada do consentimento popular. O contrato social de Rousseau tem a configuração de um ajuste imaginário de todos os integrantes de uma comunidade, que assim fundam uma sociedade civil e conformam um governo. Os contratos jurídicos são, entretanto, reais e concretos, emanados de vontades e imantados por finalidades, umas e outras reconhecidas pela ordem jurídica. Conquanto haja distinções indiscutíveis entre um modelo e outro, inexiste um divórcio indisputável entre o histórico contrato social, os contratos civis e os contratos administrativos. Permeia toda essa tipologia o *consenso*, o que reforça e confirma nossa assertiva, tantas vezes reiterada, de que a Administração Consensual é o eixo ou o vetor nuclear do atual Direito Administrativo.

No curso do tempo, juristas de nomeada se dedicaram à teorização do contrato administrativo.

Duguit, no terceiro volume do já por nós citado *Traité de Droit Constitutionnel*,[144] já batalhava por uma visão *unitária* do contrato administrativo, conduzindo-o à teoria geral dos contratos (tal como fazemos).

Jèze, em obra que também anteriormente citamos, ao contrário de Duguit, sustenta a autonomia conceitual do contrato administrativo, caracterizando-o pela presença de cláusulas de poder em benefício da Administração e pela sua vocação de propiciar a execução de um serviço público.

De maneira geral, num ou noutro eixo situam-se tanto a dogmática francesa clássica quanto a alemã da mesma época.

E há inclusive, como já vimos, aqueles que, como o saudoso Oswaldo Aranha Bandeira de Mello, pregavam a inexistência do contrato administrativo.

Que um contrato, em sua acepção mais ampla, seja um acordo de duas ou mais vontades, na conformidade da ordem jurídica, celebrado com vistas a estabelecer um vínculo regulamentado de interesses entre as partes, com o objetivo de adquirir, modificar ou extinguir relações

[144] DUGUIT, Léon. *Traité de Droit Constitutionell*. 3. ed. Paris: Fontemoing, 1930. p. 41.

jurídicas de expressão patrimonial, dificilmente será possível duvidar ou controverter.

O contrato administrativo não foge aos traços gerais acima desenvolvidos. O que o torna espécie, do gênero *contrato*: 1) é o fato de nele figurarem, no polo *contratante*, órgãos ou entidades de Administração Pública; 2) é a circunstância de esse contratante perseguir, como objeto do ajuste, a realização de fins do interesse ou da conveniência dos administrados – razão única, mesmo, da existência dos contratos administrativos; 3) é a possibilidade de ser cambiável a forma de consecução do objeto perseguido pelo contratante (Administração Pública), segundo variem as técnicas de realização dos interesses dos administrados ou mesmo tais interesses, tudo isso, porém, com uma nova tônica, a ser vista adiante, quanto às alterações contratuais; 4) é a garantia de que o conteúdo cambiável, arcado pelo contratado, se perfaça com respeito a seus interesses patrimoniais, seja com a reformulação de sua remuneração, seja com a reparação de seus danos, seja enfim com a conjugação de ambas as compensações.

Afora os quatro tópicos numerados, acima enunciados, o contrato administrativo, em tudo e por tudo, conforma-se à teoria geral dos contratos, tradicional e secularmente consolidada no chamado Direito Privado. Exatamente porque reconhecia tal realidade, a Lei nº 8.666/1993, em seu artigo 54 *caput*, indicava como matriz do estatuto contratual as próprias cláusulas do pacto, mas, como fonte supletiva, "os princípios da teoria geral dos contratos e as disposições de direito privado". Todavia, o preceito em tela continha uma grave mácula, ao apontar como matriz da relação contratual, além das cláusulas ajustadas, os "preceitos de direito público".

Ora, tais "preceitos de direito público" fundam-se num conceito (preconceito?) de superioridade jurídica da vontade estatal, de presunção de licitude (legalidade e legitimidade) e de boa-fé de parte da Administração Pública, de submissão da estabilidade contratual e dos pleitos compensatórios do contrato aos imperativos do "interesse público" (tais como interpretados e declarados pela Administração contratante).

Essa equação, além de dificilmente amoldar-se à ideia de contrato (daí as antigas, mas não mais subsistentes, discussões sobre a real existência de uma categoria "contrato administrativo"), funcionava sempre como poderoso estímulo a mecanismos patológicos de equalização contratual e de reforço à segurança do contratado: aí a origem do ominoso estágio de corrupção, propinas, subornos e ilicitudes que o poder econômico oferecia e a falta de princípios morais e éticos de muitos agentes administrativos que avidamente aceitavam e/ou estimulavam, esses comportamentos inqualificáveis.

12.14.1

Os novos enfoques estão fortemente presentes nas contratações realizadas pelas empresas estatais. A Lei nº 13.303/2016, no particular, impõe notável modificação na descrição do conteúdo do relacionamento contratual-administrativo, ao assim rezar em seu artigo 68:

> Art. 68. Os contratos de que trata esta Lei regulam-se pelas suas cláusulas, pelo disposto nesta Lei e pelos preceitos de direito privado.

Aqui não há mais matrizes leoninas de preceitos de direito público e a restrição à aceitação de fontes de direito privado com caráter apenas secundário. O que há é um plexo de pilares da mesma estatura, conformada pelas cláusulas contratuais, pelos preceitos da própria Lei nº 13.303/16 e pelos *preceitos de direito privado*. E tais preceitos são nitidamente expostos nos artigos 421 a 425 do Código Civil: liberdade de contratar, probidade e boa-fé presumidas de contratante e contratado, interpretação de cláusulas ambíguas em favor do contratado, vedação à estipulação de cláusulas que estipulem a renúncia antecipada do contratado a direitos resultantes da natureza do negócio e liberdade para a estipulação de pactos (complementares ou suplementares) atípicos. Transcrevamos os citados artigos 421 a 425 do Código Civil:

> Art. 421. A liberdade de contratar será exercida em razão e nos limites da função social do contrato.
>
> Art. 422. Os contratantes são obrigados a guardar, assim na conclusão do contrato, como em sua execução, os princípios de probidade e boa-fé.
>
> Art. 423. Quando houver no contrato de adesão cláusulas ambíguas ou contraditórias, dever-se-á adotar a interpretação mais favorável ao aderente.
>
> Art. 424. Nos contratos de adesão, são nulas as cláusulas que estipulem a renúncia antecipada do aderente a direito resultante da natureza do negócio.
>
> Art. 425. É lícito às partes estipular contratos atípicos, observadas as normas gerais fixadas neste Código.

A liberdade de contratar, no contrato administrativo, significa, para o contratado, não só a liberdade de celebrar o ajuste e de escolher o contratante, mas também a de discutir o conteúdo do regulamento contratual, no que toca às garantias do contratado. O campo das chamadas "cláusulas exorbitantes" ou dos "poderes extroversos" da Administração não tem mais, no presente, a mesma elasticidade de antanho: também aqui o *pacta sunt servanda* é um princípio vetorial. Em suma, o contrato administrativo não é incompatível com os princípios da boa-fé objetiva, do equilíbrio econômico-financeiro entre as prestações (daí os instrumentos da lesão, do reequilíbrio, da revisão e da resolução) e da função social do contrato (matéria já tratada em capítulo anterior), bem antes, a eles se submete.

A boa-fé, não obstante sua longa tradição, no direito brasileiro, como princípio contratual (Código Comercial, artigo 131, não mais vigente, derrogado que foi pelo Código Civil de 2002), adquiriu em nosso diploma civil formalização expressa, no seu artigo 422. Segundo ele, exige-se de *todos os contratantes* uma lealdade permanente de conduta contratual, comprometida não só com os interesses particulares da parte, mas também com os objetivos comuns e recíprocos do contrato.

No sentido acima exposto, a boa-fé objetiva anda de braços dados com a *probidade*, que mais não é senão a honestidade no agir.

A interpretação das cláusulas ambíguas em favor do contratado é um mecanismo de equalização dos poderes contratuais, atuando como contrapeso à realidade do poderio (estatal) do contratante. Nesse sentido, a regra do artigo 423 do Código Civil comparece como viabilização contratual do princípio constitucional da igualdade. O mesmo se dá com o artigo 424 do Código Civil, de indiscutível aplicação ao contrato administrativo.

Por último, a previsão da formação livre de contratos atípicos é um valioso meio de "desengessamento" das relações contratuais com a Administração Pública. E mais: trata-se de simples consagração do princípio da realidade, que se justifica supinamente com a genial formulação de Pontes de Miranda:

> O tráfico jurídico não só tipiciza ou corrige o tipo. Por vezes, suscita tipos novos, ou negócios jurídicos atípicos. A vida muda. Embora os princípios permaneçam, mudam-se as estruturas e conteúdos dos negócios jurídicos.[145]

[145] MIRANDA, F. C. Pontes de. *Tratado de Direito Privado*. Rio de Janeiro: Borsoi, 1963. p. 366.

É com atenção a tais novas realidades que se deve estudar o estatuto contratual assentado na Lei nº 13.303/2016.

12.14.2.1

A Lei nº 8.666/1993, em seu artigo 55, já dispunha sobre as cláusulas necessárias de um contrato administrativo.

A visão nova da Lei nº 13.303, substituindo no núcleo normativo matricial do contrato administrativo o direito público pelo direito privado, haveria inelutavelmente de afetar este segmento do regime de tais contratos. Essa afetação se deu em dois sentidos, a saber:

- supressão de cláusulas essenciais a um regramento em que pacífica a incidência de poderes extroversos da Administração;
- inclusão de regras prestigiadoras da nova concepção de contrato administrativo igualitário.

No primeiro tópico, cabe registrar, como exemplo mais notável, a supressão do tratamento privilegiado dado à Administração em 1993, concernente à rescisão unilateral administrativa do pacto.

No segundo tópico, a necessidade de indicação textual dos mecanismos de alteração contratual, *sempre* dependente de acordo entre as partes (artigo 72 da Lei 13.303). Ficaram inclusive estabelecidas três vedações à alteração contratual:

- para tornar o contrato em pacto por tempo indeterminado (parágrafo único do artigo 71);
- para pré-excluir a obrigação de licitar (artigo 72);
- para alterar a matriz de alocação de riscos.

Ademais, simplificando e até mesmo tocando no desenho legal das alterações pactuadas, as que tornadas necessárias para reajuste do prazo, para atualizações ou modificações das obrigações de pagamento (incluindo compensações e penalidades financeiras) e as consequentes reformulações dos empenhos de dotações orçamentárias até o limite do valor corrigido, afora deixarem de ser consideradas como verdadeiras alterações contratuais, serão registradas por simples apostila, dispensando-se a formalização de aditamentos.

Acrescente-se também a menção expressa à matriz de riscos: aqui, em coerência com as pautas antes assinaladas, temos como inafastável que a alocação dos riscos há de resultar de concerto entre as partes, sempre presentes as máximas de que devem eles (riscos) ser suportados por quem mais apto a preveni-los ou a melhor gerenciar os danos decorrentes de sua eventual ocorrência. E é evidente: a pactuação originária da matriz de riscos reside no campo da livre discussão bilateral do conteúdo do contrato, sendo *imperiosa* a observância dos princípios contratuais da moralidade, da razoabilidade, da proporcionalidade, da eficiência e da motivação. Confira-se tudo quanto aqui asseverado com o direito positivo, estampado no artigo 69 da Lei nº 13.303:

> Art. 69. São cláusulas necessárias nos contratos disciplinados por esta Lei:
>
> I – o objeto e seus elementos característicos;
>
> II – o regime de execução ou a forma de fornecimento;
>
> III – o preço e as condições de pagamento, os critérios, a data-base e a periodicidade do reajustamento de preços e os critérios de atualização monetária entre a data do adimplemento das obrigações e a do efetivo pagamento;
>
> IV – os prazos de início de cada etapa de execução, de conclusão, de entrega, de observação, quando for o caso, e de recebimento;
>
> V – as garantias oferecidas para assegurar a plena execução do objeto contratual, quando exigidas, observado o disposto no art. 68;
>
> VI – os direitos e as responsabilidades das partes, as tipificações das infrações e as respectivas penalidades e valores das multas;
>
> VII – os casos de rescisão do contrato e os mecanismos para alteração de seus termos;
>
> VIII – a vinculação ao instrumento convocatório da respectiva licitação ou ao termo que a dispensou ou a inexigiu, bem como ao lance ou proposta do licitante vencedor;
>
> IX – a obrigação do contratado de manter, durante a execução do contrato, em compatibilidade com as obrigações por ele assumidas, as condições de habilitação e qualificação exigidas no curso do procedimento licitatório;
>
> X – matriz de riscos.

A Lei nº 8.666/1993 já dispusera sobre a prestação de garantias pelo contratado. Mas ela só poderia ser exigida se tal alvitre constasse do instrumento convocatório dos interessados na contratação. Agora, acertadamente, tal condicionamento foi suprimido, ficando a matéria relegada para as discussões pré-contratuais. Isso reforça nossa afirmação pretérita, no sentido de que a liberdade de contratar, na temática administrativa, não se exaure no simples ato de aceitar ou não a contratação, adentrando mesmo o conteúdo da pactuação.

Cabe apenas ressalvar que: a) a prestação de garantias encarece os custos do contratado, podendo até mesmo, em certos casos, conduzir às licitações desertas ou a renúncias à formalização contratual; b) especificamente quanto ao seguro-garantia, é voz corrente que o mercado securitário ainda se mostra muito reticente em comparecer, e, quando se apresenta, de regra propõe preços que inviabilizam a concretização da garantia.

12.14.2.2

A Lei nº 13.303/2016, no tocante à duração dos contratos, mais uma vez se ateve à realidade das situações determinantes das contratações administrativas, elastecendo o rigor irrealista do artigo 57 da Lei nº 8.666/1993. Cremos não ser aqui necessário mais que a transcrição do artigo 71 da Lei nº 13.303, realçando que continua vedada a contratação por tempo indeterminado. Confira-se.

> Art. 71. A duração dos contratos regidos por esta Lei não excederá a 5 (cinco) anos, contados a partir de sua celebração, exceto:
>
> I – para projetos contemplados no plano de negócios e investimentos da empresa pública ou da sociedade de economia mista;
>
> II – nos casos em que a pactuação por prazo superior a 5 (cinco) anos seja prática rotineira de mercado e a imposição desse prazo inviabilize ou onere excessivamente a realização do negócio.
>
> Parágrafo único. É vedado o contrato por prazo indeterminado.

12.14.2.3

A forma, como requisito essencial da atuação administrativa, de há muito viu seu rigorismo erodido. Hoje, sem receios, pode-se dizer que a forma existe tão apenas como elemento relevante em dupla situação de funcionalidade: quando indispensável para mais facilmente comprovar (não só em benefício da Administração, mas também do indivíduo) a existência do ato com suas características tidas doutrinariamente como inafastáveis; e como indispensável condição eficaz para a atividade de controle da atuação administrativa. Isso, é claro, sem desconsiderar sua obrigatória observância, quando a lei assim o prescreve. Essa tendência para a relativização da importância da forma no ato e no contrato administrativo se comprova excelsamente na hoje pacífica jurisprudência do STJ e mesmo do STF em reconhecer a validade de pleitos de ordem pecuniária (em favor da Administração ou do indivíduo), mesmo em hipóteses de contratos informais.

A lei nº 13.303 contempla inclusive caso em que a formalização do contrato é irrelevante e inexigível, como se vê de seu artigo 73 e parágrafo único:

> Art. 73. A redução a termo do contrato poderá ser dispensada no caso de pequenas despesas de pronta entrega e pagamento das quais não resultem obrigações futuras por parte da empresa pública ou da sociedade de economia mista.
>
> Parágrafo único. O disposto no caput não prejudicará o registro contábil exaustivo dos valores despendidos e a exigência de recibo por parte dos respectivos destinatários.

Declarado o licitante vencedor ou o destinatário da contratação sem licitação, será ele comunicado pela empresa estatal, para assinar o instrumento contratual, no prazo e condições estabelecidas no edital ou na comunicação da intenção de contratar sem licitação, com a *cominação única* da decadência do direito à contratação. O prazo assinalado na convocação, para celebração do ajuste, poderá ser prorrogado por uma vez, por igual período. Tal prorrogação poderá decorrer de solicitação, adequadamente justificada, do interessado. Até porque como imperativo dos princípios da economicidade, razoabilidade e eficiência, sempre será mais vantajoso prorrogar a data da assinatura do que convocar outros pretendentes à contratação ou do que revogar a licitação. De regra, os editais licitatórios acenam com a duração do prazo em questão. Mas, se assim não se der, a convocação poderá ditar a estipulação temporal, desde que assinalado ele segundo o princípio da razoabilidade. Note-se que a decadência do direito de contratar é a única consequência *administrativa* para a convocação deserta, sem prévia e comprovada justificação para a omissão. Mas ficará o vencedor omisso civilmente responsável pelos prejuízos assim causados aos concorrentes e à própria Administração, decorrentes provadamente de sua recusa.

Prevê ainda a Lei da Estatais duas condutas para a Administração, no caso de recusa:

a) a convocação dos licitantes remanescentes, na ordem de classificação, para assinar o pacto nas mesmas condições propostas pelo primeiro classificado, ressalvada, porém, a atualização dos preços oferecidos originariamente;
b) revogar a licitação.

Cremos evidente que a revogação há de ser a última das opções a abraçar, somente cabível quando nenhum dos licitantes habilitados e classificados aceitar a substituição – imperativo contratual da economicidade, da eficiência e da razoabilidade.

Também é evidente que as alternativas, acima postas, dirigem-se unicamente às contratações mediante licitação. Quando esta for inexigível ou dispensada, a Administração deverá rever os termos de sua proposta, a fim de localizar os fatores conducentes à inaceitação, propondo outros que tornem realmente "palatável" aos particulares a contratação perseguida, tudo isso mediante fundamentações técnicas e mercadológicas plenamente justificadas e plausíveis. Em casos tais, a não ser que imperativos de urgência contraindiquem o que se vai dizer adiante, e a não ser que o contratado antes escolhido não seja o único capaz de cumprir a obrigação contratual almejada, melhor será partir-se para uma licitação, em que as novas condições sejam ofertadas a um novo universo de participantes, impessoal e isonomicamente avaliados.

12.14.2.4

O regime de responsabilidade civil e administrativa, de contratantes e contratados, resulta da lei ou do contrato.

No âmbito da Lei das Estatais, entretanto, a nosso ver, não só a sinalização da própria lei em questão, como também as pautas constitucionais de que decorre o Estatuto das Estatais (CF art. 173), foram amplamente ultrapassadas e desmentidas no primeiro caso, violadas no segundo.

É que a Lei nº 13.303, antes de seu artigo 76, além de ancorar-se, como matriz jurídica, na lógica do *direito privado*, amplamente se pondo numa linha de flexibilização e atenuação das cláusulas de superioridade jurídica (poderes extroversos) da Administração contratante, pacificamente (!) acolhidas em momentos idos do pensamento jurídico, no citado artigo 76 inova desastrada e desastrosamente instituindo um pesado regime ilimitado de *responsabilidade objetiva* aos contratados, por defeitos ou incorreções incorridos no desempenho contratual (o que nem mesmo se dava na Lei nº 8.666/1993, segundo se constata de seu artigo 66).

No plano constitucional, essa responsabilização objetiva parece-nos rombudamente infringente ao art. 173 §1º, em seu inciso II, já que desequilibra a igualdade de regimes jurídicos ali posta, entre as empresas estatais e as empresas privadas.

Cumpre ainda agregar que, no tocante aos encargos trabalhistas, o Supremo Tribunal Federal, apreciando a sanidade jurídica do artigo 71 da Lei nº 8.666/1993, em tudo semelhante ao §1º do artigo 77 da Lei nº 13.303, na Ação Direta de Inconstitucionalidade nº 16, teve o preceito como constitucional, somente responsabilizando subsidiariamente a Administração contratante quando comprovadamente omissa na fiscalização do cumprimento, pelo contratado das suas obrigações laborais (e, como efeito, o Tribunal Superior do Trabalho reformulou o Enunciado nº 331 de sua Jurisprudência, cujo inciso IV atribuía às empresas estatais responsabilidade trabalhista subsidiária, para adequá-lo, ao *dictum* do STF).

12.14.2.5

Ainda na Seção I do seu Capítulo II, nominadamente dedicada à formalização dos contratos, a Lei nº 13.303 trata de temas que, em realidade, dizem respeito não à essencialização do vínculo, mas a aspectos relacionados ao cumprimento das obrigações dele decorrentes.

O primeiro desses tópicos é o pertinente às subcontratações, disciplinadas no artigo 78. Aí são elas admitidas, parcial ou totalmente, desde que consentidas pela estatal contratante e previstas no edital (ressalva que, evidentemente, não atinge as contratações diretas), mas sem redução da responsabilidade contratual da subcontratante. Veja-se, a propósito o cauteloso regime dos parágrafos do mencionado art. 78 da Lei das Estatais:

> §1º – A empresa subcontratada deverá atender, em relação ao objeto da subcontratação, as exigências de qualificação técnica impostas ao licitante vencedor.
>
> §2º – É vedada a subcontratação de empresa ou consórcio que tenha participado:
>
> I – do procedimento licitatório do qual se originou a contratação;
>
> II – direta ou indiretamente, da elaboração de projeto básico ou executivo.
>
> §3º – As empresas de prestação de serviços técnicos especializados deverão garantir que os integrantes de seu corpo técnico executem pessoal e diretamente as obrigações a eles imputadas, quando a respectiva relação for apresentada em procedimento licitatório ou em contratação direta.

O segundo aspecto a destacar é aquele em que a Lei das Estatais prevê descontos na remuneração do contratado, quando houver no contrato previsão de remuneração variável pela realização de determinadas metas, não sendo elas, contudo, atingidas.

Além disso, a Lei nº 13.303 dita que "os direitos patrimoniais e autorais de projetos ou serviços técnicos especializados desenvolvidos por profissionais autônomos ou por empresas contratadas" passam, automaticamente, à propriedade da estatal contratante, pela simples pactuação do contratado. Trata-se de evidente despautério, cujo efeito maior será, pura e simplesmente, frustrar a contratação de empresas privadas de elevado índice de sofisticação na inovação tecnológica, de cujos direitos (e conteúdo) não querem abrir mão (podendo inclusive constituir segredos industriais de custosíssima pesquisa e concretização), em detrimento óbvio das estatais contratante e dos interesses individuais que se beneficiariam de tais conhecimentos. E isso tudo quando uma simples licença de uso poderia contemplar o interesse geral!

Convém, de toda sorte, transcrever as regras em questão:

> Art. 79 – Na hipótese do §6º do art. 54, quando não for gerada a economia prevista no lance ou proposta, a diferença entre a economia contratada e a efetivamente obtida será descontada da remuneração do contratado.
>
> Parágrafo único. Se a diferença entre a economia contratada e a efetivamente obtida for superior à remuneração do contratado, será aplicada a sanção prevista no contrato, nos termos do inciso VI do caput do art. 69 desta Lei.
>
> Art. 80 – Os direitos patrimoniais e autorais de projetos ou serviços técnicos especializados desenvolvidos por profissionais autônomos ou por empresas contratadas passam a ser propriedade da empresa pública ou sociedade de economia mista que os tenha contratado, sem prejuízo da preservação da identificação dos respectivos autores e da responsabilidade técnica a eles atribuída.

Na forma da LLC vigente, o estatuto jurídico dos contratos administrativos tem como coluna vertebral a incidência obrigatória das chamadas *cláusulas exorbitantes*.

Tal panorama, como reiteradamente expressamos até aqui, foi profundamente modificado na Lei nº 13.303, que vinculou as matrizes dos contratos administrativos das estatais ao direito privado, o que atrai fortemente, para a regência de tais contratos, o Código Civil. E nestes impera o princípio *pacta sund servanda*. Por isso mesmo, por exemplo, alterações contratuais somente são admissíveis se consensuais, conforme, aliás, expressa dicção da Lei nº 13.303, em seu artigo 72, repetida no *caput* do artigo 81; até mesmo os acréscimos ou supressões contratuais, impositivos no regime da Lei Geral, aqui somente prevalecem se consentidos pelo contratado.

O privilégio administrativo do rompimento unilateral do pacto também deixa de existir no regime da Lei nº 13.303, passando a matéria a ser regida pelos artigos 475 a 480 do Código Civil, com o que:

a) a faculdade resolutiva assiste a ambas as partes contratantes, no caso de inexecução parcial ou total do pacto;
b) a exceção do contrato não cumprido pode ser invocada por qualquer das partes;
c) a onerosidade excessiva pode ser brandida por qualquer dos contratantes, conduzindo, conforme cada caso, à resolução ou à modificação equilibradora.

No que diz respeito ao poder de fiscalizar a execução do contrato, o direito privado reconhece seu exercício tanto a contratantes quanto a contratados.

Deixamos por último a temática do sancionamento contratual interno. A Lei nº 13.303 dele cuida exclusivamente sob o ângulo do poder administrativo, nos artigos 82 a 84, matéria a ser tratada no próximo segmento. Mas com o balizamento do contrato administrativo das estatais pelo direito privado, com a ênfase que outorgamos à liberdade contratual também do contratado no desenho do conteúdo do contrato e das recíprocas obrigações, nada impede a estipulação de cláusulas penais na forma dos artigos 408 a 416 do Código Civil, com o que a faculdade de deflagrar sanções poderá também, segundo o pactuado, ocorrer em favor do contratado.

Enfim, o contrato administrativo das estatais assume, com a Lei nº 13.303, um caráter cooperativo, colaborativo, assim amoldando-se inteiramente aos paradigmas da boa-fé e da probidade, que haverão de balizar sua existência e seus efeitos.

12.14.2.6

O tema do sancionamento administrativo, na Lei nº 13.303, é, por certo, à vista de suas consequências e repercussões, um dos mais delicados na análise do referido diploma. Não bastasse isso, suas prescrições estão lançadas sem uma sistemática abrangente e ordenada, o que obriga o intérprete a saltar de um ponto a outro da lei em pauta, quando não também a recorrer a outros diplomas que não o que constitui o objeto deste capítulo. Assim é que, por exemplo:

- os artigos 37 e 38, inseridos na temática da licitação, alvo de outro Capítulo, também encerram sanções administrativas;
- o artigo 12 alude à arbitragem, como o método de dirimência de litígios intrassocietários, que potencialmente podem acarretar sanções administrativas;
- o artigo 23 da Lei nº 12.846/2013 (Lei Anticorrupção) estabelece um efeito externo, de índole cadastral, às sanções aplicadas administrativamente pelas estatais (determinando sejam as penalidades informadas e, se for o caso, atualizadas, aos agentes encarregados do Cadastro Nacional de Empresas Inidôneas e Suspensas – CEIS);
- o *caput* do artigo 82 da Lei nº 13.303 disciplina a aplicação da pena administrativa de multas, antes mesmo de elencar quais sejam as espécies de sanção administrativa (o que só ocorre nos parágrafos subsequentes).

Merece ainda crítica (não de conteúdo, tema estranho ao presente trabalho, pois a responsabilidade penal não é objeto deste ensaio) o artigo 41 da Lei das Estatais, que estende ao regime aqui instituído o sistema de responsabilização e sancionamento de direito penal, estatuído nos artigos 89 a 99 da Lei nº 8.666/1993. E isso num capítulo e seção de normas gerais, de muito antecedente ao segmento legal dedicado às sanções.

Posto tudo isso à parte, contudo, imperioso estudarmos detidamente o regime sancionatório administrativo. E iniciaremos a análise pela transcrição das pertinentes regras específicas:

> Art. 82 – Os contratos devem conter cláusulas com sanções administrativas a serem aplicadas em decorrência de atraso injustificado na execução do contrato, sujeitando o contratado a multa de mora, na forma prevista no instrumento convocatório ou no contrato.
>
> §1º – A multa a que alude este artigo não impede que a empresa pública ou a sociedade de economia mista rescinda o contrato e aplique as outras sanções previstas nesta Lei.
>
> §2º – A multa, aplicada após regular processo administrativo, será descontada da garantia do respectivo contratado.
>
> §3º – Se a multa for de valor superior ao valor da garantia prestada, além da perda desta, responderá o contratado pela sua diferença, a qual será descontada dos pagamentos eventualmente devidos pela empresa

pública ou pela sociedade de economia mista ou, ainda, quando for o caso, cobrada judicialmente.

Art. 83 – Pela inexecução total ou parcial do contrato a empresa pública ou a sociedade de economia mista poderá, garantida a prévia defesa, aplicar ao contratado as seguintes sanções:

I – advertência;

II – multa, na forma prevista no instrumento convocatório ou no contrato;

III – suspensão temporária de participação em licitação e impedimento de contratar com a entidade sancionadora, por prazo não superior a 2 (dois) anos.

§1º – Se a multa aplicada for superior ao valor da garantia prestada, além da perda desta, responderá o contratado pela sua diferença, que será descontada dos pagamentos eventualmente devidos pela empresa pública ou pela sociedade de economia mista ou cobrada judicialmente.

§2º – As sanções previstas nos incisos I e III do caput poderão ser aplicadas juntamente com a do inciso II, devendo a defesa prévia do interessado, no respectivo processo, ser apresentada no prazo de 10 (dez) dias úteis.

Art. 84 – As sanções previstas no inciso III do art. 83 poderão também ser aplicadas às empresas ou aos profissionais que, em razão dos contratos regidos por esta Lei:

I – tenham sofrido condenação definitiva por praticarem, por meios dolosos, fraude fiscal no recolhimento de quaisquer tributos;

II – tenham praticado atos ilícitos visando a frustrar os objetivos da licitação;

III – demonstrem não possuir idoneidade para contratar com a empresa pública ou a sociedade de economia mista em virtude de atos ilícitos praticados.

Na perspectiva jurídica da contratação administrativa das estatais, mais que nunca se haverá de observar, na aplicação das sanções administrativas, a incidência dos postulados do devido processo legal (com todos os seus apanágios estatuídos nos incisos LIV e LV do artigo 5º da Constituição Federal), da razoabilidade e proporcionalidade. Mas não só: também os pilares, do Código Civil, de presunção de probidade e de boa-fé de ambos os contratantes, e de função social do contrato, aliados à diretriz constitucional do estímulo à iniciativa privada e à presença competitiva preferencial da empresa privada, balizarão incontornavelmente o exercício do arsenal de sanções administrativas. Nessa linha de cogitações, à qual aditamos as considerações desenvolvidas no item 10 deste Capítulo, podemos afirmar, sem hesitação:

a) o elenco das sanções, estabelecido no artigo 83 da Lei nº 13.303, contém uma *gradação*, que somente pode ser afastada quando a gravidade da conduta do contratado suplantar a consideração da primariedade;
b) a cumulação de multas com outras penalidades, além de pautar-se pelos padrões de razoabilidade, proporcionalidade e motivação convincente, haverá de ter em conta a vedação à imposição de onerosidade excessiva ao contratado, bem como a prevenção ao desestímulo da iniciativa da privada a contratar com as estatais;
c) a referência, no parágrafo 1º do artigo 82, à rescisão do contrato, não significa fazer reviver a "rescisão administrativa", da Lei Geral; ela significa, tão apenas, que, sendo grave a conduta faltosa do contratado, poderá a estatal, além de aplicar a multa, pleitear *judicialmente* o rompimento do pacto;
d) as condutas infracionais, o enquadramento das punições e a escala de aplicação das multas terão de constar dos contratos (art. 69, VI, Lei das Estatais);
e) a suspensão e bem assim a inabilitação temporárias para licitar e contratar se limitam às pactuações com a entidade sancionadora, não podendo ultrapassar o prazo de 2 (dois) anos (art. 83. III da Lei nº 13.303, combinado com seu artigo 38, III);
f) não se aplica sanção administrativa com lastro na teoria da responsabilidade objetiva (segundo já antes explicamos);
g) até como consequência do item anterior, a punição administrativa não é extensível a terceiros, pessoas naturais ou jurídicas, salvo configuração de possibilidade de desconsideração da pessoa, na forma preconizada no Código Civil e no CPC.

Por guardar proximidade com a matéria do sancionamento, é aconselhável apresentar breve referência à questão da arbitragem.

Conforme reiteradamente lembrado, o artigo 12, em seu parágrafo único, da Lei nº 13.303 prevê a utilização da arbitragem, para solução dos conflitos societários internos. Mas o preceito em tela apenas se soma a uma série de várias outras disposições legais, inclusive a Lei Geral de Arbitragem (Lei nº 9.307/1996, art. 1º §1º), tudo de sorte a afastar as hoje praticamente superadas objeções ao instrumento, no que toca à Administração Pública, que doutrina arcaica sustentava. O rótulo da "indisponibilidade da coisa pública", em que fortes tais objeções, só mediante contorcionismos dialéticos mirabolantes poderia impedir a dirimência mais célere do litígio por outra via *legal*. Sensível a tudo isso, tanto o STF como o STJ já se manifestaram em prol da admissibilidade da arbitragem nas disputas envolvendo entidades ou órgãos administrativos, mesmo quando o compromisso arbitral seja posterior à celebração do contrato administrativo. Doutra parte, as considerações tecidas no item 10 anterior são aqui retomadas mediante remissão para fundamentar a amplitude da aceitabilidade da arbitragem, em ajustes dessa natureza.

12.14.2.7

Cumpre, pois, em arremate, e mesmo admitindo aqui e acolá algumas impropriedades na Lei nº 13.303, saudá-la como instrumento valioso do atual Direito Administrativo brasileiro, afeito às presentes feições teóricas explicativas dos desempenhos da Administração Pública, harmônico com a disciplina constitucional da atuação empresarial do Estado e inaugurativo de um novo ambiente sadio no relacionamento contratual entre as estatais e o empresariado privado (ou seja, o cumprimento do ditame de integridade, comandado pelo art. 32, V da Lei), tudo isso instalando na cidadania a esperança de que a lama da corrupção, sistemicamente desenvolvida e "aperfeiçoada" pelos governos brasileiros de um pensamento supostamente trabalhista, seja enfim despachado para os negros porões de um passado que se deseja esquecer.

12.14.3

Em *recapitulação*, as duas notas de construção da *reteorização*, já invocadas: o contrato administrativo integra a *teoria geral dos contratos*, constituindo uma de suas modalidades. Conteudisticamente, apontados ficaram alguns de seus pontos caracterizadores: trata-se de ajustes de *cooperação*, *colaboração* e *coparticipação administrativa* (Administração e Administrado) que, em condições de *igualdade jurídica*, manifestam vontades contrapostas *por vezes*, mas *sempre* passíveis (e para tanto *vocacionadas*) de serem orientadas para uma *convergência*. E tal *convergência*, que é o *objetivo* dos pactos, é a *realização dos anseios e necessidades de cada indivíduo* e das coletividades por eles criadas (desde a associação de moradores até as mais sofisticadas pessoas jurídicas), captadas de forma inequívoca pela Administração e/ou exigidas pelos administrados a serem beneficiados.

Aqui, antes de prosseguirmos nos tópicos da *reteorização*, algumas observações, feitas bem anteriormente, mas que aqui hão de ser enfatizadas:

- quando a reivindicação dos administrados não configura manifestação unânime, prevalece, ao lado do princípio da maioria, a imposição do menor ônus possível (e até mesmo a adoção de compensações) aos divergentes;
- os reclamos dos administrados não se balizam apenas pelo instituto da representação política, devendo sua vontade ser exercida, captada e respondida por meio dos múltiplos canais de permeabilidade eletrônica que o preparo tecnológico-científico criou e tem ampliado/desenvolvido.

E mais um inevitável retorno à temática das cláusulas exorbitantes...

O Direito Administrativo nasce, como já tantas vezes reiteramos, no crepúsculo do absolutismo; mas por isso mesmo, para tentar "salvar" o tipo de Estado até então vigorante, o Direito Administrativo aparece como um instrumento de *imperatividades*, de *autoritarismos estatais*, tendo assim, desde sua origem, uma acentuada matriz de *assimetria* entre Administração Pública (dotada de prerrogativas) e indivíduos. Essa concepção, obra da Revolução Francesa, se consolidou com a jurisprudência do contencioso administrativo francês.

Tal autoritarismo, contestado somente nos albores do século 20, pela pena de *Duguit* – que, em lugar da *autoridade* como alicerce fundamental do Direito Administrativo, propõe a centralidade do conceito de *serviço público* –, foi retomado pela doutrina de *Otto Mayer* e moldou os rumos do Direito Administrativo brasileiro republicano. Em direito comparado, somente a partir da década de 50, com Eisenmann, Giannini e Sabino Cassese é que se retomou a visão de um Direito Administrativo refratário às assimetrias autoritárias. Todavia, o pêndulo continuou a oscilar. Sobretudo a partir desses mesmos anos 50 surgiu então como paradigma o primado das ideias de interesse público e de discricionariedade administrativa. Levadas tais notas às últimas consequências, sobretudo por influência da onda positivista, o que se teve foi um novo reforço autoritário, por outra via de pretensa justificação.

Não é dado, contudo, ao Direito ignorar a realidade, a pragmática, o cotidiano. A vitória contra o nazi-fascismo, em 1945, trouxe a revalorização da pessoa humana e a conscientização da indispensabilidade da democracia e do Estado de Direito. Doutra banda, reacendia-se a competitividade mundial, movimento maximizado pela globalização. No plano interno brasileiro, a abertura para o mundo acarretou o anseio por novas conquistas e comodidades, o que se aprofundou com o turbilhão do desenvolvimento tecnológico e científico. Alie-se a essa panorâmica o progresso inimaginável dos meios de comunicação e dos transportes. Tudo isso tornou claro que o Estado, além de pesado, insuficiente e caro, não era mais capaz de dar todas as respostas certas aos reclamos dos administrados. Os velhos modelos das delegações, das concessões, das autarquizações (nos moldes brasileiros) e, até mesmo, dos contratos administrativos ficaram ultrapassados.

O resultado da soma de todas essas visões, sumarizadas no parágrafo anterior, determinou as mudanças paradigmáticas do Direito Administrativo, que focalizamos no primeiro volume desta obra. Daí nosso propósito de um Direito Administrativo dos indivíduos, é dizer, dos administrados, não mais simples objetos ou súditos da função administrativa, mas como protagonistas. Daí também nossa concepção do Direito Administrativo como o direito da contenção do poder do Estado, que deve, a partir de tal ponto, *consensualizar-se* com o administrado, para orientar o exercício da função administrativa. Enfim, muito mais um direito de *regulação* e de dirimências concertadas que um direito de superposição relativamente aos administrados. É a administração serviente ou, pelo menos, a administração parceira, que se há de concretizar.

No campo da contratualidade administrativa, profundas são as inovações que o Direito Administrativo, acima outra vez explicitado, impõe. Mais que tudo, tais inovações impactam a clássica teoria das cláusulas exorbitantes, até há pouco nota distintiva da contratação administrativa.

Na *reteorização* que estamos empreendendo, há apenas duas *cláusulas* típicas do contrato administrativo, não para afastá-lo da teoria geral do contrato, mas para identificá-lo como uma das muitas espécies contratuais. E, adentrando as duas *cláusulas especiais*, esclarecemos que uma funciona em favor da Administração (faculdade de impor, na intimidade do contrato, sanções ao contratado), outra em benefício do administrado (seu direito ao reequilíbrio econômico-financeiro do sinalagma contratual). Sumarizando: Administração e Administrado, como contratantes e contratados, são *parceiros*, *aliados*, são IGUAIS, na busca da felicidade geral e comum. Saindo da frieza das ambiências governamentais que unilateralmente "respondiam" pela planificação e execução da função administrativa, partindo para o "dar as mãos" da administração concertada, podemos afinal concretizar o *postulado constitucional* da *dignidade existencial*. É verdade que nossa Constituição fala em dignidade da pessoa humana. Admitindo por ora, para argumentar, a validade integral da fórmula, dela extraimos, em caráter estritamente nosso, pessoal, personalíssimo, que a dignidade é até mesmo mais importante que a própria vida (vista como realidade e fenômeno orgânico).

É a valorização que damos, ao fator *dignidade*, que nos leva a cunhar a expressão DIREITO ADMINISTRATIVO DO INDIVÍDUO, como mote de nosso pensamento. É claro que antes de consolidá-la, pensamos na possibilidade de bem fundadas objeções – e que foram mesmo formuladas –, que nos cobravam no sentido de optarmos pelo rótulo "Direito Administrativo da Pessoa" (alguns ainda pediam "Direito Administrativo da Pessoa Humana"). Dá-se que nosso escopo é mesmo mais amplo. O que temos em vista é não só o *ser humano*, mas o *ser vivo*. Bem estar é também a resposta aos anseios e necessidades do chamado animal irracional (?) e dos vegetais. E isso também é preocupação do Direito Administrativo. Como também assim devem ser olhados os reclusos, os criminosos, os exilados, os privados de direitos da cidadania etc. TODOS que têm VIDA são INDIVÍDUOS, devem ser tratados com DIGNIDADE. Se não podem ser ouvidos por insuficiências comunicativas (animais irracionais – ? – e vegetais), ou circunstâncias específicas (demência, perda de direitos políticos, internações prisionais etc.), nem por isso deixam de ser INDIVÍDUOS. E, por isso, *parceiros* na edificação de uma ordem jurídica assecuratória de DIGNIDADE. Por fim, não nos esqueçamos de que mesmo a requintada cultura jurídica na Roma antiga exigia do nascituro a *forma humana* (!), como condição à qualificação como *pessoa*. Isso sem falar na doutrina nazista e sua abjeta concepção dos *Untermenshen*. E também dos escravos, tidos como *coisas* (aliás, também no Brasil, até a abolição em 1888). Por tudo isso, Direito Administrativo Individual (ou Individualista) é a nossa escolha. Por tudo isso, igualmente, rebelamo-nos, com as instituições e princípios do Direito Administrativo nas mãos, contra o menosprezo desumano a extensas faixas populacionais (e não só no Brasil), PESSOAS apenas na designação, mas não no tratamento, não na *exigência* de DIGNIDADE.

Temos dificuldades até mesmo em entender uma *noção* de contrato administrativo, fora de sua *qualificação* como espécie integrante da *teoria geral dos contratos* (obviamente não como contrato de *direito privado*). Somente assim, aliás, supera-se a *formal contradictio in terminis* da expressão em exame (já que, na *tradição cultural*, "contrato" implica IGUALDADE, *administrativo* sugeriria prerrogativa estatal).

Por um derradeiro ângulo desejamos abordar a reteorização do contrato administrativo: a influência da *economia* nos contratos administrativos. E não há, no particular, qualquer estranheza a ser manifestada.

De algumas realidades podemos partir, sem necessidade de maiores elaborações justificativas. A primeira delas: os sistemas econômicos mundiais continuam a dividir-se na tradicional díade: capitalismo e comunismo. É verdade que um e outro polo apresentam variadas fórmulas, que buscam adotar o que há de melhor em cada tomo. Mas, no momento de definir, não se foge da dualidade exposta. Seja o regime econômico da China – um capitalismo de/do Estado –, seja a economia capitalista dos países nórdicos – um socialismo atenuado, o que se tem é sempre o duplo eixo. O Brasil, por opção constitucional (desde o artigo 1º), conservou sua orientação de sempre, definindo-se como um regime republicano pluripartidário, economicamente esteiado numa equação de garantia da propriedade privada e de livre iniciativa na economia.

É inequívoco, porém, que passamos, em todo o mundo que segue a receita entre nós escolhida, que o capitalismo está em mutação. Não apenas por virtude, mas talvez, sobretudo, por interesse próprio, legítimo, aliás, as empresas e os negócios em geral, públicos ou privados, estatais ou particulares, nacionais ou transnacionais, sem deixarem de lado o mote do *lucro*, também intentam, de alguma forma, dar atendimento às necessidades e conveniências das comunidades e dos indivíduos que, como consumidores, dão sustentação aos empreendimentos.

No mesmo diapasão, o Poder Público sabe que a simples arrecadação tributária não é suficiente para o bom (nem falemos do ótimo) desempenho da função administrativa. Essa meta exige que o Estado persiga *lucros* para reinvestir nos interesses individuais e coletivos. Por isso, também, o Estado tem de buscar *parceiros*, para gerar receitas reinvestíveis, que não onerem a sempre sacrificante carga tributária.

Daí a imprescindível colaboração entre governos e empresas.

Daí o florescimento das empresas estatais.

Daí o crescimento do campo das contratações administrativas.

Enfim, é a era da sustentabilidade, a expansão do conceito ESG (meio ambiente, governança, responsabilidade social). Ou, como disseram John Machey e Raj Sisodía, é o tempo do capitalismo consciente.

Na ambiência ora colocada, Administração Pública, empresariado não estatal e Administrados têm de adotar premissas e objetivos harmonicamente estabelecidos. Governança responsável, eficiência, racionais matrizes de riscos, boa-fé recíproca, racionalização de custos, equilíbrio da equação investimentos/benefícios, colaboração e cooperação entre os três protagonistas acima nominados.

A mera exposição das premissas e objetivos, acima postos, deixa claro os alicerces econômicos do contratualismo administrativo, a saber:

- aqui imprescindível a colaboração, inafastável a cooperação. Daí ser absolutamente imperioso adotar concepções bem restritivas do que sejam as ditas (ou malditas?) cláusulas exorbitantes;
- a busca da lucratividade não é um tabu para a Administração Pública; bem antes, em havendo a "cumplicidade" antes preconizada (inclusive com a generalizada prática de incentivos contratuais para o atingimento de metas), ela é pré-condição da realização menos custosa e mais apta, dos anseios e reclamos dos Administrados e de suas coletividades.

A função econômica do contrato administrativo, para além das razões e objetivos antes explicitados, ainda acarreta as seguintes derivações:

a) aumento das taxas de emprego e dos padrões de remuneração;
b) circulação e difusão da riqueza;
c) criação de mercados consumidores;
d) alavancagem da dinâmica da economia, nos centros de celebração dos contratos e nos locais em que a execução afete a rotina diária da população beneficiada;
e) progresso social;
f) participação acrescida, direta e indiretamente, do Administrado no cumprimento dos afazeres da Administração.

Talvez desnecessário, mas sempre útil acrescentar: cada um dos itens supra destacados impacta a arrecadação tributária e reflete-se no incremento do erário, ampliado e aperfeiçoado o exercício da função administrativa.

Antes mesmo do advento da atual LLC (Lei nº 14.133), algumas fórmulas e alguns instrumentos já eram pioneiramente praticados, na busca da plena efetivação dos objetos contratuais. Hoje eles são de ampla prática. Destacamos algumas dessas linhas:

- as garantias e seguros de *performance* do contratado;
- a partilha dos riscos do empreendimento, sobretudo atenta à realidade de que, primariamente, os riscos devem ser atribuídos à parte que tenha mais e melhores aptidões para enfrentá-los;
- os mecanismos diretos e indiretos de incentivo à boa execução dos contratos;
- a compreensão de que não há sinonímia entre contenção de custos contratuais e "menor preço".

Temos, na realidade normativa e na pragmática brasileiras, uma verdadeira *agência* (as Agências Reguladoras serão alvo de estudo em futuro volume da presente obra) reguladora da atividade econômica. Trata-se do CADE (Conselho Administrativo de Defesa Econômica), legalmente (Lei nº 12.529/2011) qualificada como *autarquia,* incumbida de prevenir e reprimir infrações e abusos de poder econômico. Nessa ampla seara, CADE e Tribunais de Contas têm, sob sua lupa, competência para dizer da legalidade, legitimidade, economicidade e eficiência da execução dos contratos administrativos, reconduzindo-os, quando necessário, à sanidade da ordem jurídica e da ordem econômica.

12.15

Chega o momento de dar fechamento a este capítulo 12, dedicado ao contrato administrativo.

Nas diferentes etapas da exposição, divididas em subitens, foram assumidas as premissas da reteorização do contrato administrativo e, no prosseguimento imediato, reapresentado o conceito já esboçado no bem anterior item 12.3.

Dito o que, estabelecemos as seguintes balizas teóricas do contrato administrativo, em nosso país:

A- O contrato administrativo integra a teoria geral dos contratos, como espécie destacável mas jamais desligável de tal matriz.

B- Como consequência, tem o contrato administrativo, como essencialidades existenciais:

   I: consenso entre as partes, na formação e no desenho do contrato;

   II: capacidade/competência das partes;

III: objeto lícito, afinado a interesses e anseios dos Administrados e de suas coletividades, ou à sustentabilidade econômica da função administrativa;

IV: quando legalmente exigido, forma adequada.

C- Há duas *cláusulas* que tipificam o contrato administrativo, de sorte a caracterizá-lo como *espécie distinta*, no universo da teoria geral dos contratos. São elas:

I: em favor da Administração Pública, a faculdade de diretamente aplicar sanções ao contratado, sem necessidade de autorização de outrem que não o próprio contratante;

II: em favor do contratado, a faculdade de exigir a manutenção ou restauração do equilíbrio econômico-financeiro do contrato, tendo como parâmetro o que a respeito concertado quando da celebração do contrato. Em contrapartida, a Administração tem o DEVER de, *motu proprio*, sem mesmo aguardar o pedido ou a exigência, *promover* a revisão periódica de tal equilíbrio.

Com base em tais premissas, reapresentamos agora, para plena justificação expositiva e atendimento a reclamos metodológicos, nosso CONCEITO de contrato administrativo.

Trata-se do *acordo de vontade equipotentes*, entre uma ou mais pessoas privadas e a Administração Pública, com vistas à execução de uma prestação ou atribuição da Administração, do interesse dos administrados (indivíduos ou coletividades), ou para o proveito econômico e a sustentabilidade da função administrativa, mediante, quando exigível, processo seletivo que assegure igualdade de condições a todos os eventuais e qualificados candidatos à contratação, com remuneração que mantenha a integridade efetiva da equação econômico-financeira do contrato ajustada originariamente.

Por evidente, fora de tais esquadros pode-se ter um contrato da Administração, um ajuste para fins diferentes, um pacto privado, um convênio etc. Mas não um *contrato administrativo*.

CAPÍTULO 13

O PROCESSO ADMINISTRATIVO: CONSIDERAÇÕES INICIAIS. FINALIDADES E RELEVÂNCIA DO PROCESSO ADMINISTRATIVO. PROCESSO ADMINISTRATIVO E PROCEDIMENTO ADMINISTRATIVO. PROCESSO COMO RELAÇÃO JURÍDICA

Nos anteriores capítulos 10 a 12, estendemo-nos sobre os diferentes modais em que emoldurado o exercício da função administrativa: fato administrativo, ato administrativo e contrato administrativo. Já no presente e novo capítulo, iremos dedicar nossa atenção ao veículo em que tais modais se estruturam e documentam: o *processo administrativo*.

Mesmo no caso de função administrativa conectada a eventos que não decorrem da vontade de alguém ou de uma determinação normativa – ou seja, o *fato administrativo*, em sua mais concentrada acepção –, o registro e a documentação da ação administrativa erigirá a formação de um *processo administrativo*. Não há dúvida de que nossos conhecimentos ainda não dispõem de soluções para uma catástrofe climática ou a súbita aparição de um meteorito em curso de colisão com a Terra. Mesmo assim, ainda quando não tenhamos como evitar o desastre, avaliar a grandeza e gravidade de seu impacto, a duração da calamidade etc., a Administração Pública terá de encetar inúmeras atividades: prestação de socorros, organização de abrigos, evacuação de populações e uma infinidade de outros instrumentos de atenuação, socorro, recuperação e manutenção da ordem. É dizer, o evento era imprevisível e/ou inevitável, comportaria ou não (o que em cada caso haveria de avaliar-se) medidas de redução de danos. Pouco importa: havendo sobrevida, de imediato a Administração está convocada a desempenhar seus papéis constitucionais. Como fazê-lo? Aprontando e ajustando planos ou projetos, estabelecendo medidas de contenção ou de correção das consequências, ouvindo especialistas (seja no fenômeno a enfrentar, seja no instrumental administrativo apto a ensejar a recuperação da normalidade), dialogando aberta e incessantemente com as coletividades atingidas (fazendo-as *parceiras* na grande tarefa da salvação pública e individual). Aí está a *tríade conceitual* que constitui os pilares do moderno Direito Administrativo. Explicitemos: o(s) processo(s) administrativo(s) condutor inafastável da função administrativa terá de contemplar a busca do *consenso* dos administrados, do que emanará o estabelecimento de válvulas de *contenção do poder estatal*, tudo vocacionado à *prestação da melhor administração*, à realização do possível grau de felicidade de cada um e de todos. Se assim é em relação aos *fatos administrativos*, assim ainda mais será relativamente aos *atos administrativos* e aos *contratos administrativos*.

Evidentemente, ao falarmos aqui em *processo administrativo*, não estamos pensando num conjunto de fórmulas, gestos, palavras sacramentais, símbolos e solenidades atinentes a alguma etapa processual etc. Isso tudo já foi, historicamente, a realidade do processo, inclusive do processo administrativo. Hoje não passam de *procedimentos*. *Processo*, segundo se haverá de recordar, é uma *relação jurídica*, um código de direitos e deveres, de recíprocas incumbências e compromissos, com vistas à dirimência, composição ou harmonização de condutas e propósitos. Daí que, no presente capítulo, *não* encetaremos uma *reteorização* do processo administrativo. Ela já foi construída, sobretudo a partir dos processualistas germânicos e italianos, de fins do século 19 e começo do 20. Aproveitemos suas sábias contribuições.

Inescapável, contudo, a retomada de algumas considerações precedentes.

Já o dissemos, em monografia sobre o processo administrativo, que é quase um escândalo que date de 1999 a primeira lei federal geral brasileira de processo administrativo! Inteiramente inaceitável, doutrinária ou legalmente, esse triste panorama. De um lado, caberia lembrar que o próprio texto constitucional brasileiro tem tradicionalmente consagrado, no patamar das garantias individuais fundamentais, o direito de petição e o direito de representação

– a serem exercitados, é óbvio, de maneira precípua, pela via do processo administrativo. Doutra parte, a inexistência da disciplina normativa do processo administrativo representou expressivo vetor de reforço da autocracia burocrática quando em face dos reclamos da coletividade. Sintomático, sugestivo e explicativo, portanto, que os autores derramassem páginas e tintas numerosas para o exame do *ato administrativo*, pouco se aplicando, contudo, senão recentemente, na problemática do processo administrativo... E note-se: a) desde 1988, o processo administrativo recebera consagração e reconhecimento expresso, no maior dos patamares normativos! b) o processo administrativo é o *locus* mesmo da prática de quase todos os atos administrativos!

A consequência dessa idiossincrasia do Direito Administrativo brasileiro é por todos conhecida: a Administração sempre se considerou senhora e dona do processo administrativo, decidindo, a seu talante, quando e como instaurá-lo, seu *iter*, a dimensão da atividade dos administrados em seu bojo, sua publicidade ou reserva etc. Daí também algumas patologias que os advogados brasileiros por vezes enfrentaram, tais como: **a)** resistência da Administração em conceder vista de autos de processo administrativo, apesar da existência de expressas determinações legais a respeito; **b)** frequência com que as repartições simplesmente se recusam ao recebimento de petições, obrigando o interessado a recorrer ao Judiciário, com invocação de garantias constitucionais (invariavelmente, o Judiciário repele a recusa, conectando o tema ao direito constitucional de petição, CF art. 5º, inc. XXXIV, "a").

Ora, somente se pode pensar em efetiva realização do princípio democrático quando (e onde) possa o administrado participar da feitura do querer administrativo, ou da sua concretização efetiva. Para tanto, imprescindível é que se assegure ao cidadão o postular junto à Administração, com a mesma coorte de garantias que lhe são deferidas no processo jurisdicional – particularmente, as certezas do contraditório, da prova, do recurso e da publicidade.

As dificuldades de acesso ao processo são decorrentes de um cuidado exacerbado com o processo físico, ou seja, com os autos do processo. É bastante provável que, com o avanço da tecnologia, com a utilização cada vez maior do processo digital, essas dificuldades venham a se reduzir. Os autos do processo físico não são acessíveis a todos os interessados ao mesmo tempo e a obtenção de cópias de documentos demanda algumas providências burocráticas. Atualmente, é possível obter uma cópia informal de qualquer documento, com a utilização da câmera de um simples telefone celular. Com o processo digitalizado, várias pessoas podem ter acesso aos seus termos ao mesmo tempo, sem mesmo ter que ir fisicamente ao órgão encarregado do processamento e a obtenção de cópias ficou enormemente facilitada.

Por sem dúvida, a participação democrática no processo administrativo representa verdadeira contraface ao autorismo. É dizer, o tema radica-se, fundamentalmente, na dramática e emocionante tensão dialética "autoridade *versus* liberdade". Em suma, o caminho da democratização não se perfaz somente com o regramento isonômico do processo administrativo, mas dele não prescinde.

É curial que não basta, contudo, simples "arranjo" formal, que simule um processo administrativo com equilíbrio de faculdades entre seus participantes: imperioso é que em seu próprio cerne material se reflitam tais propósitos éticos, tudo de molde a tornar o processo em verdadeiro bastião potencial de defesa do cidadão contra o Estado.

Nem se diga, sob pretextos vários (como a falaciosa invocação de fuga à burocracia ou, o que é pior, a alegação de que o Estado não pode parar suas atividades de interesse geral para responder a reclamos de interesse individual), que sempre cabe ao cidadão, violado em suas prerrogativas no bojo de um processo administrativo, recorrer ao Poder Judiciário. Como anota Satta,[146] "a revisão jurisdicional de más decisões administrativas é um pobre correspectivo para as boas decisões administrativas, em primeira instância".

Processo e democracia: binômio incindível. Claro: não *qualquer* processo, mas o devido processo legal (em sentido formal), como direito humano fundamental, assim posto nos artigos 8º e 10, da Declaração Universal dos Direitos Humanos, de 1948.

Processo administrativo é Administração em movimento, ou, como quer Feliciano Benvenutti, "processo administrativo é a forma da função administrativa".[147] Nada do que nele se passa é alheio aos interesses dos administrados, por mais remotamente que seja. Num ou noutro dos referidos graus ou modelos, se é que se apresenta útil ou meritória a tipologia, o compromisso do processo com a força motriz do ideal democrático impõe uma postura una e unívoca para a Administração.

Cabe jamais esquecer: o processo administrativo aberto, visível, participativo é instrumento seguro de prevenção à arbitrariedade. Dele

---

146 SATTA, Filippo. *Introduzione ad un Corso di Diritto Amministrativo*. Padova: Cedam, 1980. p. 52.

147 BENVENUTTI, Feliziano. *Appunti di Diritto Amministrativo*. Padova: CEDAM, 1959.

não se pode abrir mão, minimamente que seja. Até porque, se bem é certo que a função administrativa não se perfaz somente pela via do processo administrativo, inequívoco que essa é a via majoritária.

Pode-se, sim, no processo administrativo de tramitação *unicamente interna*, admitir-se uma certa simplificação de seus aspectos formais. Mas essa simplificação dirá respeito, tão apenas, à *exteriorização* da forma. Estará, contudo, a Administração obrigada a reter, em seus registros (por quaisquer meios, inclusive os da mais avançada tecnologia), a *memória* das circunstâncias e das formas não exteriorizadas (*i.e.*, não publicadas), imediatamente recuperável e revelável, acaso o administrado, o Judiciário ou quaisquer outros segmentos do Poder Público desejem, legitimamente, conhecer na íntegra, em todos os seus aspectos e matizes, a formação da vontade da administração, consagrada no processo administrativo.

Já no processo que envolva, ainda que indireta ou reflexamente, o interesse do administrado, inadmissível qualquer sacrifício ao amplo acesso, pelo administrado, às etapas de formação da vontade administrativa. Essa exigência incide até mesmo para os processos administrativos que, aparentemente, confiram grande margem de subjetividade às decisões a serem tomadas. Figuremos três exemplos:

- em um concurso público, a prova oral terá de ser gravada, estenografada ou por qualquer meio técnico idôneo registrada, a fim de ensejar eventuais recursos ou impugnações;
- nas promoções por mérito, civis ou militares, ainda que eventualmente pouco balizada a aferição (ou mesmo se ausente qualquer critério normativo), a manifestação de vontade haverá de ser motivada, guardando-se a memória da respectiva justificação;
- na nomeação, para preenchimento de um cargo, de alguém que deva ter caráter ilibado e/ou notório saber, tais dados deverão estar justificadamente consignados não só no processo de indicação, mas também no de aprovação. O desprezo aos pontos aqui formulados expõe-se a controle jurisdicional, servindo de exemplo de suas modalidades cogitáveis a ação civil pública.

Em acabamento, pode-se, enfim, conceituar: a fórmula *processo administrativo* traduz uma série de atos, lógica e juridicamente concatenados, dispostos com o propósito de ensejar a manifestação fundamentada de vontade da Administração. Múltiplas serão as faces de tal manifestação. Assim, por exemplo, tanto poderá ser ela a formulação de uma política administrativa, ou a produção de um ato administrativo qualquer, quanto a dirimência de um litígio. Pouco importa: no campo da licitude, apenas os atos instantâneos ou urgentíssimos (*v.g.*, extinção de um incêndio, prevenção de um desabamento iminente) ou os não imediatamente conectados a uma volição (*v.g.*, a passagem de um sinal luminoso do amarelo para o vermelho) independem de prévia *processualização (e, assim mesmo, só parcialmente: sempre haverá algum agir administrativo de "programação" do ato eletrônico, ou de decodificação dos gestos ou sons que expressam a atividade administrativa).* Fora daí, *administração* e *processo administrativo* serão conceitos sinônimos. Nesse sentido, pode-se dizer que a existência do processo administrativo é obrigatória e *indisponível* pelas partes, podendo contudo, atualmente, admitir-se a consensualidade do *procedimento*, nas balizas que no momento próprio serão traçadas aqui.

Não nos esquivaremos a ampliar as considerações cabíveis neste segmento, eis que aqui se nucleia, mesmo, a própria razão de ser de um processo administrativo. E, ao fazê-lo, filiamo-nos à luminosa advertência de Ortega y Gasset:[148]

> *Para mi es razón en el verdadero y riguroso sentido toda acción intelectual que nos pone en contacto con la realidad, por medio de la cual topamos con lo trascendente. Lo demás no es sino puro intelecto, mero juego casero y sin consecuencias que primero divierte al hombre, luego lo estraga y, por fin, le desespera y le hace despreciarse a si mismo.*

Nas discussões até aqui traçadas, encarta-se a temática das *finalidades* do processo administrativo. Hoje, até mais que um *iter* para a produção da função administrativa, dos atos administrativos, o processo administrativo é um instrumento de garantia dos administrados, em face de outros administrados e, sobretudo, da própria Administração.

Em suma, dois seriam os *sentidos teleológicos* do processo administrativo: assegurar a *produção* e a *eficiência* (para nós, "eficiência" é qualidade essencial de toda ação, pública ou privada. E, por isso, é o outro nome que se pode dar a todas as funções estatais, sobremodo a administrativa) do agir estatal e maximizar as *garantias* do administrado. Com síntese a nosso ver incontestável: o processo administrativo viabiliza a atuação administrativa justa, doutra banda facilitando, pela

148 GASSET, José Ortega y. *Obras Completas*. Barcelona: Bosch, Tomo IV. p. 46.

coparticipação, o controle maior da Administração. Segundo resume percucientemente Gonçalves Loureiro,[149] eis as principais finalidades do processo administrativo: "*É neste contexto que o procedimento, quer em sentido jurídico, quer na perspectiva da Ciência da Administração ou, de uma forma mais geral, da teoria da decisão, aparece revalorizado como autônomo mecanismo de composição de interesses, de garantia democrática, com funções legitimatórias, como mecanismo de tutela dos cidadãos, como instrumento de racionalização e otimização das decisões, como operador relevante na realização dos direitos fundamentais*". Invocando Luhmann, o que se busca é uma legitimação mediante *participação* no procedimento. Claro que não se trata de *participação* que garanta aceitação das decisões ou prevenção a eventuais decepções: mas participação como fator de influência qualitativa e conteudística potenciais, sobre a própria decisão, como bem percebeu Häberle.[150]

O consenso, como instrumento de eficiência na atuação da Administração Pública, não é novidade. O contrato administrativo é um acordo de vontades (não obstante a resistência da antiga doutrina), que cada vez mais se reforça, na medida em que, na atualidade nota-se uma tendência ao questionamento das chamadas cláusulas exorbitantes. O processo administrativo deve ser também um meio de assegurar a participação dos administrados na gestão pública, pois, uma vez quebrado o tabu do suposto inevitável conflito entre os interesses públicos e privados, a Administração deve estar aberta para melhor conhecer os problemas e aspirações da coletividade, passando a desenvolver um processo de mediação de conflitos, em prol da satisfação do verdadeiro interesse público, em sentido mais amplo, conforme anotam Fernando Dias Menezes de Almeida e Sérgio Guerra.[151] Essa nova postura tem amplo respaldo nos artigos acrescentados à Lei de Introdução às Normas do Direito Brasileiro, pela Lei nº 13.655, de 25.04.18, que admite soluções de compromisso, busca de alternativas e determina que se

---

149 LOUREIRO, João Carlos Simões Gonçalves. *O Precedente Administrativo entre a Eficiência e a Garantia dos Particulares*. Universidade de Coimbra, 1995. p. 69.

150 HÄBERLE, Peter. *Hermenêutica Constitucional*. Porto Alegre, S. A. Fabris, 2002. p. 31-32.

151 ALMEIDA, Fernando Dias Menezes de. Mecanismos de Consenso no Direito Administrativo. *In*: ARAGÃO, Alexandre Santos de; MARQUES NETO, Floriano de Azevedo (Coords.). *Direito Administrativo e seus novos paradigmas*. Belo Horizonte: Editora Fórum, 2008. p. 345-346. GUERRA, Sérgio. Discricionariedade administrativa – Limitações da vinculação legalitária e propostas pós-positivistas. *In*: ARAGÃO, Alexandre Santos de; MARQUES NETO, Floriano de Azevedo (Coords.). *Direito Administrativo e seus novos paradigmas*. Belo Horizonte: Editora Fórum, 2008. p. 237.

considerem as consequências práticas da decisão, de maneira a evitar danos anormais ou excessivos.

A LPA (Lei federal nº 9.784/1999), conquanto não contenha capítulo formal a propósito dos princípios do processo administrativo, deles cuida *conceitualmente* (sobretudo em seu art. 2º), em inúmeros de seus preceptivos – curiosamente, até, às vezes, apontados como *critérios*, *direitos* ou *deveres* –, de que ofereceremos simples *exemplos*.

Assim, deparamos com os princípios expressos da *legalidade* (art. 2º, parágrafo único, I), da *eficiência* (art. 2º, parágrafo único, IX e XII), da *moralidade* (art. 2º, parágrafo único, IV), da *igualdade* (art. 3º, I), da *impessoalidade* (art. 18), da *publicidade* (art. 2º, parágrafo único, V), da *motivação* (art. 50), do *contraditório* e da *ampla defesa* (art. 2º, parágrafo único, X). Repita-se: estão sendo apontados, apenas, exemplos de incidência dos princípios invocados, princípios esses que comparecem, reiteradamente, ao longo de todo o diploma.

São também indicados, no *caput* do artigo 2º do mesmo diploma, alguns outros princípios que, conquanto não nominadamente referidos na Lei das Leis, indiscutivelmente nela estão presentes. É o que se dá com os princípios da *finalidade* (conceituado, por exemplo, no art. 2º, parágrafo único, II), da *razoabilidade* (art. 2º, parágrafo único, IX), da *proporcionalidade* (art. 2º, parágrafo único, VI), da *segurança jurídica* (art. 2º, parágrafo único, IX) e do *interesse público* (art. 2º, parágrafo único, XIII). Dependendo da preferência do estudioso, poderão ser eles tidos como princípios constitucionais implícitos ou infraconstitucionais (ou, ainda, legais, em senso estrito), do processo administrativo.

Até etimologicamente, *processo* é *movimento em frente*, mediante atos que se concatenam, ordenados à produção de um fim – a decisão que, basicamente, componha um litígio, defina a titularidade de um direito, atribua-o a alguém, reconheça-o ou libere seu exercício, ou, ainda, enseje manifestação de uma vontade ou a produção de um ato. Todavia, na produção desse fim, que só pode ser lícito, há uma grande dose de aleatoriedade, de eventualidade: o conteúdo da decisão, que coroa o encadeamento sucessivo dos atos, estará, em parte maior ou menor, na dependência da *qualidade* jurídica da atuação do que a lei federal (art. 9º) nomina "interessados" (expressão que não só rotula os administrados que "provocam" o *processo administrativo*, em defesa de direitos ou de interesses, mas a própria Administração, no que tem seus próprios direitos e interesses suscetíveis de serem afetados pela decisão a ser adotada). *Isso é consequência inevitável dos princípios constitucionais (do inciso LV, artigo 5º) do contraditório e da ampla defesa*. À toda evidência, tais princípios seriam um dado *meramente retórico*, se seu exercício não envolvesse a potencialidade de influir no conteúdo, mesmo, da decisão a ser tomada.

Pode-se afirmar, sob esse ângulo, que no "processo administrativo", na acepção que confere à expressão em tela a lei federal, a atuação da Administração, como "juiz", sempre que lícita e vincada aos princípios antes examinados, é *imprevisível* no que diz com o conteúdo de seu resultado último, por isso que necessariamente a ser extraída, repita-se, da *qualidade* e *densificação* dos elementos de convicção filtrados e decantados do exercício da contraditoriedade.

Nem se diga que a colocação *supra* se esmaece ou invalida se, pragmaticamente, não houver contraditório ou não se exercitar a ampla defesa – o que, de resto, também pode ocorrer na província da jurisdição (em senso estrito) contenciosa e praticamente existe sempre na jurisdição (ainda em senso estrito) graciosa. O que conota a realidade categórica, em estudo, é: a) a *possibilidade* do contraditório (e da ampla defesa); b) a *potencialidade* de seu exercício influir no conteúdo do ato final (a decisão).

O conceito de *processo* contempla a ideia de um caminho e a factualidade de diversos atos, lógica e juridicamente encadeados. Isto é, há, no plano conceitual, duas realidades abarcadas, usualmente, na palavra "processo": uma realidade una, panoramicamente identificada num conjunto, teleologicamente concebido, que parte de regra de uma provocação ou requerimento e que, por consequência inelutável, caminha, mediante a prática de atos instrumentais, para a produção do resultado inevitável, qual seja, a decisão; uma realidade atomizada, concretizada no *caminho* que vai do início ao fim do processo, isto é, exatamente na série de atos referentes ao onde, ao como e ao quando, encadeados lógica e juridicamente. À realidade primeira se aplica, por tradição na Teoria Geral do Direito – mas não só, consoante se vai ver –, o nome "processo"; à realidade atomizada, que compõe e viabiliza o processo, a Teoria Geral do Direito apôs o nome "procedimento" (é claro que estamos a cuidar do tema em face do Direito Brasileiro, tão apenas).

A querela nominal processo/procedimento é, em nosso Direito Administrativo, antiquíssima e, em grande parte, fundada em equívocos. Passemos por cima do corte histórico e fixemo-nos na atualidade. Não sem uma ponderação inicial, que tomamos por empréstimo de Rogério Soares:[152]

[152] SOARES, Rogério. *Direito Administrativo*. Coimbra, 1978. p. 182.

> *É evidente que com uma denominação ou outra o mundo continua a girar. Só que um nome ou outro pode exprimir mais ou menos vivamente a realidade que lhe subjaz ou das intenções, pretensões ou ilusões de quem procurou denominá-la. E, por isso pode vir a causar erros e más interpretações, ou mesmo determinar regimes inconvenientes.*

É inequívoco que, em nossos dias, avulta na doutrina o rol dos autores que vêm prestando sua prestigiosa adesão à expressão "processo administrativo", para indicar o *conjunto uno*, a que antes nos referimos. Tais doutos reservam a palavra "procedimento" para identificar o complexo dos atos que compõem o processo, ou seja, o *conjunto instrumental*, o *iter* que vai da instauração à decisão (nesse sentido, por exemplo, as preciosas colocações de Egon Bockmann Moreira).[153]

Acentue-se que o problema é de velho conhecimento dos pro_ cessualistas, aqui e alhures.

Sobrevive contudo, embora minoritária, valiosa corrente que opta conscientemente pela denominação "procedimento administrativo". Aí, afirmam os arautos que o fazem exatamente para apartar os dois fenômenos análogos, segundo o estrato estatal perante o qual deflagrados: em suma, usam "processo" para o *processo* (perdão pela redundância) judicial ou jurisdicional; usam "procedimento", para o *processo administrativo*.

Poder-se-ia até identificar uma subcorrente aqui: Celso Antônio Bandeira de Mello, em seu *Curso*,[154] adotou a palavra "procedimento", mas corajosamente alertou que estava a fazê-lo tão apenas por ser essa a tradição do nosso Direito Administrativo, não negando, entretanto, o acerto do título "processo administrativo", para a categoria que assim nominamos (aliás, identicamente fizera Diogo Freitas do Amaral).[155]

Relembremos algumas proclamações anteriores:

- o Direito, como ciência eminentemente estipulativa, cujo instrumento básico é a *palavra*, tem liberdade para manejar seu conteúdo, redefinindo-o;
- por isso mesmo, uma de suas características marcantes (a um tempo anátema e bênção, dependendo do ângulo do observador) é a textura aberta dos vocábulos que utiliza.

---

[153] MOREIRA, Egon Bockmann. *Processo Administrativo*: Princípios Constitucionais e a Lei 9.784/99. 5. ed. São Paulo: Malheiros, 2017.

[154] MELLO, Celso Antônio Bandeira de. *Curso de Direito Administrativo*. 35. ed. Salvador e São Paulo: JusPodium e Malheiros, 2021.

[155] AMARAL, Diogo Freitas do. *Direito Administrativo*. Coimbra Editora, 1985. v. IV. p. 14-15.

E daí partamos para justificar, criteriosamente, nossa rejeição à adoção de uma só denominação, para duas distintas realidades.

O Direito não é fruto de geração espontânea; tampouco é unicamente simples emanação misteriosa de etéreas inteligências ou de imposições autoritárias de quem tem poder. Mesmo para os jusnaturalistas ou para os comunistas, para Aristóteles ou Ihering, fenômeno de superestrutura ou defluente da realidade do cotidiano, o Direito é sempre uma *realidade social*. Por isso, na medida do possível e do útil, deve preferir o jurista (bem como o legislador) conservar o sentido das palavras, que lhe dá o linguajar comum.

Não se negue ao Direito a possibilidade de, assumindo o linguajar comum, atribuir ao vocábulo, no contexto da ciência jurídica, um sentido diferente, a ela confinado.

Mas a ele – Direito – se negue a possibilidade da contradição, da incerteza, da autofagia, enfim!

Dessa sorte, se algum dos chamados *ramos do Direito* conceitua e baliza determinada ideia, não há como cientificamente defender que *outro ramo da mesma ciência*, mais tarde, resolva batizar realidade análoga com outra expressão! Ou – o que é pior – com mudança do conteúdo semântico amplamente aceito!

Por esse primeiro imperativo, *de lógica formal*, temos por equivocado usar o título "procedimento administrativo" para nominar, a um só tempo, o processo e o procedimento (em senso estrito) administrativos.

Há, doutra parte, um argumento maior, de ordem excelsamente *imperativa*, porque *normativa*: nossa Constituição, em vários de seus artigos, tratou, distintamente, de *processo administrativo* e de *procedimento administrativo*. Que se insista, então, em chamar "procedimento", não só o que é *procedimento administrativo*, mas também o que é *processo administrativo*, constitui motivo de desconcerto.

Por esse segundo imperativo, *de natureza sistemática*, reiteramos nossa irresignação.

E há um terceiro vetor, de índole ideológica e axiológica, também especificamente projetado para o *processo administrativo*, no sentido específico até aqui desenvolvido.

A partir das notáveis contribuições, elaboradas desde a última década do século XIX e primeiras do século XX, por, entre outros, Adolf Wach, Degenkolb e Plósz, Windscheid e Muther, que se irradiaram como rastilho de pólvora, da processualística civil germânica para o sentimento jurídico do mundo ocidental, estabilizou-se: *processo*, como ambiência para a dirimência de controvérsias, como *relação jurídica* entre Estado e cidadão, para viabilizar e instrumentalizar o direito público subjetivo à solução *imparcial* dos litígios pelo Estado (heterocomposição dos litígios), mesmo quando o Estado seja parte (trata-se de um direito emanado da própria ideia de *cidadania*, um dado integrante do *status civitatis*, como tal há muitas décadas consagrado na Declaração Universal dos Direitos do Homem da ONU); e *procedimento* como o instrumento de realização e viabilização útil do *processo*.

Como *relação jurídica*, o processo administrativo congloba uma relação *interpessoas* (administração/administrados ou administrados/administrados), que a norma, incidindo sobre sua estrutura, torna *jurídica*.[156] Com essa incidência, arquiteta-se uma trama de direitos e deveres, que junge todos os sujeitos da relação. Ou seja, não se cuida, aqui, de simples praxes, procedimentos! O que há é *processo*! Daí a síntese notável de Von Thur: relação jurídica é a eficácia jurídica das relações humanas;[157] ou, com Savigny,[158] a relação entre pessoas, determinada pela regra jurídica.

Cumpre, afinal, o processo administrativo, visto como *relação jurídica*, a dúplice finalidade de viabilizar uma atuação eficiente e razoável da Administração, ao mesmo passo assegurando a participação cidadã na consecução da atividade administrativa (como autêntico contraponto às restrições à liberdade individual, que essa atividade administrativa de ordinário produz). Nessa dimensão, pode-se até falar – conforme bem assinalou Wallace Paiva Martins Júnior[159] – num *dever* de instauração e desenvolvimento do processo administrativo; e, como antes afirmamos, num *direito* ao processo administrativo, como face particularizada da garantia do devido processo legal.

O de que sempre nós, administrativistas, nos queixamos, no Brasil, era da ausência de um processo administrativo com as configurações, inspirações, principiologia e segurança do processo jurisdicional. O constituinte de 1988 teve ouvidos sensíveis a esses reclamos e os acolheu, outorgando ao *processo administrativo* (expressão escolhida pela

---

156 MIRANDA, F. C. Pontes de. *Tratado de Direito Privado*. Rio de Janeiro: Borsoi, 1963. p. 117.

157 THUR (von), Andreas. *Der allgemeine Tell des Deutschen Bürgerlichen Rechts, tomo I*. Leipzig: Dunkler und Humblot, 1910. p. 123.

158 SAVIGNY, F. C. *System des Leutigen Römischen Rechts*. 3. ed. Berlin, 1863. p. 333.

159 MARTINS JR, Wallace Paiva. *Transparência Administrativa*. São Paulo: Saraiva, 2004. p. 370.

Lei das Leis) a mesma índole e o mesmo alcance do *processo judicial*, no que diz respeito às garantias da cidadania. Como amesquinhar essa notável redefinição, de índole substantiva ("processo" como direito público subjetivo), na apertada síntese de uma única expressão de índole precipuamente instrumental e adjetiva, como é próprio da locução "procedimento administrativo"?

Assim, também por tais *imperativos axiológicos* se impõe a inaceitação da generalização do uso do rótulo "procedimento administrativo", para indicar, a um só tempo, o *iter* que leva à formulação e exteriorização da vontade administrativa e a *relação jurídica* que as emoldura.

Em acabamento deste item, invocamos que, no enfrentamento conceitual do que seja *processo administrativo* – e pois, também, do que não é processo administrativo –, fizemos uso do chamado princípio da navalha de Ockam: concentramos nossa elaboração na revelação do que é *processo administrativo* como *relação* jurídica. E, em consequência, adotada uma única linha de raciocínio, desprezamos como inerentes ao buscado conceito realidades outras (como o *procedimento*), desnecessárias ao entendimento daquilo que era o núcleo de nosso esforço vestibular.

Podemos então, na sequência, passar a outros tópicos, realmente atinentes à categoria "processo administrativo".

13.1

Cumpre-nos agora cuidar da *principiologia* do Processo Administrativo.

É claro que não iremos envolver, nas considerações que seguem, a conceituação e as múltiplas finalidades dos *princípios*, matéria antes exaustivamente desenvolvida. Tampouco analisaremos os princípios que emolduram e orientam *todos* os campos conteudísticos de cogitação do Direito Administrativo. TUDO ISSO foi antes analisado, por isso, ocasionalmente apenas, retomaremos (parcial ou totalmente) pensamentos anteriormente expedidos. Aqui nossa atenção estará voltada para alguns princípios específicos do Processo Administrativo e/ou que, em tal seara, adquirem especial relevância. Deixaremos outrossim de parte alguns princípios próprios do Direito Penal, que o decisor do Processo Administrativo terá de observar, em sua culminante atuação: a eles dedicaremos reverência exatamente no item alusivo à *decisão*.

Feitas essas ponderações introdutórias, passemos ao exame a que o presente segmento se propõe.

O processo administrativo tem dois objetivos fundamentais: disciplinar, conferindo transparência e objetividade, os meios pelos quais a Administração Pública, por intermédio de seus agentes, toma decisões; e assegurar o respeito a todos os atributos da cidadania no relacionamento entre a Administração e os Administrados (aqui inclusive seus próprios agentes, enquanto administrados).

Num momento de desencanto, de autorismo estúpido (pleonasmo?), de inoperância, de ineficácia, de desperdício, de desrespeito, de violência moral e material, de acentuada corrupção, não é difícil sucumbir à tentação da agressão e dos meios sumários. Diante desse quadro, emerge a sábia lição da notável Ada Pellegrini Grinover,[160] constante de uma extraordinária coletânea da melhor jurisprudência, por ela coordenada: "O Estado de Direito deve combater o delito seguindo regras morais escrupulosas, sob pena de igualar-se aos delinquentes e de perder toda sua autoridade e credibilidade. E as garantias que a Constituição assegura ao acusado não são simplesmente postas como tutela de seus direitos individuais, mas são, antes de mais nada, garantias do justo processo, assegurando o interesse geral à regularidade do procedimento e à justiça das decisões".

Tais ensinamentos, dados precipuamente a respeito de questões de processo penal, servem como uma luva ao processo administrativo, para cuja regularidade de desenvolvimento e justiça das decisões é essencial o bom emprego dos princípios jurídicos sobre ele incidentes. Daí a importância transcendental da matéria versada neste momento. Tanto mais quando recentemente, em fevereiro de 2018, e depois em fevereiro de 2023, tornou-se conhecida a ominosa colocação do país em 96º lugar, num conjunto de 180 países, na escala de avaliação do índice de corrupção nacional (tais avaliações, iniciadas em 2012, são elaboradas pela conceituada ONG Transparência Internacional, estando o Brasil sempre caindo várias posições, ano a ano). Essa a "obra" que nos legaram os governos, ora demagogicamente populistas, ora estupidamente autoritários – com honrosas exceções, como Fernando Henrique e Michel Temer –, deste século.

---

160 GRINOVER, Ada Pellegrini. *O Processo Constitucional em Marcha*. São Paulo: Max Limonad, 1985. p. 1.

Diante da relevância dos princípios e considerando a pluralidade e a diversidade de princípios jurídicos – alguns mais, outros menos amplos; alguns aplicáveis à totalidade do ordenamento e outros inerentes a determinadas províncias do Direito (princípios específicos de cada disciplina: por exemplo, princípios de direito penal, de direito do trabalho, de direito civil, de direito processual etc.) – evidenciou-se a necessidade de selecionar quais os princípios jurídicos específicos do processo administrativo.

Essa busca é árdua, pois, na verdade, incidem sobre o processo administrativo diversos princípios expressamente previstos em diferentes partes do texto constitucional, como é o caso dos princípios fundamentais da República que emergem dos artigos 1º e 3º, dos princípios contidos no art. 5º e, mais diretamente, dos princípios postos no art. 37, especificamente direcionados à Administração Pública em todas as suas formas e em todas as suas ações. Acrescente-se a isso que diversas Constituições Estaduais alargaram o rol de princípios da Administração Pública, como é o caso do art. 111 da Constituição do Estado de São Paulo, que menciona expressamente, além dos princípios da Administração Pública já constantes do texto federal, também, os que nela se integram implicitamente, como os princípios da razoabilidade, da finalidade e da motivação.

Ademais, além dos princípios expressos e dos implícitos, existem também no contexto constitucional princípios decorrentes daqueles, sem falar dos princípios consagrados pela Teoria Geral do Direito, como é o caso do superprincípio da segurança jurídica.

Em resumo, incidem sobre o processo administrativo tanto princípios que lhe são exclusivos quanto princípios também aplicáveis a outros institutos ou situações jurídicas. De maneira que, para um tratamento abrangente do tema, é forçoso cuidar de uns e de outros, indistintamente, sendo bastante difícil, ou quase impossível, identificar quais princípios seriam aplicáveis exclusivamente em matéria de processo administrativo, dado que não é nítida a fronteira dessa específica modalidade processual com o campo mais vasto da Teoria Geral do Processo.

Registre-se, ainda, que o Código de Processo Civil (2015) também optou pela eleição textual de alguns princípios: arts. 2º, 4º a 12 e 14. Todos eles, contudo, já se encontram consagrados na legislação processual administrativa, à exceção do que proclamado no artigo 12.

E este, por sua relevância técnica, axiológica e social, também merece recepção em nossa seara. Dele haveremos de cuidar em subitens futuros.

Diante do exposto, colocou-se o problema de como classificar os princípios do processo administrativo, para, em seguida, defini-los ordenadamente, segundo sua posição relativamente aos demais. Neste passo, cabe rememorar as lições de Genaro Carrió,[161] no sentido de que as classificações feitas pelos juristas não são verdadeiras ou falsas; são úteis ou inúteis, dependendo de sua aptidão para apresentar uma questão de maneira mais facilmente compreensível ou mais rica em consequências de ordem prática.

No caso, diante das declinadas evidências, optou-se por fazer uma enumeração, sem ordem hierárquica e sem cunho exauriente, do que pareceu corresponder aos princípios de maior aplicabilidade ou utilidade prática. É certo, pois, que outros princípios existem ou são também aplicáveis ao processo administrativo, sendo que sua relevância vai depender, sobretudo, das circunstâncias do caso concreto.

O que se pretende é apresentar um rol de princípios invocáveis para a solução de problemas que podem surgir nos processos administrativos em geral, inclusive naqueles que se desenvolvem segundo procedimentos especiais (como é o caso da licitação, da aprovação de loteamento, dos concursos públicos de ingresso etc., sem exclusão dos que são ou vierem a ser desenvolvidos pelas agências reguladoras), independentemente do fato de estarem, ou não, expressamente referidos na legislação aplicável à hipótese sob enfoque.

Diferentemente do entendimento da maioria dos autores que já versaram o tema e diferentemente do que consta de diversas legislações optou-se, também, por não incluir entre os princípios específicos do processo administrativo algo que não pertence ao seu âmbito interno, mas, sim, que o antecede, como seu principal fator determinante – qual seja, o princípio do devido processo legal, previsto no art. 5º, LIV e LV, da CF. Obviamente, contudo, por sua extraordinária relevância, seu conteúdo não pode ser simplesmente ignorado.[162]

---

[161] CARRIÓ, Genaro. *Notas sobre el Derecho y Lenguaje*. Buenos Aires: Abeledo-Perrot, 1976. p. 72.

[162] Merece destaque o estudo sobre o princípio do devido processo legal feito por Oscar Vilhena Vieira em seu *Direitos Fundamentais (Uma Leitura da Jurisprudência do STF)*, p. 473 e ss., abordando as origens e o desenvolvimento do conceito e, muito especialmente, sua aplicação na jurisprudência do STF.

Assinale-se que mesmo antes da promulgação da Constituição de 1988, na vigência do texto constitucional anterior, onde esse princípio não estava expressamente consignado, ele existia e vigorava implicitamente, com todas as consequências, conforme sempre sustentou o Ministro Carlos Velloso,[163] apoiado nos ensinamentos de José Frederico Marques, Geraldo Ataliba e Hely Lopes Meirelles.

Em verdade, no conteúdo do princípio do devido processo legal já estão embutidos todos os princípios que serão adiante especificados. A garantia do devido processo legal compreende uma série de direitos, deveres e responsabilidades, conforme muito bem observou o professor e Ministro Celso de Mello,[164] dizendo que ele, em síntese, visa "garantir a pessoa contra a ação arbitrária do Estado e a colocá-la sob a imediata proteção da lei", abrangendo, entre outros, "os seguintes direitos: a) direito à citação e ao conhecimento de teor da peça acusatória; b) direito a um rápido e público julgamento; c) direitos ao arrolamento de testemunhas e à notificação destas para comparecimento perante os Tribunais; d) direito ao procedimento contraditório; e) direito de não ser processado, julgado ou condenado por alegada infração às leis editadas *ex post facto*; f) direito à plena igualdade com a acusação; g) direito de não ser acusado nem condenado com base em provas ilegalmente obtidas ou ilegitimamente produzidas; h) direito à assistência judiciária, inclusive gratuita; i) privilégio contra a autoincriminação; j) direito de não ser subtraído ao seu juiz natural".

Cármen Lúcia Antunes Rocha,[165] em precioso estudo, faz importantíssima observação ao dizer que o princípio do devido processo legal, além de compreender um conjunto de elementos garantidores dos direitos fundamentais, é também um instrumento de legitimação da ação do Estado, o que leva à conclusão, em sentido contrário, de que o desrespeito ao princípio do devido processo legal é, no mínimo, um forte indício de atuação estatal ilegítima, constituindo-se num seguro instrumento de identificação de desvio de poder.

Sempre presente há de estar o antecedente jusfilosófico inafastável: "processo legal devido" – assim escandida a expressão, como já antes fizemos:

---

[163] VELLOSO, Carlos Mário da Silva. *Temas de Direito Público*. Belo Horizonte: Del Rey, 1994. p. 208.

[164] MELLO, José Celso de. *Constituição Federal Anotada*. São Paulo: Saraiva, 1984. p. 341.

[165] ROCHA, Cármen Lúcia Antunes. *Princípios Constitucionais do Processo Administrativo no Direito Brasileiro*. Belo Horizonte: Del Rey, 1994.

Processo – sequência de atos concatenados e encadeados, em que *todos* os "interessados" (aí incluída a Administração-Parte) tenham forças idênticas;
Legal – a anatomia e a fisiologia, ou seja, o aparato e o procedimento, hão de estar previamente estabelecidos em lei, inteiramente reverentes à axiologia constitucional pertinente;
Devido – o processo legal há de ser eficiente, proporcional, transparente e isonômico, no equacionamento da deflagração e do favorecimento das instâncias de dirimência.

Nesta apertada síntese se proclama-se, com antecipação, a relevância do estudo apartado dos princípios do processo administrativo.

As implicações evidentes, entre o princípio do devido processo legal, o da dignidade humana, o da democracia e o da participação impõem que, em regra, não se admita a emissão da vontade administrativa (*rectius*, prática de um ato administrativo), ressalvadas as situações de urgência que exijam uma imediata atuação da Administração ou a tomada de uma decisão, fora de um processo administrativo. Daí não segue, todavia, que não possa a Administração, de plano (mas fundamentadamente) indeferir uma pretensão nitidamente descabida do administrado; ou, ainda, que a Administração, tal como ocorre no trancamento judicial da ação penal, decida cortar seu curso (sempre fundamentadamente, repita-se), por não divisar justa causa para sua existência. É que, em casos que tais, deve a Administração, utilizando a técnica da ponderação dos princípios, apurar, por exemplo, se o vetor axiológico da segurança jurídica não está a exigir a prevenção à litigiosidade caprichosa ou implausível, tudo isso em prol da paz social.

Passemos ao largo da douta, rica e profícua distinção entre "devido processo formal" e "devido processo material", eis que muitos autores, nacionais e estrangeiros, já cuidaram do assunto, com sabedoria e exauriência. Basta que se diga que ambas as feições do devido processo legal aqui hão de incidir obrigatoriamente. Como assinalou com lapidar erudição a Ministra Cármen Lúcia, ao decidir monocraticamente o Recurso Extraordinário 568.863-1, o "devido processo administrativo", garantia fundamental da cidadania, é "a grande inovação da Constituição de 1988".[166] Daí a imprescindibilidade da observância irrestrita, nesta sede, do contraditório e da ampla defesa.

Por tudo isso, observadas embora as ressalvas que antes fizemos às circunstâncias excepcionais em que a Administração pode trancar o

---

166 *DJe* 23.09.08, p. 172-175.

curso do processo ou até mesmo não o instaurar, cabe asseverar que, de regra, a realização dos processos administrativos *não* é uma faculdade da Administração, mas, bem antes, "competência-dever vinculado".[167]

O *princípio da igualdade*, aplicado ao processo administrativo, ganha nuanças que evidenciam diferenças relativamente ao tratamento devido às partes no processo civil. Tais nuanças, inclusive, por vezes ocasionam confusões entre o princípio geral de isonomia e o princípio da impessoalidade, este último típico do Direito Administrativo.

No processo civil, mesmo quando o Estado-Administração figura como parte, o Estado-Juiz deve zelar pela igualdade entre as partes. Mas essa igualdade é matizada por alguns privilégios que a lei confere à Fazenda Pública, em homenagem aos interesses que estão aos seus cuidados.

No processo administrativo, o Estado é frequentemente parte e juiz, evidenciando-se assim, de plano, uma desigualdade inicial fundamental. Mas essa desigualdade deve ser compensada por uma atuação absolutamente isenta na condução do processo e em sua decisão, tendo como norte a ideia matriz de igualdade. O processo administrativo, obviamente, não pode ser uma pantomima, um ritual sem conteúdo ou, pior que isso, uma simples forma de enganar o administrado de boa-fé. Não há que questionar.[168]

A boa-fé e sua irmã gêmea, a lealdade, são balizas éticas às quais necessariamente vergado o processo administrativo, assumindo destarte característica de comando de superdireito. De tal sorte é sua relevância que, sem dúvida, eventual choque, na prática administrativa, entre o princípio da boa-fé e o da legalidade, aquele deverá prevalecer.

Há indispensável necessidade de uma legislação destinada a dar seriedade, respeitabilidade e confiabilidade ao processo administrativo, para que os particulares passem a aceitar suas decisões, aliviando a sobrecarga do Poder Judiciário. Um requisito básico e fundamental para isso é assegurar ao administrado (ou contribuinte, ou servidor, ou

---

[167] ROCHA, Cármen Lúcia Antunes. *Princípios Constitucionais do Processo Administrativo no Direito Brasileiro*. Belo Horizonte: Del Rey, 1994. p. 10-13.

[168] MELLO, Rafael Munhoz de. *Princípios Constitucionais de Direito Administrativo Sancionador*. São Paulo: Malheiros, 2007. p. 231.

proponente) que postula ou se defende perante o Estado um tratamento que não o coloque numa posição subalterna. A isonomia opera *pro populo* (impedindo discriminações) e contra o administrador.

Assim, quando dois particulares tiverem direitos ou interesses opostos submetidos ao exame da Administração, esta deverá tratá-los com isonomia, com a mais rigorosa igualdade processual, nos moldes do processo civil, sem qualquer distinção não autorizada pela Constituição Federal, sendo evidentemente proscritos tratamentos diferenciados em razão de amizade ou inimizade, crença religiosa, posições políticas etc. Estas distinções também não são admissíveis quando se tratar de contenda entre o particular e a Administração, pois, neste caso, além da isonomia, é preciso considerar o princípio da impessoalidade.

Conforme o objetivo ensinamento de José Afonso da Silva,[169] o princípio da impessoalidade da Administração Pública "significa que os atos e provimentos administrativos são imputáveis não ao funcionário que os pratica mas ao órgão ou entidade administrativa em nome da qual age o funcionário". A autoridade administrativa competente para decidir em processo administrativo deve considerar o caráter permanente do órgão ou entidade em nome de quem está atuando, ciente de que tais segmentos da Administração Pública não podem ter outros interesses senão aqueles que lhes foram confiados pela lei, perante a qual, por expressa determinação constitucional, todos são iguais. De fato, aqui está uma das acepções mais nítidas da impessoalidade, não negando sua proximidade com a ideia de isonomia, sem reduzir contudo os dois conceitos a um só.

Convém registrar arguta observação de Caio Tácito.[170] Partindo do aforismo segundo o qual a verdadeira igualdade consiste em tratar desigualmente os desiguais, lembra ele que a Constituição autoriza e determina tratamento preferencial, por exemplo, à criança, ao adolescente, ao idoso e ao deficiente (ao que agregamos o objetivo fundamental – art. 3º, III – de "erradicar a pobreza e a marginalização e reduzir as desigualdades sociais e regionais"). E, considerando que a impessoalidade determina a igualdade perante a Administração Pública, pontifica o acatado e saudoso mestre:

---

[169] SILVA, José Afonso da. *Curso de Direito Constitucional Positivo.* 35. ed. São Paulo: Malheiros, 2012.

[170] TÁCITO, Caio. O princípio da Legalidade: Ponto e Contraponto. *Estudos em Homenagem a Geraldo Ataliba,* São Paulo, v. 2, p. 49, 1987.

> O princípio da impessoalidade repele atos discriminatórios que importem favorecimento ou desapreço a membros da sociedade em detrimento da finalidade objetiva da norma de Direito a ser aplicada.
>
> Não é indiferente, porém, à Administração Pública, a *personalidade* do administrado.
>
> O que se veda é a *personificação* dos atos de seus agentes, na medida em que abandonem o interesse público para conceder favores ou lesar pessoas ou instituições.

E continua Caio Tácito:

> Em síntese, a atividade administrativa pode, e em certos casos deve, *distinguir* entre pessoas, em função de peculiaridades que a lei manda observar. Não poderá jamais *discriminar* entre elas, sobrepondo o juízo personalista à objetividade legal de tratamento".

Com essas achegas, o que pretendemos explicitar é que, ao se falar aqui em *isonomia*, o que levamos em conta é não a simples igualdade formal, reiteradamente afirmada nas leis; o que temos em consideração é a igualdade substancial, isto é, aquela em que pessoas ou situações, só aparentemente iguais, recebam tratamento diferenciado, que tome consciência das diversidades e proponha decisões que as equilibrem.

A imparcialidade é a contraface do arbítrio. Mas não só: a imparcialidade é um vetor imprescindível à concretização do ideal processual da *verdade real*, conectada aos imperativos da igualdade e da justiça. Do que porém não decorre que imparcialidade e neutralidade se confundam: bem antes. Na busca (até de ofício) da verdade real, o julgador, em certo momento, tem de encaminhar sua decisão para o lado que a concretize e, efetivamente, faça justiça. A neutralidade absoluta, análoga mesmo ao conceito de indiferença, acabaria por levar o julgador ao vedado *non liquet* ou, pelo menos, a seu descompromisso com o melhor (e, pois, *devido*) direito. Mas com um alerta: se não se deve admitir a neutralidade em detrimento do direito e da justiça, há que se repelir a influência da política ou do clamor popular. Em face desses "insumos" subjetivos o julgador há que sempre ser neutro (o que não se confunde com cegueira, insensibilidade, frieza ou implacabilidade). A Constituição e as leis conferem ao julgador o instrumental básico para que não reduza sua atividade-fim a um mecânico edifício silogístico, desvendando com nitidez os valores e os fins sociais que hão de presidir seu mister.

Diante de situações-limite, a imparcialidade da autoridade pública fica bastante comprometida ou, pelo menos, bastante dificultada, pois sempre haverá inconformismos. E importa lembrar o que disse o presidente John Kennedy em seu discurso de posse: "nunca tenha medo de decidir, mas jamais decida por medo". Sem a garantia da ordem pública, os direitos individuais e sociais ficam abalados. Repetindo o que foi dito acima: imparcialidade não é neutralidade absoluta, nem indiferença. Em certas situações, a autoridade não pode ter medo de ser parcial, no sentido de conferir maior força, ou maior peso, a um dos princípios constitucionais em aparente conflito, fazendo, é claro, a devida ponderação.

As raízes mais fundas do *princípio da finalidade* estão na vetusta Lei de Introdução ao Código Civil[171] (hoje Lei de Introdução às Normas do Direito Brasileiro – LINDB), cujo art. 5º tem a seguinte redação: "Na aplicação da lei, o juiz atenderá aos fins sociais a que ela se dirige e às exigências do bem comum".

Toda lei é instrumental, toda lei visa ao atendimento de um determinado fim de interesse ao mesmo tempo individual e público, que pode ser a saúde, a defesa do consumidor, a segurança etc.

O relacionamento entre a legalidade e a finalidade é tão íntimo que Celso Antônio Bandeira de Mello[172] assim aborda esse tema:

> Em rigor, o princípio da finalidade não é uma decorrência do princípio da legalidade. É mais que isto: é uma inerência dele; está nele contido, pois corresponde à aplicação da lei tal qual é; ou seja, na conformidade de sua razão de ser, do objetivo em vista do qual foi editada. Por isso se pode dizer que tomar uma lei como suporte para a prática de ato desconforme com sua finalidade não é aplicar a lei; é desvirtuá-la; é burlar a lei sob pretexto de cumpri-la. Daí por que os atos incursos neste vício – denominado 'desvio de poder' ou 'desvio de finalidade' – *são nulos*. Quem desatende ao fim legal desatende à *própria lei*. O que explica, justifica e confere sentido a uma norma é precisamente a finalidade que a anima. A partir dela é que se compreende a racionalidade que

---

171 Decreto-lei nº 4.657, de 04.09.42.

172 MELLO, Celso Antônio Bandeira de. *Curso de Direito Administrativo*. 35. ed. Salvador e São Paulo: JusPodium e Malheiros, 2021. p. 106.

lhe presidiu a edição. Logo, é na finalidade da lei que reside o critério norteador de sua correta aplicação, pois é em nome de um dado objetivo que se confere competência aos agentes da Administração.

Convém REITERAR que é de *interesse público* aquilo que a lei e os princípios jurídicos qualificam como tal. Mas *interesse público* não é uma ficção de arbitrária intelecção, ou tampouco uma fórmula que serve às imposições estatais opressoras do indivíduo. Pode-se dizer que o interesse público é o interesse da coletividade, do conjunto *e da somatória dos cidadãos*, observando-se de regra o ditame da maioria. Este é o interesse público primário, que não se confunde com o mero interesse do aparelhamento administrativo (interesse público secundário), ou muito menos com o interesse pessoal do agente público.

Quando se fala em "interesse pessoal do agente" é preciso esclarecer que essa expressão compreende tanto seu interesse, patrimonial ou não, puramente egoístico, individual, quanto suas particulares concepções políticas, filosóficas, religiosas etc. Não pode o agente deixar de cumprir a lei, não pode ele deixar de atender a algo que a ordem jurídica consagra como valioso, somente porque isso se chocaria com suas convicções pessoais (ou, pior ainda, com suas crenças ideológicas/políticas ou com as convicções pessoais de seu superior hierárquico).

A Constituição Federal, art. 5º, LV, assegura, de maneira até de certa forma redundante, aos litigantes em geral, tanto na esfera administrativa quanto judicial, o direito à defesa, com os meios a ela inerentes. É elementar que quem quer os fins deve dar os meios a isso necessários. Portanto, quando se fala no *princípio da ampla defesa*, na verdade está-se falando dos meios para isso necessários.

O primeiro requisito para que alguém possa exercitar o direito de defesa de maneira eficiente é saber do que está sendo acusado. Por isso é essencial que qualquer processo, particularmente o de cunho punitivo, comece pela informação ao acusado ou interessado, daquilo que, precisamente, pesa contra ele. Não basta, por exemplo, vamos dizê-lo em reiteração, publicar um edital dizendo que determinada pessoa cometeu uma infração de trânsito sem especificá-la; é preciso efetivamente fazer chegar ao acusado a informação exata sobre qual específica infração teria sido cometida, com todos os detalhes necessários ao exercício da defesa.

Além disso, no curso do processo, é preciso assegurar o acesso aos autos, a possibilidade de apresentar razões e documentos, de produzir provas testemunhais ou periciais, se necessário, e ao final, de conhecer os fundamentos e a motivação da decisão proferida. Fica ressalvada, entretanto, a possibilidade de recusa à produção de provas inúteis, desnecessárias ou puramente protelatórias.

Convém insistir em que a garantia constitucional do direito à ampla defesa exige que seja dada ao acusado, ou a qualquer pessoa contra a qual se faça uma irrogação, em desfavor da qual se estabeleça uma apreciação desfavorável (ainda que implícita), ou que esteja sujeita a alguma espécie de sanção ou restrição de direitos, a possibilidade de apresentação de defesa prévia à decisão administrativa. Sempre que o patrimônio jurídico e moral de alguém puder ser afetado por uma decisão administrativa, deve a ele ser proporcionada a possibilidade de exercitar a ampla defesa, que só tem sentido em sua plenitude se for produzida previamente à decisão, para que possa ser conhecida e efetivamente considerada pela autoridade competente para decidir. O direito de defesa não se confunde com o direito de recorrer, que será examinado mais adiante.

O direito à ampla defesa obriga à autoridade o dever de fiel observância das normas processuais e de todos os princípios jurídicos incidentes sobre o processo. A desatenção a tais preceitos e princípios pode acarretar a nulidade da decisão, por cerceamento de defesa. Cabe, todavia, assinalar que muitos abusos são cometidos sob esse título, levando à invalidação despropositada de processos. Somente haverá cerceamento de defesa se da omissão ou falha puder resultar um dano, potencial ou efetivo, ao acusado ou interessado. Meras falhas formais, irrelevantes para o desfecho do feito, não são suficientes para acarretar a nulidade.

O formalismo exacerbado e inconsequente não pode continuar sendo o meio mais seguro de se garantir a impunidade. Não há nulidade sem dano. É essencial desviar o foco da atenção à forma, para o do conteúdo do processo. Somente pode ser considerado como meio de defesa aquilo que efetivamente puder contribuir para isso. Em compensação, nada que possa ser prestante para o concreto exercício da defesa, que a Constituição assegura seja ampla, pode ser negado.

Impõe-se que nos detenhamos sobre o direito à defesa técnica, ou seja, o direito da parte ou interessado, de ser assistido ou fazer-se representar por advogado. Há pouco tempo ainda existiam normas procedimentais, especialmente nos regulamentos disciplinares militares, proibindo a presença de advogado. O preconceito, entretanto, ainda permanece. Algumas autoridades administrativas tomam a presença do advogado como uma provocação, um acinte, um constrangimento, chegando mesmo a entender que isso é um indício seguro de culpabilidade ou má-fé. Na verdade, o advogado é um profissional habilitado para a defesa de direitos e interesses, que pode ressaltar ou expor com maior eficiência os fatos ou argumentos favoráveis ao seu constituinte, ou impedir que este sofra algum dano ou constrangimento, sem que, de qualquer forma, isso possa prejudicar os legítimos interesses da Administração. Daí deve ter-se como indispensável sua presença, sobretudo nos processos administrativos sancionatórios.

Na correta avaliação da imprescindibilidade da defesa técnica, por advogado, como via excelsa da plena realização da garantia constitucional da ampla defesa, o Superior Tribunal de Justiça chegou a cunhar sua Súmula 343, em 21.09.07, prescrevendo que

> É obrigatória a presença de advogado em todas as fases do processo administrativo disciplinar.

É claro que, ao fazê-lo, o STJ não se fechara na figura do advogado constituído pela parte. Tanto assim que os precedentes, citados na enunciação da Súmula 343, tinham por satisfeita a exigência, se presente um defensor dativo, desde que advogado regularmente habilitado ao exercício da profissão. A designação desse dativo, por analogia ao que acontece no processo judicial, caberia à autoridade administrativa superior, incumbida da apuração. E não cremos que daí pudesse resultar dificuldade insuperável para a Administração (civil ou militar), eis que para tanto se pode contar com o auxílio das Defensorias Públicas, da OAB e de várias organizações não governamentais dedicadas à advocacia *pro bono*.

De toda sorte, o tema sofreu duro revés, *autêntico retrocesso* e, em nosso entendimento, *violação à Constituição*, com a edição, pelo Supremo Tribunal Federal, da Súmula Vinculante nº 5, assim redigida:

> A falta de defesa técnica por advogado no processo administrativo disciplinar não ofende a Constituição.[173]

---

[173] Aprovada na Sessão Plenária de 07.05.08, DJe 88/2008, p. 1.

É óbvio que não desconhecemos caber ao Supremo Tribunal Federal, por dicção constitucional, dar a última palavra sobre o conteúdo das regras e dos princípios. E tampouco nos anima debater a constitucionalidade da edição de Súmulas Vinculantes, criação do constituinte derivado (art. 103-A), inserta em matéria de natureza pétrea (tripartição dos Poderes).

Mas também não desconhecemos que o Supremo Tribunal Federal, por mais qualificada que seja sua composição, é composto por homens, e, por isso mesmo, capaz de errar. No caso da Súmula Vinculante nº 5 o erro é grave, por isso que restaurador de uma prática administrativa que afeta o princípio da igualdade de armas e a amplitude do direito de defesa, destarte violando a garantia constitucional da ampla defesa.[174] Urge que os legitimados, especificados no artigo 103-A §2º da Constituição, bem como no artigo 3º da Lei nº 11.417/2006, proponham seu cancelamento.

Tanto mais lastimável, aliás, revela-se a dicção da Súmula Vinculante nº 5, quando se sabe que o Superior Tribunal de Justiça já havia pacificado seu entendimento pela imprescindibilidade da assistência técnica por advogado, nos processos administrativos em que veiculado litígio ou acusação, consagrando-a em sua Súmula 343, cujo enunciado foi mais acima transcrito.

O exame dos principais argumentos levantados pelos eminentes Ministros, quando da edição da Súmula Vinculante nº 5, de fato se revelam, com profunda vênia, totalmente equivocados. Assim:

- o culto Ministro Gilmar Mendes aludiu à Lei nº 8.112/1990 que, em seu artigo 156, só refere a *defesa*, e não, a *defesa técnica*. Ora, a exigência da defesa técnica seria um aperfeiçoamento – e esses são sempre de boa aceitação –, que não poderia ser obstaculizado por uma lei que conta com mais de 20 (vinte) anos, desde sua edição;
- o ilustre Ministro Marco Aurélio, também lembrando a Lei nº 8.112/1990, afirmou que a exigência de defesa técnica constituiria elemento de formação de uma reserva de mercado para o advogado; ora, a reserva técnica não é vocacionada aos proveitos dos advogados, mas sim à integridade do direito

[174] É também o pensamento de NERY JUNIOR, Nelson; NERY, Rosa Maria de Andrade. *Constituição Comentada e Legislação Constitucional*. 2. ed. São Paulo: Rev. dos Tribunais, 2009. p. 390.

constitucional de ampla defesa e ao princípio da paridade de armas (de seu turno, faceta relevante do princípio de isonomia);

- o destacado Ministro Ayres Britto ponderou que a exigência de defesa técnica acabaria por acarretar sobrecarga de serviço à Defensoria Pública; ora isso é "colocar a carroça na frente dos bois", *data venia;* se o serviço se avoluma, os princípios constitucionais da ampla defesa e da isonomia exigem não o seu sacrifício, mas a ampliação das Defensorias!

A lei federal de processo administrativo, nos incisos de seu art. 3º, cuidou de enumerar como direitos dos administrados todas aquelas prerrogativas que estão implícitas na afirmação constitucional do direito à ampla defesa: a ciência da tramitação do feito, a vista dos autos, a possibilidade de obtenção de cópias dos documentos deles constantes, a ciência da decisão, a possibilidade de apresentar razões e provas antes da decisão, a efetiva consideração das razões produzidas e a assistência por advogado. Ao tema voltaremos, no segmento subsequente.

A instrução do processo deve ser contraditória. Isso significa que não basta que só a Administração Pública, por sua iniciativa e por seus meios, colha os argumentos ou provas que lhe pareçam significativos para a defesa dos interesses do particular. É essencial que ao interessado ou acusado seja dada a possibilidade de produzir suas próprias razões e provas e, mais que isso, que lhe seja dada a possibilidade de examinar e contestar os argumentos, fundamentos e elementos probantes que lhe sejam desfavoráveis.

O princípio do contraditório exige a possibilidade de um diálogo, com o ensejamento da alternância das manifestações das partes interessadas, durante a fase instrutória. A decisão final deve fluir da dialética processual, o que significa que todas as razões produzidas devem ser sopesadas, especialmente aquelas apresentadas por quem esteja sendo acusado, direta ou indiretamente, de algo sancionável.

O legislador ordinário federal, ao consignar no art. 3º, inciso III, da Lei nº 9.784/1999, que as alegações e documentos apresentados pelo interessado deverão ser objeto de consideração pelo órgão competente para decidir, foi fiel ao preceito constitucional garantidor da instrução compartilhada, pois sem isso não haverá um autêntico contraditório. Tampouco haverá efetivo contraditório quando for ele propiciado apenas aparentemente, formalmente.

Esse ponto foi magnificamente exposto por Cármen Lúcia Antunes Rocha[175] ao dizer que: "O contraditório garante não apenas a oitiva da parte, mas que tudo quanto apresente ela no processo, suas considerações, argumentos, provas sobre a questão, sejam devidamente levadas em conta pelo julgador, de tal modo que a contradita tenha efetividade e não apenas se cinja à formalidade de sua presença".

É inequívoco o interrelacionamento entre os princípios do contraditório e da ampla defesa. De fato, difícil imaginar a realização de um deles, sem a presença do outro. Nos seus desdobramentos conteudísticos, pode-se afirmar que o contraditório é, em realidade, um feixe de direitos: o *direito de informação* sobre o objeto do processo, seu curso e os elementos dele constantes; o *direito de manifestação*, representado pela garantia conferida ao interessado, de pronunciar-se sobre tudo que se produz no processo; o *direito de ter seus argumentos levados em consideração*, de maneira completamente isenta de parte do julgador (como assinala a Corte Constitucional alemã, por força da imposição de consideração dos argumentos, e até para provar que assim se fez, surge o dever de fundamentação das decisões – BVerfGE 11, 218).[176]

Em sua mais imediata acepção, o *princípio da segurança jurídica*, ou da *estabilidade das relações jurídicas*, impede a desconstituição injustificada de atos ou situações jurídicas, mesmo que tenha ocorrido algum desvio da legalidade durante sua constituição.

Durante muito tempo, em face do princípio da legalidade, que impõe à Administração Pública submissão à lei, sustentou-se que qualquer vício jurídico, qualquer inobservância grave do texto legal, acarretava a invalidade do ato administrativo praticado. Pouco a pouco, entretanto, foi-se percebendo que a conformidade requerida não era estrita ou exatamente com o texto de algum específico dispositivo, mas, sim, com o Direito (visto em sua totalidade, abrangendo, pois, as regras, os princípios e todos os elementos componentes do sistema jurídico).

Seabra Fagundes[177] já advertia: "A infringência legal no ato administrativo, se considerada abstratamente, aparecerá sempre como prejudicial ao interesse público. Mas, por outro lado, vista em face de algum caso concreto, pode acontecer que a situação resultante do ato, embora nascida irregularmente, torne-se útil àquele mesmo interesse".

---

175 ROCHA, Cármen Lúcia Antunes. *Princípios Constitucionais do Processo Administrativo no Direito Brasileiro*. Belo Horizonte: Del Rey, 1994. p. 18.

176 cf. MAUNZ, Theodor. *Grundgesetz-Kommentar*. Frankfurt, 1993. (art. 103, v.IV, nº 97).

177 FAGUNDES, Miguel Seabra. *O Controle dos Atos Administrativos pelo Poder Judiciário*. 6. ed. São Paulo: Saraiva, 1994. p. 39-40.

Nessas formulações, até aqui coletadas, constata-se que o princípio, que estamos a analisar, em verdade traduz, no campo do Direito, aquela que é uma das aspirações nucleares do ser: a razoável estabilidade de sua existência, a razoável previsibilidade das consequências de suas atuações. Bem por isso, Legaz y Lacambra afirma ser a segurança jurídica uma dimensão ontológica do Direito.[178] Mas, tal como se dá em nossa vida, também no Direito "segurança" não se traduz por imutabilidade, eis que a dinâmica da vida pessoal e das relações sociais impõe permanentes reformulações de adaptação à realidade. Em verdade, tão essencial à própria ideia de "ordem jurídica" é o princípio da segurança que de sua existência jamais se duvidou, embora venha ele apenas fugidiamente expresso no *caput* do art. 5º de nossa Constituição, mas posto em letra de forma no plano infraconstitucional (por exemplo: Lei nº 9.784/1999, art. 2º, *caput* e 2º e parágrafo único, inciso XIII; Lei nº 9.868/99, art. 27; Lei nº 9.882/1999, art. 11) – afora sua consagração jurisdicional, particularmente no Supremo Tribunal Federal.

Essa inerência entre a própria ordem jurídica, como um todo, e o princípio da segurança jurídica foi bem enfatizada por Ricardo Marcondes Martins, ao dizer que a existência de um ordenamento jurídico decorre da necessidade humana de segurança, destacando ele que "enquanto a concretização da segurança é a causa final do Direito, a necessidade de segurança é sua causa eficiente". Dessa premissa, extrai a seguinte conclusão: "Por ser ínsita à ideia de Direito, independe de qualquer valoração do constituinte, e, por isso, o chamado princípio da segurança não é um princípio, mas um postulado jurídico. Independe de qualquer positivação, pois é uma imposição conatural à própria Constituição; em outras palavras, a segurança é um pressuposto epistemológico do Direito. Eis sua verdadeira natureza jurídica: trata-se de um postulado jurídico, chamado tradicionalmente de princípio".[179]

Exatamente em razão da proteção à boa-fé objetiva e à confiança legítima dos administrados é que o princípio da segurança jurídica sempre gozou, particularmente no Direito Administrativo, de amplo prestígio. Já assentava um clássico, como Fritz Fleiner:

> *L'autorité ne doit faire usage de sa faculté de retirer ou de modifier une disposition édictée pour elle que lorsque l'intérêt public l'exige. Elle ne doit pas*

---

[178] LEGAZ Y LACAMBRA, Luis. *Filosofía del Derecho*. Barcelona: Bosch, 1979. p. 631.

[179] MARTINS, Ricardo Marcondes. *Efeitos dos Vícios dos Atos Administrativos*. São Paulo: Malheiros, 2008. p. 306-307.

> *troubler à la légère des situations existantes, qui se sont établies sur la base de ses dispositions; elle ne doit pas davantage, parce que son point de vue juridique aurait changé, déclarer non valables des possessions des citoyens qu'elle a laissées subsister sans contestation pendant des annés, quand il n'y a pas nécessité absolue. La maxime quieta non movere et le principe de la bonne foi (Treu und Glauben) doivent valoir pour les autorités administratives également. Mais évidemment, la possibilité du retrait d'une disposition qui lui est avantageuse est toujours suspendue sur la tête du citoyen comme une épée de Damoclès. Le législateur a par suite dû songer à limiter ce droit de retrait des dispositions pour le cas où la considération de la sécutité juridique l'exige. C'est ainsi qu'il a reconnu l'immutabilité notamment aux dispositions créatrices de droits ou d'obligations que ne peuvent être édictées par l'autorité qu'après une procédure d'opposition ou d'enquête approfondie. Car une telle procédure a précisément pour objet, d'une part d'assurer la possibilité d'un examen des intérêts publics sous toutes les faces, mais d'autre part aussi d'offrir au citoyen la garantie que la disposition édictée de cette façon ne sera plus modifiée.*[180]

Identicamente, entre nós, se expressou o inolvidável Miguel Reale:[181]

> Assim sendo, se a decretação de nulidade é feita tardiamente, quando a inércia da Administração já permitiu se constituíssem situações de fato revestidas de forte aparência de legalidade, a ponto de fazer gerar nos espíritos a convicção de sua legitimidade, seria deveras absurdo que, a pretexto da eminência do Estado, se concedesse às autoridades um poder-dever indefinido de autotutela. Desde o famoso affaire Cachet, é esta a orientação dominante no Direito francês, com os aplausos de Maurice Hauriou, que bem soube pôr em realce os perigos que adviriam para a segurança das relações sociais se houvesse possibilidade de indefinida revisão dos atos administrativos.

Não goza de prestígio, em nossos dias, a corrente de pensamento segundo a qual o princípio da segurança jurídica estaria em permanente conflito com o princípio da legalidade, ora vencendo um, ora prevalecendo outro, segundo as configurações do caso concreto. Crê-se hoje que tais princípios se complementam, bastando para tanto que se entenda que, quando falamos em *princípio da legalidade*, o que contemplamos não é a sujeição do ato à literalidade da lei, mas sua

---

180 FLEINER, Fritz. *Les Principes Généraux du Droit Administratif Allemand.* Paris: Garnier, 1933. p. 126-7.

181 REALE, Miguel. *Revogação e Anulamento do Ato Administrativo.* Rio de Janeiro: Forense, 1968. p. 71-72.

conformidade à lei e ao Direito (Lei nº 9.784/1999, art. 2º, parágrafo único, inciso I).

Assim desbastado o *conceito* do princípio da segurança jurídica, oportuno se torna referir seu *conteúdo*. E cremos que ele se cifra em dois vetores: a *certeza* do Direito e a *estabilidade* do Direito.

No ângulo da *certeza* ingressam as preocupações referentes à vigência, à eficácia e à irretroatividade das normas jurídicas. Na perspectiva da *estabilidade*, instalam-se os questionamentos alusivos à intangibilidade das situações jurídicas anteriores (direito adquirido, ato jurídico perfeito, coisa julgada), à invalidação e convalidação dos atos administrativos e à incidência concreta de circunstâncias determinantes do reconhecimento de prescrição, decadência e preclusão. Várias das categorias e institutos, aqui nominados, serão, em outras passagens deste livro, examinados com vagar.

A melhor doutrina tem exaltado a íntima conexão que existe entre o princípio da segurança jurídica e o da proteção à confiança legítima (também conhecido como da proteção da confiança dos administrados, ou da lealdade), divisando-se nesse segundo a convicção que tem o administrado, ao menos de início, de que os atos estatais são conformes à ordem jurídica e, por isso mesmo, de que deve o administrado confiar em tais ações do Estado. É tal princípio da proteção à confiança que densifica as discussões sobre a convalidação ou invalidação dos atos administrativos, temática a ser retomada em outro capítulo.

Certos vícios jurídicos configuram simples irregularidades, insuscetíveis de gerar a nulidade do ato administrativo praticado, o qual efetivamente, a despeito do vício, atinge plenamente o objetivo de interesse público almejado. A doutrina e a jurisprudência foram se dando conta de que, para gerar a nulidade, não bastava a ocorrência do vício, sendo essencial a concomitância de algum dano jurídico.

O saudoso mestre Paulo Neves de Carvalho[182] aplicou ao Direito Administrativo a antiga regra segundo a qual não existe nulidade sem dano e pontificou: "Uma das ideias mais importantes é a de que na avaliação dos fatores da nulidade, na avaliação do ato administrativo, há que sopesar, confrontar, sempre, a situação posta por intermédio do ato que se diz viciado com a presença do interesse público, isto é, não se invalida apenas em nome de uma desconformidade do ato

---

[182] CARVALHO, Paulo Neves de. Os Atos Administrativos em Espécie: Conteúdo, Forma, Revogação e Anulação. BDA 10-651. *In*: EISENMANN, Ch. *Les Principes Généraux du Droit Administratif Allemand*. Paris: Librairie Delagrave, 1933. p. 126-127.

administrativo com a regra legal, mas ele vai se desfazer ou não em razão da presença do interesse público".

Enfim, a segurança das relações jurídicas, que é um superprincípio jurídico, determinante da existência do próprio sistema jurídico, não se coaduna com a instabilidade gratuita, decorrente de meras irregularidades irrelevantes. Muitas vezes, o desfazimento do ato ou da situação jurídica por ele criada pode ser mais prejudicial que sua manutenção, especialmente quanto a repercussões na ordem social. Não há razão para invalidar ato que tenha atingido sua finalidade, sem causar dano algum, seja ao interesse público (que acabou sendo satisfeito) seja a direitos de terceiros.

A finalidade visada pela lei é tão relevante que, conforme assinala Alexandre Santos de Aragão,[183] o agente público pode e deve negar aplicação ao comando legal quando, diante do caso concreto, sua execução se chocar com sua finalidade: "O Direito não pode ignorar a realidade social sobre a qual incide. As regras jurídicas devem ter a validade da sua aplicação aferida do ponto de vista da sua eficácia, instrumental à realização prática dos seus objetivos públicos, não apenas do ponto de vista de sua conformidade em tese com os atos normativos hierarquicamente superiores. Uma regra que, fora de qualquer zona cinzenta de juízo, indubitavelmente não está realizando as finalidades públicas às quais se destina, ou pior, as está contrariando, não pode, inclusive por força do Princípio Constitucional da Eficiência, ser aplicada aos casos concretos em que tenha esses efeitos".

Cabe, portanto, repetir que, no exame da validade de ato praticado pela Administração Pública, dentro ou fora do processo administrativo, não basta verificar a simples existência de sua previsão legal: é preciso examinar, também, à luz das circunstâncias do caso concreto, se o ato em exame atendeu ou concorreu para o atendimento do específico interesse almejado pela previsão normativa genérica.

É a própria Lei nº 9.784/1999, no seu artigo 2º, parágrafo único, inciso XI, que determina a proibição da cobrança de despesas processuais o que, por óbvio, também abarca as iniciativas recursais

[183] ARAGÃO, Alexandre Santos de; MARQUES NETO, Floriano de Azevedo. Ensaio de uma Visão Autopoética do Direito Administrativo. *Revista de Direito Público da Economia*, Belo Horizonte, n. 04, out./dez. 2003.

e revisionais. A gratuidade no processo administrativo resulta de que aqui a Administração figura como interessada (afora casos em que é *parte*), o que não se dá certamente no caso do processo judicial, cuja instauração acarreta ônus e custos de atuação do aparato estatal, haja, ou não, interesse da Administração no litígio.

O CPC de 2015 deu letra de forma a um importante princípio, de aplicação inequívoca ao processo administrativo: o princípio da cooperação, em razão do qual se exige de *todos os sujeitos* (partes, interessados, juiz, testemunhas, perito, agentes auxiliares etc.) do processo uma recíproca colaboração com o fito de se obter, em tempo razoável, decisão de mérito justa e efetiva. Relevante assinalar que, a rigor, o princípio da cooperação já se encontrava esboçado no artigo 4ºda LPA, ao prescrever que: "São deveres do administrado perante a Administração, sem prejuízo de outros previstos em ato normativo: I – expor os fatos conforme a verdade; II – proceder com lealdade, urbanidade e boa-fé; III – não agir de modo temerário; IV – prestar as informações que lhe forem solicitadas e colaborar para o esclarecimento dos fatos".

Em subitens ulteriores voltaremos a cuidar de alguns outros princípios de indiscutível incidência no estudo do Processo Administrativo.

13.2

O processo (e o procedimento nele suposto) é forma de manifestar o Estado sua decisão de exercitar a função administrativa: onde existe um processo administrativo totalmente estruturado, a rigor, não se pode falar (senão em restritas hipóteses) em atividade administrativa discricionária. Conforme antes afirmamos, a instauração do processo administrativo, antes que *poder* é *dever*.

Há segmentos, etapas procedimentais, cada qual com sua feição própria, todas levando, contudo, a carga genética que imanta todas as atividades do processo: propiciar uma decisão quanto possível juridicamente acertada e justa.

A estes compartimentos a doutrina costuma atribuir a denominação *fases do processo*. Assim, sempre que nos depararmos com tal rótulo, deveremos ter em mente que ele designa conjuntos de atos procedimentais, lógica e juridicamente agrupados, vocacionados homogeneamente à realização de fins específicos, mas já marcados todos pelo compromisso final de consecução de uma dirimência ou de uma decisão – repetimos – juridicamente acertada e justa.

Por evidente, segundo a preferência de cada um, diversa se apresenta a tipologia das fases processuais.

Para o plano desta obra, são consideradas quatro fases: a *introdutória* (compreendendo a instauração e a defesa); a *instrutória*, a *decisória* e a *recursal* (incluindo também a *revisional*).

Instaura-se o processo administrativo de ofício ou a pedido do interessado. Essa fórmula, de ampla consagração em direito comparado, igualmente se estampa no direito positivo brasileiro. É o que dispõe o artigo 5º da Lei federal (nº 9.784/1999).

A instauração de ofício pode materializar-se por múltiplas formas, segundo o direito positivo regedor da esfera competente para o processo em concreto. Assim, pode ela exteriorizar-se mediante decreto, portaria, auto de infração, notificação, representação, despacho, ordem de serviço etc. Sempre e sempre, o veículo será um ato administrativo de carga determinativa: a instauração não contém manifestação opinativa ou dispositiva. Ela se cristaliza num mandamento, que deflagra, desde sua edição, efeitos e impulsos incoercíveis, eis que timbrado o processo administrativo também pelos princípios da oficialidade e da inquisitoriedade (dentre tais efeitos não se inclui a interrupção da prescrição das ações judiciais, eis que tal menção inexiste no artigo 202 do Código Civil). Daí a imprescindibilidade, pena de nulidade até, de o ato descrever nitidamente os fatos, a capitulação tipológica e sancionatória em tese aplicáveis, a identificação da autoridade deflagradora etc.

Não mais prevalece, a nosso ver, após a Constituição de 1988, a ideia de que a autoridade administrativa, em caso de instauração de ofício, poderia limitar-se a descrições genéricas dos fatos ou condutas a serem objeto do processo, carecendo de relevância a *tipificação legal* do comportamento, sua classificação e seu enquadramento sancionatório (mas se a descrição sucinta dos fatos é suprida por documentação, propiciada ao interessado, minuciosamente descritiva, não se cogitará de prejuízo ou de nulidade). Esse processo administrativo "discricionário" não sobreviveu aos incisos LIV e LV, do artigo 5º, da Constituição Federal. E isso vale, inclusive, para os processos disciplinares e para os administrativos ditos internos (*i. e.*, que se desenvolvam estritamente no âmbito administrativo, sem qualquer interferência em direitos e interesses dos administrados como tais), eis que estão eles sujeitos a mecanismos de controle, que só se revelam eficazes e eficientes quando a atividade controlada se estrutura com transparência, boa-fé, legalidade, moralidade, contraditoriedade, razoabilidade e proporcionalidade.

No processo administrativo sancionador, é imperativa a tipificação da conduta, que não precisa ter o rigor absoluto do processo penal e pode até ser feita mediante o emprego de conceitos jurídicos indeterminados, mas não pode ser de tal maneira vaga que não permita ao cidadão comum saber se um determinado comportamento é ou não sancionável. Essa questão foi examinada com invejável precisão pelo jurista Rafael Munhoz de Mello:

> O conceito jurídico indeterminado não pode tornar incompreensível a natureza do comportamento vedado pela norma. Só é admissível sua utilização, na descrição do ilícito, se o tipo infracional puder ser compreendido pelos particulares, de modo a que seja possível evitar a adoção do comportamento proibido. Para tanto, as características essenciais do comportamento ilícito devem estar presentes na norma, ainda que vinculadas ao conceito indeterminado. A lei deve fornecer o maior número possível de características da conduta que consiste em infração administrativa, restringindo ao máximo a vagueza inerente aos conceitos jurídicos indeterminados. Norma que tipifique como infração administrativa, por exemplo, o comportamento "agir de modo imoral" não fornece elementos suficientes para a caracterização da conduta.
>
> É preciso, ainda – parece óbvio dizer --, que o conceito jurídico indeterminado seja passível de compreensão com base em critérios lógicos, técnicos e de experiência. O conceito, muito embora indeterminado, há de ser determinável.[184]

É muito relevante enfatizar: nem mesmo os processos administrativos disciplinares militares estão imunes às garantias constitucionais do contraditório e da ampla defesa, em razão da ampla dicção dos incisos LIV e LV do artigo 5º da Lei Maior.

Instaura-se também o processo mediante iniciativa do administrado.

[184] MELLO, Rafael Munhoz de. *Princípios Constitucionais de Direito Administrativo Sancionador*. São Paulo: Malheiros, 2007. p. 141-142.

O veículo clássico, multissecular mesmo, dessa iniciativa, é o direito de petição. O mandamento constitucional instituidor do direito de petição (art. 5º, XXXIV, "a") é norma matriz de regência do processo administrativo. A petição é a via instrumental de provocação, pelo interessado, da instauração do processo administrativo. Seu recebimento e processamento são indeclináveis, uma vez observados os requisitos pertinentes. E mais: conforme a Constituição, todo o processo administrativo, aí incluída a fase recursal, rege-se pelo princípio da gratuidade. E é simples a razão de ser da assertiva: o direito de petição é uma garantia constitucional, que viabiliza o direito de agir de qualquer pessoa, em defesa de seus direitos ou interesses, em face da Administração.

É frequente, não só na doutrina mas também no direito positivo (inclusive e sobretudo no constitucional), a referência autônoma a *direito de petição, direito de representação* e *direito de requerimento*. Conquanto pessoalmente reputemos, em razão do critério de produção de efeitos, desnecessária a tripartição, não a desprezaremos na abordagem do tema.

Ao contrário do que habitualmente se lê, o *direito de petição* – isto é, o poder (e não simples faculdade) de requerer ou reclamar contra autoridades, perante o Poder Público – não nasceu na Magna Carta de 1215. Sua geratriz é o notável *Bill of Rights* inglês, de 1688 (há quem prefira remontá-lo à *Petition of Rights* de 1628, o que, *data venia*, descabe, eis que esse diploma é concernente a relações apenas interinstitucionais Parlamento/Coroa), aí surgindo como direito de pedir ao rei, com amplíssimo espectro (desde postulações de cunho individual até o requerimento, pelo Parlamento, de sanção à lei ali votada).

Em nosso constitucionalismo aparece o direito de petição já na Constituição do Império de 1824,[185] na dupla face de veicular pleitos ou reclamações (aí compreendidas as queixas, as denúncias etc.). Desde então não mais deixou de figurar nas Leis Básicas que temos tido. Mas na Constituição Republicana de 1891 o poder em questão foi denominado *direito de representação*, a ser exercido "mediante petição",[186] mantida sua duplicidade de escopos. A fórmula em questão foi mantida na Constituição de 1934.[187] Mas se viu cindida na Constituição de 1937,[188]

[185] Art. 179, §30.

[186] Art. 72, §9º.

[187] Art. 113, §10.

[188] Art. 122, §7º.

em "direito de representação ou de petição"; a presença da alternativa "ou" permite reafirmarmos a identidade, então, entre os dois rótulos. A Constituição de 1946 retomou a redação de 1891 (em que a *petição*, lembre-se, era o instrumento da representação). Mas a Carta de 1967[189] complicou a matéria, ao consagrar, destacadamente, o *direito de representação e* o *direito de petição*. Foi quando se ampliou o esforço diacrítico conceitual, divisando a maior parte dos autores, no direito de representação, manifestação de cunho denunciatório.

Finalmente, em 1988, deu-se a supressão, no artigo 5º, a qualquer referência a um autônomo direito de representação. Cabe notar, entretanto, que nossa vigente Lei Magna contempla, em preceitos esparsos, a figura da *representação denunciatória*.[190] E o direito infraconstitucional não só o minudencia (*v.g.*, Lei nº 4.898/1965, art. 1º; Lei nº 8.443/1993, arts. 53 e 54), como cuida textualmente do direito de requerimento (por exemplo, Lei nº 8.112/1990, art. 104). Mas, em definitivo: a distinção nominal é desimportante, eis que não se reflete em conceitos operacionais diferentes. Seja qual for o *nomen iuris* escolhido, o certo é que o Poder Público não pode deixar de receber e processar o pedido, só lhe cabendo denegar a postulação se carecedora de amparo legal. Uma vez desencadeado o processo (de ofício ou mediante provocação do interessado), sua nota de oficialidade o impele inevitavelmente a seu destino vocacional (a decisão), de sorte que o andamento ininterrupto do processo administrativo é, sobretudo, um ônus da Administração, cabendo a ela e não a um terceiro o empenho na condução e desdobramento da sequência de atos que o compõem até a produção de seu ato conclusivo. Inadmissível alegue a Administração que não pode parar suas atividades de interesse geral para dar atenção a expedientes de interesse individual: além de ter ela servidores exatamente para misteres como esse (atendimento de pleitos dos administrados), as previsões constitucionais e infraconstitucionais existentes asseguram o trâmite completo e tempestivo das petições apresentadas.

À afirmação indeclinável do direito de petição não é obstaculizada pelo dever de observar as exigências normativas que disciplinam seu exercício. É dizer, pode sim a lei do processo administrativo regular o *modo*, a *forma* e seus elementos e a *estrutura*, processual e procedimental, desde o requerimento inicial até os meios de efetivação da

[189] Art. 153, §30.

[190] *v.g.*, art. 74, §2º.

decisão prolatada. Estabelecidas em caráter genérico, universalmente postas, tais regras de procedimento (em senso estrito), assumem elas a característica de requisito de constituição válida do processo (também em senso estrito). Tal disciplina – reitere-se – não infirma a amplitude do direito de petição: bem antes, reveste-o do manto da *eficiência* (princípio constitucional, repita-se) e concretiza a ideia de *devido processo legal*.

Por tudo isso, requerimento inicial que se apresente com falhas estruturais não deve ser liminarmente rejeitado: impõe-se à Administração orientar o administrado, no sentido da correção e recuperação *formal* do requerimento (*i.e.*, sem interferir em seu desenho *material*, *substantivo*, o que infringiria o dever de imparcialidade), indicando concreta e minuciosamente os pontos a serem reformulados (imperativo dos princípios da boa-fé e do devido processo legal). Somente persistindo as patologias ou omissões é que poderá ocorrer o indeferimento liminar (jamais a recusa de recebimento, pura e simples), sempre motivado e passível de recurso. A mesma regra se impõe para todas as demais fases do processo, nos subsequentes requerimentos apresentados pelos interessados.

Essas preocupações hão de estar presentes quando por qualquer circunstância – e, em nosso país, aqui incidirão, especialmente, considerações de ordem econômica e/ou cultural – o interessado deseje formular oralmente uma solicitação ou intervenção processual. Não pode a Administração simplesmente a desconsiderar, o que seria violação ao direito de petição. Doutra parte, em respeito aos princípios do devido processo legal e do formalismo (dentre outros), cuidará o órgão competente, para o processo, de reduzir a termo a manifestação oral, revestindo-a dos mesmos elementos e requisitos que seriam exigíveis do correspondente requerimento escrito.

O documento de instauração do processo administrativo deverá conter:

- a indicação do órgão, entidade ou autoridade administrativa a que se dirige;
- a identificação do interessado requerente (nome, estado civil, profissão, domicílio, dados cadastrais – cédula de identidade ou de identidade como contribuinte –, função ou cargo – quando a instauração for oficial);
- a exposição dos fatos motivadores do pedido de instauração do processo;

– a formulação do pedido, com seus fundamentos;
– a data e assinatura do requerente (ou do agente administrativo que tiver reduzido o requerimento a termo).

Em vista do caráter oficioso do processo administrativo, não é obrigatório que o requerimento inicial se faça acompanhado, desde então, da prova documental que o suporte. Mas não só o interessado deverá assim agir (para favorecer um deslinde mais rápido), como também poderá ser a tanto intimado pelo órgão (entidade ou autoridade) processante, mediante determinação fundamentada (e recorrível), que salientará a conveniência, para o próprio processo, de assim se fazer. Da enunciação acima elaborada resulta que o requerente também deverá evidenciar seu interesse de agir, ou seja, demonstrar a utilidade e necessidade de sua iniciativa para defesa e/ou salvaguarda de seu direito/interesse.

Entende-se por *pedido* a dedução da pretensão de quem o formula. É, pois, o próprio *objeto*, do requerimento de instauração. Por isso mesmo, deve ser ele determinado e certo, o que não impede, porém, seja ele apresentado nas modalidades alternativa ou sucessiva (mas sempre com precisão).

Salvo quando exista expressa vedação legal, os pedidos de conteúdo e fundamentos assemelhados, de uma pluralidade de interessados, poderão ser cumulados em um único requerimento, gerando, destarte, um processo único. Conquanto a lei federal (art.8º) fale, no particular, em "identidade" de fundamentos e de conteúdo, ao vocábulo pode ser atribuído o sentido de *conexão objetiva*. E assim se deve entender por imperativo do princípio de economia processual, aplicável também ao processo administrativo.

Igualmente ressalvada a hipótese de expressa vedação legal, é permitido ao interessado formular mais de um pedido, no mesmo processo.

Claro que, numa e noutra hipótese de cumulação, acima descritas, *conditio sine qua non* será a existência de competência do mesmo órgão (entidade ou autoridade) para decidir o processo.

Quando a instauração do processo não envolva direitos ou interesses de terceiros (i.e., de outrem, que não o requerente), bem como direitos ou interesses coletivos ou difusos, admissível será, ainda em homenagem ao princípio de economia, que o requerente, por motivos ou circunstâncias supervenientes, adite ou modifique o pedido. Nos outros casos acima figurados tal não poderá ocorrer, em razão dos princípios do contraditório, da ampla defesa e da boa-fé. Mesmo quando em tese admissível a variação, essencial será que o novo pedido ou o pedido modificado continuem sob a competência decisória do órgão (entidade ou autoridade) originariamente provocado.

Pode acontecer (e acontece com alguma frequência) que, no decorrer da instrução do processo, se verifique que o pedido inicialmente formulado não pode ser atendido tal como deduzido, mas que poderá ter acolhimento parcial ou com alguma alteração de conteúdo. Evidentemente, em tais situações, não se haverá de indeferir o requerimento inicial para que outro seja formulado, muito especialmente se houver algum condicionamento quanto ao prazo de apresentação do pedido.

As considerações ora expendidas não se aplicam à questão das alterações subjetivas do processo. Ou seja, a morte do requerente (salvo quando em discussão direito personalíssimo) ou a transmissão de seu direito não obstaculizam a sequência do processo, que prosseguirá, subjetivado nos sucessores assim constituídos.

A não ser que exista – e somente aí – proibição expressa, não há óbice à utilização concomitante da provocação administrativa e da via judicial. A independência e autonomia das instâncias constituem fundamento suficiente para essa assertiva. Não a obsta a costumeira invocação da prevenção de decisões díspares: a disparidade em questão somente é cogitável e invocável dentro de uma mesma sede julgadora. Impede sua invocação o próprio conceito de autonomia das instâncias! A par disso, como o atributo constitucional da coisa julgada é exclusivo da decisão jurisdicional (sem embargo da "coisa julgada administrativa"), jamais se poderá, em realidade, falar em conflito entre decisões administrativa e judicial sobre um mesmo ponto.

Conformada a relação processual, há que se submeter a matéria à direção, impulsão, instrução e decisão pela autoridade que o direito positivo estabeleça competente para tanto. E é aqui que entram em contexto outros relevantes aspectos, a serem agora abordados.

A *conexão* é um fenômeno de modificação da competência e junção de processos, para evitar decisões contraditórias. A par disso, a modificação competencial por conexão das "causas" administrativas conserva o prestígio que se deve tributar à atividade decisória no processo administrativo e, ademais, atua como fator viabilizador dos princípios de economia processual e de duração razoável dos litígios. No CPC (art. 55) tal fenômeno tem como pressuposto a identidade de pedidos ou da causa de pedir, sendo desnecessária a identidade de partes. Quanto maior o risco de que se pronunciem, em feitos semelhantes e/ou idênticos, decisões antagônicas, tanto maior, em princípio, a obrigatoriedade da aplicação do instrumento da conexão (fala-se aqui "em princípio" porque, se não houver na utilização da conexão, a produção do efeito de economia processual, não haverá razão lógica em que ela se opere. É o que se dá, *verbi gratia*, quando um dos processos já se encontrar pronto para ser decidido).

Dá-se a *continência* quando, havendo identidade de partes e de causas de pedir, o pedido de uma delas é mais amplo que o da outra. Trata-se, como se vê, de fenômeno de alteração competencial diverso da conexão, mas dotado dos mesmos princípios inspiradores que a esta conduzem. E, por isso mesmo, tal como expressado relativamente à conexão, na continência o requisito da identidade/semelhança deve ser aferido com o farol da utilidade: só se modificará a competência se útil aos interessados e à decisão, como se deixará de assim agir, ainda que existente o requisito da identidade/semelhança, se a modificação da competência obstaculizar a economia processual.

Os conceitos acima expendidos valem tanto para a jurisdição em senso estrito quanto para o processo administrativo. Diremos mais: à vista dos princípios regentes da atividade administrativa, aqui o critério da utilidade tem ainda mais forte presença, seja da perspectiva da duração razoável do processo, seja do viés da prevenção ao risco de decisões conflitantes. Ou seja, em sede administrativa basta que o requisito da identidade/semelhança apenas *parcialmente* seja constatável.

Por outra parte, em razão do princípio da razoabilidade (e da congruência da atividade administrativa), enquanto não proferida decisão no processo administrativo, fica à Administração vedado proceder a autuações pelos mesmos fatos, valendo a instauração como fato interruptivo de consumação da prescrição da ação administrativa.

Ainda uma vez em razão do princípio do inquisitório (dentre outros), balizador do processo administrativo, os efeitos que no processo judicial são produzidos pela citação aqui se produzem pela simples instauração (a exemplo, aliás, do processo judicial trabalhista, exatamente em razão do oficialismo de seu curso). Além dos efeitos já antes focalizados, impõe-se referir que a instauração do processo interrompe a consumação da prescrição administrativa (nos casos em que prevista sua existência). O mesmo não se dá, entretanto, com referência à prescrição das ações judiciais, eis que não contemplada, segundo já se disse, a hipótese no artigo 202 do Código Civil (além, evidentemente, do postulado das separações das instâncias). Salvo nos casos de solidariedade, a interrupção da prescrição administrativa somente aproveita a quem a promoveu, não se comunicando a outros eventuais credores da prestação administrativa.

Na monografia que publicamos, com Adilson Dallari, sobre o processo administrativo, vários outros aspectos, a este pertinente, foram minuciosamente analisados: as partes processuais, os seus direitos e deveres (bem como os imperativos exigidos do decisor), as medidas processuais cautelares restritivas de direitos etc. Para a aludida obra, remetemos os eventualmente interessados. Aqui nos restringimos ao que efetivamente necessário, para o escopo deste segundo volume: estudar o processo administrativo como a moldura em que necessariamente encartados os modais da função administrativa (fato administrativo, ato administrativo, contrato administrativo). E, para tanto, as considerações expendidas nos pareceram suficientes.

13.3

Com maior ou menor amplitude, conforme o caso, a *instrução processual* (isto é, atividades de coleta, verificação, documentação e comprovação de dados, com vistas à habilitação da autoridade competente, para que profira a decisão – art. 29 da Lei nº 9.784/1999, i.e., LPA), é sempre necessária. Conforme já foi assinalado, em face das disposições constitucionais vigentes, não mais pode ser havida como válida a decisão tomada com base na *verdade sabida*. Nesse sentido, para simples exemplo, a decisão no Recurso Extraordinário nº 172.587–7,[191] versando caso de suspensão de aluno da Universidade de São Paulo, aplicada com fundamento em previsão normativa expressa nesse sentido e não obstante o argumento de que, sem isso, ficaria institucionalizado o desacato. O Ministro Carlos Velloso considerou que a pena de suspensão aplicada era nula, dado que a sistemática constitucional vigente "impede a aplicação de penalidades através dos chamados meios sumários". Ponderou ele, entretanto, que continua possível a aplicação

---

[191] *RDA* 217/213.

da suspensão preventiva, quando necessária, mas a imposição final de penalidade somente pode ser feita com a garantia do contraditório e da ampla defesa.

Não estão proibidas pela Constituição Federal as medidas cautelares, preventivas ou incidentais, destinadas inclusive a assegurar a própria eficácia e a efetividade do processo, bem como a viabilidade de sua instrução. Mas – convém repetir – tais medidas são excepcionais e sua adoção depende sempre de robusta motivação. Além disso, havendo possibilidade material de ouvir previamente quem for afetado por elas, isso deve ser obrigatoriamente feito, sob pena de nulidade do ato. Somente em último caso, de comprovada extrema urgência, de perigo iminente devidamente demonstrado, de situação em que não for logicamente possível agir de outra maneira, é que se admitirá a adoção de medida cautelar sem audiência da parte afetada. Em caso de controvérsia sobre essa questão, o Poder Judiciário sempre pode e deve examinar profundamente as circunstâncias de fato, para aferir a razoabilidade e a proporcionalidade da medida adotada.

A regra geral é a de que nenhuma decisão deve ser adotada sem o competente e adequado processo administrativo, sendo indiferente haver, ou não, finalidade sancionatória, já que essa não é a única razão para a observância do devido processo legal. Odete Medauar[192] destaca que, atualmente, o processo administrativo tem múltiplas finalidades: garantir o respeito aos direitos das pessoas, melhorar o conteúdo das decisões administrativas, assegurar a eficácia e a efetividade dessas decisões, legitimar o exercício das autoridades públicas, assegurar o correto desempenho das atividades administrativas, aproximar-se mais do ideal de justiça, diminuir a distância entre a Administração e os cidadãos, sistematizar as ações administrativas, facilitar o controle da Administração e ensejar a efetiva aplicação dos princípios que regem a atividade administrativa.

As finalidades aí apontadas correspondem efetivamente ao que se deseja atingir com o desenvolvimento da processualidade administrativa, gerando confiança aos administrados (ou, pelo menos, diminuindo a desconfiança) de que seus direitos serão efetivamente respeitados e afirmados.

A aplicação intensiva e correta das leis gerais de processo administrativo, dando ao cidadão o roteiro seguro para a tramitação de suas

---

192 MEDAUAR, Odete. *A Processualidade no Direito Administrativo.* 2. ed. São Paulo: Rev. dos Tribunais, 1993. p. 61.

postulações (que anteriormente seguiam percursos absolutamente aleatórios e dependentes de influências de todo gênero), pode até retirar do processo a conotação de constrangimento ou aborrecimento, para dar-lhe o devido *status* de direito do cidadão.

A boa decisão depende de uma boa instrução, que, respeitando os direitos e garantias das partes envolvidas, permita o afloramento da verdade material e a realização da justiça.

Para arremate, impõe-se afirmar: a regra é a obrigatoriedade de instauração do processo. Dispensáveis (desde que isso não impeça o exercício do direito de defesa), são as investigações preliminares ou as sindicâncias, particularmente quando já disponha a Administração dos elementos que, viabilizando sua atuação, *ipso facto*, a obrigam a agir.

Aberto ou instaurado o processo, por iniciativa da própria Administração ou de pessoa interessada, inicia-se a *fase de instrução*, na qual serão: deduzidos os fundamentos legais que disciplinam o assunto objeto de exame; apresentados os argumentos destinados a gerar o convencimento de quem deve decidir; produzidas as provas (documentais, periciais e orais) eventualmente necessárias; emitidos pareceres técnicos e jurídicos – enfim, reunidas todas as informações necessárias para a decisão, cuja consistência e confiabilidade depende dos cuidados adotados na instrução.

Por força do princípio da oficialidade, a condução dos atos de instrução é encargo e responsabilidade da Administração, que deve cuidar da regular montagem do instrumento material (processo em sentido material) e do regular desenvolvimento dos atos de instrução, produzidos seja pelo interessado, seja por agentes administrativos, seja enfim por todos aqueles que intervenham no curso processual.

Esta é a fase fundamental do processo, pois o que nela for feito vai condicionar a decisão a ser proferida. Cabe registrar, porém, que esta é uma fase bastante vulnerável ao desvio de poder, pois a instrução pode ser dirigida para um certo resultado (seja escamoteando problemas, seja criando dificuldades artificiais), possibilitando, ainda, que a autoridade fique reiterando exigências inúteis ou desnecessárias, apenas para protelar a decisão.

A Lei federal nº 9.784/1999, no art. 37, determina: "*Quando o interessado declarar que fatos e dados estão registrados em documentos existentes na própria Administração responsável pelo processo ou em outro órgão administrativo, o órgão competente para a instrução proverá, de ofício, à obtenção dos documentos ou das respectivas cópias"*. Esta é uma forma de onerar o interessado o mínimo possível, o que sempre deve ser uma preocupação de quem conduz o processo.

Em resumo, a instrução deve ser a mais completa possível, evitando providências burocráticas inúteis, conduzindo-se com simplicidade e economicidade, buscando atingir o resultado final com celeridade. O cuidado na observação dos princípios do processo administrativo efetivamente exige que isso seja feito.

Salvo quando houver determinação legal expressa, a forma dos atos processuais e o procedimento a ser desenvolvido devem ser livres, de maneira a permitir uma adequação às circunstâncias de cada caso.

Os requerimentos, as informações e os documentos devem estar redigidos em português. Serão eles acompanhados de tradução, se vazados em língua estrangeira. Obrigatória a versão por tradutor juramentado quando houver exigência legal ou necessidade de comprovar a fidelidade da tradução. Todavia, se todos os personagens do processo, aí incluída a própria entidade (ou órgão) processante, se manifestarem pela desnecessidade de tradução, assim se procederá. Atualmente, num mundo globalizado, especialmente com relação a documentos técnicos, considerando a universalidade de certos termos, especialmente na área de informática, não deve haver excessivo rigor quanto a tudo isso. O que realmente interessa é a compreensão inequívoca do conteúdo do documento.

Merece destaque o art. 66 da LPA, que disciplina a forma de contagem dos prazos. De acordo com o texto legal, a regra geral é a de que os dias se contam de forma continuada; o que significa que a contagem será em dias úteis somente quando houver disposição expressa nesse sentido. Na contagem dos prazos deve ser excluído o dia da ciência e incluído o dia do vencimento. Será considerado prorrogado o prazo até o primeiro dia útil seguinte se o vencimento cair em dia em que não houver expediente, ou este for encerrado antes da hora habitual. Por analogia, deve-se entender que também é prorrogado o termo inicial nas mesmas condições. Como a LPA e suas congêneres estaduais e municipais dispõem textualmente sobre a matéria, a disciplina correlata do CPC só incidirá em situações especiais não disciplinadas nos diplomas administrativos.

Em face do disposto no inciso LXXVII, do art. 5º da CF, afirmando o direito à razoável duração do processo, especial destaque merece o disposto no art. 49 da Lei nº 9.784/1999, que fixa em até 30 dias, após encerrada a instrução, o prazo para decidir. Com isso se evita o simples "engavetamento" do processo, ensejador de pressões ilícitas de toda ordem e vulnerador do direito ao devido processo legal, que compreende o direito a uma decisão conclusiva *em tempo razoável. Tal prazo pode ser prorrogado por igual período, em razão de decisão motivada. Para evitar que a norma se torne letra morta é preciso considerar encerrada a instrução se a autoridade competente para a decisão, após o último ato praticado, não houver determinado qualquer providência. Evidentemente, a prática de reiterar pedidos de documentos ou informações inúteis ou impertinentes, para protelar a decisão, configura abuso ou desvio de poder, tão mais grave que o simples engavetamento.*

A Lei nº 9.784/1999, em seu art. 28, estabelece regra geral no sentido de que qualquer ato processual do qual possa resultar obrigação, ônus, sanção ou restrição de direitos ou atividades, ou que simplesmente seja de interesse dos protagonistas processuais, lhes será comunicado por meio de intimação. A intimação fixa o início do prazo para a manifestação, delimita a matéria a ser abordada e fixa o local onde o processo se encontra (se a lei estabelece prazo para a defesa, mas a intimação acena com prazo maior, cabe à Administração honrar o ato, evitando o cerceamento de defesa). O art. 28 é complementado pelos arts. 26 e 39, que determinam a expedição de intimações sempre que forem necessárias a prestação de informações ou a apresentação de provas pelos interessados ou terceiros, devendo o instrumento de intimação informar o prazo, a forma e as condições de atendimento.

Sendo desconhecido o domicílio e no caso de interessados indeterminados pode ser feita a intimação por meio de edital publicado no órgão oficial. Se houver interesse público, admitir-se-á divulgação pelos órgãos de imprensa. O importante é que não haja abuso na comunicação por edital, que não se lance mão desse meio por comodismo ou – pior que isso – para se produzir indevidamente uma intimação ficta, em prejuízo do interessado e, necessariamente, do interesse público, pois este não se coaduna com a fraude. Daí ser, em nosso entendimento, inaceitável, por atentar contra os princípios do contraditório e da ampla defesa, a comunicação de qualquer índole, aí incluídas as intimações, mediante publicação em órgão de divulgação apenas interna, no âmbito das repartições administrativas.

Questão palpitante é a da intimação ou ciência de *atos públicos* e *notórios*. Com muita frequência atos, fatos e acontecimentos, largamente divulgados pela grande imprensa, não são de conhecimento "oficial" do interessado. Situações desse tipo militam fortemente em favor da impunidade e contribuem para a desmoralização das instituições, especialmente do Poder Judiciário. Não é o caso de se presumir sempre a ciência daquilo que foi largamente divulgado, pois isso poderia acarretar prejuízo ao direito de defesa; mas algum limite há de se adotar, com fincas no princípio da razoabilidade. No processo administrativo, onde reina a verdade "real", não é impossível considerar a intimação ficta, restando sempre aberta a possibilidade de que o interessado a desminta, demonstrando que efetivamente, a despeito da publicidade geral, não tomou ou não tinha como tomar conhecimento do ato tido como público e notório.

A maioria dos processos administrativos, que tramitam nas repartições em geral, não tem caráter ou objetivo sancionatório.

Quando se tratar de assuntos internos, o normal é que haja um pronunciamento de órgão ou agente competentes, dando encaminhamento ao assunto, concordando ou discordando do que consta do instrumento de instauração do processo, determinando instrução processual adequada etc. *No caso de assuntos funcionais, a regra é a consignação de uma informação dos órgãos encarregados do controle de pessoal, podendo-se, portanto, já falar na existência de partes ou interessados. Nos pleitos de particulares, indubitavelmente, sempre haverá* partes e/ou interessados, pois necessariamente algum agente da Administração haverá de se manifestar sobre o conteúdo da peça vestibular, encampando-a ou não, ou a submetendo a trâmites de explicitação do requerimento, com vistas a sua futura decisão.

O art. 36 da Lei federal nº 9.784/1999 comanda que, para a instrução do processo, cabe ao interessado a prova dos fatos que houver alegado, mas já fica ressalvado o dever da Administração, decorrente do princípio da oficialidade, de, em qualquer caso, complementar os dados informativos.

Quando a prova do alegado pelo particular constar de registros ou documentos existentes na própria Administração responsável pelo processo, ou em outro órgão administrativo da mesma pessoa jurídica de capacidade política, cabe ao agente responsável providenciar o fornecimento do documento correspondente ou das respectivas cópias (art. 37), competindo-lhe, ainda, expedir a devida intimação quando houver necessidade de prestação de informações ou apresentação de provas pelo interessado ou por terceiros (art. 39).

O princípio da oficialidade, que impõe à Administração dar andamento ao processo, não justifica nem permite a inércia do particular interessado. Este pode e deve acompanhar o desenvolvimento do feito, tomando, até por iniciativa sua, as providências necessárias ao interesse público, ou atendendo às que lhe forem solicitadas, nos prazos assinalados. A inércia ou o desinteresse do particular interessado acarretarão o arquivamento do processo, no estado em que se encontrar, sem decisão final. É o que consta do art. 40 da lei federal: "*Quando dados, atuações ou documentos solicitados ao interessado forem necessários à apreciação de pedido formulado, o não atendimento no prazo fixado pela Administração para a respectiva apresentação implicará arquivamento do processo*".

Cabe salientar que a LPA, no art. 27, estatui que a ausência do interessado/acusado não implica renúncia a direito, confissão ou revelia. Sempre lhes será garantido o direito de, mesmo tardiamente, produzir defesa; e, por força do princípio da oficialidade, incumbe à autoridade processante colher todos os elementos probatórios necessários à obtenção da verdade material. O sistema jurídico não quer outra coisa senão a realização efetiva da justiça.

Prova é o instrumento ou meio hábil de demonstrar a existência de um fato ou de um direito. Não obstante sua essencialidade, dela não se extrai a impossibilidade de a decisão fundar-se também, na medida do razoável e prudente, nas máximas de experiência, inclusive as pessoais do julgador, desde que ecoadas no conjunto processual. É igualmente com essas cautelas que se funda a admissibilidade das presunções e indícios, como razões de decidir.

Na prática, tanto vale não ter direito, como não o poder provar. *Prova* vem de *probus*, isto é, bom, correto, honrado. Daí que, para efeitos processuais ao menos, o provado é bom, é correto, é autêntico.

As considerações até aqui desenvolvidas evidenciam nossa adesão à teoria da distribuição dinâmica do ônus da prova. A excepcional utilidade e razoabilidade da doutrina em questão assume dimensão dramaticamente inquestionável nos casos em que se espera, pela doutrina clássica dos ônus probatórios, que o administrado-autor produza prova de fato negativo ou em que esteja ele em face da chamada prova diabólica (isto é, a que, para quem alega, revela-se impossível ou extremamente difícil de ser produzida). Se tais obstáculos não forem enfrentados com a redistribuição dinâmica do ônus probatório, o compromisso constitucional maior do processo administrativo – a busca da "verdade real" – estará muitas vezes inviabilizado *ab initio*, em flagrante ofensa às garantias e princípios constitucionais da paridade real (isonomia processual), da solidariedade, da cooperação processual e da eficiência (dentre outros).

Preocupações análogas nos levam a abraçar também a teoria da verossimilhança preponderante, aliás, amplamente agasalhada e positivada em direito comparado. Segundo ela, a parte que evidenciar, relativamente ao tema a ser decidido, posição mais verossímil, que a da outra, deve ser beneficiada pelo julgamento. Mas é essencial que, na superação (pelo julgador) da dúvida, a decisão seja corroborada por indícios ou provas existentes no processo.

Relevante ainda aduzir magistério de Fredie Didier Jr. e Daniela Bomfim,[193] atinente à chamada *prova por amostragem*. Por essa expressão se tem em vista a prova de um determinado fato, alegação ou direito, mediante a comprovação de um conjunto de dados semelhantes, com a consequência de que, da demonstração destes se possa inferir a existência de todos os da mesma espécie. A nosso ver (o que a doutrina nem sempre apoia), a prova por amostragem configura uma sofisticada subespécie da prova indiciária. Embora silente a LPA (e o próprio CPC) sobre a prova por amostragem, sua admissibilidade (aliás serviente aos princípios da economia processual e da efetividade do constitucional direito à prova), como meio de prova atípica (assim também se deve considerar a prova cibernética), encarta-se na cláusula geral do artigo 369 do CPC, de inquestionável incidência no processo administrativo:

> Art. 369. As partes têm o direito de empregar todos os meios legais, bem como os moralmente legítimos, ainda que não especificados neste Código, para provar a verdade dos fatos em que se funda o pedido ou a defesa e influir eficazmente na convicção do juiz.

E aqui também, na conformidade de considerações antes deduzidas, não há como refugar a aplicação da teoria da distribuição dinâmica do ônus da prova. Repitamos: repousa ela na afirmação de que o ônus recai sobre quem está em melhores condições de provar um fato ou direito, independentemente de sua posição no processo ou da natureza do objeto da prova. E essas "melhores condições"

---

193 Em trabalho indicado ao final em nossa bibliografia, p. 125-138.

dizem respeito a vários fatores, tais como: o protagonismo da parte na concretização do fato gerador da controvérsia ou a circunstância de a ter em sua posse, a capacidade de entendimento (razões pessoais, técnicas ou jurídicas) do caso concreto etc. A teoria da distribuição dinâmica contribui, enfim, para a mais exitosa busca da verdade real, realiza os princípios da efetiva isonomia e da cooperação/solidariedade, enseja mais fortes probabilidades de consecução dos propósitos de eficácia e efetividade do processo, afinal transpondo o ideal de acesso à justiça de uma quimera em uma realidade.

Também resulta da teoria sob exame a conclusão de que o elenco legal das provas não é exauriente, sendo ainda admissíveis meios atípicos, desde que relevantes. O importante é que se oportunize ao julgador a utilização do juízo de correspondência, fórmula que traduz a compatibilidade entre a alegação e a situação empírica nela envolvida. Assinale-se, a teoria da correspondência, por assentar-se em dados objetivamente comprováveis, gera para partes e interessados um nível de segurança bem mais significativo que a fórmula da livre persuasão motivada, que, por sua subjetividade mesma, pode, vez por outra, não ser inteiramente neutra ou imparcial.

Não há razão, pois, para que se inadmitam acareações, gravações das assentadas ou, ainda, a oitiva de testemunhas em locais diversos dos em que domiciliados os litigantes. Aduzimos, quanto a tais pontos, duas considerações:

- mesmo em processos legalmente tidos como sigilosos, as gravações pelas partes ou interessados não deverão ser indeferidas (a não ser que em jogo a segurança do Estado), respondendo civil e criminalmente aquele que se comprovar inconfidente;
- a oitiva de testemunhas em outros locais só deverá ocorrer se houver tempo para que os interessados e partes enviem suas perguntas ao agente administrativo encarregado da assentada, bem como se de tal medida não decorrer efetiva e comprovada contumélia ao princípio da duração razoável do processo.

Sublinhe-se, de pronto: a disciplina da temática da prova é essencial para a própria existência de um processo administrativo comprometido com os valores de um Estado Democrático de Direito. Ou seja, um processo administrativo que prestigie o princípio da verdade material, que rejeite a presunção de veracidade do ato administrativo e que, em contrapartida, abrace a ideia da inocência presumida, sem mitigações.

A consagração do princípio da verdade real legitima a Administração-juiz a assumir iniciativa probatória, determinando até a produção da prova que lhe parece útil, para possibilitar a formação do juízo fundamentado de livre convicção. Doutra banda, aqui também vigora a máxima do indeferimento, pelo julgador, de prova que lhe pareça desnecessária, protelatória, inútil ou impertinente. Na contraface, a produção da decisão, sem que tenha sido apreciado pedido de prova, conduz o processo aos trilhos da nulidade: é que, não obstante a existência de lei específica, admitindo, mediante a adoção de várias condições, o depoimento pelo sistema da videoconferência ainda suscita viva controvérsia.

A prova oral por videoconferência (ou outros meios tecnológicos de transferência de som e imagem em tempo real) caberá sobretudo por ditames de ordem pública ou de segurança processual, a sua coleta sendo assegurado o acesso das partes/interessados e seus defensores, tudo isso na forma de motivada decisão (de ofício ou provocada) do julgador.

Importante, ainda, considerar o tópico referente à obtenção de prova. A jurisprudência do Supremo, uma vez superadas as controvérsias iniciais, estabilizou-se no sentido de ter como lícita a utilização, tanto em processos penais como em administrativos, de dados obtidos em interceptação telefônica judicialmente autorizada. Mas o julgador tem o *dever* (e, pois, sofre as consequências de descumpri-lo) de evitar vazamentos de tais dados e de evitar estardalhaços e inconfidências.

Impende ainda desenvolver algumas facetas pertinentes à prova testemunhal.

Aqui impera, sem exceção, a regra segundo a qual incumbe ao interessado trazer as testemunhas para o depoimento, eis que a Administração Pública não tem o poder de coação, próprio dos órgãos judiciais.

No caso de haver pluralidade de interessados/partes, inclusive na mesma polaridade, assiste a cada um deles o direito de formular perguntas aos demais, à vista da garantia do artigo 5º, LIV e LV, da Constituição Federal. Isso, é claro, com a ressalva do clássico princípio *nemo tenetur se detegere* (recepcionado nos incisos LV, LVII e LXIII, do artigo 5º da Constituição da República), que se aplica, inclusive, às testemunhas.

Em benefício ao princípio da celeridade, não cabe requerer a degravação de depoimentos armazenados em meio magnético, desde que franqueado às partes e seus procuradores o acesso ao respectivo suporte físico (CD, fita, DVD etc.).

Cumpre ainda meditar sobre a hipótese de ser requerido o depoimento de quem resida no exterior. Sendo aqui descabido cogitar-se de carta rogatória, meio reservado exclusivamente aos atos judiciais em senso estrito, nada impede que a autoridade administrativa processante solicite, por ofício, à autoridade consular que seja tomado o depoimento desejado. Rejeita-se porém que a aludida autoridade processante administrativa exija do interessado na coleta do depoimento a apresentação dos quesitos a serem indagados, antes da oitiva, eis que isso poderia desbalancear o princípio da igualdade das partes.

Refira-se ademais o problema da chamada "prova emprestada", ou seja, da utilização, em um determinado processo, de prova produzida em outro processo. Perante o Poder Judiciário (onde o processo seguidamente se satisfaz com a verdade formal) essa possibilidade depende de uma pluralidade de condições. No processo administrativo, que se orienta sobretudo no sentido da verdade material, não há razão para dificultar o uso de prova emprestada, produzida em sede judicial ou administrativa, desde que, de qualquer maneira, se abra possibilidade ao interessado para questioná-la, pois, em princípio, a parte tem o direito de acompanhar a produção da prova. Também por isso, não há óbice à juntada de prova oral produzida em processo administrativo desenvolvido no exterior, desde que, em atenção no princípio do contraditório e da ampla defesa, se propicie ao interessado manifestar-se a respeito, após seu encarte nos autos. Aqui, por evidente analogia, há de aplicar o artigo 192 do CPC, quanto à necessidade de tradução de documento.

Doutra parte, reverente que é o processo administrativo ao primado da verdade real, deve-se adotar atitude benévola à prova tardia, se conducente aos fins superiores de realização da justiça. E o eventual indeferimento da prova deve ser comunicado ainda na fase probatória, para ensejar impugnação tempestiva e útil (efetiva).

É por isso que não se tem por ofensivo ao princípio constitucional da ampla defesa o desatendimento a pedido de acareação, não atacado de pronto, tampouco reiterado em razões finais (por óbvio: a manifestação irresignada, que em tais oportunidades poderia ter sido produzida, teria de demonstrar a necessidade da diligência, mediante a indicação dos pontos contraditórios nos depoimentos).

Quem se conforma com o indeferimento da prova não pode, mais tarde, alegar cerceamento de defesa. Mas a Administração, se motivadamente se convencer, em momento posterior, que a prova poderia ser útil a evidenciar a verdade real, poderá retratar-se e franquear a produção. Quando alguma prova for indeferida, cabe ao interessado reiterar o pedido demonstrando sua pertinência e relevância. É perfeitamente possível que a autoridade responsável pela condução do processo solicite esclarecimentos sobre alguma prova requerida, para que o interessado decline os motivos e objetivos da solicitação, permitindo assim uma decisão fundamentada, pelo seu deferimento ou indeferimento.

O processo serve, ao menos idealmente, para a busca da verdade e da justiça. Daí a necessidade de um balanceamento argumentativo, para repelir certas formulações.

A verdade (melhor, sua *busca*) é o objetivo da prova. Um primeiro problema: entre a realidade bruta e sua revelação há um instrumento: a linguagem, e ela dificilmente se mantém intocada, quando enunciada, por nossas *subjetividades*. A *razão* (lógica) é frequentemente contaminada pela *emoção*: com isso, as *declarações* ou manifestações, sobre a *verdade* processual, nem sempre produzem uma percepção segura da efetiva *verdade* real. Vale a observação de Michele Taruffo:[194] a história construída pelo advogado é confeccionada com o intuito de ter o máximo efeito persuasivo sobre a plateia, jogando com preconceitos dessa; contém uma narrativa que é vantajosa para a posição do cliente, não uma versão verdadeira dos fatos. Como decorrência, no embate da argumentação e contra-argumentação, o que finda por se colocar nas mãos do julgador, de regra, é discutir a respeito das asserções sobre os fatos, e não, sobre a verdade dos fatos em si (pois estes existem ou não existem). Exercem aqui grande papel a coerência narrativa e o consenso construído. Da parte do julgador, deverá ele preocupar-se com o suporte probatório das alegações e os dados obtidos fora da argumentação. A isso agregará sua experiência. Obtém-se, ou melhor, busca-se por fim a *certeza razoável* da verdade da narrativa. Não é a *verdade bruta* que se persegue, mas a verdade coerente com os elementos dos autos.

O novo CPC introduziu formalmente, no processo administrativo, um novo meio de prova: a ata notarial.

Com referência textual autônoma, a ata notarial ingressa em nosso sistema jurídico, como meio de prova, com o CPC de 2015. O que não significa, é claro, que antes dela não se pudesse cogitar, com tal natureza instrumental. Mas se inseria ela no conjunto dos meios de prova documental, como documento público. Assim rezava, a respeito, o artigo 364 do CPC de 1973:

---

194 TARUFFO, Michele. *A Prova*. São Paulo: Martins Fontes, 2014. p. 63.

> Art. 364. O documento público faz prova não só da sua formação, mas também dos fatos que o escrivão, o tabelião, ou o funcionário declarar que ocorreram em sua presença.

O CPC de 2015 optou por destacar, do conjunto de documentos públicos probatórios, a ata notarial, disciplinando-a no artigo 384 e seu parágrafo único:

> Art. 384. A existência e o modo de existir de algum fato podem ser atestados ou documentados, a requerimento do interessado, mediante ata lavrada por tabelião.
>
> Parágrafo único. Dados representados por imagem ou som gravados em arquivos eletrônicos poderão constar da ata notarial.

Não atinamos, contudo, não só com a utilidade do destaque em questão, como também com o critério de diferenciação que justificasse a extração da ata notarial, do conjunto semântico geral "documento público". Isso porque qualquer documento público – aí *incluída* a ata notarial – goza de fé pública da qual emana sua presunção relativa de veracidade material e de autenticidade. Mas a ata notarial, como qualquer outro documento público, pode ter sua veracidade e mesmo sua autenticidade contestadas. Ademais disso, o Código Civil, nos artigos 215 e 218, exuberantemente fundamenta nossa assertiva da desnecessidade do destaque à ata notarial, em que incorre o CPC/2015.

Cabe notar que, na forma do artigo 7º, III da Lei federal nº 8.935, cabe exclusivamente ao tabelião de notas lavrar atas notariais.

Com as ressalvas postas até aqui, cabe, porém, reconhecer que o parágrafo único do artigo 384 do CPC/2015 configura exemplo expressivo de atualização tecnológica, ao permitir que o registro de imagens e sons de arquivos eletrônicos tenha sua veracidade, seu conteúdo e sua autenticidade declarados e atestados em ata notarial. É claro que outras modalidades de instrumentos documentais públicos podem identicamente dispor e atestar. Mas a facilidade e comodidade de, mediante ata notarial, comprovar a existência e o conteúdo de dados eletrônicos, permite prever sua cada vez mais frequente utilização. E isso é um tópico importante, pois as informações eletrônicas são extremamente voláteis, suscetíveis de modificações e até mesmo apagamentos.

A aplicação subsidiária do art. 384 do CPC, ao processo administrativo, não encontra qualquer óbice, pois não só silente a LPA sobre a matéria, como também porque compatível o preceito com os fins e o sistema do processo administrativo.

Um dos direitos elementares das partes no processo administrativo (conforme consta expressamente dos arts. 38 e 41 da Lei nº 9.784/99) é o de requerer a realização de diligências e perícias. Normalmente, as primeiras se destinam a verificações simples, de coisas que podem ser constatadas pelas pessoas comuns. As perícias normalmente se referem a situações que apresentam alguma complexidade técnica.

A diligência destina-se à obtenção de alguma prova ou ao esclarecimento de dúvida existente a respeito de prova apresentada, podendo ser provocada por uma solicitação escrita, da qual haverá de originar-se, por exemplo, uma vistoria, uma ida ao local onde algo se encontre, ou, ainda, a constatação pessoal, por partes/interessados e pelo julgador, de aspectos físicos importantes para o processo administrativo em curso. As partes interessadas, por força do princípio do contraditório, sempre deverão ter a faculdade de acompanhar as diligências pessoalmente (ou por procurador) e de exigir que no relatório constem determinados detalhes que considerarem importantes e que foram efetivamente constatados. Salvo motivo justo, devidamente demonstrado, não é possível haver recusa à realização de diligência, sob pena de configurar-se o cerceamento de prova. Pode, entretanto, ser recusada a diligência quando desnecessária, inútil ou meramente protelatória, conforme visto anteriormente.

"Parecer" é uma opinião técnica sobre qualquer assunto; mas em matéria de processo administrativo avulta de importância o parecer jurídico, ou seja, uma opinião técnica a respeito de uma questão de direito controvertida.

Registre-se, de plano, que Direito é controvérsia, no sentido de que dificilmente haverá algum tema jurídico insuscetível de discussão. É perfeitamente normal que diferentes profissionais do Direito tenham opiniões divergentes sobre determinada questão. Isso ocorre porque, conforme já está assentado na doutrina, a norma jurídica comporta habitualmente uma pluralidade de interpretações.

Em um parecer, o profissional do Direito que o elabora deve, diante do caso concreto e analisando as possíveis interpretações, apontar a solução que lhe pareça a melhor, a mais consentânea com o sistema jurídico, a mais adequada para a realização dos fins que ditaram a edição da norma interpretada.

Interpretar um texto normativo é algo mais que ler a sequência de palavras que o integram. Por certo, qualquer pessoa alfabetizada é capaz de ler um texto normativo, mas somente alguém dotado de conhecimentos técnico-científicos em Direito é capaz de apreender todo o seu conteúdo, retirando daí ilações de ordem prática.

São pressupostos do parecer jurídico a habilitação legal, a qualificação técnica e a independência de seu signatário. *Habilitação legal* é aquela conferida pela legislação que regula o exercício profissional da advocacia. *Qualificação técnica* é aquela decorrente da experiência do profissional com a matéria objeto do parecer, pois, atualmente, não é possível a qualquer profissional do Direito dominar, com igual proficiência, todos os assuntos inerentes às várias províncias do conhecimento jurídico. A *independência* do signatário não é algo objetivamente aferível, pois vai depender muito das condições pessoais e até mesmo da integridade moral de cada parecerista. No âmbito interno da Administração Pública, não é possível ignorar a diferença entre um parecer emitido por um procurador de carreira, provido das garantias inerentes ao cargo, e uma apreciação jurídica feita por um assessor, ocupante de cargo ou função de provimento em comissão, de confiança da autoridade competente para decidir. Especialmente nos casos de desvio de poder é usual que a autoridade mal intencionada se escude exatamente num parecer jurídico encomendado.

O que se pretende dizer é que o parecer jurídico não tem e não pode ter a mesma sacralidade atualmente conferida a um atestado médico, que, no estágio atual da jurisprudência, é considerado como um verdadeiro dogma, por mais inverossímil que possa ser.

Parecer jurídico, portanto, é uma opinião técnica, dada em resposta a uma consulta, que vale pela qualidade de seu conteúdo, pela sua fundamentação, pelo seu poder de convencimento e pela respeitabilidade científica de seu signatário, mas que jamais deixa de ser uma opinião. Quem opina, sugere, aponta caminhos, indica uma solução, até induz uma decisão, mas não decide.

É difícil entender a distinção entre pareceres *vinculantes* e *não vinculantes* contida no art. 42 da Lei nº 9.784/1999, pois parecer vinculante não é parecer: é decisão. O que pode ocorrer é a existência de despacho normativo da autoridade superior, fixando um determinado entendimento oficial para determinado assunto, vinculando o comportamento administrativo nos casos supervenientes; não é, contudo, o parecer que é vinculante, mas sim, o despacho (decisão) que o tornou de observância obrigatória. Quando houver despacho normativo sobre determinado assunto, o "parecer" dado em caso superveniente deve apenas mencionar tal situação, ou, ao contrário, destacar particularidades que justifiquem, para aquele específico e determinado caso (que é diferente da *situação tipo* que ensejou a edição do despacho normativo), solução diversa.

Nada impede que os setores de maior hierarquia do sistema de assessoramento jurídico da Administração estabeleçam "súmulas" fixando entendimentos havidos como os mais corretos. Tais súmulas (assim como as súmulas de jurisprudência dos tribunais) devem corresponder a conclusões afirmadas após intensa discussão do assunto, apoiadas em sólidos argumentos, suficientes para gerar uma convicção de que efetivamente o entendimento sumulado é o melhor. Mas não se confundem com despachos normativos e não são vinculantes, não retirando a capacidade de apreciação de quem opina ou decide em casos análogos.

Essas "súmulas", ou orientações gerais, foram objeto de disciplina normativa, de eficácia nacional, na Lei de Introdução às Normas do Direito Brasileiro (LINDB) com a redação dada pela Lei nº 13.655, de 25.04.18. O parágrafo único do art. 24 traz o conceito de orientação geral: "*Consideram-se orientações gerais as interpretações e especificações contidas em atos públicos de caráter geral ou em jurisprudência judicial ou administrativa majoritária, e ainda as adotadas por prática administrativa reiterada e de amplo conhecimento público*". Considerando, porém, a dinâmica da vida social e a possibilidade de alteração de orientações gerais ao longo do tempo, o *caput* do artigo, em nome do superprincípio da segurança jurídica, determina uma saudável cautela; "*Art. 24. A revisão, nas esferas administrativa, controladora ou judicial, quanto à validade de ato, contrato, ajuste, processo ou norma administrativa cuja produção já se houver completado levará em conta as orientações gerais da época, sendo vedado que, com base em mudança posterior de orientação geral, se declarem inválidas situações plenamente constituídas*".

A distinção que efetivamente pode ocorrer é entre pareceres *obrigatórios* ou *facultativos*. Em determinadas situações, as normas sobre processo administrativo podem determinar a obrigatória emissão de um parecer jurídico antes da tomada de decisão. Em outras situações, pode ficar a cargo de quem decide a opção entre solicitar, ou não, um parecer jurídico. De qualquer forma, quem decide tem o poder/dever de fazê-lo, com a livre convicção fundamentada e a responsabilidade disso decorrente.

A lei federal de processo administrativo, em seu já mencionado art. 42, fixa prazo para a emissão do parecer, estabelecendo consequências pelo seu não cumprimento no tocante ao prosseguimento do processo. O certo é que, sendo o parecer substancialmente uma opinião, o processo não pode ser interrompido ou sofrer solução de continuidade no caso de sua falta. Resta acrescentar que a parte interessada sempre poderá instruir seu pedido ou sua defesa com pareceres emitidos por técnicos e/ou juristas de sua escolha. Tais pareceres podem, ou não, merecer acolhimento por parte da Administração, mas sempre em decisão devidamente motivada. O que não pode haver é a pura e simples desconsideração do parecer apresentado pelo particular, pois ele integra suas razões (cf. art. 3º, III, da Lei nº 9.784/1999).

Como palavra final, é prudente fazer uma diferenciação entre a atividade consultiva do parecerista e o trabalho do procurador ou advogado de uma parte. Este é necessariamente parcial, pois tem o dever de defender seu cliente, expondo com o maior vigor possível os argumentos favoráveis ao seu constituinte, dentro dos limites da ética e do bom-senso. O consultor tem um compromisso fundamental com a ordem jurídica, com a verdade científica e com a justiça; cumpridos esses compromissos, pode expor, até com veemência, os elementos que o levaram a formar sua convicção.

Um parecer jurídico é um trabalho técnico destinado a estudar uma questão controvertida e apresentar, fundadamente, a melhor solução cabível, a juízo do seu signatário. O acatamento conferido a um determinado parecer vai depender, em parte, da confiabilidade de seu signatário, mas, em parte mais relevante, da consistência e coerência dos argumentos que sustentam a conclusão.

A atuação dos pareceristas jurídicos integrantes da Administração Pública, referentemente às licitações e contratações administrativas, será objeto de análise específica na ocasião em que, dedicadas à Parte Geral do Direito Administrativo, cuidaremos das etapas prévias à seleção do contratante estatal.

O processo administrativo não pode permanecer eternamente na fase de instrução. Esta tem um começo e certamente deve ter um fim, que tanto pode ser uma decisão, uma conclusão final, a realização do objetivo preconizado com sua deflagração, quanto pode ser também o simples *arquivamento*.

A lei federal de processo administrativo, em seu art. 40, determina o simples arquivamento do processo, sem conclusão, quando o particular interessado deixar de apresentar, no prazo estabelecido para isso, algum dado ou documento necessário para a apreciação do pedido.

O pressuposto disso é que se trate de pedido de exclusivo interesse do particular, pois, caso haja interesse público no prosseguimento do processo, a própria Administração deverá dar seguimento ao feito, por força do princípio da oficialidade. Deve-se subentender, também, que o dado ou documento solicitado não esteja em poder da própria Administração responsável pelo processo, ainda que em outra repartição, pois, em tal caso, seria de rigor a solicitação, de ofício, do elemento faltante, nos termos do disposto no art. 37 da Lei nº 9.784/1999.

Em resumo, o arquivamento do processo, sem conclusão, deve acontecer somente quando não for possível e conveniente ao interesse público sua continuidade, mas nunca pode ser uma forma de frustrar a satisfação do legítimo interesse do particular interessado.

13.4

Uma das dificuldades medulares no processo administrativo repousa na intensidade das relações de vizinhança Estado-Administração/Estado-Juiz.

A autoridade decisória terá sempre de lembrar que o princípio da Justiça também é vetorial no processo administrativo. Além disso, a par do contraditório, da ampla defesa, da imparcialidade e da publicidade, terá a referida autoridade de reter em mente os imperativos da *eficiência*, da *proporcionalidade* e da *motivação*, pilares de nobreza constitucional, como ocorre com os anteriores.

Não obstante sua matriz conceitual básica (o princípio da *eficiência*, a um tempo só, limita drasticamente os confins da chamada *discricionariedade* e consagra o dever da *melhor* – e não só da *boa* – administração), a *eficiência*, no processo administrativo, traduz-se excelsamente pela *celeridade* e congruência na emissão da decisão.

A Administração tem o *dever de decidir*, e decidir explicitamente (Lei nº 9.784/1999, art. 48), em prazo legalmente traçado (*id.*, art. 49) e *motivadamente* (*id.*, art. 50). No que diz respeito à oportunidade do julgamento importa assentar que, como não é regra no processo administrativo a publicação das pautas, ou sua afixação nas repartições públicas, o princípio constitucional da publicidade torna imperativo sejam elas inseridas no órgão oficial que publica o expediente do segmento da Administração competente para decidir. O mesmo se diga em sede recursal.

Nenhuma perplexidade servirá de desculpa para a omissão do dever de decidir. Sirva-se o agente competente de tudo que no processo se contém e, caso ainda insuficiente essa faina, nem mesmo assim lhe será dado cruzar os braços (até as declarações de extinção do processo – arts. 51 e 52 da Lei nº 9.784/1999 – são corporificadas numa decisão motivada).

É bem verdade que a metódica jurídica frequentemente não propicia todos os elementos confiáveis à elaboração de uma decisão. Pouco importa. Valha-se o julgador dos elementos fáticos coligidos nos autos, dos fundamentos jurídicos contrapostos ou expostos e, até mesmo, subsidiariamente, das máximas da experiência (inclusive de sua experiência pessoal), das lições do cotidiano e dos ensinamentos de outras ciências.

De toda sorte, para socorrer o agente encarregado da decisão no cumprimento de seu indeclinável e irrenunciável dever de decidir, revelam-se úteis as fontes supletivas e integrativas da analogia, dos costumes e dos princípios jurídicos, observando-se, no particular, o artigo 140 do CPC, bem como os artigos 1 a 11, 13, 14 e 20 a 30 da LINDB (aqui, com destaque especial aos artigos 4º e 5º, que cuidam diretamente do dever de decidir).

A Lei de Introdução às Normas do Direito Brasileiro, com os artigos acrescentados pela Lei nº 13.655, de 25.04.18, vai um pouco mais além, na medida em que, em seu art. 20 determina que sejam consideradas também as consequências práticas da decisão, evitando decisões incongruentes, dúbias, de impossível cumprimento ou que atentem contra o princípio da razoabilidade.

No termos do art. 21 e seu parágrafo único, ainda da LINDB, nos casos de invalidação de ato ou contrato, além de indicar as consequências, deve-se considerar também a possibilidade de regularização da situação anômala criada, de modo proporcional ou equânime, devendo-se evitar que, em função de peculiaridades do caso específico os sujeitos atingidos sofram perdas ou ônus anormais ou excessivos.

A omissão decisória comporta soluções diversificadas. Ela só não comporta o escapismo, até porque a demora no decidir implica violação, dentre outros, aos princípios constitucionais da *eficiência* e da *duração razoável do processo*.

Assim balizados, destacamos a existência de respostas sendo dadas à indagação. Figuremo-las como "correntes" opinativas. Detectamos então a existência das seguintes:

a) Impossibilidade absoluta de controle jurisdicional da omissão, em razão do princípio constitucional da separação de poderes. E aqui interrogam os que sustentam essa linha: como admitir, por exemplo, que o Judiciário enfrente alegação do Executivo, no sentido do acúmulo de serviços?
b) Dever do Judiciário de sindicar o problema, mas com exame, caso a caso, de cada uma das situações levadas à dirimência. De regra, essa corrente não chega a aventurar-se sobre a atitude do Judiciário se, em caso concreto, constata o abuso da mora.
c) Se a demora se acusa em processo administrativo anterior à vigência da lei nº 9.784/1999 (ou das leis a ela semelhantes), deve o administrado iniciar *novo* processo administrativo, para só então, em caso de *nova* demora, invocar a violação à duração razoável do processo. Os adeptos dessa corrente não indicam o que fará o Judiciário, se no *novo* processo administrativo também ocorrer demora.
d) O Judiciário, constatando o excesso de prazo, deverá apenas declará-lo, assim constituindo a Administração em mora;
e) O Judiciário, além de declarar a mora, determinará a emissão da decisão do processo administrativo (sem fixar prazo);
f) O Judiciário, declarando a existência de demora, fixará prazo para que o Administrador decida;
g) O Judiciário, em razão da constatação da demora, admitindo doutra parte haver plausibilidade jurídica na pretensão deduzida (perante a Administração) pelo administrado, ademais de prejuízos por ele sofridos pelo retardamento, autorizará o gozo do direito postulado, até que a Administração decida no processo administrativo;
h) Por último, como uma variante ou desdobramento da corrente exposta no item anterior, o Judiciário, convencido da mora e do prejuízo do postulante, mas à vista de interesses públicos maiores implicados no pleito (por exemplo: licenciamento de remédios, retardado em razão de preocupações de saúde pública), declarará a exorbitância do prazo e determinará à Administração que decida o processo administrativo (imediatamente ou, segundo o caso, prescrevendo prazos).

Nossa posição amolda-se às duas últimas correntes opinativas acima enunciadas. Rejeitamos as posturas tímidas e anacrônicas daqueles que se recusam a admitir os instrumentos próprios à superação da demora (que é, via de regra, uma ilicitude). Também por isso, saudando embora aquelas que timidamente saem da superada invocação ao princípio da separação de poderes, não temos por admissíveis constitucionalmente os pensamentos que só reconhecem ao Judiciário o dever-poder de declarar a mora, sem prescrever, contudo, comandos determinantes de sua pronta superação.

Relaciona-se ainda com a temática do prazo para decidir o disposto no artigo 69-A da Lei nº 9.784/1999, conjugado com o artigo 1.048 do CPC, preceitos esses que conferem certas prioridades no julgamento de processos judiciais às partes ou interessados com idade igual ou superior a 60 (sessenta) anos, aos portadores de doenças graves e aos que regidos pelo Estatuto da Criança e do Adolescente (Lei nº 8.069/1990). Seguem os textos legais referidos:

> Art. 1.048. Terão prioridade de tramitação, em qualquer juízo ou tribunal, os procedimentos judiciais:
>
> I – em que figure como parte ou interessado pessoa com idade igual ou superior a 60 (sessenta) anos ou portadora de doença grave, assim compreendida qualquer das enumeradas no art. 6º, inciso XIV, da Lei nº 7.713, de 22 de dezembro de 1988;
>
> II – regulados pela Lei nº 8.069, de 13 de julho de 1990 (Estatuto da Criança e do Adolescente).
>
> §1º A pessoa interessada na obtenção do benefício, juntando prova de sua condição, deverá requerê-lo à autoridade judiciária competente para decidir o feito, que determinará ao cartório do juízo as providências a serem cumpridas.
>
> §2º Deferida a prioridade, os autos receberão identificação própria que evidencie o regime de tramitação prioritária.
>
> §3º Concedida a prioridade, essa não cessará com a morte do beneficiado, estendendo-se em favor do cônjuge supérstite ou do companheiro em união estável.
>
> §4º A tramitação prioritária independe de deferimento pelo órgão jurisdicional e deverá ser imediatamente concedida diante da prova da condição de beneficiário.
>
> Art. 69-A. Terão prioridade na tramitação, em qualquer órgão ou instância, os procedimentos administrativos em que figure como parte ou interessado:
>
> I – pessoa com idade igual ou superior a 60 (sessenta) anos;

> II – pessoa portadora de deficiência, física ou mental;
>
> III – (VETADO)
>
> IV – pessoa portadora de tuberculose ativa, esclerose múltipla, neoplasia maligna, hanseníase, paralisia irreversível e incapacitante, cardiopatia grave, doença de Parkinson, espondiloartrose anquilosante, nefropatia grave, hepatopatia grave, estados avançados da doença de Paget (osteíte deformante), contaminação por radiação, síndrome de imunodeficiência adquirida, ou outra doença grave, com base em conclusão da medicina especializada, mesmo que a doença tenha sido contraída após o início do processo.
>
> §1º A pessoa interessada na obtenção do benefício, juntando prova de sua condição, deverá requerê-lo à autoridade administrativa competente, que determinará as providências a serem cumpridas.
>
> §2º Deferida a prioridade, os autos receberão identificação própria que evidencie o regime de tramitação prioritária.

Anote-se, por derradeiro, que a Lei nº 13.466/2017, alterando o Estatuto do Idoso (Lei nº 10.741/2003), instituiu uma *preferência na preferência* etária, determinando que os processos de qualquer natureza, do interesse de idosos maiores de 80 (oitenta) anos, tenham atendimento prioritário.

Tendo em vista que o requerimento (ou o ato oficial de instauração) consigna as fronteiras da decisão postulada, impõe-se ao agente decisório, em primeiro passo, *interpretá-lo* adequadamente. A regra do artigo 322 do CPC (segundo a qual os pedidos são interpretados restritivamente) tem, aqui, limitadíssima incidência: é verdade, sim, que o *pedido* (*rectius*, no processo administrativo: o objeto do requerimento ou do ato de instauração do processo) exprime a vontade de quem o formulou. Mas, em razão da oficialidade do processo administrativo, deve ser ele visto mais como ato de provocação do impulso processual que de balizamento do juízo decisório. É dizer, conformada a relação jurídica processual administrativa, o agente competente deve perseguir a verdade que se busca, muitas vezes oculta pela má formulação inicial.

Ponderadíssima também há de ser a interpretação do direito incidente na hipótese concretamente posta perante a autoridade decisória.

Há que se ter em vista que a interpretação, qualquer que seja o método hermenêutico utilizado, não é atividade precipuamente *produtora de norma* (ressalvado, é claro, o pensamento da escola kelseniana);

seu objetivo é definir o sentido e o alcance de um certo comando existente no ordenamento jurídico. A contraface é também verdadeira: o ordenamento jurídico nada mais é senão a sua própria interpretação. E isso ainda mais reforça a recomendação de extremo cuidado na interpretação do direito posto em debate ou conflito.

Aqui também predomina o princípio do livre convencimento motivado, pelo qual dispensável a análise dos dispositivos que pareçam relevantes à parte mas que assim não pareceram ao julgador, estando este obrigado tão apenas à fundamentação da decisão, em face dos elementos dos autos e do ordenamento jurídico suficiente à conclusão. No entanto, no processo administrativo, o livre convencimento motivado tem de ser temperado pela diretriz da busca da verdade real a todo preço.

A nova disciplina da prova, seja no processo civil, seja no criminal, atribui ao decisor administrativo um instrumental poderoso, para a formação de sua opinião e emissão de sua deliberação. Aqui incidem, por exemplo:

- a previsão do interrogatório (de partes e/ou testemunhas) e de outros atos processuais por videoconferência (Lei nº 11.900, de 08.01.09) ou outros recursos tecnológicos de transmissão de sons e imagens em tempo real;
- a possibilidade do interrogatório, quando a parte ou a testemunha estiverem presos, em sala própria no estabelecimento em que recolhidos, garantidas a segurança dos decisores, defensores e auxiliares, tudo isso sem prejuízo da publicidade do ato (Leis nº 11.719/2008 e nº 11.900/2009);
- a concessão de regime especial de proteção a partes e testemunhas (Lei nº 9.807/1999). Refira-se, a título de ilustração, que tal proteção pode até conduzir à mudança do nome da testemunha, havendo, nesse sentido, decisão pioneira, na América Latina, do juiz da 1ª Zona de Registro Civil das Pessoas Naturais, da Capital do Estado do Rio de Janeiro, processo 01/2001.

A decisão administrativa pode ser sintética; desde que fundamentada, não há como ver, em seu laconismo, qualquer laivo de nulidade.

É inequívoca a íntima ligação entre os fundamentos estimativos constitucionais da Administração Pública e o dever de coerência que se impõe à sua diversificada gama de atuação (aí incluído, é claro, o processo administrativo). Reclamos de igualdade, segurança jurídica, impessoalidade, eficiência, proteção à confiança legítima, economia processual, boa-fé, razoabilidade, proporcionalidade e observância aos ditames da teoria dos atos próprios, todo esse catálogo axiológico, enfim, reside nos pilares do dever de coerência. Em atenção a esses espeques indispensáveis, a Lei nº 9.784/1999, embora não enclausurando a Administração numa certa visão que esta tenha adotado em determinado momento, prescreve em seu artigo 2º, parágrafo único, inciso III, que a nova interpretação administrativa não tem efeito retroativo. Obviamente, tal diretriz se viu intensamente magnificada com a recepção, no processo administrativo, dos instrumentos do respeito aos precedentes e da uniformização jurisprudencial.

Enfatize-se: o dever de decidir também sujeita a Administração à observância de um outro princípio – o da congruência. Não se trata, conforme se há de ver, de uma congruência cega.

Por congruência processual entendemos uma correlação finalística entre o que se postula e a decisão. Ao escrevermos "o que se postula" temos em mente não só a adstrição do julgador ao pedido, mas também aos limites do litígio, considerando a pretensão mas não descurando as contraposições a ela opostas pelos demais litigantes. É, aliás, a regra que fundamenta os artigos 10 e 141 do CPC. Mas mesmo no processo civil, onde ainda vigente predominantemente o princípio dispositivo, o próprio CPC afasta o cego acatamento ao comando da congruência, quando a ele antepõe os temperamentos principiológicos do seu artigo 8º. Idêntica preocupação de efetividade e busca da justiça esteia a regra do artigo 2º do Código Penal, ao apontar a aplicação da lei nova mais benéfica, independentemente do que constante das postulações.

Precisa, a nosso ver, a lição de Pedro Aragoneses Alonso:[195] a congruência, como princípio processual, ordena ao julgador a observância de identidade entre o que decidido e o que *controvertido, oportunamente,* pelos litigantes. Mas se a lição é correta, em sua pureza doutrinária, nas fronteiras do processo dispositivo, cumpre ressaltar que, com a congruência embora em vista, o julgador, no processo administrativo, persegue a obtenção da verdade real, material, não lhe bastando a simples realidade processual. Daí os luminosos ditames dos incisos do parágrafo único do artigo 2º, da Lei nº 9.784/1999, ao timbrar, textualmente, por exemplo, que:

---

[195] ALONSO, Pedro Aragoneses. *Sentencias Congruentes.* Madrid: Aguilar, 1957. p. 227.

– o julgador atuará conforme a *lei e o Direito* (inciso I, grifo nosso);
– o julgador terá poderes de impulsão, atuando de ofício, sem prejuízo da atuação dos interessados (inciso XII).

É ainda esse conjunto de cautelas, ditadas pela congruência, que inspira o legislador da Lei nº 9.784/1999 quando, ao admitir em tese a *reformatio in peius*, impõe ao julgador recursal, que a tanto se sinta impelido, a oitiva fundamentada daquele que, por tais artes, puder vir a sofrer algum gravame (parágrafo único do artigo 64). Com observância de tais preocupações atinge-se, ademais, a prevenção à ocorrência das "decisões surpresa", repelidas textualmente no artigo 10 do CPC, de inequívoca aplicação ao processo administrativo.

Outro cuidado que se exige, reiteramos, da decisão assenta-se no artigo 2º, XIII, da Lei nº 9.784/1999, que, expressamente, veda a aplicação retroativa de nova interpretação. Ou seja: interpretação administrativa, da norma que baliza a relação subjacente ao litígio ou à postulação, não pode ser aplicada retroativamente. Efetivamente, constituiria vulneração insuportável ao princípio de segurança jurídica (dentre outros) permitir, por exemplo, desfazimento, invalidação ou modificação coercitiva das relações jurídicas regularmente consumadas, ao sabor do vento das alterações de critério para entendimento do direito implicado.

O art. 24 e seu parágrafo único da Lei nº 13655/2018, acrescentados à LINDB, aprofundaram a disciplina dessa vedação de aplicação retroativa de nova interpretação, levando em conta que mudanças de interpretação das normas jurídicas, ao longo do tempo, são inevitáveis, dado que o Direito está em constante evolução, em decorrência de avanços tecnológicos ou sociais, de alterações no contexto normativo (afetando a interpretação sistemática) e de mudanças na composição dos quadros nos órgãos de deliberação.

Agora, cuida-se do estabelecimento de uma disciplina mais abrangente, com a indicação mais precisa de como e onde a vedação de retroatividade deve ser aplicada, inclusive com a conceituação, no parágrafo único, do que deve ser entendido como "orientação geral", e, por último, ao proscrever a pura e simples declaração de invalidade de situações plenamente constituídas, abrindo caminho para a possibilidade da modulação dos efeitos, prestigiando, ao mesmo tempo, a boa-fé e a razoabilidade, em plena consonância com o estágio atual de desenvolvimento das relações de Direito Administrativo.

Pode ocorrer, também, que uma interpretação superveniente não leve, necessariamente, à conclusão de que a orientação anterior, embora não fosse a melhor, era plausível, não justificando que decisões tomadas quando de sua vigência fossem invalidadas.

É hoje pacífica a aceitação da interpretação evolutiva, segundo a qual a lei deve ser aplicada, não em face das circunstâncias vigentes no momento em que foi editada, mas, sim, em função da realidade emergente no momento de sua aplicação.

Ponto de grande relevância apresenta-se quando no processo administrativo se discute matéria que esteja tramitando em jurisdição (em senso estrito) criminal (o que é frequente, mas não exclusivo, em controvérsias disciplinares entre o servidor e a Administração).

Não se questiona que, em razão do princípio da separação dos poderes, livre é a instância administrativa para decidir como bem entender. Mas a decisão judicial que se pronuncia pela inexistência material do fato, ou pela negativa de sua autoria, repercute, condicionantemente, na esfera administrativa, afetando a decisão a ser dada no processo administrativo. Em paralelo, a absolvição no juízo criminal, por insuficiência de provas, não elimina o eventual resíduo punitivo administrativo. Por isso mesmo, no caso de sentença penal condenatória, transitada em julgado, dá-se por prejudicado o pedido de reintegração ao serviço público, administrativamente requerido pelo servidor. Aliás, tanto no Código Civil (art. 935), como na lei básica dos servidores públicos federais (Lei nº 8.112/90, art. 126) as referências, aqui proclamadas, encontram-se consagradas, o que, de resto, goza de amplo trânsito em doutrina e jurisprudência, nacionais e estrangeiras.

Quando a infração administrativa também configure ilícito penal (*v.g.*, ato de improbidade administrativa), necessariamente, à demissão (como pena administrativa) há de preceder sentença penal condenatória transitada em julgado, *ex vi* do artigo 41, §1º, I, da CF. Pode acontecer que a legislação disciplinar administrativa tenha como motivo sancionável com a pena de demissão a condenação em processo criminal, que seria, então, o "tipo" administrativo, o qual somente se configuraria com uma decisão judicial transitada em julgado. O que não pode acontecer (mas na prática tem acontecido) é a aplicação de uma sanção administrativa em decorrência apenas de acusação da prática de ato criminalmente sancionável, mas sem decisão judicial transitada em julgado e sem a correspondente tipificação da mesma conduta na legislação administrativa, sob o inaceitável argumento de que isso configuraria transgressão ao dever geral de boa conduta e ao princípio da moralidade.

Uma mesma conduta pode ser configurada, em diferentes legislações, como infração disciplinar, ilícito civil ou administrativo e também ilícito penal. Daí segue a possibilidade de alguém ser condenado na justiça civil pelo cometimento de ato de improbidade administrativa, mas ser absolvido perante a Justiça Criminal. Dada a independência das instâncias, é admissível ocorrer que o conjunto probatório seja considerado suficiente para a aplicação de uma sanção disciplinar pela autoridade administrativa, mas insuficiente para a imposição de uma pena criminal, dado o maior rigor nesta esfera judicial. Nesse caso, a absolvição no processo criminal por insuficiência de provas não impede a condenação administrativa.

Outra observação a fazer, aqui, repousa em que, exatamente por serem distintas e independentes as instâncias, a revelia em processo administrativo não obsta o acesso à via judicial.

Na seara dos processos administrativos pertinentes à aplicação de sanções, não deve o agente decisório deixar de levar em consideração a rica trama principiológica do Direito Penal. Cabe-lhe, em suma, levantar as pontes conceituais, a fim de evitar que o processo realize não a justiça, mas a suma injustiça.

Alerte-se: não estamos a referir tão apenas as relações entre a Administração e seus servidores. O que sustentamos é que as preconizações, que seguirão, têm incidência em toda e qualquer atividade administrativa sancionatória – *v.g.*, a utilização do chamado poder de polícia, as penalidades tributárias etc.

Em primeiro lugar, impõe-se proclamar: não há sanção administrativa admissível sem prévia capitulação legal (lei em senso estrito). Nem é preciso, no particular, recorrer ao inciso XXXIX do artigo 5º da CF, assim evitando a polêmica com aqueles que pretendem a aplicabilidade desse comando exclusivamente ao crime (também em senso estrito): bastará nos afinarmos ao inciso II do mesmo artigo 5º, consagrador do princípio da legalidade, *marco fundamental* da atividade administrativa de *qualquer natureza*. Em definitivo: sanção administrativa só pode decorrer de lei anterior, e lei em cunho formal (não bastando simples medida provisória, que não passa de lei sob condição, lei a título precário – o que, a toda evidência, não se presta a definir infrações e respectivas sanções: a repercussão e a profundidade do enquadramento infracional e da decorrente submissão sancionatória são incompatíveis com um juízo de validade definitiva pendendo da hipotética conversão da Medida em lei).

Defluência inafastável das precedentes considerações estampa-se na não aceitação, de nossa parte, da afirmação, até aqui correntia, de não existir no direito penal administrativo a exigência da *tipicidade*. Ou seja, em suas atuações sancionatórias bastaria à Administração referir, abertamente, o fato punível, dispensando-se do enquadramento normativo típico correspondente. Não há como compatibilizar tal afirmação com as *garantias constitucionais* da ampla defesa e do contraditório, desde 1988 expressamente conferidas também ao processo administrativo.

Outra consequência das anteriores posições e do que dispõem os incisos LIV e LV do artigo 5º da Lei Maior é a rejeição, aqui, à *reformatio in pejus* (e pouco importa que leis a aceitem textualmente, pois a vedação é de estatura constitucional, não obstante sua aparente índole infraconstitucional, em razão de sua expressa consagração textual se localizar no art. 617 do CPP). A tutela da ampla defesa envolve a possibilidade de, sem ser surpreendida, a parte rebater acusações, alegações, argumentos ou interpretações *tais como dialeticamente postos*, para evitar sanções ou prejuízos. Ver sua posição agravada sem contraditório, quando sequer houve recurso da parte contrária, é validar a *restrita defesa*, e não, a *ampla defesa* de que cuida a Constituição. E é, também, fazer letra morta dos princípios da isonomia e da boa-fé.[196] Nem se diga que a repulsa à *reformatio in pejus* poderia conduzir à consolidação de ilícitos absolutos ou à fuga à verdade material: o que se defende é a impossibilidade do agravamento, sem recurso (ao menos adesivo) da Administração, na relação processual administrativa; mas a decisão do Estado-juiz poderá indicar o cabimento do enquadramento mais severo, daí podendo o Estado-Administração vir a praticar os atos que entenda necessários e/ou convenientes, sem sacrifício das tutelas constitucionais básicas, antes lembradas.

Existe apenas uma possibilidade de a decisão ser agravada: a do parágrafo único do art. 64 da Lei nº 9.784/1999. Mas aí não caberá, com adequação integral, falar-se em *reformatio in pejus*: o Estado-julgador, divisando a possibilidade, em razão do princípio da legalidade e da obrigação da busca da verdade material, de ser agravada a situação do recorrente, disso haverá de cientificá-lo, para que formule suas alegações e defesa. E isso terá de ser feito, sob pena de nulidade, com indicação clara e precisa dos pontos de possível agravamento, com a pertinente

---

[196] Assim se pronunciou o STJ no MS 6.478-DF, rel. Min. Jorge Scartezzini, *DJU* 29.05.00, p. 110.

fundamentação. Quando isso se der, a toda evidência, na formulação em questão, a Administração-juiz se despirá transitoriamente da condição de julgador e atuará, supletivamente, por força do princípio da oficialidade, como Administração-Instrutora processual. Instaura-se aí, então, um efetivo e equilibrado contraditório, com o que não se colocarão em xeque os princípios da boa-fé, do contraditório e da isonomia.

Outro parâmetro do direito penal, agora até jurisprudencialmente gozando de prestígio sua aplicação no processo administrativo, é o da aplicabilidade da lei posterior mais benéfica (ao administrado). É o que se colhe, para simples exemplo, na doutrina, de Regis Fernandes de Oliveira[197] e de Edilson Pereira Nobre Jr.[198]

Inevitavelmente, a aplicação da lei mais benéfica é uma técnica que se afirma casuisticamente, do exame de cada lei e das circunstâncias constitutivas do direito. Em razão da motivação subjacente ao princípio, leva-se em conta, na possível aplicação, a data da publicação da lei e não a *vacatio*. Ou seja, mais vale aqui o plano da *existência* do que o da eficácia. A *vacatio* no particular é tão desimportante que se, em seu curso, a lei é revogada, ainda assim ela se aplica se mais benéfica.

Em afinação com as pautas até aqui traçadas, igualmente nos parece aplicável ao processo administrativo o *princípio da insignificância*. Com esse rótulo se tem dito que é admissível infirmar a tipicidade de fatos que, por sua inexpressividade, configuram "ações de bagatela", despidas de relevância, traduzidas em valores lesivos ínfimos. Em casos que tais, espera-se uma certa leniência do Estado-Administrador e do Estado-Juiz, dando por descaracterizado o tipo infracional. Não se deve, todavia, aceitar a invocação da insignificância, quando o infrator registrar reiterada conduta faltosa, já que a reincidência não se harmoniza com o favor estatal.

Assim, o princípio da insignificância deve ser *qualificado*, para que se apresente de utilidade jurídica e social, como fator de descaracterização da tipicidade infracional. Para tanto, imprescindível será que o fato sob exame se revista de mínima ofensividade na conduta do

---

197 OLIVEIRA, Régis Fernandes de. *Infrações e Sanções Administrativas*. São Paulo: Ed. Revista dos Tribunais, 1985. p. 44.

198 NOBRE JR. Edilson Pereira. Sanções Administrativas e Princípios do Direito Penal. *RDA*, Rio de Janeiro, n. 219, p. 145-147, 2000.

agente, mínima periculosidade social da ação, mínima reprovabilidade do comportamento e inexpressividade da lesão provocada. Em face de tais pilares, o julgador deverá ter em mente o postulado da intervenção punitiva mínima do Estado, atento a que a restrição de direitos do indivíduo somente se justifica quando efetivamente necessária à proteção das pessoas, da sociedade e de outros relevantes bens jurídicos que lhes sejam essenciais. Enfim, preconizamos sua aplicação quando, cumulativamente, se observar: a mínima ofensividade da conduta do agente; o reduzido grau de reprovabilidade do comportamento; a inexistência de periculosidade social da ação; a inexpressividade da lesão em face dos princípios regedores da atividade administrativa.

A cumeeira das anteriores afirmações é a assertiva de que se aplica ao processo administrativo o princípio "na dúvida, pró administrado". Pediremos vênia para sustentar a amplitude da assertiva. É *dever* da Administração, defluente até dos princípios constitucionais que a alicerçam, não permitir a existência de *dúvidas*.

Ademais, como não vemos antinomia *necessária* entre interesse público e interesse do administrado, mais ainda inclinamo-nos a afirmar que a dúvida deva significar a prevalência do interesse do administrado, em face do interesse da Administração.

Trata-se, por certo, de uma guinada de 180 graus na teoria administrativista, sempre marcada pela preponderância da Administração, bem como pela suposição pacífica da supremacia do interesse público (que a Administração representaria). Mas tal enfoque descabe no campo do processo administrativo. A *uma*, porque o processo administrativo teve sua consideração prestigiada no patamar constitucional, com a natureza de *garantia individual fundamental* (CF, art. 5º, LIV e LV); estender ao processo administrativo as mesmas configurações do processo jurisdicional importa em levar para ele as tutelas do *in dubio pro reo*, do *in dubio pro operario* (e frise-se: pouco interessa a empiricamente detectável, em um ou outro caso, grande força pessoal do réu ou dos altos empregados – o princípio permanece vivo, pois ele existe para a coletividade dos administrados). A *duas*, porque o enobrecimento constitucional do processo administrativo impõe se despoje o Estado-Parte do manto da supremacia do Estado-Administrador; com a consequência de que, no cotejo basilar administração/administrado, como regra, este será o hipossuficiente, para seu prol carreando, como em qualquer outro tipo de processo, as vantagens do *in dubio*.

Após a indicação do que o agente decisório *tem de fazer* revela-se importante fixar duas máculas inadmissíveis, nas quais, portanto, jamais deverá ele incorrer.

Em tomo inicial, cabe recordar que a *presunção de inocência* é garantia constitucional (CF, art. 5º, LVII). Não importa se a parte/interessado tem uma, cinco ou cem condenações *em curso*. A presunção de inocência só cede passo com sentença judicial condenatória *transitada em julgado*. Condenações, ainda que várias, em tramitação podem ser revertidas, por uma única, última e definitiva oportunidade, em grau de embargos em recurso extraordinário, no STF, após cinco ou seis condenações anteriores *no mesmo processo*. Por isso é que somente o trânsito em julgado cassa a referida presunção, com todas as consequências daí provenientes. Pode-se até *discutir* se "reputação ilibada", "notório bom conceito" e expressões análogas sobrevivem a uma pluralidade de condenações ainda inconclusas (não nos esquivamos ao debate: se a única suspeita levantada se assenta em tais condenações – e não em convicções que o comportamento social do administrado robusteça –, outro caminho *legal, jurídico* e *justo* não haverá que não o de aguardar o trânsito em julgado da condenação). Também por isso mesmo constitui rematado absurdo, jurídico e lógico, recusar a concessão de providências cautelares (estamos falando do processo administrativo, mas o raciocínio também se aplica ao jurisdicional), sob a alegação de ausência de *fumus boni iuris*, porque em *outros* processos, ainda não concluídos, condenações potencialmente comprometedoras da reputação ou da boa fama tenham sido emitidas. Mesmo quando essa pluralidade de processos pareça configurar um feixe de indícios convergentes contrários, cumprirá considerar que meros indícios não bastam para infirmar a presunção de inocência ou para obstaculizar a concessão de cautelas.

Em segundo lugar, uma das maiores covardias morais que um agente decisório – administrador ou juiz – pode praticar é decidir com base nas "condenações" antecipadas da mídia ou no calor facilmente manipulável do clamor popular. *Toda* a fieira de princípios constitucionais tutelares, do processo administrativo e do jurisdicional, é mortalmente apunhalada pelas costas, quando assim se age. Até porque frequentemente a mídia fabrica o clamor popular. E não seria demasia lembrar que foi o clamor popular que libertou Barrabás e condenou Cristo. Enquanto ficarmos desatentos a tais pilares a mídia continuará a, soberanamente, acusar, condenar e executar a sentença contra quem deseje dirigir suas armas.

Em definitivo: no processo administrativo, a presunção de inocência apenas cede passo após decisão administrativa definitiva. Não a contamina a instauração de processo disciplinar ou mesmo a decisão adversa, uma vez recorrida. Daí termos por inconstitucional o artigo 170 da Lei nº 8.112/1990 (Lei dos Servidores Públicos), pois da extinção da punibilidade pela prescrição resulta a intangibilidade da presunção de inocência. Por isso, nos assentos individuais do servidor não há que se fazer a propósito qualquer registro, seja do fato ensejador da investigação, seja da ocorrência da extinção da punibilidade em razão do decurso do prazo prescricional.

Mas cabe ponderar: a presunção de inocência não briga com os fatos. A reiteração, pelo servidor, da conduta havida como suscetível de punição disciplinar, por múltiplas vezes, mesmo após a abertura de diversos processos, não pode ser ignorada. A recalcitrância deve ser levada em consideração, no mínimo para atenuar a presunção. Afinal, hierarquia e disciplina não são apanágio dos militares, mas, sim, são requisitos essenciais para o funcionamento de qualquer organização e, muito especialmente, na Administração Pública.

O princípio da tipicidade traduz-se na exigência, imposta à Administração Sancionadora, de que só exerça essa competência em conformidade absoluta com a descrição da norma que prevê a infração. Daí que a Administração está obrigada, no exercício de sua competência sancionatória, a não só enunciar minuciosamente a *conduta* que tem como faltosa, como também a indicar os preceitos normativos de descrição da conduta infracional e as consequências que dela podem ser derivadas.

Uma mesma ilicitude não pode dar azo à incidência de duas ou mais medidas sancionatórias de cunho administrativo. Trata-se de magistério já consagrado pelo STF, em sua Súmula 19. A jurisprudência só admite a duplicidade ou multiplicidade sancionatória, num mesmo campo, quando a própria lei assim o estatui. Importante considerar que não há *bis in idem* quando a Administração aplica, preliminar e provisoriamente, medida cautelar (por exemplo, afastamento do exercício do cargo por até 60 – sessenta – dias), a servidor que mais tarde seja punido, pela constatação da falta que também motivara a medida cautelar.

Falamos agora do princípio da *imediatez*. Aqui, novamente, registre-se a importância do *tempo* no processo. Não com a consideração dos conceitos alusivos à preclusão, à prescrição e à decadência. Tampouco aqui se considera o relevantíssimo tópico da duração razoável do processo. O que se tem em mente quando se exige, como elemento mesmo de validade do processo administrativo, sua inauguração temporalmente próxima, ao evento dele provocatório, é a salvaguarda às pautas valorativas da segurança jurídica, da eficiência administrativa e da eficácia/efetividade da competência sancionatória.

O outro princípio a considerar: o da *gradualidade*.

Ainda estamos a lavrar no campo da competência sancionatória da Administração. E no ponto, ora sob exame, o que se preconiza é que, quando existentes mínimos e máximos sancionatórios aplicáveis, se dose a atuação impositiva: não se partindo de imediato para o auge do rigor, não retornando a patamares de gravidade já superados quando registrada reincidência em condutas reprováveis. Por óbvio, um só desvio poderá revelar-se tão grave, que justifique de plano uma severidade máxima de reação. Torna-se evidente que estamos nos territórios da proporcionalidade e da razoabilidade, em cujas franjas abriga-se o conceito de gradualidade.

A Administração não pode, no desenrolar do processo administrativo, obrigar o administrado a fazer declarações a ele prejudiciais. Trata-se de garantia fortemente enraizada no texto constitucional, sobremodo em seu artigo 5º, LV, LVII e LXIII: a vedação à coação em prol da *autoincriminação*. O acusado tem direito ao silêncio, mas tem também o dever de lealdade, que é incompatível com a mentira, com requerimentos puramente protelatórios e com a falsidade testemunhal e documental.

Na *decisão*, a Administração-Juiz deverá resolver todas as questões suscitadas durante o procedimento, que não hajam sido decididas em momento anterior (Código do Procedimento Administrativo de Portugal, art. 107).

Tem aplicação total, aqui, o artigo 489 do CPC: a decisão deve ser clara e precisa, bem como conter um resumo de todo o processo (ou seja, o *relatório*), a fundamentação e a parte dispositiva (ou seja, a *decisão* propriamente dita). A aplicação subsidiária, na hipótese, do prefalado art. 489 do diploma processual civil não é simples opção, doutrinária ou legislativa: ela existe como imperativo das garantias constitucionais e dos princípios norteadores do processo administrativo, que sem tal observância sequer poderiam ser exercidos ou obedecidos. Como falar-se em direito de recorrer se a decisão apresenta-se sem fundamentação, sem nitidez, sem precisão?

É aqui, no capítulo da decisão, que se produziram as mais significativas e inovadoras modificações legislativas registradas na temática do processo administrativo.

Temos afirmado em textos, aulas e conferências que a dicção do artigo 5º, incisos LIV e LV da CF 88 – preceitos para cuja existência e formulação colaboramos pessoal e diretamente (e indiretamente também) –, constitui um verdadeiro marco civilizatório. É que tais incisos retiram da função administrativa o caráter de puro exercício de autoridade e, ao fundarem em letra de forma a ideia de *devido processo administrativo*, consolidaram a noção de que *administrar é estabelecer, permanentemente e a cada instante, relações jurídicas com os administrados* (mesmo que se trate de manifestações unilaterais da Administração). Nessa visão, ideais antigos na idade, mas sempre modernos em seu significado – por exemplo, a participação do Administrado em todo o *iter* da tarefa administrativa –, deixam de ser *metas* sonhadas, transformando-se em *instrumentos* da concretização do real sentido de função administrativa: relação jurídica estabelecida entre Administração e Administrador, com o fim de acertar conjuntamente as diretrizes e opções da atividade administrativa, o controle do seu desempenho, a defesa dos interesses da coletividade e a responsabilização por eventuais máculas de qualquer natureza (legalidade, legitimidade, eficiência, conveniência, consecução dos fins concertados).

A valorização conceitual qualitativa, que aqui dirigimos à decisão do processo administrativo, fundamenta, com sobras, nossa afirmação, em capítulo precedente, da existência da *coisa julgada administrativa*. É dizer, na seara processual a que ora se dedica a presente obra, temos que a decisão do processo administrativo, uma vez esgotados os recursos cabíveis, torna-se imutável desde então, qualidade essa que alcança não só o que decisoriamente posto quanto aos pedidos das partes, aí incluídas eventuais questões prejudiciais ou preliminares. Essa consideração de imutabilidade, no âmbito da Administração, da decisão administrativa irrecorrida ou irrecorrível, prestigia os fundamentais princípios da segurança jurídica e da vedação ao *venire contra factum proprium*. Já na primeira metade do século passado D'Alessio, no segundo volume de seu clássico *Istituzioni di Diritto Amministrativo Italiano*, advertia que os litigantes sempre têm *direito* à observância estrita da decisão administrativa irrecorrida ou irrecorrível (e aqui pouco importa que se trate de um sistema dual ou unitário de jurisdição). Tal direito desdobra-se nas seguintes faces:

a) a Administração fica obrigada a não alterar a situação jurídica defluente da decisão do processo administrativo;
b) a Administração tem a obrigação de produzir (ou renovar) um ato, se necessário, para tornar efetiva a decisão processual.

Em suma, para D'Alessio a decisão administrativa consolida uma situação jurídica, que passa a ser oponível à própria Administração e a qualquer administrado.

"Precedente administrativo" tanto traduz um conjunto de decisões administrativas num mesmo determinado sentido, como até só uma (ou umas poucas) que, por sua força persuasiva e relevância material, afora o dever de coerência administrativa, impõem sua adoção em casos posteriores da mesma natureza.

Merecem transcrição duas passagens sobre esse tema constantes de precioso estudo monográfico escrito por Gustavo Carvalho:

> É evidente que ao se estabelecer processos e procedimentos para a tomada de decisões, para se chegar a um ato final e conclusivo, minimiza-se, mas não se elimina por completo, as chances de decisões dispares sobre uma mesma situação fática. O processo administrativo, portanto, é o primeiro passo na busca da coerência das atuações da Administração Pública.
>
> É justamente o produto do processo administrativo, a decisão, ou seja, o ato final e conclusivo, ampliativo ou restritivo da esfera jurídica dos administrados, que mais nos interessa quando estudamos os precedentes administrativos.
>
> Os precedentes administrativos buscam a uniformização das decisões administrativas após o percurso legitimatório chamado processo administrativo. Seu alvo, portanto, não é o processo em si, mas o seu

produto, do qual se extrai, por indução, uma norma jurídica dotada de eficácia vinculante – por óbvio – a ser observada em todos os casos posteriores e substancialmente similares.[199]

Imperativos constitucionais de igualdade, segurança jurídica, eficiência, economia processual fundamentam a teoria em questão. Também seria admissível alegar, na espécie, os nortes da confiança legítima e da teoria dos atos próprios (contrariamente, sustentam alguns que o *venire contra factum proprium* somente é cogitável dentro de uma mesma relação jurídica, o que *data venia*, a nós ressoa como um excesso de formalismo doutrinário). Um pouco à frente retornaremos ao *venire*.

Atendo-nos ao sentido estrito de *precedente*, temos que ele é configurado como um critério interpretativo, influente na decisão a ser proferida, a partir de um modelo argumentativo e de fixação da inteligência do conteúdo da questão jurídica, conducente a uma *ratio decidendi* de um caso concreto, aplicável a outros casos concretos similares, semelhantes ou mesmo idênticos. Com tais apontamentos, pode-se sem hesitação dizer que os artigos 926 e 927 do CPC, aplicáveis com as devidas adaptações ao processo administrativo, concretizam mais uma importação, em nosso ordenamento, de uma figura típica e central do sistema da *common law*.

A teoria dos atos próprios, conquanto já observada desde 754 a.C em Roma somente começou a pautar-se por direito positivo a partir de 451 a. C., quando editada a Lei das XII Tábuas. Antes disso, o que havia era a decisão de casos concretos, possivelmente – parca a documentação pertinente – replicada em casos semelhantes ulteriores. A partir dessa conduta não sistematizada, embora se inicie uma tradição de direito escrito e abstrato, culminando com o *Corpus Iuris Civilis*, continua a predominar o casuísmo sobre a sistematização.

Somente no século XII, com a retomada do prestígio do Digesto e das Institutas, bem como com o aparecimento dos glosadores, é que se pode falar realmente em esforços de sistematização do Direito. Os historiadores outorgam, no particular, enfático reconhecimento ao glosador Azo (século XIII) que, ao publicar uma coletânea de suas glosas, intitulada *Brocardica*, registrou expressamente, no Título X de seu trabalho, a máxima *nemo potest venire contra factum proprium*, como uma regra decantável do direito positivo clássico romano, embora nem

199 CARVALHO, Gustavo Marinho. *Precedentes Administrativos no Direito Brasileiro*. São Paulo: Concorrente, 2015. p. 165-166.

sempre respeitada. Em realidade, nem mesmo o Código de Napoleão fechou questão sobre a matéria, pois, embora proclamando vedação ao *venire contra factum proprium*, não só abria diversas exceções à regra como, até mesmo, alocava no campo da liberdade individual sua aceitação.

Realmente, somente no século XX é que se inicia a construção de pilares normativos efetivamente garantidores do princípio em tela, graças inclusive ao robustecimento e aprofundamento dos estudos jurídicos respeitantes ao princípio da boa-fé e ao sistema de tutela da confiança legítima.

Entre nós, apenas no Código Civil de 2002 é que encontramos vários preceitos que se remetem ao *venire contra* (por exemplo, artigos 175, 471, 491 e 619). Mas há igualmente no mesmo diploma, algumas regras, permitindo o comportamento contraditório (por exemplo, artigos 422, 438 e 1.969).

Paralelamente, a tutela da boa-fé objetiva, em texto de lei, só vai acontecer, no Brasil, em 1990, com o Código de Defesa do Consumidor. E o Código Civil de 2002 já seguiu essa alvissareira diretriz, formalmente consagrada em seus artigos 113, 187 e 334, por exemplo:

> Art. 113. Os negócios jurídicos devem ser interpretados conforme a boa-fé e os usos do lugar de sua celebração.
>
> Art. 187. Também comete ato ilícito o titular de um direito que, ao exercê-lo, excede manifestamente os limites impostos pelo seu fim econômico ou social, pela boa-fé ou pelos bons costumes.
>
> Art. 334. Considera-se pagamento, e extingue a obrigação, o depósito judicial ou em estabelecimento bancário da coisa devida, nos casos e forma legais.

De seu turno, também no Código Civil se viu por fim avalizada a proteção à confiança legítima, como se colhe de seus artigos (por exemplo) 175 e 476:

> Art. 175. A confirmação expressa, ou a execução voluntária de negócio anulável, nos termos dos arts. 172 a 174, importa a extinção de todas as ações, ou exceções, de que contra ele dispusesse o devedor.
>
> Art. 476. Nos contratos bilaterais, nenhum dos contratantes, antes de cumprida a sua obrigação, pode exigir o implemento da do outro.

Finalmente, a tríade aqui examinada – vedação ao *venire contra*, garantia à boa-fé objetiva e à confiança legítima – foi integralmente acolhida em nossa LPA, como se colhe de seu artigo 2º, *caput* e vários dos incisos de seu parágrafo único.

Cremos que a fundamentação lógica, da admissão em princípio da aplicação do precedente, encontra-se em Heiki Pohl,[200] em texto por nós traduzido de sua monumental obra sobre o tema:

> Resumindo, pode-se dizer o seguinte: uma decisão judicial contém sempre uma pergunta geral com a sua resposta, ao lado de uma pergunta singular com a sua resposta. Fazem parte da mesma jurisprudência as decisões que dão a mesma resposta a uma determinada pergunta geral. (tradução livre)

A vedação ao *venire contra factum proprium* constitui, enfim, um princípio jurídico de vedação ao comportamento contraditório. Se quisermos fazer uma digressão literária: trata-se de combater o "duplipensar" a que engenhosamente recorreu George Orwell, configurando-o como a capacidade de reter duas crenças conflitantes entre si e aceitá-las (concomitantemente) ambas.

A restrição ao "*venire*" não é, obviamente, uma vedação à evolução ou à liberdade de mudança de opinião. O que ela alveja é que a alteração se concretize com modulação temporal, de sorte a não prejudicar a quem tenha, legitimamente e de boa-fé, confiado num comportamento inicial (individual, social, administrativo ou estatal). Nessa dimensão, a observância dos precedentes atua como um contrapeso ao sistema da livre persuasão motivada do julgador, de sorte a evitar tratamentos díspares e não isonômicos em casos similares.

Afinado à temática da prevenção ao proferimento de decisões diferentes, em casos idênticos ou assemelhados, encontra-se a questão das demandas repetitivas. Aqui também estão a presidir o debate os propósitos de isonomia, segurança jurídica e duração razoável do processo. A matéria em questão encontrou por vez primeira expressa disciplina nos artigos 976 e seguintes do CPC de 2015. Pela igualdade de propósitos, não há como pretender que aqui também, por força do artigo 15 do CPC, não devam tais preceitos merecer exame de sua aplicabilidade ao processo administrativo, obviamente consideradas as peculiaridades deste. Uma achega de crítica terminológica que, aliás, a doutrina tem abraçado: mais adequado seria falar em *questões repetitivas*,

---

200 POHL, Heike. *Rechtsprechungsänduring und Rückankniipfang*. Berlin: Dunker/Humblot, 2005. p. 86-87.

uma vez que a deflagração do incidente tem por base questões jurídicas de larga escala, tematicamente homogêneas, que podem até não ser o objeto principal das demandas, mas que, independentemente da eventual similitude de causas de pedir e dos pedidos, reclamam decisão de alcance geral. Em realidade, trata-se de mais uma inovação, no espírito da *common law*, que nosso Direito acolhe.

Pela dicção do CPC, demandas repetitivas são apuelas que contenham controvérsia sobre a mesma questão de direito material ou processual, de sorte que decisões isoladas, para elas, potencialmente envolveriam risco de ofensa à isonomia e à segurança jurídica. Quando tal situação apresenta-se, abre-se ensejo à instauração de um "Incidente de Resolução de Demandas Repetitivas". Trata-se, verdadeiramente, no CPC, de um processo acessório deflagrado no andamento de um processo principal, e que deve antes deste ser julgado, com resultado potencialmente capaz de influir na decisão do processo principal. A disciplina outorgada à matéria, no âmbito do CPC, há de ser adaptada às características e finalidades do processo administrativo. É a tal desiderato que nos dedicaremos na sequência.

Pressupostos de instauração: existência comprovada de demandas repetitivas (como antes definidas), com os riscos potenciais precedentes declinados. Ambos os pressupostos hão de estar presentes, para que se admita o incidente. Por essa razão, por exemplo, inexistirá campo para o incidente se a matéria jurídica já houver sido dirimida em Súmula Vinculante do Supremo Tribunal Federal. Doutra parte, o pedido supõe prova pré-constituída, não havendo, porém, em vista da instrumentalidade do processo, óbice a que se conceda ao requerente prazo razoável, mas breve, para evidenciar documentalmente a repetitividade de demandas.

Legitimação: Ministério Público, Defensoria Pública, partes e interessados no processo, agente administrativo decisor (por ofício ou provocação).

Destinatário do poder: agente administrativo processante do processo administrativo em que se deseja instaurar o incidente.

Competência decisória: do agente de máxima posição hierárquica, na estrutura administrativa em que se desenrolam os processos administrativos. Quando, porém, a Administração não tenha um órgão único para o curso de processos administrativos, desenrolando-se eles nos diferenciados setores temáticos administrativos (Ministérios, Secretarias etc.), a solução do Incidente deverá caber ao Chefe do Poder, ou a quem ele delegar competência. Qualquer que seja o agente competente, impor-se-á a observância à garantia da duração razoável do processo, exigível, inclusive, por via judicial.

Efeitos da instauração: a autoridade administrativa competente, como acima definida, dará ampla publicidade ao fato, determinando a suspensão dos processos pendentes e dependentes da solução do Incidente. De pronto, procederá ela à instalação do contraditório, da ampla defesa e da atividade probatória (se pertinente e necessária).

Efeitos da decisão: a tese jurídica fixada, amplamente publicada, será aplicada pela Administração a todos os casos suspensos, bem como aos futuros da mesma índole.

Revisão: a revisão da tese formada no Incidente far-se-á pelo mesmo agente (ou colegiado de agentes) que a acertou, de ofício ou mediante requerimento dos legitimados para deflagração do incidente.

Erigidos os precedentes em *sistema*, conforme sustentado ate aqui, tem-se que a ele acoplar as consequências da eventual inobservância. Por óbvio, segundo o exame de cada caso, além da responsabilidade do agente administrativo infrator (e, por vezes, a responsabilização penal, por exemplo, por prevaricação), poderão os prejudicados perseguir a invalidação da decisão (ou do próprio processo) e/ou reparações pecuniárias.

Reiterando que não é cogitável a fixação de precedentes fora da legalidade e da juridicidade, alertamos que sua modificação ou mesmo revogação não opera retroativamente, na forma, aliás, do que ditado no artigo 2º, p.u., XIII da LPA (na linha também do que colocado no artigo 146 do Código Tributário Nacional – CTN).

Recurso é uma manifestação fundamentada de inconformidade com alguma decisão proferida, visando à sua alteração. Nesse sentido, o vocábulo "recurso" comporta diferentes significados, mais amplos ou mais estritos, como gênero ou como espécie, conforme a natureza da decisão recorrida, as circunstâncias de sua interposição e a competência para o reexame postulado.

Por exemplo, o Código de Trânsito Brasileiro (Lei nº 9.503, de 23.09.97) designa como "recurso" a manifestação inicial do interessado ao qual foi imposta uma penalidade (art. 285). Tal manifestação de inconformidade, na verdade, mais corresponde a uma contestação ou a uma impugnação que a um recurso, tanto por seu caráter inicial quanto, principalmente, pelo fato de que a penalidade foi imposta de maneira unilateral, sem contraditório e sem motivação.

Recurso pressupõe uma decisão tomada em um processo, com instrução contraditória e decisão fundamentada e motivada. Quem recorre, obviamente, não o faz por antipatia a quem decidiu originariamente, mas, sim, por entender inconsistentes ou inconvincentes os fundamentos e a motivação da decisão proferida, bem como esta mesma. Quem recorre não ofende nem lesa quem quer que seja (*Qui jure suo utitur neminem laedit* – "Quem usa o seu direito a ninguém lesa").

Há um leque de possibilidades de manifestação de inconformismo, que vai do simples pedido de reconsideração, passa pelos recursos propriamente ditos e chega ao pedido de revisão. Cada uma dessas espécies será estudada adiante.

Os recursos, em sentido amplo ou em sentido estrito (recursos, propriamente ditos), são normalmente estabelecidos e disciplinados em textos normativos, mas encontram seu fundamento primeiro no princípio do duplo grau de jurisdição administrativa.

Não temos dúvida em afirmar que deflui cristalinamente, dos incisos LIV e LV do art. 5º da Constituição da República, que o duplo grau constitui princípio constitucional e garantia fundamental tanto para o processo jurisdicional quanto para o administrativo. Note-se bem: não estamos a falar em "duplo grau obrigatório", expressão que traduz uma condição de validade, eficácia e eficiência da decisão jurisdicional proferida contra a Fazenda Pública. O duplo grau obrigatório, em senso estrito, *não* é um princípio constitucional, fundando-se sua existência em preceito de lei ordinária (CPC, art. 496, afora outras previsões em leis esparsas e no Código de Processo Penal). Por isso, sua acolhida no processo administrativo só seria cabível se consagrada em lei (o que não se dá na Lei federal nº 9.784/1999). Mas o duplo grau entendido como a dualidade de instâncias (afora a garantia, conferida ao interessado, de promover o reexame recursal), está posto, com letras candentes, nos prefalados incisos LIV e LV, art. 5º Lei Maior.

O fato da existência do princípio *constitucional* do duplo grau no processo administrativo não envolve, a nosso ver, a configuração de uma impossibilidade de a norma infraconstitucional regular seu exercício, seja estabelecendo requisitos técnicos de admissibilidade e de procedibilidade, seja impondo custos para o interessado (cabe lembrar, no ponto, que a garantia constitucional da gratuidade só foi deferida ao *habeas corpus* e ao *habeas data* – CF art. 5º, LXXVII). Mas incidem aqui outros princípios fundamentais, quais sejam, os da razoabilidade e da proporcionalidade.

Aqui, diversamente não se pode passar: em tese, plausível é que a Administração ou o Legislativo estabeleçam custos para a utilização da via recursal administrativa; mas custos retributivos dos ônus impostos ao Estado, pelo exercício da via recursal. Será inconstitucional – porque atentatório à razoabilidade e/ou à proporcionalidade – impor ao recorrente o depósito do *quantum* (total ou parcial) envolvido na discussão, seja por sua eventual onerosidade excessiva, seja por inexistir (de regra) qualquer liame entre o peso da tarefa recursal estatal e o valor pecuniário subjacente ao litígio. Ademais disso, impor o recolhimento em questão configura um meio coercitivo indireto de cobrar a Administração seus créditos, o que o Supremo Tribunal Federal sempre considerou inconstitucional.

Mais uma vez cabe enfatizar: o processo (administrativo ou jurisdicional) é um meio de realização da Justiça; a Justiça, para sua efetividade, não abre mão da *segurança,* como valor; a segurança é mais viável de se obter com a probabilidade de exames sucessivos (mas não ilimitados) da controvérsia. Nessa perspectiva, o princípio do duplo grau decisório se afirma verdadeiro imperativo de ordem pública, "*inerente aos postulados do Estado de Direito*",[201] essencial à consecução da garantia do devido processo legal.[202] E não o infirma a existência de casos da competência jurisdicional originária de Tribunais, eis que se trata de *exceções expressas* (e toda exceção confirma a regra), válidas somente porque também assentadas no texto constitucional.

Em definitivo: em nossa Constituição há não só o direito de recurso, mas a garantia do duplo grau, até porque também é a Constituição que confere aos tribunais competência precipuamente recursal. E mais: o Brasil ratificou (Decreto Presidencial 678, de 06.11.92) a Convenção Americana sobre Direitos Humanos (Pacto de São José da Costa Rica), que estatuiu, em seu artigo 8.º,nº 2, "h": "(...). Durante o processo, toda pessoa tem direito, em plena igualdade, às seguintes garantias mínimas: (...) h) direito de recorrer da sentença para juiz ou tribunal superior". Assim,

- como ao processo administrativo aplicam-se as mesmas garantias do judicial (C. F., art. 5.º, incisos LIV e LV);
- como "os direitos e garantias expressas nesta Constituição não excluem outros decorrentes do regime e dos princípios por

---

201 SÁ, Djamira Maria Radamés. *Duplo Grau de Jurisdição.* São Paulo: Saraiva, 1999. p. 89.

202 CALMON DE PASSOS. O devido processo legal e o duplo grau de jurisdição. *Ajuris: revista da Associação dos Juízes do Rio Grande do Sul,* v. 9, n. 25, p. 132-144, jul. 1982. RF 277/7.

ela adotados, *ou dos tratados internacionais em que a República Federativa do Brasil seja parte*" (CF, art. 5º, §2º);

– segue-se, inelutavelmente, que o duplo grau constitui garantia constitucional inarredável do processo administrativo.

É comum encontrarmos, na lei, recursos privativos da Fazenda Pública, de decisões que lhe sejam contrárias. Conquanto na jurisprudência essa diretriz seja aceita sem maiores percalços, temo-la por inconstitucional, por afrontosa aos princípios da isonomia, impessoalidade, eficiência, contraditório, ampla defesa e devido processo legal.

A tipologia recursal do artigo 994 do CPC não incide no campo das leis administrativas, de supina particularidade nesse tema (exceção feita aos embargos de declaração, que abordaremos mais adiante). Mas as regras atinentes à legitimação recursal (artigos 996 e 1000 a 1002) aqui incidirão, até por ausência de disciplina específica nas leis gerais de processo administrativo brasileiras.

O mesmo se diga, por idêntico motivo, dos preceitos do CPC atinentes a *procedimentos* recursais básicos (artigos 997 a 999 e 1005), obviamente observadas as peculiaridades da esfera administrativa. Já quanto a prazos recursais e efeitos da interposição, o parâmetro do CPC é inservível (com uma exceção que logo em seguida abordaremos), já que o assunto consta das leis de processo administrativo; sendo eventualmente estas silentes quanto a prazos, dar-se-á a integração mediante observância dos artigos 218 a 225 e 228 a 231 do CPC, sempre, é claro, operando-se as devidas adaptações às particularidades do âmbito administrativo.

Ainda: temos por absolutamente cabível, no processo administrativo, a oposição de embargos de declaração, em razão dos parâmetros axiológicos de legitimidade, eficiência, razoabilidade, proporcionalidade e justiça, que comandam a atividade do Estado; sendo silentes no ponto as leis de processo administrativo, pugnamos pela aplicabilidade, aqui, dos artigos 1.022, 1.024 §4º e 1.026 do CPC (excetuada a questão da multa de que trata o §2º do artigo 1.026). O cabimento dos embargos de declaração ficou mais claro e até mais necessário diante do disposto nos artigos 20 a 24 da LINDB. Sempre que o julgador deixar de atender às exigências que lhe são impostas pelos mencionados artigos, não só caberá a oposição de embargos de declaração, como, principalmente, deverá o julgador complementar sua decisão. Não mais se aceita o puro indeferimento, sob a alegação genérica de que não há dúvida ou omissão. Toda e qualquer decisão deverá ser devidamente motivada, como sustentamos no capítulo anterior.

Recurso administrativo propriamente dito, ou *recurso voluntário,* ou *recurso administrativo em sentido estrito,* também chamado *recurso administrativo hierárquico,* ou simplesmente *recurso hierárquico,* é um pedido de reforma de decisão anteriormente proferida por agente administrativo, dirigido ao seu superior hierárquico imediato. O recurso, portanto, em princípio, pressupõe uma estrutura hierárquica, uma relação de hierarquia.

Quando, por expressa determinação normativa, tal recurso é dirigido a uma autoridade que não é hierarquicamente superior à autoridade recorrida, recebe a designação *recurso hierárquico impróprio.* Pertence a essa espécie, por exemplo, um recurso destinado ao agente público competente para exercer o controle, sob a forma de tutela, de autarquia (ou qualquer outra entidade, dotada de personalidade jurídica, integrante da Administração descentralizada), contra ato praticado por seu dirigente máximo. A tutela somente pode ser exercitada nos termos e nos limites da norma que a houver estipulado (que pode prever, ou não, a possibilidade de recurso hierárquico impróprio), pois não se confunde com o controle hierárquico.

Costuma a doutrina salientar que é inerente ao poder hierárquico a prerrogativa de rever atos praticados por seus subordinados. Assim, havendo uma estrutura hierarquizada e por força do princípio do duplo grau de jurisdição administrativa, pode-se dizer que o cabimento do recurso dirigido ao superior hierárquico imediato independe de expressa previsão legal, pois a denegação de seu cabimento (ou o condicionamento a depósito ou caução) viola as garantias do devido processo legal, do duplo grau e da ampla defesa, com os recursos a ela inerentes.

O recurso hierárquico corresponde, de alguma forma, ao recurso ordinário na via judicial, mas apresenta muitas peculiaridades, decorrentes dos princípios que informam a atividade administrativa, especialmente os da eficiência, da oficialidade e da verdade material.

Destaquemos algumas peculiaridades ou possibilidades inerentes ao recurso administrativo, que não existem no recurso judicial, quais sejam: alegar em instância superior o que não foi arguido de início; reexaminar a matéria de fato; e produzir novas provas. Isso se justifica porque o objetivo do recurso administrativo é a preservação da legalidade administrativa, bem como a conquista da verdade real (e não a meramente formal), tudo isso matéria típica de interesse público. Este objetivo deve estar sempre acima do interesse de qualquer das partes.

Quando se fala em "recurso", simplesmente, sem adjetivação, normalmente se pretende fazer referência ao *recurso hierárquico voluntário*, ou seja, recurso que pode ser apresentado pela parte interessada que não se conformar com decisão anteriormente proferida. Existe, entretanto, um *recurso hierárquico obrigatório* (desde que legalmente estatuído), que é o chamado *recurso de ofício*, cabível no caso de decisão em favor do particular e contra a Administração. Nessa situação, havendo previsão normativa expressa, deve a autoridade que assim decidiu "recorrer" de sua própria decisão, ou, mais exatamente, submeter sua decisão ao crivo de autoridade administrativa hierarquicamente superior.

Considerando que o recurso obrigatório não é decorrente do princípio do duplo grau de jurisdição administrativa, o qual é uma garantia do particular, somente haverá recurso hierárquico obrigatório quando e onde houver expressa previsão normativa.

A maioria dos recursos administrativos hierárquicos é composta de recursos voluntários interpostos pelo particular inconformado com decisão que lhe foi desfavorável. Obviamente, a expectativa é de que o assunto seja efetivamente reexaminado na esfera administrativa superior. Configura ofensa ao princípio do duplo grau de jurisdição administrativa a transformação do recurso em mero ritual burocrático de confirmação de decisões recorridas. Por outra parte, a situação de efetivas lesividade e inconformismo, da parte vencida, é elemento inarredável de caracterização da legitimação recursal. Valioso, a propósito, aresto do Superior Tribunal de Justiça, assim ementado:[203]

---

03. Conforme o Código de Processo Civil, *"a parte, que aceitar expressa ou tacitamente a sentença ou a decisão, não poderá recorrer"* (art. 503). A *"aceitação tácita"* ocorre com a *"prática, sem reserva alguma, de um ato incompatível com a vontade de recorrer"* (parágrafo único).

O corporativismo e o simples comodismo têm levado a que tal situação se configure com desagradável frequência, desestimulando a apresentação de recurso hierárquico voluntário, dada a desconfiança

[203] STJ, Recl. 3.904-RJ (2010/0015481-0), rel. Min. Newton Trisotto, *DJe* 15.09.15, p. 806-808.

do particular interessado na imparcialidade e na seriedade da Administração-Juiz. Por isso, muitas vezes, em lugar de recorrer na via administrativa, o particular prefere ir diretamente ao Poder Judiciário, que acaba sendo sobrecarregado.

Outro motivo para buscar o imediato amparo em sede judicial é a incompreensão, muitas vezes existente, no tocante ao prazo de decadência ou prescrição para o ingresso no Poder Judiciário quando da interposição de recurso administrativo hierárquico – assunto, esse, a ser examinado mais adiante.

É preciso agora enfrentar o problema atinente tanto ao pedido de reconsideração, quanto ao recurso administrativo, quando se trate de decisão originariamente proferida por órgão ou autoridade de 2º grau. A doutrina tem entendido, sem maiores considerações, que, em tal caso, não caberia recurso algum. Esse entendimento, todavia, não resiste a um exame mais aprofundado.

É importante salientar que a possibilidade de reexame das decisões administrativas não é apenas uma garantia do cidadão, mas também um atributo conferido à própria Administração, em benefício do interesse público.

Dada a falibilidade inerente aos seres humanos, sempre pode haver algum senão, na decisão proferida em única instância superior. Algumas vezes, a falha havida na decisão pode prejudicar o particular interessado, mas também pode ocorrer que o defeito ocorrido na tomada de decisão venha em detrimento do interesse público. É essencial, portanto, que a própria Administração Pública, no exercício da autotutela, possa rever a decisão por ela proferida.

Dando um passo adiante nesse sentido, cabe registrar que se a Administração, em princípio, sempre pode rever, de ofício, seus próprios atos, ela também pode fazê-lo por provocação do interessado. A iniciativa do particular interessado não inibe ou aniquila o princípio da autotutela. Mas o que se sustenta aqui é o direito do particular interessado à reconsideração, quando não couber recurso (em sentido estrito) da decisão proferida diretamente pelo órgão ou autoridade superior. Para fundamentar esse entendimento será necessário rememorar alguns pontos fundamentais já tratados, com maior amplitude, em outras partes desta obra.

O art. 5º, LV, da CF, assegura aos litigantes, no processo administrativo, o direito à ampla defesa, com os meios e recursos (em sentido genérico) a ela inerentes. Diante dessa garantia constitucional, o norte que deve orientar a interpretação das normas legais e regulamentares é o princípio da recorribilidade ou revisibilidade das decisões administrativas, também designado como *princípio do duplo grau de jurisdição administrativa*.

Desde longa data a doutrina é abundante e uniforme no sentido de afirmar que o princípio da revisibilidade das decisões administrativas decorre, necessariamente, da garantia do devido processo legal. Decisão única, irrecorrível e inquestionável, de regra não atende aos objetivos almejados pela Constituição ao consagrar a garantia do devido processo legal.

A única forma de conciliar o princípio da revisibilidade com a impossibilidade fática de recorrer a uma instância superior (por ser esta eventualmente inexistente) é admitir que o particular interessado tem o direito a um pedido de reconsideração, fundado em argumentos e considerações decorrentes da motivação da decisão proferida, os quais deverão ser examinados pela mesma autoridade superior. Dizendo claramente: quando não houver possibilidade de apresentação de recurso hierárquico contra decisão proferida em única instância, haverá, para o interessado, o direito a um pedido de reconsideração.

Em resumo, são múltiplos os fundamentos para sustentar um direito ao reexame das decisões administrativas. Ao contrário, não há um único fundamento capaz de sustentar um eventual ou suposto "direito" de qualquer órgão ou autoridade a proferir uma decisão única e definitiva, absolutamente inquestionável, *juris et de jure* havida como perfeita e infalível, um verdadeiro dogma administrativo.

A apresentação temporânea de recurso administrativo hierárquico visando à modificação de decisão administrativa anterior, o que se espera venha a ocorrer, obviamente faz com que o prazo para eventualmente ingressar na via judicial, por meio da impetração de mandado de segurança, somente comece a fluir depois da decisão do recurso.

Tanto o direito de postular a satisfação de um interesse na via administrativa quanto o direito de ingressar na via judicial mediante mandado de segurança são assegurados constitucionalmente, respectivamente pelos incisos LV e LXIX do art. 5º da CF. Cabe ao administrado optar por uma ou outra via, conforme lhe aprouver, pois a Constituição não condiciona a impetração de mandado de segurança ao prévio exaurimento da via administrativa.

Na prática, porém, a desconfiança em relação ao processo administrativo sempre fez com que os interessados preferissem se valer imediatamente da via judicial, pela impetração de mandado de segurança. Consequentemente, sendo poucos os casos de postulação primeiramente na via administrativa, sempre foi rara a discussão, tanto na doutrina como na jurisprudência, da questão da decadência do direito de impetrar mandado de segurança em face da interposição de recurso administrativo hierárquico.

Por força do disposto no art. 23 da Lei nº 12.016, de 07.08.09, em princípio, o interessado tem 120 dias, a contar do momento em que ciente da prática de ilegalidade que o prejudica ou ameaça, para se valer do mandado de segurança. Registre-se, apenas, que consideramos inconstitucional tal limitação que, entretanto, é pacificamente aceita pela jurisprudência.

Esse prazo, todavia, não corre, não se inicia, se houver expressa previsão legal da possibilidade de recorrer à via administrativa independentemente de qualquer pagamento ou do oferecimento de garantia, mediante recurso hierárquico com efeito suspensivo, conforme o disposto no art. 5º, I, da mesma lei acima referida.

Mas a lei nada diz no tocante à interposição de recurso administrativo sem efeito suspensivo. Isso significa, apenas e tão somente que, não havendo efeito suspensivo no recurso administrativo, cabe ao interessado optar, segundo sua conveniência, ou por apresentar recurso administrativo hierárquico, ou por se valer imediatamente do mandado de segurança.

Entendem, porém, alguns que a falta de previsão legal de efeito suspensivo ao recurso administrativo faz com que o prazo de 120 dias passe a transcorrer, não sendo suspenso pela interposição temporânea do recurso administrativo hierárquico. Chega-se até mesmo ao absurdo de confundir ou equiparar o recurso hierárquico sem efeito suspensivo a um simples pedido de reconsideração, estendendo-se para aquela situação o enunciado da Súmula 430 do STF, que tem o seguinte teor: "Pedido de reconsideração na via administrativa não interrompe o prazo para o mandado de segurança".

Uma análise minimamente cuidadosa do assunto leva à conclusão de que, em princípio, a concessão do efeito suspensivo ao recurso (independentemente de caução) impede a impetração da segurança, conforme expressamente dispõe o art. 5º, I, da Lei nº 12.016/2009, mas a não concessão de efeito suspensivo ao recurso administrativo hierárquico não o transforma em um nada jurídico, nem o degrada ao *status* de mero pedido de reconsideração, nem, muito menos, pode levar à decadência do direito à impetração da segurança.

Obviamente, o direito constitucionalmente assegurado ao duplo grau de jurisdição administrativa não pode ser entendido como uma armadilha ao recorrente, que, por ter recorrido administrativamente, perderia um direito maior, de maior significação para a ordem jurídica. Se esta deu ao indivíduo o direito de recorrer, conferindo à autoridade administrativa hierarquicamente superior o dever de decidir, é contra esta nova decisão que deve caber o mandado de segurança.

Indiscutivelmente, não se aplica aos casos de interposição de recurso administrativo hierárquico o enunciado da Súmula 430 do STF, pois ela se refere apenas a pedido de reconsideração, e não a recurso administrativo. Pedido de reconsideração não é recurso administrativo.

Impõe-se distinguir entre o simples "pedido de reconsideração", que é decidido pela própria autoridade prolatora do ato que se deseja atacar, e o recurso administrativo, recurso hierárquico, que compete à autoridade de nível superior. Quando o que se dá é essa segunda via, a tese da Súmula 430 não tem incidência, pois ela trata de assunto diverso.

O verdadeiro tema em discussão é outro: qual a decisão contra a qual se deve impetrar segurança? A que é alvo do recurso administrativo? Ou a que decide este, pondo termo à instância administrativa? Não nos parece caber dúvida: admissível que seja, para argumentar, o prazo decadencial para interposição da segurança, quando o interessado decide usar o recurso administrativo, mesmo sem efeito suspensivo, ele se conta a partir da denegação do recurso administrativo.

A solução não pode ser outra, porque a finalidade do recurso administrativo é, exatamente, a de ensejar à Administração a correção das ilegalidades praticadas pelos subalternos. Dessa sorte, enquanto não esteja ele decidido, independentemente dos efeitos em que recebido, ainda não há uma vontade declarada e definitiva da Administração. A tese oposta levaria a uma interpretação *ad absurdum* (o que o sistema jurídico repele), por isso que tornaria o recurso administrativo uma inutilidade, um remédio que ninguém utilizaria, frustrando, inclusive, um de seus propósitos fundamentais habituais: o da prevenção dos litígios judiciais.

Resta apenas, para encerrar, dizer que todos os argumentos aqui apresentados, para sustentar que o prazo decadencial do direito à impetração de mandado de segurança somente se inicia após a decisão do recurso administrativo hierárquico tempestivamente apresentado, também se aplicam ao prazo de prescrição das ações judiciais ordinárias. Ou seja, tendo ocorrido alguma ilicitude e tendo o prejudicado postulado, temporaneamente e na forma devida, sua correção na via administrativa, o prazo prescricional somente se inicia depois da decisão final do recurso hierárquico, porque até então não terá havido uma decisão definitiva no âmbito administrativo.

O ajuizamento de ação declaratória de inexistência de relação jurídica tributária não impede o processamento e julgamento do recurso administrativo interposto para discutir lançamento tributário, mormente se o ajuizamento se dá antes do lançamento (não prevalecem, pois, as restrições do art. 38 e parágrafo único da Lei nº 6.830/1980 – Lei das Execuções Fiscais).

Não obstante versada na legislação federal e estadual sobre processo administrativo, a questão dos efeitos do recurso administrativo hierárquico ainda é bastante complexa, merecendo reflexão mais aprofundada.

Como é sabido, os recursos, em geral, podem ter efeitos devolutivo e suspensivo. "Efeito devolutivo" significa que a matéria decidida em primeiro grau é devolvida ao conhecimento e decisão da autoridade hierarquicamente superior. Essa devolução pode ser integral, abrangendo tanto a matéria de fato quanto a de direito, ou apenas parcial, restrita à matéria de direito. "Efeito suspensivo" significa que a decisão recorrida tem sua eficácia suspensa, não podendo ser executada, até a decisão do recurso.

No processo administrativo, a regra geral, salvo determinação legal expressa, é a de que o efeito devolutivo é pleno, ou seja, no recurso se admite o reexame das questões de fato e de direito. Porém, quanto ao efeito suspensivo, o entendimento se inverte: a regra geral é a inexistência de efeito suspensivo, salvo determinação legal nesse sentido. Isto, entretanto, não pode ser aceito sem discussão, pois situações existem nas quais a lógica, o bom senso e a preservação do interesse público exigem a concessão de efeito suspensivo ainda que não previsto expressamente em lei.

Mais problemática ainda é a questão de se saber quem é competente para conferir efeito suspensivo ao recurso: a autoridade recorrida (aquela de cuja decisão se recorre) ou a autoridade para a qual se recorre. Essa questão na esfera administrativa é assaz diferente do que acontece na esfera judicial. O juiz é totalmente imparcial; o administrador não é, pois nele se fundem o Estado-Parte e o Estado-Juiz. A autoridade judiciária, o juiz, não pode de regra reconsiderar sua sentença (salvo expressa previsão legal), mas a autoridade administrativa pode reconsiderar sua decisão. Embora na prática isso seja difícil de ocorrer, não é absurdo que o juiz (que não pode alterar a sentença) considere relevantes os argumentos do recurso e confira efeito suspensivo a este. Mas na esfera administrativa não faz muito sentido (embora isso não seja impossível) que a autoridade recorrida se convença da pertinência do recurso e não modifique sua decisão. Nunca se perca de vista, porém, que quem pratica atos administrativos ou judiciais são sempre seres humanos, com suas fraquezas e suas suscetibilidades.

No âmbito da Administração Pública Federal, a Lei nº 9.784/1999 estabelece, no §1º de seu art. 56, que: "*O recurso será dirigido à autoridade que proferiu a decisão, a qual, se não a reconsiderar no prazo de 5 (cinco) dias, o encaminhará à autoridade superior*". Mais adiante, quanto ao efeito do recurso, dispõe:

> Art. 61. Salvo disposição legal em contrário, o recurso não tem efeito suspensivo.
>
> Parágrafo único. Havendo justo receio de prejuízo de difícil ou incerta reparação decorrente da execução, a autoridade recorrida ou a imediatamente superior poderá, de ofício ou a pedido, dar efeito suspensivo ao recurso.

Nessa disciplina fica, pelo menos, ressalvada a possibilidade de requerer o efeito suspensivo à autoridade hierarquicamente superior, presumivelmente mais isenta, não comprometida (nem emocionalmente) com a decisão recorrida.

O fato é que a concessão de efeito suspensivo ao recurso pode ser um instrumento eficaz de alívio da sobrecarga do Poder Judiciário, correspondendo ao espírito do princípio do duplo grau de jurisdição administrativa. Em termos práticos, normalmente é mais conveniente atribuir efeito suspensivo ao recurso administrativo, cuja decisão habitualmente não é demorada, do que sujeitar-se a Administração aos efeitos de uma liminar concedida em sede judicial, dilargando por tempo infinitamente superior a solução da pendência.

Em resumo, o efeito suspensivo deve ser obrigatoriamente conferido ao recurso quando a lei assim o estabelecer. No silêncio da lei, o efeito suspensivo também deve ser concedido quando a lógica, a prudência, a razoabilidade e a salvaguarda do interesse público, devidamente demonstrados, determinarem essa cautela. Não comete ilícito algum a autoridade que concede efeito suspensivo mesmo na ausência da lei, nos casos acima referidos, desde que dessa concessão não decorra lesão a direitos de terceiros.

Cabe por fim agregar que os recursos são ainda dotados do chamado *efeito translativo*, como tal se entendendo que o órgão, ao qual submetido o apelo, pode (e deve) manifestar-se sobre matéria cognoscível de ofício, ainda que não devolvida.

A LPA, em seu art. 56, afirma a regra geral no sentido de que das decisões administrativas cabe recurso, em face de razões tanto de legalidade quanto de mérito – o que significa a possibilidade de questionar a oportunidade e a conveniência de decisões adotadas com base em argumentos dessa ordem.

Conforme já foi salientado, o recurso administrativo difere consideravelmente do recurso judicial em razão da aplicação, também nesta fase, dos princípios incidentes sobre o processo administrativo, especialmente os da eficiência, da oficialidade e da verdade material. Isso leva à possibilidade de produção de novas provas e da dedução de novos argumentos, já que ocorre uma devolução integral da matéria objeto do processo à nova autoridade competente para produzir uma nova decisão, que poderá, conforme o caso, modificar, anular ou, mesmo, revogar a primeira (art. 64).

Oportuno frisar que a atomizada prescrição do art. 231 do CPC, quanto à fixação do termo *a quo* do prazo recursal, não se aplica ao processo administrativo, em face da existência, aqui, de norma exauriente da matéria, como se colhe do art. 59 (e seus parágrafos), da referida Lei nº 9.784/1999.

Cabe lembrar que, nos termos do §1º do art. 56, o recurso é encaminhado à autoridade recorrida, que pode reconsiderar sua decisão ou, então, deve, por sua vez, encaminhá-lo à decisão da autoridade superior competente. Ontologicamente, a competência para decidir recurso administrativo hierárquico é da autoridade hierarquicamente superior; a autoridade recorrida, nos termos da lei federal de processo administrativo, apenas pode reconsiderar sua decisão ou encaminhar o recurso voluntário ao exame da autoridade superior, não se configurando, absolutamente, nesse simples encaminhamento, a existência de um recurso de ofício.

Essa distinção é muito importante, pois no chamado recurso de ofício não existem razões de recurso, como necessariamente acontece no recurso hierárquico, razões essas que obrigatoriamente deverão ser objeto de consideração por parte da autoridade superior, conforme determina o art. 3º, III, da Lei nº 9.784/1999.

Com o advento da Emenda Constitucional 45, de 8.12.2004 e por determinação expressa da Lei nº 11.417, de19.12.06 (art. 8º), foi acrescentado ao art. 56 da Lei nº 9.784/1999 um terceiro parágrafo, com o seguinte teor: "§3º. Se o recorrente alegar que a decisão administrativa contraria enunciado de súmula vinculante, caberá à autoridade prolatora da decisão impugnada, se não a reconsiderar, explicitar, antes de encaminhar o recurso à autoridade superior, as razões da aplicabilidade ou inaplicabilidade da súmula, conforme o caso".

Isso significa, em termos práticos, que a autoridade prolatora da decisão recorrida, caso não a reconsidere, deve simplesmente encaminhar o recurso à autoridade superior, anotando (à guisa de motivação) que mantém os fundamentos da decisão recorrida, salvo se, no recurso, o recorrente houver argumentado que a decisão recorrida contraria o enunciado de súmula vinculante do STF. Neste caso, deverá a autoridade recorrida, obrigatoriamente, examinar o argumento formulado pelo recorrente e, fundamentadamente, demonstrar ou a inaplicabilidade da súmula ao caso concreto, ou a conformidade de sua decisão com o conteúdo ou o sentido da súmula que teria sido supostamente contrariada.

Recebendo as razões de recurso, caso haja pedido de efeito suspensivo expressamente formulado pelo interessado ou, então, se trate de situação em que se invoca que a execução da decisão recorrida acarretará situação de difícil ou incerta reparação, deve, inicialmente, a autoridade superior decidir pela concessão, ou não, do efeito suspensivo, conforme previsto no art. 61.

Decidida essa questão vestibular, reabre-se a instrução do processo, que, aqui também, na instância superior, deve ter a amplitude necessária para possibilitar a ampla defesa e a realização da justiça com base na verdade material. Não se trata, obviamente, de reproduzir toda a instrução feita em primeira instância, mas sim, de complementá-la se necessário, trazendo para os autos os elementos que forem necessários à melhor compreensão do assunto objeto do processo.

É possível, portanto, aduzir novos argumentos, especialmente para contestar os fundamentos da decisão recorrida e, também, juntar novas provas, sejam elas supervenientes ou não à prolação da decisão recorrida.

Havendo no processo uma pluralidade de interessados, por determinação contida no art. 62 o órgão competente para apreciar o recurso, apresentado por um deles, deve intimar os demais para que, no prazo de cinco dias, formulem sua alegações e acompanhem o desenvolvimento do processo na instância administrativa superior. Com isso fica atendido o princípio do contraditório.

A autoridade superior pode e deve, se julgar necessário, franquear, solicitar ou determinar manifestações ou apresentação de provas que lhe possibilitem decidir com maior segurança e certeza. Nunca se perca de vista que o processo administrativo busca a verdade material, não comportando a rigidez formal do processo judicial.

O recurso voluntário pode não ser conhecido nas hipóteses previstas no art. 63 da lei federal de processo administrativo, quais sejam: interposição extemporânea; incompetência do órgão para o qual foi dirigido pelo recorrente; ilegitimidade do recorrente; e exaurimento da esfera administrativa. A indicação equivocada da autoridade superior competente pode ser corrigida: a LPA, no §1º do artigo 63, diz que o prazo de recurso deve ser devolvido ao recorrente, com a indicação do órgão legalmente competente. Melhor seria, por força do princípio da oficialidade, que a própria Administração já fizesse o correto encaminhamento. Esta solução pode ser adotada, com base no mencionado princípio, independentemente de previsão normativa. O importante é, sempre, divisar no equívoco mero erro formal, insuscetível de acarretar prejuízo ao interessado. O prazo recursal é peremptório e contínuo, em nome dos princípios da preclusão consumativa e da segurança jurídica. Mas se a autoridade administrativa, mal ou bem, o prorroga, cabe ao órgão recorrido honrar o ato de seu preposto, em nome do princípio da boa-fé.

O §2º desse mesmo art. 63 tem redação no mínimo tortuosa: diz que, mesmo não conhecendo do recurso, a autoridade superior pode rever, de ofício, ato ilegal, desde que não tenha ocorrido a preclusão administrativa. Ora, logicamente, se havia recurso previsto e não conhecido, não pode ter ocorrido preclusão no sentido do exaurimento das vias administrativas, mas, sim, simples impossibilidade de postulação pelo particular interessado, não havendo vedação a que a própria Administração, no exercício da autotutela, corrija seu ato praticado com vício de legalidade. Na verdade, o que o dispositivo estabelece é que, mesmo tendo ocorrido alguma das situações que determinam o não conhecimento do recurso voluntário, ele pode ter seguimento caso a decisão recorrida se evidencie como ilícita, por força da aplicação conjugada dos princípios da legalidade, do interesse público, da segurança jurídica e da informalidade em favor do administrado. No fundo e na substância, o que se está afirmando é a competência da Administração para exercer a autotutela de seus atos.

É relevante assinalar que o recurso deva ser sempre arrazoado, atacando a decisão e seus fundamentos, por imperativa obediência aos princípios da dialeticidade e da congruência.

Nenhum prazo recursal se inicia, sem que franqueada vista do processo ao interessado. E o prazo recursal só se inicia com a efetiva cientificação do interessado. Por óbvio, férias forenses não suspendem prazo para recurso administrativo, ainda quando se trate de processo administrativo em curso no Judiciário.[204]

Por último, é necessário colocar um reparo ao que está disposto no §2º do art. 56 da Lei nº 9.784/1999. Diz esse dispositivo que, "*salvo exigência legal, a interposição de recurso administrativo independe de caução*". Conforme já foi visto anteriormente, inclusive na parte inicial deste capítulo, a exigência de caução ou depósito como condição de admissibilidade do recurso ofende o princípio do duplo grau de jurisdição, que tem apoio constitucional nos princípios do devido processo legal e da ampla defesa, com os meios e recursos a ela inerentes (CF, art. 5º, LIV e LV), sendo esse o entendimento veiculado em Súmula Vinculante (nº 21) do STF. Relembre-se entretanto que, ao tempo de edição dessa Lei (1999), a jurisprudência predominante ainda admitia a possibilidade de exigência de depósito como condição de admissibilidade do recurso, o que não mais prevalece.

Ao discorrermos sobre a decisão do processo administrativo, já fizemos algumas considerações sobre a decisão do recurso, às quais nos remetemos, para não ter que repeti-las.

Assim, ao decidir o recurso administrativo pode o órgão superior alterar parcial ou integralmente a decisão recorrida, seja em função de uma nova avaliação da matéria de fato, seja em razão de sufragar entendimento diferente no tocante à matéria de direito.

Pode, efetivamente, a autoridade hierarquicamente superior conferir às mesmas normas que serviram de suporte à decisão recorrida um novo entendimento, diferente daquele que havia sido dado pelo órgão a ela subordinado. Não se configura, nessa situação, a aplicação retroativa de nova interpretação, o que violaria o art. 2º, XIII, da Lei

[204] STJ, ROMS 12.531-GO, rel. Min. José Arnaldo da Fonseca, *DJU* 13.08.01, p. 180.

nº 9.784/1999. Ocorre aplicação retroativa de nova interpretação, expressamente proibida pela lei federal de processo administrativo e implicitamente no sistema jurídico por força do princípio da estabilidade das relações jurídicas (e pelo mais elementar bom senso), por exemplo, quando, num procedimento licitatório, a mesma autoridade que aprovou o edital, após conhecido o vencedor, simplesmente muda o entendimento anteriormente sufragado e declara a sua nulidade.

Evidentemente, não está a mesma autoridade proibida de modificar seu entendimento a respeito do sentido de determinada norma enquanto se tratar de assunto em andamento apenas no âmbito interno da Administração, sem que tenha sido tomada uma decisão afetando direitos e interesses de particulares. Mas, se o entendimento serviu como fundamento de decisão que já produziu efeitos externos, afetando o patrimônio jurídico de particulares, um novo entendimento somente pode ser esposado de maneira contraditória, assegurada a prévia audiência dos particulares afetados.

Não há, portanto, problema algum na adoção de um novo entendimento pela autoridade superior, mas cabe lembrar que o recurso administrativo também está adstrito ao princípio do contraditório e da ampla defesa. Na verdade, aplicam-se à decisão proferida em segunda instância todos os princípios, preceitos, requisitos e cuidados que foram antes referidos.

Há, porém, algumas particularidades decorrentes da atribuição de caráter vinculante a súmulas de jurisprudência do STF, por meio da Emenda Constitucional 45, de 08.12.04, que acrescentou um artigo ao texto constitucional, com o seguinte teor: "*Art. 103-A. O Supremo Tribunal Federal poderá, de ofício ou por provocação, mediante decisão de dois terços dos seus membros, após reiteradas decisões sobre matéria constitucional, aprovar súmula que, a partir de sua publicação na imprensa oficial, terá efeito vinculante em relação aos demais órgãos do Poder Judiciário e à administração pública direta e indireta, nas esferas federal, estadual e municipal, bem como proceder à sua revisão ou cancelamento, na forma estabelecida em lei*". Como se nota, consta expressamente da norma agregada à Constituição que a necessária submissão ao conteúdo da súmula vinculante abrange tanto o Poder Judiciário quanto a Administração Pública. Diante disso e, para afastar qualquer dúvida, o §3º desse novo artigo prevê a possibilidade de interposição, diretamente ao STF, de reclamação contra decisão administrativa que aplicar indevidamente ou contrariar súmula vinculante.

Dado o enorme impacto desse parágrafo sobre a ordem jurídica, convém transcrevê-lo: "§3º. Do ato administrativo ou decisão judicial que contrariar a súmula aplicável ou que indevidamente a aplicar, caberá reclamação ao Supremo Tribunal Federal, que, julgando-a procedente, anulará o ato administrativo ou cassará a decisão judicial reclamada, e determinará que outra seja proferida com ou sem a aplicação da súmula, conforme o caso". Numa primeira leitura, causa até certo estupor a possibilidade de que se possa recorrer diretamente ao STF, mediante reclamação, contra qualquer ato administrativo (e toda decisão, final ou interlocutória, é ato administrativo) praticado por qualquer autoridade, de qualquer nível de governo e de qualquer escalão hierárquico.

Essa despropositada amplitude, entretanto, foi restringida pela Lei nº 11.417, de 19.12.06, que, no §1º de seu art. 7º, condiciona o uso da reclamação ao esgotamento das vias administrativas, nestes termos: "§1º Contra omissão ou ato da administração pública, o uso da reclamação só será admitido após esgotamento das vias administrativas". Isso certamente evita o descalabro que poderia decorrer da interposição torrencial de reclamações, mas não afasta um questionamento de maior profundidade no tocante à constitucionalidade dessa intervenção do STF em qualquer órgão ou entidade da Administração Pública.

Com efeito, um dos princípios fundamentais da Constituição Federal é o da Independência de Poderes. É certo que essa independência não é absoluta, sendo certo também que cabe ao Poder Judiciário dizer o Direito, podendo, sim, anular atos jurídicos praticados pelos outros Poderes. Entretanto, em princípio isso somente poderia ser feito por meio de processo regular, ao fim e ao cabo do qual poderia resultar a anulação de um ato administrativo (ou mesmo legislativo). A inovação trazida pelo art. 103-A da CF consiste na possibilidade de uma atuação imediata e fulminante do Poder Judiciário, em única instância, anulando definitivamente um ato administrativo. Isso, indiretamente, cerceia a liberdade de decisão do administrador público, que fica constrangido a curvar-se e submeter-se ao conteúdo da súmula vinculante.

Mesmo admitindo, em tese, a possibilidade de edição de emenda constitucional inconstitucional, por violação a princípios maiores da Constituição (como é o caso das chamadas cláusulas pétreas), não nos parece que no caso dessa aplicação vigorosa da súmula vinculante haja inconstitucionalidade, pois o Judiciário estará fazendo, com mais celeridade e eficiência, aquilo mesmo que sempre lhe competiu.

Em termos práticos, convém lembrar que é a Administração Pública a principal responsável pelo "entulhamento" dos tribunais, seja pela apresentação de recursos protelatórios, seja pela insistência em proferir decisões sabidamente contrárias ao direito afirmado pelos mesmos tribunais.

Enfim, em decorrência do dispositivo constitucional em comento, e por força de disposição expressa da Lei nº 11.417/2006, cujo art. 9º determinou o acréscimo de dois novos artigos (arts. 64-A e 64-B) à Lei nº 9.784/1999, na decisão do recurso administrativo a autoridade competente deve, expressamente, enfrentar a eventual alegação formulada pelo recorrente, no texto do recurso, de inobservância de súmula vinculante, impondo-se-lhe, então, explicitar as razões da inaplicabilidade da súmula invocada ou sustentar a conformidade de sua decisão com a mesma súmula.

Se e quando o STF já houver acolhido reclamação fundada em violação da súmula, a autoridade administrativa deverá necessariamente acatar tal decisão e, além disso, deverá adequar a essa mesma decisão judicial as futuras decisões administrativas em casos semelhantes, sob pena de responsabilização pessoal, nas esferas cível, administrativa e penal, conforme o disposto no art. 64-B da Lei Federal de Processo Administrativo, nº 9.784/1999. Fica pendente a questão de saber quais casos são semelhantes (não iguais), pois, em Direito, uma pequena diferença pode levar a conclusões opostas.

Também em segunda instância administrativa existe o dever de decidir previsto no art. 48 da lei federal de processo administrativo, valendo igualmente aqui o preceito do art. 49, no sentido de que a decisão deve ser proferida no prazo máximo de 30 (trinta) dias após encerrada a instrução (se houver necessidade de complementar a instrução), ou no mesmo prazo de 30 (trinta) dias a partir do recebimento dos autos pelo órgão competente, se não houver complementação da instrução, conforme dispõe o §1º do art. 59.

A lei federal não estipula uma consequência para o silêncio da Administração no final do prazo estabelecido para a decisão. Já a Lei paulista nº 10.117/1998, diz que, uma vez ultrapassado o prazo fixado para a decisão, o recorrente poderá considerar rejeitado, ou indeferido, o recurso na esfera administrativa. Por analogia, pode-se dar o mesmo entendimento no caso de recurso interposto perante a Administração Pública Federal. Essa questão é relevante para a determinação do prazo para a propositura de ação judicial contra a decisão administrativa, conforme o que foi anteriormente exposto, ao se cuidar do recurso administrativo e do mandado de segurança. Adite-se que, em se tratando de ato omissivo, do silêncio da Administração não resulta a possibilidade de se estipular termo inicial de prazo decadencial.

Não é demais repetir que a decisão do recurso deve considerar as alegações e documentos constantes do processo, conforme determina o art. 3º, III, da Lei nº 9.784/1999, e deve ser criteriosamente motivada, nos termos do art. 50. A falta de motivação, ou sua insuficiência ou incongruência, geram a nulidade da decisão proferida no recurso.

Reconsideração é um pedido de reexame formulado à mesma autoridade que exarou a decisão com a qual o interessado não se conforma. Em princípio, a reconsideração é uma faculdade tanto de quem pede quanto de quem decide. Mesmo na ausência de disposição normativa expressa pode ser formulado um pedido de reconsideração, que pode ou não ser aceito.

Excepcionalmente pode existir vedação expressa à apresentação de pedido de reconsideração. Esse é o caso do Decreto nº 70.235, de 07.03.72, que dispõe sobre o processo administrativo fiscal no âmbito da União, o qual no art. 36, afirma não caber pedido de reconsideração de decisão de primeira instância; e no art. 39 consigna o descabimento de pedido de reconsideração de decisões proferidas pelo Ministro da Fazenda; ademais, no art. 58 veda pedido de reconsideração de decisão proferida em processo de consulta.

A lei federal de processo administrativo, ao dispor sobre os recursos, prevê, no §1º de seu art. 56, que: "*O recurso será dirigido à autoridade que proferiu a decisão, a qual, se não a reconsiderar no prazo de 5 (cinco) dias, o encaminhará à autoridade superior*". Isso significa que sempre haverá possibilidade de que a autoridade recorrida, antes de dar seguimento ao recurso, reconsidere sua decisão.

Merece destaque a conveniência desse tratamento normativo. Pode ocorrer que, ao decidir, tenha a autoridade cometido algum equívoco, não tenha notado algum elemento de prova ou fundamento suficiente para alterar o sentido ou o conteúdo da decisão proferida. Em nome da economia processual e do princípio da eficiência, é sempre conveniente evitar trâmites desnecessários. Assim, em face do tratamento dado ao recurso, fazendo com que se abra preliminarmente uma possibilidade de reconsideração, em alguns casos será possível evitar a tramitação do recurso interposto, obtendo-se a melhor satisfação dos interesses tanto do recorrente quanto da Administração Pública.

Cabe observar, todavia, uma pequena imperfeição de linguagem contida no §1º do art. 56 da lei federal. O texto legal reza que o recurso será "dirigido" à autoridade que proferiu a decisão; na verdade, conforme se depreende do contexto, ele será apenas encaminhado à autoridade que proferiu a decisão, para que esta ou exercite a prerrogativa de reconsiderar ou, então, por sua vez, encaminhe o processo à autoridade superior, que proferirá a decisão de segundo grau.

O mais importante a ser ressaltado é que a simples interposição tempestiva do recurso obsta a definitividade da decisão recorrida. Ela somente se tornará definitiva se não for reconsiderada em até cinco dias a contar da interposição do recurso, dado que até então ela sempre poderá ser alterada. Passados os cinco dias, o silêncio quanto à reconsideração tornará definitiva em primeira instância a decisão recorrida, mesmo que eventualmente, por alguma falha, não tenha havido o encaminhamento devido à autoridade superior. Já o simples encaminhamento à autoridade superior, antes mesmo de decorrido o prazo máximo de cinco dias, deve ser tomado como negativa ao pedido de reconsideração.

O *pedido de revisão* não é exatamente uma manifestação de inconformidade com os fundamentos e a motivação da decisão que se deseja modificar. Por meio do pedido de revisão o que se pretende é alterar a situação jurídica decorrente de decisão definitiva no âmbito administrativo, mas em função do surgimento ou da descoberta de fatos novos, de novas provas, que justifiquem a modificação pretendida.

A lei federal de processo administrativo, em seu art. 65, prevê a possibilidade de revisão apenas para os processos de que resultem sanções. A revisão poderá ser feita a qualquer tempo, tanto a pedido do interessado quanto de ofício, "quando surgirem fatos novos ou circunstâncias relevantes suscetíveis de justificar a inadequação da sanção aplicada".

Tratando-se, portanto, claramente, de um benefício, é perfeitamente pertinente o disposto no parágrafo único desse artigo, no sentido de que a revisão não pode acarretar agravamento da sanção. Com efeito, a decisão sancionatória anterior é definitiva e, por suposto, satisfativa da pretensão punitiva da Administração Pública.

A revisão não é um pedido de anulação da decisão proferida anteriormente; não se alega vício jurídico naquela decisão anterior.

O que se alega é a inadequação ou a inconveniência da manutenção da cominação, em função de dados fáticos novos, que ensejam uma distinta configuração da base empírica da decisão revisanda, privando-a de um de seus lastros fundamentais. Em suma, busca-se assim, mais uma vez, a realização da justiça, com a preponderância da verdade material, sobre a realidade formal.

REFERÊNCIA ADICIONAL (1)

Obs.:

1: as obras apontadas na bibliografia do primeiro volume também foram pesquisadas para este segundo tomo;

2: tal como no volume anterior, estão aqui colacionados apenas trabalhos direta e efetivamente consultados pelo autor.

ABREU, Jorge Manoel Coutinho de. *Sobre os Regulamentos Administrativos e o Princípio da Legalidade.* Coimbra: Almedina, 1987.

ABREU, Luiz Vasconcelos. *Para o Estudo do Processo Administrativo Disciplinar Português Vigente.* Coimbra: Almedina, 1993.

ALESSI, Renato. *Intorno ai Concetti de Causa Giuridica, Illegitimità, Eccesso di Potere.* Milano: Giuffrè, 1934.

ALEXY, Robert. *Direito, Razão, Discurso.* Porto Alegre: Livraria do Advogado, 2010.

ALEXY, Robert. *El Concepto y la Validez del Derecho.* Barcelona: Gedisa, 2008.

ALLEN, Carleton Kemp. *Law and Orders.* 3. ed. London: Stevens, 1965.

ALMEIDA, Fernando Henrique Mendes de. *Contribuição ao Estudo da Função de Fato.* São Paulo: Saraiva, 1957.

ALMEIDA, Fernando Dias Menezes de. Mecanismos de Consenso no Direito Administrativo. *In*: ARAGÃO, Alexandre Santos de; MARQUES NETO, Floriano de Azevedo (Coords.). *Direito Administrativo e seus novos paradigmas.* Belo Horizonte: Editora Fórum, 2008.

ALMEIDA, Fernando Henrique Mendes de. *O Ato Administrativo na Teoria dos Atos Jurídicos.* São Paulo: Rev. dos Tribunais, 1969.

ALMEIDA, Fernando Dias Menezes de. *Teoria do Contrato Administrativo*: uma abordagem histórico-evolutiva com foco no direito brasileiro. Tese – (Livre Docência em Direito) – Universidade de São Paulo, São Paulo, 2010.

ALONSO, Pedro Aragoneses. *Sentencias Congruentes.* Madrid: Aguilar, 1957.

ALVIM, Teresa Arruda. *Embargos de Declaração*. 4. ed. São Paulo: Rev. dos Tribunais, 2018.

AMARAL, Antônio Carlos Cintra do. *Extinção do Ato Administrativo*. São Paulo: Rev. dos Tribunais, 1978.

AMARAL, Antônio Carlos Cintra do. *Teoria do Ato Administrativo*. Belo Horizonte: Fórum, 2008.

AMARAL, Diogo Freitas do. *Direito Administrativo*. Coimbra Editora, 1985. v. IV.

ANDRADE, José Carlos Vieira de. *O Dever da Fundamentação Expressa de Actos Administrativos*. Coimbra: Almedina, 1992.

ANDRADE, José Robin de. *A Revogação dos Atos Administrativos*. 2. ed. Coimbra Editora, 1985.

ANDRADE, Luciano Benévolo. *Curso Moderno de Direito Administrativo*. São Paulo: Saraiva, 1975.

ARAGÃO, Alexandre Santos de. *Curso de Direito Administrativo*. 2. ed. Rio de Janeiro: Forense, 2013.

ARAGÃO, Alexandre Santos de; MARQUES NETO, Floriano de Azevedo. *Direito Administrativo e seus Novos Paradigmas*. 2. ed. Belo Horizonte: Fórum, 2018.

ARAGÃO, Alexandre Santos de; MARQUES NETO, Floriano de Azevedo. Ensaio de uma Visão Autopoética do Direito Administrativo. *Revista de Direito Público da Economia*, Belo Horizonte, n. 04, out./dez. 2003.

ARAÚJO, Edmir Netto de. A Convalidação dos Atos Administrativos e as Leis de Processo Administrativo. *In*: NOHARA, Irene Patrícia; MORAES FILHO, Marco Antonio Praxedes de (Org.). *Processo Administrativo* – Temas Polêmicos da Lei nº 9.784/99. São Paulo: Editora Atlas, 2010.

ARAÚJO, Edmir Netto de. *Curso de Direito Administrativo*. São Paulo: Saraiva, 2005.

ARAÚJO, Edmir Netto de. *Do Negócio Jurídico Administrativo*. São Paulo: Rev. dos Tribunais, 1992.

ARAÚJO, Florivaldo Dutra de. *Motivação e Controle do Ato Administrativo*. Belo Horizonte: Del Rey, 1992.

ARQUER, José Manuel Sala. *La Revocación de los Actos Administrativos en Derecho Español*. Madrid: Instituto de Estudios Administrativos, 1974.

ATALIBA, Geraldo. *República e Constituição*. São Paulo: RT, 1985.

AUBY, Jean-Marie. *L'Inexistence des Actes Administratifs*. Paris: A. Pedone, 1951.

AURÉLIO, Bruno. *Atos Administrativos Ampliativos de Direitos*. São Paulo: Malheiros, 2011.

AZZENA, Alberto. *Natura e Limiti dell'Eccesso di Potere Amministrativo*. Milano: Giuffrè, 1976.

BACELLAR FILHO, Romeu Felipe. *Princípios Constitucionais do Processo Administrativo Disciplinar*. 2. ed. São Paulo: Max Limonad, 2003.

BACHOF, OTTO. *Die Dogmatik des Verwaltungsrecht vor den Gegenwartsaufgeben der Verwaltung*. Berlin, 1972.

BARBI, Celso Agrícola. *Do Mandado de Segurança*. 8. ed. Rio de Janeiro: Forense, 1998.

BARBOSA, Denis Borges. *A Eficácia do Decreto Autônomo e outros estudos no Direito Público*. Rio de Janeiro: Lumen Juris, 2003.

BAREA, Margarita Castilla. *La Imposibilidad de Cumplir los Contractos*. Madrid: Dykinson, 2000.

BARUCHI, Alfredo. *La Reproduzione del Provvedimento Amministrativo*. Torino: G. Giappichelli, 1971.

BARROSO, Luiz Roberto. *Interpretação e Aplicação da Constituição*. 3. ed. São Paulo: Saraiva, 1999.

BAUZÁ, Rolando E.; GODOY, Isaac Rubio. *Concepto de Acto Administrativo*. Santiago: Editorial Jurídico de Chile, 1960.

BAYLE, Gabriel. *L'Enrichissement sans Cause en Droit Administratif*. Paris: R. Pichon et R. Auzias, 1973.

BENETI, Sidnei Agostinho. *Da Conduta do Juiz*. 3. ed. São Paulo: Saraiva, 2003.

BENVENUTTI, Feliziano. *Appunti di Diritto Amministrativo*. Padova: CEDAM, 1959.

BENVENUTTI, Luigi. *La Discrezionalità Amministrativa*. Padova: Antonio Milano, 1986.

BEZNOS, Clóvis. *Poder de Polícia*. Rev. dos Tribunais, São Paulo, 1979.

BICALHO, Alécia Paolucci Nogueira; DIAS, Maria Tereza Fonseca (Orgs.). *Contratações Públicas*. Belo Horizonte: Fórum, 2013.

BIELSA, Rafael. *El Recurso Jerárquico*. Buenos Aires: Depalma, 1953.

BINENBOJM, Gustavo. *Poder de Polícia, Ordenação, Regulação*. 3. ed. Belo Horizonte: Fórum, 2021.

BINENBOJM, Gustavo. *Uma Teoria do Direito Administrativo*. 3. ed. Rio de Janeiro: Renovar, 2014.

BLASETTI, Alberto Claudio. *Indeterminación y Lenguaje*. Buenos Aires: Pannedille, 1974.

BLUMANN, Claude. *La Renonciation en Droit Administratif Français*. Paris: LGDJ, 1974.

BODDA, Pietro. *Studi sull'Atto Amministrativo*. Torino: G. Giappichelli, 1973.

BONGIORNO, Giordano. *Il Regulamento di Competenza*. Milano: Giuffrè, 1970.

BOTTINO, Gabriele. *Equità e Discrezionalità Administrativa*. Milano: Giuffrè, 2004.

BRAGINI, Gerard. *L`Inexistence en Droit Administratif*. Paris: L'Harmattan, 2010.

BRITO, Vladimir. *Lições de Direito Processual Administrativo*. 2. ed. Coimbra Editora, 2008.

BRÜNING, Raulino Jacob. *Processo Administrativo Constitucional*. São Paulo: Contracorrente, 2007.

BUENO, Cássio Scarpinella. *Amicus Curiae no Processo Civil*. São Paulo: Saraiva, 2006.

BUENO FILHO, Edgard Silveira. *O Direito à Defesa na Constituição*. São Paulo: Saraiva, 1994.

BULYGGIN, Eugenio. *El Lenguaje del Derecho*. Buenos Aires: Abeledo-Perrot, sem data.

CABALLERO, Francisco Velasco. *Las Cláusulas Accesórias del Acto Administrativo*. Madrid: Tecnos, 1996.

CABRAL, Flávio Garcia. *O Conteúdo Jurídico da Eficiência Administrativa*. Belo Horizonte: Fórum, 2019.

CADEMARTORI, Luiz Henrique Urqhart. *Discricionariedade Administrativa*. Curitiba: Juruá, 2001.

CAETANO, Marcello. *Manual de Direito Administrativo*. 10. ed. Coimbra: Almedina, 2008.

CAETANO, Marcello. *Tratado Elementar de Direito Administrativo*. Coimbra: Coimbra Editora, 1944.

CALMON DE PASSOS. O devido processo legal e o duplo grau de jurisdição. *Ajuris: revista da Associação dos Juízes do Rio Grande do Sul*, v. 9, n. 25, p. 132-144, jul. 1982.

CAMPAZ, Walter. *Revogação dos Atos Administrativos*. São Paulo: Rev. dos Tribunais, 1983.

CANNADA-BARTOLI, Eugenio. *L'Inapplicabilità degli Atti Amministrativi*. Milano: Giuffrè, 1950.

CANOTILHO, J. J. Gomes; MOREIRA, Vital. *Constituição da República Portuguesa Anotada*. Coimbra Editora, 1984.

CAPACCIOLI, Enzo. *La Gestoni di Affari en Diritto Amministrativo*. Padova: CEDAM, 1956.

CAPANO, Renato Perrone. *La Retroattività degli Atti Amministrativi*. 2. ed. Napoli: Eugenio Jovene, 1963.

CAPELLA, Juan-Ramón. *El Derecho como Lenguaje*. Buenos Aires: Abeledo-Perrot, 1971.

CARIAS, Allan-Rudolph Brewer. *Contratos Administrativos*. Caracas: Ed. Jurídica Venezolana, 1992.

CARIAS, Allan-Rudolph Brewer. *Principios del Procedimiento Administrativo*. Madrid: Civitas, 1990.

CARLASSARE, Lorenza. *Regolamenti dell'Esecutivo e Principio de Legalità*. Padova: CADAM, 1966.

CARNELUTTI, Francesco. *Sistema di Diritto Processuale Civile*. Padova: CEDAM, 1936.

CARNELUTTI, Francesco. *Teoria Geral do Direito*. São Paulo: Lejus, 2000.

CARRIÓ, Genaro. *Notas sobre el Derecho y Lenguaje*. Buenos Aires: Abeledo-Perrot, 1976.

CARVALHO, Gustavo Marinho. *Precedentes Administrativos no Direito Brasileiro*. São Paulo: Concorrente, 2015.

CARVALHO, Paulo Neves de. *Da Revogação no Direito Administrativo*. Belo Horizonte: Estabelecimentos Gráficos Santa Maria, 1951.

CARVALHO, Paulo Neves de. Os Atos Administrativos em Espécie: Conteúdo, Forma, Revogação e Anulação. BDA 10-651. *In*: EISENMANN, Ch. *Les Principes Généraux du Droit Administratif Allemand*. Paris: Librairie Delagrave, 1933.

CARVALHO FILHO, José dos Santos. *Manual de Direito Administrativo*. 17. ed. Rio de Janeiro: Lumen Juris, 2007.

CASETTA, Elio. *Compendio di Diritto Amministrativo*. Milano: Giuffrè, 2015.

CASSAGNE, Juan Carlos. *El Acto Administrativo*. Buenos Aires: Abeledo-Perrot, 1974.

CASSAGNE, Juan Carlos. *El Contrato Administrativo*. Buenos Aires: Abeledo-Perrot, 1999.

CASSAGNE, Juan Carlos. *La Ejecutoriedad del Acto Administrativo*. Buenos Aires: Abelado-Perrot, 1971.

CATALANI, Alessandro. *Le Circolari della Pubblica Amministrazione*. Milano: Giuffrè, 1979.

CAVALCANTI, Themístocles Brandão. *Teoria dos Atos Administrativos*. São Paulo: Rev. dos Tribunais, 1973.

CAVALIERI FILHO, Sérgio. *Programa de Responsabilidade Civil*. 15. ed. Rio de Janeiro/São Paulo: Atlas, 2022.

CENTOFANTI, Nicola. *Il Silenzio della Pubblica Amministazione e i Procedimenti Sostitutivi*. Padova: CEDAM, 1999.

CERQUINHO, Percival Júlio Vaz. *O Desvio de Poder nos Atos Administrativos*. São Paulo: Resenha Universitária, 1977.

CHAMOUN, Ebert. *Instituições de Direito Romano*. 5. ed. Rio de Janeiro: Forense, 1968.

CHAPUS, René. *Droit Administratif Général*. Paris: Montchrestian, 1995.

CHEVALIER, Jacques. *L'État de Droit*. Paris: Montchrestian, 1992.

CHIAPETTI, Achille. *L'Attività di Polizia*. Padova: CEDAM, 1973.

CIMMA, Enrique Silva. *Derecho Administrativo Chileno y Comparado*. Santiago: Editorial Jurídico de Chile, 1996.

CINTRA, Antônio Carlos de Araújo. *Motivo e Motivação do Ato Administrativo*. São Paulo: Rev. dos Tribunais, 1979.

CLÈVE, Clèmerson Merlin. *Atividade Legislativa do Poder Executivo no Estado Contemporâneo e na Constituição Federal de 1988*. São Paulo: Rev. dos Tribunais, 1993.

COMADIRA, Julio Rodolfo. *La Anulación de Oficio del Acto Administrativo*. Buenos Aires: Astrea, 1891.

COMADIRA, Julio Rodolfo. *Procedimiento Administrativo*. Buenos Aires: La Ley, 2002.

COMPARATO, Scott Alson. *Amici Curiae and Strategic Behavior in States Supreme Courts*. Westport: Praeger, CT, 2003.

COSTA, Nelson Nery. *Processo Administrativo e suas Espécies*. Rio de Janeiro: Forense, 1997.

COUTURE, Eduardo. *Fundamentos del Derecho Procesal Civil*. Buenos Aires: Depalma, 1951.

COVIELLO, Pedro José Jorge. *La Protección de la Confianza del Administrado*. Buenos Aires: Abeledo-Perrot, 2004.

CRETELLA JÚNIOR, José. *Anulação do Ato Administrativo por Desvio de Poder*. Rio de Janeiro: Forense, 1978.

CRETELLA JÚNIOR, José. *O Desvio de Poder*. São Paulo: Rev. dos Tribunais, 1964.

CUDOLÀ, Vicenç Aguado. *La Presunción de Certeza*. Madrid: Civitas, 1994.

CUÉLLAR, Leila. *As Agências Reguladoras e seu Poder Normativo*. São Paulo: Dialética, 2001.

CUMYN, Michelle. *La Contractualizatión de la Action Publique:* Contrat Juridique ou Contrat Social? Faculté de Droit de l'Université de Lavel, Canada, 2006 (Les Cahiers de Droit, 47-4).

CUNHA, Paulo Ferreira da. *O Precedente Administrativo*. Coimbra: Almedina, 1987.

CYRINO, André Rodrigues. *O Poder Regulamentar Autônomo do Presidente da República*. Belo Horizonte: Fórum, 2005.

DELVOLVÉ, Pierre. *L'Acte Administratif*. Paris: Sirey, 1983.

DESCARTES, René. *Oeuvres Philosophiques*. Paris: Garnier, 1967.

DIDIER Jr., Fredie; BONFIM, Daniela. Prova por Amostragem e Distribuição do Ônus da Prova. *Revista de Direito Administrativo Contemporâneo*, São Paulo, v. 10, 2014.

DIEZ, Manuel Maria. *El Acto Administrativo*. Buenos Aires: Tipografia Editora Argentina, 1956.

DINAMARCO, Cândido Rangel. *Instituições de Direito Processual Civil*. 12. ed. São Paulo: Malheiros.

DROMI, José Roberto. *Acto Administrativo*. Buenos Aires: Macchi, 1975.

DROMI, José Roberto. *Derecho Administrativo Económico*. Buenos Aires: Astrea, 1979.

DROMI, José Roberto. *Las Ecuaciones e los Contratos Públicos*. Buenos Aires: Ciudad Argentina, 2001.

DROMI, José Roberto. *Revisión del Acto Administrativo.* Tucumán: UNSTA, 1981.

DUGUIT, Léon. *Traité de Droit Constitutionell.* 3. ed. Paris: Fontemoing, 1930.

DUPEYROUX, Olivier. *La Règle de la Non-Retroactivité des Actes Administratifs.* Paris: LGDJ, 1954.

DWORKIN, Ronald. *Uma Questão de Princípio.* São Paulo: Martins Fontes, 2000.

EDMUNSON, William A. *Uma Introdução ao Direito.* São Paulo: Martins Fontes, 2006.

ENDERLE, Guillermo Jorge. *La Congruencia Procesal.* Santa Fé: Rubinzal-Culzoni, 2007.

ENTERRÍA, Eduardo García de. *Legislación Delegada, Potestad Reglamentaria y Control Judicial.* 3. ed. Madrid: Civitas, 1998.

FAGUNDES, Miguel Seabra. *O Controle dos Atos Administrativos pelo Poder Judiciário.* 6. ed. São Paulo: Saraiva, 1994.

FALCÃO, Amilcar de Araújo. *Introdução ao Direito Administrativo.* São Paulo: Resenha Universitária, 1977.

FALZONE, Guido. *L'Inibitoria Giuridica dell'Operatività degli Atti Amministrativi.* Milano: Giuffrè, 1967.

FALZONE, Guido. *Il Dovere di Buona Amministrazione.* Milano: Giuffrè, 1953.

FAVOREAU, Louis (Coord.). *Le Damaine de la Loi et du Règlement.* 2. ed. Presses Universitaires d'Aix Marseille, 1981.

FAZIO, Giuseppe. *Sindicabilità e Motivazione degli Atti Amministrativi Discrizionali.* Milano: Giuffrè, 1971.

FAZZOLARO, Elio. *Instituições de Direito Processual Civil.* São Paulo: Bookseller, 2006.

FERNANDEZ, Antonio Canceller. *Casos Prácticos de Derecho Administrativo.* Madrid: Montecorvo, 1975.

FERNÁNDEZ, Thomás Ramón. *De la Arbitrariedad de la Administración.* 3. ed. Madrid: Civitas, 1999.

FERRAZ, Sergio. *Autorização de Serviço Público.* São Paulo: Malheiros, 2018.

FERRAZ, Sergio. *Direito e Liberdade.* São Paulo: Ed. IASP, 2017.

FERRAZ, Sergio. *Lei Geral de Proteção de Dados.* Belo Horizonte: Fórum, 2021.

FERRAZ, Sergio. *Processo Administrativo* (com Adilson Dallari). 4. ed. São Paulo: Malheiros, 2020.

FERREIRA, Daniel. *Sanções Administrativas.* São Paulo: Malheiros, 2001.

FERREIRA, Paulo Roberto Gaiger. *Ata Notarial.* São Paulo: Quartier Latin, 2016.

FIORINI, Bartolomé A. *Poder de Policia.* Buenos Aires: Alfa, 1962.

FIORINI, Bartolomé A. *Teoría Jurídica del Acto Administrativo.* Buenos Aires: Abeledo-Perrot, 1969.

FLEINER, Fritz. *Institutionen des Deutschen Verwaltungsrechts.* 8. ed.Tübingen, 1998.

FLEINER, Fritz. *Les Principes Généraux du Droit Administratif Allemand.* Paris: Garnier, 1933.

FORSYTH, Christopher. A metafísica da nulidade. *Interesse Público,* n. 52, p. 147-169, nov./dez. 2008.

FORTES, José Bonifácio. Delegação Legislativa. *Revista de Direito Administrativo,* Rio de Janeiro, p. 354, 1960.

FORTINI, Cristiana; PEREIRA, Maria Fernanda Pires de; CAMARÃO, Tatiana Martins da Costa. *Comentários à Lei 9.784/99.* Belo Horizonte: Fórum, 2011.

FOS, Jose Antonio Garcia-Trevijano. *Los Actos Admonistrativos.* 2. ed. Madrid: Civitas, 1991.

FRAGOLE, Umberto. *El Acto Administrativo.* Napoli: Jovene, 1969.

FRANÇA, R. Limongi. *Direito Intertemporal Brasileiro.* São Paulo: Rev. dos Tribunais, 1968.

FRANÇA, Vladimir da Rocha. *Estrutura e Motivação do Ato Administrativo.* São Paulo: Malheiros, 2007.

FRANÇA, Vladimir da Rocha. *Invalidação Judicial da Discricionariedade Administrativa.* Rio de Janeiro: Forense, 2000.

FRANCO SOBRINHO, Manoel de Oliveira. *Atos Administrativos.* São Paulo: Saraiva, 1980.

FREITAS, Gilberto Passos de; FREITAS, Vladimir Passos de. *Abuso de Autoridade.* São Paulo: Rev. dos Tribunais, 1979.

FREITAS, Juarez. *Direito Fundamental à Boa Administração Pública.* São Paulo: Malheiros, 2014.

FREITAS, Juarez. *Discricionariedade Administrativa e o Direito Fundamental à Boa Administração Pública.* São Paulo: Malheiros, 2007.

FREITAS, Juarez. *O Controle dos Atos Administrativos e os Princípios Fundamentais.* 4. ed. São Paulo: Malheiros, 2009.

FREITAS, Ney José de. *Ato Administrativo.* Belo Horizonte: Fórum, 2007.

FREY, Klaus. Governança Eletrônica: Experiência de Cidades Europeias e Algumas Lições para Países em Desenvolvimento. *Internet e Política: Teoria e Prática de Democracia Eletrônica,* UFMG, Belo Horizonte, 2002.

FROTA, Humberto Alves da. *O Princípio Tridimensional da Proporcionalidade no Direito Administrativo.* Rio de Janeiro: GZ Editora, 2009.

FURTADO, Lucas Rocha. *Curso de Direito Administrativo.* 5. ed. Belo Horizonte: Fórum, 2016.

GABARDO, Emerson. *Princípio Constitucional da Eficiência Administrativa*. São Paulo: Dialética, 2002.

GALBA, C. F. *Teoria della Retroatività delle Leggi*. 3. ed.Torino: Unione Tipografica, 1891.

GARCÍA, Doris Piccinini. *Teoria del Decaimiento de los Actos Administrativos*. Santiago: Ed. Jurídica de Chile, 1968.

GARGIULO, Ugo. *I Provvedimentí d'Urgenza*. Napoli: Jovene, 1954.

GARGIULO, Ugo. *La Sospenzèone dell'Atti Amministrativi da Parte del Consiglio di Stato*. Napoli: Jovene, 1948.

GASSET, José Ortega y. *Obras Completas*. Barcelona: Bosch, Tomo IV.

GHETTI, Giulio. *La Consulenza Amministrativi*. Milano: Giuffrè, 1979.

GIACOMUZZI, José Guilherme. *Estado e Contrato*. São Paulo: Malheiros, 2011.

GIANNINI, Massimo Severo. *L'Interpretazione dell'Atto Amministrativo*. Milano: Giuffrè, 1939.

GILATERÍA, Luigi. *Teoria Giuridica deghi Ordini Amministrativi*. Milano: Giuffrè, 1950.

GIOJA, Ambrosio. *Derecho, Filosofía y Lenguaje*. Buenos Aires: Astrea, 1976.

GOMES, Carla Amado. *Direito Administrativo de Necessidade e de Exceção*. Lisboa: AAFDL, 2020.

GOMES, Carla Amado. *Textos Dispersos de Direito Administrativo*. Lisboa: AAFDL, 2013.

GOMES, José Oswaldo. *Fundamentação do Acto Administrativo*. Coimbra Editora, 1979.

GOMÉZ, Teresa D. Núnez. *Abuso en la Exigencia Documental y Garantias Formales de la Administración*. Barcelona: Atelier Libros Jurídicos, 2005.

GONÇALVES, Pedro Costa. *Direito dos Contratos Públicos*. 3. ed. Coimbra: Almedina, 2021.

GONÇALVES, Pedro Costa. *Manual de Direito Administrativo*. Coimbra: Almedina, 2019.

GORDILLO, A. A. *Contratos Administrativos*. Buenos Aires: Associación Argentina de Derecho Administrativo, 1977.

GORDILLO, Agostín. *Tratado de Derecho Administrativo*. Parte General, Tomo 2, p. 4-35.

GRAÇA, Eduardo. A inteligência artificial será muito mais poderosa que nós, diz cientista que virou referência no tema. *Jornal O Globo*, 13 jan. 2022, p. 12. Disponível em: https://oglobo.globo.com/economia/tecnologia/a-inteligencia-artificial-sera-muito-mais-poderosa-que-nos-diz-cientista-que-virou-referencia-no-tema-25351033. Acesso em: 15 jan. 2024.

GRINOVER, Ada Pellegrini. *O Processo Constitucional em Marcha*. São Paulo: Max Limonad, 1985.

GROTTERIA, Alfredo Caracciolo. *La Ratifica degli Atti Amministrativi.* Milano: Giuffrè, 1976.

GUALAZZI, Eduardo Lobo Botelho. *Ato Administrativo Inexistente.* São Paulo, Rev. dos Tribunais, 1980.

GUEDES, Demian. *Processo Administrativo e Democracia.* Belo Horizonte: Fórum, 2007.

GUERRA, Evandro Martins. *Os Controles Externo e Interno da Administração Pública.* 2. ed. Belo Horizonte: Fórum, 2005.

GUERRA, Sérgio. Discricionariedade administrativa – Limitações da vinculação legalitária e propostas pós-positivistas. *In*: ARAGÃO, Alexandre Santos de; MARQUES NETO, Floriano de Azevedo (Coords.). *Direito Administrativo e seus novos paradigmas.* Belo Horizonte: Editora Fórum, 2008.

GUERRA, Sérgio. *Discricionariedade e Reflexividade.* Belo Horizonte: Fórum, 2018.

GUIMARÃES, Hahnemann. *Estudo sobre Gestão de Negócio.* Rio de Janeiro: Casa Leuzinger, 1932.

HÄBERLE, Peter. *Hermenêutica Constitucional.* Porto Alegre, S. A. Fabris, 2002.

HABERMAS, Peter. *Between Facto and Norms.* Cambridge: MIT Press, 1998.

HAMSON, C. J. *Pouvoir Discrétionnaire et Controle Jurisdictionnel.* Paris: LGDJ, 1958.

HARGER, Marcelo. *Princípios Constitucionais do Processo Administrativo.* Rio de Janeiro: Forense, 2001.

HASSERMANI, A. P. *Administrative Law in India.* London: Asia Publishing House, 1964.

HAURIOU, Maurice. *L'Histoire Externe du Droit.* Paris: Cotillon, 1884.

HECQUARD-THÉRON, Maryvonne. *Essai sur la Notion de Règlementation.* Paris: LGDJ, 1977.

HEINEN, Juliano. *Comentários à Lei de Licitações e Contratos Admiistrativos.* 2. ed. Salvador: JusPodium, 2022.

HEINEN, Juliano. *Curso de Direito Administrativo.* 2. ed. Salvador: JusPodium, 2021.

HEINEN, Juliano. *Interesse Público.* Salvador: JusPodium, 2018.

HELENA, Maria Teresa de Melo Ribeiro. *O Princípio da Imparcialidade da Administração Pública.* Coimbra: Almedina, 1993.

HERNANDO, Jesus L. Abad. *Acto y Provedimento Administrativo.* Buenos Aires: Plus Ultra, 1975.

HUTCHINSON, Tomás. *Derecho Procesal Administrativo.* Santa Fé: Rubinzal-Culzoni, 2009.

HUTCHINSON, Tomás. *Régimen de Procedimiento Administrativo.* Buenos Aires: Astrea, 1992.

ISRAEL, Nicolas. *Genealogia do Direito Moderno.* São Paulo: Martins Fontes, 2009.

JELLINEK, Georg. *Gesetz und Verordnung.* Scientia Verlag Aalen. Tübingen, 1964.

JEVEUX, Geovany Cardoso. *A Simbologia da Imparcialidade do Juiz.* Rio de Janeiro: Forense, 1990.

JÈZE, Gaston. *Principios Generales de Derecho Administrativo.* Buenos Aires: Depalma, 1948. v. I.

JORDÃO, Eduardo. *Controle Judicial de uma Administração Pública Complexa.* São Paulo: Malheiros, 2016.

JUAREZ, Hugo Olguín. *Extinción de los Actos Administrativos.* Santiago: Editorial Jurídico de Chile, 1961.

JUSTEN FILHO, Marçal. *Comentários à Lei de Licitações e Contratos Administrativos.* 13. ed. São Paulo: Dialética, 2009.

JUSTEN FILHO, Marçal. *Curso de Direito Administrativo.* 13. ed. São Paulo: Revista dos Tribunais, 2018.

KRAUS, Karl. *Dritte Walpurgisnacht.* Frankfurt, 1989.

KOUBI, Geneviève. *Les Circulaires Administratives.* Paris: Economic, 2003.

KRELL, Andreas J. *Leis de Normas Gerais, Regulamentação do Poder Executivo e Cooperação Intergovernamental em Tempos de Reforma Administrativa.* Belo Horizonte: Fórum, 2008.

LACAMBRA, L. Legazy. *Filosofia del Derecho.* Buenos Aires: Depalma, 1948.

LANCEIRO, Rui Tavares. *O Princípio da Cooperação Leal e a Administração.* Lisboa: AAFDL, 2019.

LEAL, Victor Nunes. Classificação das Normas Jurídicas. *Revista de Direito Administrativo,* n. 2, fascículo 2, p. 931-948, 1945.

LEDDA, Franco. *Il Rifiuto di Provvedimento Amministrative.* Torino: G. Giappichelli, 1964.

LEGAZ Y LACAMBRA, Luis. *Filosofía del Derecho.* Barcelona: Bosch, 1979.

LEITE, Luciano Ferreira. *O Regulamento no Direito Brasileiro.* São Paulo: Rev. dos Tribunais, 1986.

LIMA, Arnaldo Esteves. *O Processo Administrativo no Âmbito da Administração Pública Federal.* Belo Horizonte: Del Rey, 2014.

LIMA, J. B. de Moraes. *Sindicância e Verdade Sabida.* 2. ed. São Paulo: Saraiva, 1994.

LIMA, Ricardo da Cunha (tradutor). *Cartas de Cícero.* São Paulo: Nova Alexandria (edição bilíngue), 2000. p. 71-73.

LINARES, Juan Francisco. *Los Sistemas Dogmáticos en el Derecho Administrativo.* Buenos Aires: Fundación de Derecho Administrativo, 1984.

LINARES, Juan Francisco. *Poder Discrecional Administrativo.* Buenos Aires: Abeledo-Perrot, 1958.

LIVET, Pierre. *L'Autorization Administrative Préalable et les Libertés Publiques.* Paris: LGDJ, 1974.

LOCKE, John. *Dos Ensayos sobre el Gobierno Civil.* Madrid: Espasa Calpe, 1991.

LOPES, Pedro Moniz. *Estado de Excepção e Crise Epidêmica.* Lisboa: AAFDL, 2020.

LOUREIRO, João Carlos Simões Gonçalves. *O Precedente Administrativo entre a Eficiência e a Garantia dos Particulares.* Universidade de Coimbra, 1995.

LUCIFREDI, Roberto. *L'Atto Amministrativo nei suoi Elementi Accidentali.* Milano: Giuffrè, 1963.

LUHMAN, Niklas. *Legitimação pelo Procedimento.* Universidade de Brasília, 1980.

MACHADO, João de Melo. *Teoria Jurídica do Contrato Administrativo.* Coimbra Editora, 1932.

MADIOT, Yves. *Aux Frontières du Contrat et de l'Acte Administratif Unilatéral:* Recherches sur la Notion d'Acte Mixte en Droit Public Français. Paris: LGDJ, 1971.

MAIRAL, Héctor A. *As Razões Legais da Corrupção.* São Paulo: Contracorrente, 2018.

MAIRAL, Héctor A. *La Doctrina de los Propios Actos y la Administración Pública.* Buenos Aires: Depalma, 1988.

MARIN, Carmen Chinchella. *La Desviación de Poder.* 2. ed. Madrid: Civitas, 1999.

MARRARA, Thiago. *Processo Administrativo – Lei 9.784/99 Comentada.* São Paulo: Atlas, 2009.

MARTINS, Ricardo Marcondes. *Efeitos dos Vícios dos Atos Administrativos.* São Paulo: Malheiros, 2008.

MARTINS, Ricardo Marcondes. *Estudos de Direito Administrativo Neoconstitucional.* São Paulo: Malheiros, 2015.

MARTINS JR, Wallace Paiva. *Transparência Administrativa.* São Paulo: Saraiva, 2004.

MASTROPASQUA, F. P. *I Limiti Subbiettivi di Efficacia dell'Atto Amministrativo.* Milano: Giuffrè, 1950.

MATTOS, Mauro Roberto Gomes de. Princípio do Fato Consumado no Direito Administrativo. *Revista De Direito Administrativo,* n. 220/196, p. 195-208, 2000.

MAUNZ, Theodor. *Grundgesetz-Kommentar.* Frankfurt, 1993.

MAURER, Hartmurt. *Derecho Administrativo.* Madrid: Marcial Pons, 2011.

MAYER, Otto. *Deutsches Verwaltungsrecht.* 2. ed. München und Berlin, 1917.

MEDAUAR, Odete. *A Processualidade no Direito Administrativo*. 2. ed. São Paulo: Rev. dos Tribunais, 1993.

MEDAUAR, Odete. *Da Retroatividade do Ato Administrativo*. São Paulo: Max Limonad, 1986.

MEDAUAR, Odete. *Direito Administrativo*. 3. ed. São Paulo: Ed. Rev. dos Tribunais, 1999.

MEDEIROS, Fábio Mauro de. *Extinção dos Atos Administrativos em Razão da Mudança de Lei (Decaimento)*. Belo Horizonte: Fórum, 2009.

MEDINA, Damares. *Amicus Curiae (Amigo da Corte ou Amigo da Parte?)*. São Paulo: Saraiva, 2010.

MEERSCHE, Ganshof Van Der. *Propos sur le Texte de la Loi des Principes Généraux de Droit*. Bruxelas: Bruylant, 1970.

MEIRELLES, Hely Lopes Meirelles. *Direito Administrativo Brasileiro*. 18. ed. São Paulo: Malheiros, 1993.

MEIRELLES, Hely Lopes. *Direito Administrativo Brasileiro*. 33. ed. São Paulo: Malheiros, 2007.

MEIRELLES, Hely Lopes. *Direito Administrativo Brasileiro*. 35. ed. São Paulo: Malheiros, 2009.

MEIRELLES, Hely Lopes. *Licitação e Contrato Administrativo*. 15. ed. São Paulo: Malheiros, 2010.

MELENDO, Santiago Sentis. *La Prueba*. Buenos Aires: Depalma, 1950.

MELLO, Celso Antônio Bandeira de. *Ato Administrativo e Direitos dos Administrados*. São Paulo: Rev. dos Tribunais, 1981.

MELLO, Celso Antônio Bandeira de. *Curso de Direito Administrativo*. 35. ed. Salvador e São Paulo: JusPodium e Malheiros, 2021.

MELLO, Celso Antônio Bandeira de. *Discricionariedade e Controle Jurisdicional*. São Paulo: Malheiros, 1992.

MELLO, Celso Antônio Bandeira de. *Grandes Temas do Direito Administrativo*. São Paulo: Malheiros, 2009.

MELLO, José Celso de. *Constituição Federal Anotada*. São Paulo: Saraiva, 1984.

MELLO, Marcos Bernardes de. *Teoria do Fato Jurídico*. São Paulo: Saraiva, 1991.

MELLO, Oswaldo Aranha Bandeira de. *Princípios Gerais de Direito Administrativo*. 2. ed. Rio de Janeiro: Forense, 1979.

MELLO, Rafael Munhoz de. *Princípios Constitucionais de Direito Administrativo Sancionador*. São Paulo: Malheiros, 2007.

MELLO, Shirlei Silmara de Freitas. *Tutela Cautelar no Processo Administrativo*. Belo Horizonte: Mandamentos, 2003.

MENCIO, Mariana. *Regime Jurídico das Audiências Públicas*. Belo Horizonte: Fórum, 2007.

MENDONÇA, Delosmar. *Da Ampla Defesa e da Efetividade*. São Paulo: Malheiros, 2001.

MERKL, Adolf. *Allgemeines Verwaltungsrecht*. Wien und Berlin, 1927.

MERCKL, Adolf. *Teoría General del Derecho Administrativo*. México D.F.: Editora Nacional, 1975.

MIELE, Giuvanni. *Principi di Diritto Amministrativo*. Padova: Antonio Milani, 1953.

MIRANDA, F. C. Pontes de. *Tratado de Direito Privado*. Rio de Janeiro: Borsoi, 1963.

MIRANDA, Pontes de. *Tratado da Ação Rescisória*: das sentenças e de outras decisões. 3. ed. Rio de Janeiro: Forense, 1957.

MIRANDA, Sandra Julien. *Do Ato Administrativo Complexo*. São Paulo: Malheiros, 1998.

MONCADA, Luiz S. Cabral de. *Autoridade e Consenso na Teoria do Acto Administrativo*. Coimbra Editora, 2014.

MORAES, Antonio Carlos Flores de. *Legalidade, Eficiência e Controle da Administração Pública*. Belo Horizonte: Fórum, 2007.

MOREIRA, Egon Bockmann. *Processo Administrativo*: Princípios Constitucionais e a Lei 9.784/99. 5. ed. São Paulo: Malheiros, 2017.

MOREIRA NETO, Diogo de Figueiredo. *Curso de Direito Administrativo*. 15. ed. Rio de Janeiro: Forense, 2009.

MOREIRA NETO, Diogo de Figueiredo. *Legitimidade e Discricionariedade*. Rio de Janeiro: Forense, 1989.

MOREIRA NETO, Diogo de Figueiredo. *Mutações do Direito Administrativo*. Rio de Janeiro: Renovar, 2000.

MOREIRA NETO, Diogo de Figueiredo. *Poder, Direito e Estado*. Belo Horizonte: Fórum, 2011.

MORÓN, Miguel Sánchez. *Discricionalidad Administrativo y Control Judicial*. Madrid: Tecnos, 1994.

MOTTA, Fabrício. *Função Normativa de Administração Pública*. Belo Horizonte: Fórum, 2007.

MÜLLER, Friedrich. *Fragmento sobre o Poder Constituinte do Povo*. São Paulo: Rev. dos Tribunais, 2004.

MÜLLER, Friedrich. *Métodos de Trabalho do Direito Constitucional*. Porto Alegre: Síntese, 1999.

MUÑOZ, Guillermo Andrés. *Silencio de la Administración y Plazos de Caducidad*. Buenos Aires: Astrea, 1982.

MUÑOZ, Jaime Rodriguez-Arana. *La Caducidad en el Derecho Administrativo Español*. Madrid: Montecorvo, 1993.

NANNI, Giovanni Etore. *Enriquecimento sem Causa*. 2. ed. São Paulo: Saraiva, 2010.

NAPOLITANO, Mario. *L'Acquiescenza al Provvedimento Amministrativo*. Milano: Giuffrè, 1955.

NASCIMENTO, Sérgio G. *Cessão de Contrato*. São Paulo: Quartier Latin, 2019.

NEDER, Marcos Vinicius; LÓPEZ, Maria Tereza Martínez. *Processo Administrativo Federal Comentado*. 3. ed. São Paulo: Dialética, 2010.

NEGRI, André Del. *Controle de Constitucionalidade no Processo Legislativo*. 2. ed. Belo Horizonte: Fórum, 2008.

NERY, Ana Rita de Figueiredo. *A Causa do Contrato Administrativo*. Rio de Janeiro: Lumen Juris, 2011.

NERY JUNIOR, Nelson; NERY, Rosa Maria de Andrade. *Código Civil Comentado*. 9. ed. São Paulo: Rev. dos Tribunais, 2013.

NERY JUNIOR, Nelson; NERY, Rosa Maria de Andrade. *Constituição Comentada e Legislação Constitucional*. 2. ed. São Paulo: Rev. dos Tribunais, 2009.

NINO, Carlos Santiago. *La Validez del Derecho*. Buenos Aires: Astrea, 1985.

NOBRE JR. Edilson Pereira. Sanções Administrativas e Princípios do Direito Penal. *RDA*, Rio de Janeiro, n. 219, p. 145-147, 2000.

NOHARA, Irene Patrícia. *Direito Administrativo*. 8. ed. São Paulo: Atlas, 2018.

NOHARA, Irene Patrícia Diom. *Nova Lei de Licitações e Contratos*. São Paulo: Rev. dos Tribunais, 2021.

NOHARA, Irene Patrícia Diom. *Processo Administrativo* – Lei 9.784/99 Comentada. São Paulo: Atlas, 2009.

OLIVEIRA, Eduardo Ribeiro de. *Comentários ao Código Civil*. Rio de Janeiro: Forense, 2008. v. II.

OLIVEIRA, Régis Fernandes de. *Ato Administrativo*. 4. ed. São Paulo: Rev. dos Tribunais, 2001.

OLIVEIRA, Régis Fernandes de. *Infrações e Sanções Administrativas*. São Paulo: Ed. Revista dos Tribunais, 1985.

OLIVELLE, Patrick. *The Law Code of Manu*. Oxford: Oxford University Press, 2004.

OLIVER, Jose Maria Boquera. *Estudio sobre el Acto Administrativo*. 4. ed. Madrid: Civitas, 1986.

OMMATI, Ricardo Emílio Medauar. *Controle da Discricionariedade*. Porto Alegre: Sérgio Antônio Fabris, 2004.

ORTIZ, Gaspar Ariño. *Teoría del Equivalente Económico en los Contratos Administrativos*. Madrid: Instituto de Estudios Administrativos, 1968.

ORWELL, George. *1984*. São Paulo: Cia Editora Nacional, 2003.

OTERO, Paulo. *Conceito e Fundamentos da Hierarquia Administrativa*. Coimbra Editora, 1992.

OTERO, Paulo. *Legalidade e Administração Pública*. Portugal: Almedina, 2003.

OTTAVIANI, Vittorio. *La Communicazione degli Atti Amministrativi*. Milano: Giuffrè, 1953.

PACIELLO, Oscar. *Estudios de Derecho Romano*. Asunción: Intercontinental, 2002.

PACTEAU, Bernard. *Le Juge d'Excès de Pouvoir et les Motifs*. Clermont-Ferrand: G. de Bussac, 1977.

PALOP, Vicente Escuin. *El Acto Administrativo Implícito*. Madrid: Civitas, 1999.

PAPANICOLAUS, Démètre. *Introduction* Générale à la *Théorie de la Police Administrative*. Paris: LGDJ, 1960.

PAPINI, Ubaldo Baldi. *L'Annullamento d'Ufficio degli Atti Amministrativi Invalidi*. Firenze: Carlo Cya, 1939.

PARADA, Ramon. *Derecho Administrativo*. 6. ed. Madrid: Marcial Pons Ed., 1994. v. I.

PAULOPOULOS, Procopius. *La Diréctive en Droit Administratif*. Paris: LGDJ, 1978.

PEINADO, Federico Lara. *Código de Hamurabi*. Madrid: Tecnos, 1997.

PEINADO, Federico Lara; GONZÁLEZ, Federico Lara. *Los Primeros Códigos de la Humanidad*. Madrid: Tecnos, 2001.

PELLETIER, Christian. *L'Appretiation de la Légalité des Actes Administratifs*. Paris: LGDJ, 1954.

PEREIRA JÚNIOR, Jessé Torres. *Controle Judicial da Administração Pública*. Belo Horizonte: Fórum, 2006.

PETIAN, Angélica. *Reforma Judicial dos Processos Administrativos Ampliativos e Restritivos de Direitos*. São Paulo: Malheiros, 2011.

PEREZ, José Ignácio Morillo-Valverde. *Los Actos Presuntos*. Madrid: Marcial Pons, 1990.

PÉREZ, Jesus Gouzález. *La Dignidad de la Persona*. Madrid: Real Academía de Jurisprudencia y Legislación, 1986.

PEYRANO, Jorge. *Cargas Probatorias Dinámicas*. Santa Fé: Rubinzal-Culzoni, 2004.

PIANESI, Ermanno. *Le Condizioni nei Contratti degli Enti Pubblici*. Milano: Giuffrè, 1966.

PIETRO, Maria Sylvia Zanella Di. *Direito Administrativo*. 5. ed. São Paulo: Atlas, 1995.

PIETRO, Maria Sylvia Zanella Di. *Discricionariedade Administrativa na Constituição de 1988*. São Paulo: Atlas, 1991.

PIETRO, Maria Sylvia Zanella Di. *Do Direito Privado na Administração Pública*. São Paulo: Atlas, 1992.

PINHO E NETTO, Luísa Cristina. *Participação Administrativa Procedimental*. Belo Horizonte: Fórum, 2009.

PIRES, Antonio Cecilio Moreira; PARZIALE, Amiello. *Comentários à Nova Lei de Licitações Públicas e Contratos Administrativos*. São Paulo: Almedina, 2022.

PIRES, Luís Manuel Fonseca. *Regime Jurídico das Licenças*. São Paulo: Quartier Latin, 2006.

PIRONTI, Rodrigo; ZILIOTTO, Mirela Miró. *Compliance nos Contratos Públicos*. São Paulo: Fórum, 2019.

POHL, Heike. *Rechtsprechungs*änduring und Rückankniipfang. Berlin: Dunker/Humblot, 2005.

POMPEU, Cid Tomanik. *Autorização Administrativa*. São Paulo: Rev. dos Tribunais, 1992.

PONDÉ, Lafayette. Da Delegação Administrativa. *Revista de Direito Administrativo*, Rio de Janeiro, n. 140, p. 1-15, abr./jun. 1980.

PRAT, Julio H. *La Desviación de Poder*. 2. ed. Montevideo: Amalio M. Fernandez, 1976.

PUECHE, José Enrique Bustos. *La Doctrina de la Apariencia Jurídica*. Madrid: Dykinson, 1999.

PUGLIATTI, Salvatore. *Grammatica e Diritto*. Milano: Giuffrè, 1978.

QUEIRÓ, Afonso Rodrigues. *Reflexões sobre a Teoria do Desvio de Poder em Direito Administrativo*. Coimbra Editora, 1940.

RAGGI, Luigi. *Contributo alla Dottrina delle Renuncie nel Diritto Pubblico*. Roma: Athenaeum, 1914.

RAMIREZ, Carlos Fernando Urzúa. *Requisitos del Acto Administrativo*. Santiago: Editorial Jurídica de Chile, 1971.

RAWLS, J. *A Theory of Justice*. Cambridge: Harvard University Press, 1971.

REAL, Alberto Ramón. *Nuevos Estudios de Derecho Administrativo*. Montevideo: Acali, 1976.

REALE, Miguel. *Revogação e Anulamento do Ato Administrativo*. Rio de Janeiro: Forense, 1968.

REGO, Vicente Pereira do. *Elementos do Direito Administrativo para Uso das Faculdades de Direito do Império*. 2. ed. Recife: Typographia Commercial de Mira, 1860.

RENZO, Francesco di. *I Contratti della Pubblica Amministrazione*. Milano: Giuffrè, 1975.

RESTA, Raffaele. *La Revoca degli Atti Amministrativi*. Milano: Giuffrè, 1935.

RIBAS, Antonio Joaquim. *Direito Administrativo Brasileiro*. Brasília: Ministério da Justiça, 1968.

RIBEIRO, Maria Tereza de Mello. *O Princípio da Imparcialidade da Administração Pública*. Coimbra: Almedina, 1996.

RIVALTA, Maria. *La Motivazione degli Atti Amministrativi.* Milano: Giuffrè, 1960.

ROCHA, Cármen Lúcia Antunes. *Princípios Constitucionais do Processo Administrativo no Direito Brasileiro.* Belo Horizonte: Del Rey, 1994.

RODRIGUES, Felipe Leonardo. *Ata Notarial.* São Paulo: Quartier Latin, 2016.

RODRÍGUEZ, Américo Plá. *Estudios en Memoria de Alberto Ramón Real.* Montevideo: Fundación de Cultura Universitaria, 1996.

RODRÍGUEZ, André Betancor. *El Acto Ejecutivo.* Madrid: Centro de Estudios Constitucionales, 1992.

ROJO, Margarita Beladíez. *Validez y Eficacia de los Actos Administrativos.* Madrid: Marcial Pons, 1994.

ROSAS, Roberto. *Direito Sumular.* 13. ed. São Paulo: Malheiros, 2006.

ROUBIER, Paul. *Le Droit Transitoire.* 2. ed. Paris: Dalloz y Sirey, 1960.

SÁ, Djamira Maria Radamés. *Duplo Grau de Jurisdição.* São Paulo: Saraiva, 1999.

SÁ, Fernando Augusto Cunha de. *Abuso do Direito.* Coimbra: Almedina, 1997.

SAAD, Amauri Feres. *Autorização de Serviço Público.* São Paulo: Malheiros, 2018.

SADDY, André. *Silêncio Administrativo no Direito Brasileiro.* Forense, Rio de Janeiro, 2013.

SALAVERRÍA, Juan Igartua. *Discrecionalidad Técnica, Motivación y Control Jurisdiccional.* Madrid: Civitas, 1988.

SALAZAR, Alcino de Paula. *Conceito do Direito Administrativo.* Rio de Janeiro: Borsoi, 1995.

SALLES, Carlos Alberto de. *Arbitragem em Contratos Administrativos.* Rio de Janeiro: Forense, 2011.

SAMPAIO, J. M. Gonçalves. *A Prova por Documentos Particulares.* 3. ed. Coimbra: Almedina, 2010.

SANTOFIMIO, Jaime Orlando. *Tratado de Derecho Administrativo.* Bogotá: Universidad Externado de Colombia, 2008.

SANTOS, Fábio Gomes dos. *Audiências Públicas no Direito Brasileiro.* Rio de Janeiro: Lumen Juris, 2015.

SANTOS NETO, João Antunes dos. *Da Anulação Ex Officio do Ato Administrativo.* 2. ed. Belo Horizonte: Fórum, 2006.

SATTA, Filippo. *Introduzione ad un Corso di Diritto Amministrativo.* Padova: Cedam, 1980.

SAVIGNY, F. C. *System des Leutigen Römischen Rechts.* 3. ed. Berlin, 1863.

SCARPELLI, Uberto. *Contributto alla Semantica del Linguaggio Normativo.* Milano: Giuffrè, 1985.

SCARPELLI, Uberto. *Diritto e Analisi del Linguaggio*. Milano: Communità, 1976.

SCHIER, Adriana. *A Participação Popular na Administração Pública*: o Direito de Reclamação. Rio de Janeiro: Renovar, 2022.

SCHIER, Adriana. *Administração Pública 4.0*: na visão delas. Curitiba: Íthala, 2022.

SCHIRATO, Vitor Rhein. O processo administrativo como instrumento do Estado de Direito e da Democracia. *In*: MEDAUAR, Odete; SCHIRATO, Vitor Rhein (Org.). *Atuais Rumos do Processo Administrativo*. São Paulo: Revista dos Tribunais, 2010.

SCHREIBER, Anderson. *A Proibição de Comportamento Contraditório*. 4. ed. São Paulo: Atlas, 2016.

SCOCA, Franco Gaetano. *Il Silencio della Pubblica Amministrazione*. Milano: Giuffrè, 1971.

SIERVO, Ugo di. *Il Potere Regolamentare nell'Amministrazione Centrale*. Imola: Il Mulino, 1991.

SILVA, Almiro do Couto e. Os princípios da legalidade da Administração Pública e da segurança jurídica no Estado de Direito contemporâneo. *Revista da Procuradoria-Geral do Estado*, Rio Grande do Sul, v. 18, n. 46, p. 11-29, 1988.

SILVA, José Afonso da. *Curso de Direito Constitucional Positivo*. 35. ed. São Paulo: Malheiros, 2012.

SILVA, Vasco Manuel Pascoal Dias Pereira da. *Direito Constitucional e Administração sem Fronteiras*. Coimbra: Almedina, 2019.

SILVA, Vasco Manuel Pascoal Dias Pereira da. *Em Busca do Acto Administrativo Perdido*. Coimbra: Almedina, 2016.

SIMÕES, Mônica Martins Toscano. *O Processo Administrativo e a Invalidação dos Atos Viciados*. São Paulo: Malheiros, 2004.

SOARES, Rogério. *Direito Administrativo*. Coimbra, 1978.

SOARES, Rogério Erhardt. *Interesse Público, Legalidade e Mérito*. Coimbra, 1955.

SOLÉR, Sebastián. *La Palabra de la Ley*. México, D.F.: Fondo de Cultura Económica, 1969.

SOUSA, Alberto Rodrigues de. *Estado de Necessidade*. Rio de Janeiro: Forense, 1979.

SOUSA, António Francisco de. *Conceitos Indeterminados no Direito Administrativo*. Coimbra: Almedina, 1994.

SOUZA, Eduardo Stevano Pereira de. *Atos Administrativos Inválidos*. Belo Horizonte: Fórum, 2012.

STARCK, Christien. *El concepto de Ley en la Constitución Alemana*. Madrid: Centro de Estudios Constitucionales, 1979.

STASSINOPOULOS, Michel de. *Traité des Actes Administratifs*. Atenas: Institut Français d'Athènes, 1954.

SUNDFELD, Carlos Ari. *As Leis de Processo Administrativo*: Lei Federal 9.784/99 e Lei Paulista 10.177/98. São Paulo: Malheiros, 2000.

SUNDFELD, Carlos Ari. *Ato Administrativo Inválido*. São Paulo: Rev. dos Tribunais, 1990.

SUNDFELD, Carlos Ari. *Contratos Públicos e Direito Administrativo*. São Paulo: Malheiros, 2015.

SUNDFELD, Carlos Ari. *Direito Administrativo Ordenador*. São Paulo: Malheiros, 1997.

TÁCITO, Caio. Poder de Polícia e Polícia do Poder. *Revista de Direito Administrativo*, v. 162, p. 1-9, out./dez. 1985.

TÁCITO, Caio. O princípio da Legalidade: Ponto e Contraponto. *Estudos em Homenagem a Geraldo Ataliba*, São Paulo, v. 2, 1987.

TALAMINI, Daniele Coutinho. *Revogação do Ato Administrativo*. São Paulo: Malheiros, 2002.

TARUFFO, Michele. *A Prova*. São Paulo: Martins Fontes, 2014.

TEIXEIRA, Gilberto Lopes. *Democracia em Crise*. Florianópolis: Emais Editora, 2022.

TELLO, Roberto. *La Teoría de la Imprevisión en los Contratos de Derecho Público*. Buenos Aires: Abeledo-Perrot, 1946.

TEPEDINO, Gustavo. *Código Cível Interpretado*. Rio de Janeiro: Renovar, 2007.

TERCINOT, Marcel-René. *L'Acte Conservatoire en Droit Administratif*. Paris: LGDJ, 1979.

TIVARONI, Carlo. *Teoria degli Atti Amministrativi*. Torino: G. Giappichelli, 1939.

TOMMASEO, Ferrucio. *I Provvedimenti d'Urgenza*. Padova: CEDAM, 1983.

TORRES, Júnio Malta. *Limite Constitucional do Regulamento*. Rio de Janeiro: LTr, 1970.

THUR (von), Andreas. *Der allgemeine Tell des Deutschen Bürgerlichen Rechts, tomo I*. Leipzig: Dunkler und Humblot, 1910.

TREBILCOCK, Michael J. *The Limits of Freedom of Contract*. 2. ed. Massachusetts: Harvard University Press, 1997.

VALLE, Vanice Regina Lírio do. *Audiências Públicas e Ativismo*. Belo Horizonte: Fórum, 2012.

VALLES, Arnaldo de. *La Validità degli Atti Amministrativi*. Roma: Athenaeum, 1959.

VALVERDE, Juan Luis de la Vallina. *La Motivación del Acto Administrativo*. Madrid: Escuela Nacional de Administración Pública, 1967.

VARELA, João de Matos Antunes. *Das Obrigações em Geral*. Coimbra: Almedina, 1997.

VEDEL, Georges. *Essai sur la Notion de Cause en Droit Administratif Français*. Paris: Sirey, 1934.

VELASCO, Recaredo F. de. *El Acto Administrativo*. Ed. Revista de Derecho Privado, 1929.

VELLOSO, Carlos Mário da Silva. *Temas de Direito Público.* Belo Horizonte: Del Rey, 1994.

VELLOSO, Galba. *Desvio de Poder.* São Paulo: Malheiros, 2007.

VELOSO, Zeno. *Invalidade do Negócio Jurídico*: nulidade a anulabilidade: Belo Horizonte: Del Rey, 2002.

VENECIA, Jean-Claude. *Le Pouvoir Discrétionnaire.* Paris: LGDJ, 1959.

VENTURINI, Otavio. *Teorias do Direito Administrativo Global.* São Paulo: Almedina, 2020.

VIGNOCCHI, Gustavo. *Gli Accertamenti Costitutivi nel Diritto Amministrativo.* Milano: Giuffrè, 1950.

VIGNOCCHI, Gustavo. *La Natura Giuridica dell'Autorizazzione Amministrativa.* Padova: CEDAM, 1944.

VINCENT, François. *Le Pouvoir de Décision Unilaterale des Autorités Administratives.* Paris: LGDJ, 1966.

VIRGA, Pietro. *Il Provvedimento Amministrativo.* Milano: Giuffrè, 1972.

VISCONDE DO URUGUAY. *Ensaio sobre o Direito Administrativo.* Tomo I. Rio de Janeiro: Typographia Nacional, 1862.

VITTA, Heraldo Garcia. *Poder de Polícia.* São Paulo: Malheiros, 2010.

WARAT, Luis Alberto. *El Derecho y su Lenguaje.* Buenos Aires: Cooperadora de Derecho y de Ciencias Sociales, 1976.

WEIL, Prosper. *Les Consequences de l'Annulation d'un Acte Administratif pour Excès de Pouvoir.* Paris: A. Perdone, 1952.

WELLER, Marc-Philippe. *Emergencia y Holdouts.* Buenos Aires: Astrea, 2016.

WITTGENSTEIN, Ludwig. *Tractatus Logico-Philosophicus.* São Paulo: Editora Nacional, 1968.

XAVIER, Alberto. *Do Procedimento Administrativo.* São Paulo: José Bushatsky, 1976.

ZANCHIM, Kleber. *Contratos Públicos e Direito Privado.* São Paulo: Almedina, 2016.

ZANETI, Paulo Rogério. *Flexibilização das Regras sobre o Ônus da Prova.* São Paulo: Malheiros, 2011.

ZUBIRI, Xavier. *Inteligência e Realidade.* São Paulo: É Realizações, 2011.

ZYMLER, Benjamin. *Direito Administrativo e Controle.* Belo Horizonte: Fórum, 2006.

Esta obra foi composta em fonte Palatino Linotype, corpo 10
e impressa em papel Offset 75g (miolo) e Supremo 250g (capa)
pela Laser Plus Gráfica, em Belo Horizonte/MG.